파이썬으로
처음 시작하는 코딩

파이썬으로 처음 시작하는 코딩

초보자를 위한 프로그래밍 기본 원리와
파이썬 기초 사용법 학습을 통한 프로그래밍 입문

롭 마일스 지음　김무항 옮김

i!i
에이콘

메리에게

지은이 소개

롭 마일스 Rob Miles

영국 헐 대학교University of Hull에서 30년 이상 프로그래밍을 가르쳤다. 마이크로소프트 MVP이며 프로그래밍에 대한 열정이 있고, 새로운 무언가를 만드는 데 관심이 많다. 여가 시간에는 더 많은 코드를 작성하고, 작성한 프로그램에서 결과가 어떤 식으로 나오는지 실행해보는 것을 즐긴다. 프로그래밍이 가장 창의적인 학습 대상이라고 생각하며 프로그래머는 미래를 만들어가는 사람이라고 믿는다.

스스로 정말 웃긴 농담을 많이 알고 있다고 생각하지만 어느 누구도 그가 농담을 하는 것을 들어본 적이 없다. 롭 마일스의 괴짜 세상(the Wacky World™ of Rob Miles)을 이해하길 원한다면 www.robmiles.com에서 직접 올린 글을 읽을 수 있으며 트위터 @RobMiles를 팔로우할 수도 있다.

rob@robmiles.com

옮긴이 소개

김무항(niceggal1@naver.com)

컴퓨터 공학을 전공하고, 정보 및 물리 보안, IPTV, 위치 기반 서비스 등 다양한 분야에서 연구와 개발을 수행했다. 마이크로소프트 관련 최신 기술과 모바일 애플리케이션 개발, 최신 웹 기술에 관심이 많으며, 에이콘출판사에서 펴낸 『드루팔 사용하기』(2013)와 『프로그래머처럼 생각하기』(2014), 『PHP와 MariaDB를 활용한 웹 애플리케이션 개발』(2016)을 번역했다.

옮긴이의 말

이 책은 프로그래밍 입문자를 위한 책입니다. 저자 롭 마일스^{Rob Miles}는 요즘 가장 인기 있는 프로그래밍 언어인 파이썬을 통해, 프로그래밍을 처음 접하는 독자들에게 컴퓨터 프로그래밍에 관해 알아야 할 가장 기초적인 이론 뿐 아니라 파이썬 문법 및 특징을 소개합니다. 단순히 프로그래밍 기초 원리와 파이썬 문법만을 설명하는 것이 아니라 저자의 긴 프로그래밍 경험을 바탕으로 프로그래밍 입문자들이 알아야 할 지식과 익혀야 할 습관들을 설명합니다. 마치 현역에서 오랫동안 프로그래머로서 활동했던 교수님이 컴퓨터학과 1학년 신입생을 상대로 프로그래밍의 기초 뿐만 아니라 향후 프로그래머로서 지녀야 할 자질 및 습관에 대해 설명해주는 느낌입니다. 책 전반에 걸쳐 저자만의 유머가 여기저기 숨어 있어 자칫 너무 딱딱할 수 있는 프로그래밍 입문서가 독자들에게 부드럽게 다가옵니다. 저자가 서문에서 밝혔듯이 아쉽게도 유머가 크게 재미있지는 않습니다. 게다가 번역이 지닌 한계로 인해 저자의 썰렁한 유머를 독자 여러분에게 제대로 전달하지 못한 점을 양해 바랍니다.

이 책은 위에서 밝혔듯이 프로그래밍 입문자를 위한 책이며 다음과 같이 초보자를 배려합니다.

첫째, 가장 큰 특징으로 프로그래밍 기초 개념을 설명하기 위한 잘 짜여진 예제가 있습니다. 예제 코드 위주 입문서라고 해도 과언이 아닐 정도로 프로그래밍 입문자를 배려해 기본적인 개념을 쉽게 이해할 수 있도록 예제 코드가 포함돼 있습니다. 단편적인 예제 코드 뿐만 아니라 새로운 개념이 등장함에 따라 기존 예제 코드를 계속해서 발전시켜 나가는 방식으로 코드가 구성돼 있어 최종적으로 독자들이 하나의 제대로 된 애플리케이션을 완성할 수 있습니다.

둘째, 각 장의 끝 부분에 등장하는 요약 절에서 독자의 입장에서 저자에게 던지는 질문들이 등장합니다. 요약 절은 저자가 프로그래밍 입문자를 얼마나 세심하게 배려했는지 알 수 있는 또 다른 특징입니다. 각 장에서 등장하는 핵심 개념을 학습하는 동안 프로그래밍 입문자라면 누구나 가질 법한 질문과 그에 대한 답을 소개함으로써 초보 입문자가 미처 해소하지 못한 의문들을 말끔히 해소시켜줍니다.

셋째, 프로그래머를 위한 조언 절에서는 초보 프로그래머가 갖춰야 할 기본 자세에 대해 언급합니다. 예를 들어, 저자는 향후에 문제가 없는 프로그램을 만들기 위해 프로그래밍 요구사항을 정의하는 데 있어 고객과 어떤 식으로 의사 소통해야 할지 저자의 경험을 바탕으로 아낌없이 조언합니다.

넷째, 직접 해보기 절을 통해 어떤 문제를 해결하기 위해 독자들이 새로운 코드를 작성하거나 기존 코드 예제를 좀 더 확장하면서 새롭게 배운 개념을 자기 것으로 만들 수 있도록 배려했습니다. 좀 더 능동적인 학습을 통해 배운 지식들을 자기 것으로 만들기 위해 귀찮더라도 독자 여러분들이 직접 해보기 절을 건너뛰지 말고 반드시 직접 코드를 구현해보길 권합니다.

마지막으로 저자는 기본 개념을 넘어서는 고급 개념 및 유용한 파이썬 기능들에 대해 소개한 내용을 디지털 버전 형태로 무료로 제공합니다. 해당 디지털 버전은 마이크로소프트 프레스 웹사이트를 통해 무료로 다운로드할 수 있습니다.

앞서 언급한 여러 특징 덕분에 마치 소설을 읽듯이 물 흐르듯 이 책을 학습할 수 있습니다. 초반에 이해가 되지 않는 개념이 있다면 해당 개념을 완벽하게 이해하고 넘어가려 하기보다는 책을 끝까지 학습한 다음 다시 앞으로 돌아와 그 개념을 다시 살펴보기를 권장합니다.

번역을 하면서 역자가 프로그래밍을 처음 배우기 시작했을 때 이 책을 접했더라면 어땠을까 하는 생각이 들었습니다. 저는 C 언어를 통해 프로그래밍을 처음 접했는데, 당시 프로그래밍 입문서들은 마치 저자의 초등학교 시절인 80년대에 접했던 전과와 같이 프로그래밍 개념들을 나열하는 방식이었습니다. 본 책과 같이 프로그래밍 입문자를 세심하게 배려하는 책을 만났더라면 단순 암기를 하고 막상 프로그래밍을 할 때는 헤매는 과정을 반복하지 않았을 것입니다. 핵심 개념에 대해 보다 확실하게 이해하고 프로그래머로서 어떤 습관을 들여야 할지 인지한 상태에서 프로그래밍 학습을 이어나갈 수 있었을 텐데 말입니다. 이 책이 여러분이 프로그래머로서 입문하고 성장하는 데 있어 큰 도움이 될 것이라고 확신합니다.

차례

1부. 프로그래밍 기초

3   파이썬 프로그램 구조 76

2부. 고급 프로그래밍

들어가며

프로그래밍은 학습할 수 있는 것 중 가장 창의적인 것이다. 왜 그럴까? 그림을 그리는 법을 배우면 그림을 그릴 수 있다. 바이올린을 연주하는 법을 배우면 음악을 연주할 수 있다. 하지만 프로그래밍을 배우면 완전히 새로운 경험을 만들 수 있다(원한다면 그림과 음악도 만들 수 있다). 일단 프로그래밍 세계에 들어서면 무엇이든 가능하다. 프로그래밍 기술을 활용할 수 있는 새로운 장치와 기술, 시장이 언제나 존재한다.

이 책을 프로그래밍 학습을 위한 여정의 첫 번째 단계 정도로 생각했으면 한다. 최고의 여정은 목적지를 염두에 두고 출발해야 한다. 이 책의 목적지는 '유용함'이다. 이 책을 모두 읽을 무렵에는 유용한 프로그램을 작성할 기술과 지식을 갖추게 될 것이다.

하지만 시작하기 전에 간단한 주의 사항을 일러두고자 한다. 사파리에서 가이드가 사자와 호랑이, 악어에 대해 설명하는 것과 마찬가지로, 이번 여정이 항상 쉽지만은 않을 수 있다는 점을 말해주고 싶다. 프로그래머는 문제 해결에 관해 조금 다르게 생각하는 법을 배워야 한다. 컴퓨터와 사람이 동작하는 방식은 다르기 때문이다. 사람은 복잡한 문제를 다소 천천히 수행할 수 있다. 컴퓨터는 간단한 것을 매우 빠르게 처리할 수 있다. 기계의 단순한 능력을 활용해 복잡한 문제를 해결하는 것은 프로그래머의 역할이다. 이 점이 여러분이 이 책에서 배울 내용이다.

프로그래머로서 성공하기 위한 비결은 다른 분야에서의 성공 비결과 동일하다. 유명한 바이올린 연주자가 되기 위해서는 많이 연습해야 한다. 프로그래밍 역시 마찬가지다. 코드 작성 기술을 얻기 위해서는 프로그래밍에 많은 시간을 투자해야 한다. 그래도 좋은 소식은, 바이올린 연주자가 자신의 악기로 음악을 연주하는 일을 실제로 즐기듯이, 컴퓨터가 여러분이 원하는 것을 정확히 수행하도록 하는 것은 매우 보람된 경험이 될 수 있다는 점이다. 다른 사람들이 여러분의 프로그램을 유용하고 사용하기 쉽다고 느낀다면 프로그램을 작성하는 일은 더욱 즐거워질 것이다.

이 책의 구성 방식

이 책은 총 3부로 구성된다. 각 부분은 여러분을 훌륭한 프로그래머로 만들기 위한 목표를 가지고 이전 부분에서 배운 내용을 활용한다. 책의 초반에는 저수준low-level 프로그래밍 명령어를 살펴본다. 프로그램은 이러한 명령어를 사용해 컴퓨터가 무엇을 수행해야 하는지 지시한다. 그리고 책의 후반부에서는 전문적인 소프트웨어 구성을 살펴본다.

1부. 프로그래밍 기초

1부는 프로그래밍을 시작하기 위한 내용을 다룬다. 코딩을 시작하기 위해 필요한 프로그래밍 툴을 설치하는 법과 사용하는 법에 대해 배우고, 파이썬 프로그래밍 언어의 기본 요소들에 대해 알아본다. 그리고 첫 프로그램을 작성하는 법을 살펴보고, 모든 프로그램의 기반이 되는 기초 코드 구성 요소들에 대해서도 배운다. 세상에는 수많은 프로그래밍 언어들이 존재한다. 이러한 프로그래밍 언어들이 가진 고유한 특성에 따라 여러 종류로 분류할 수 있는데, 파이썬이 이러한 프로그래밍 언어 중 어디에 가장 잘 어울리는지 알아보겠다. 이 점이 프로그래머에게 의미하는 바에 대해서도 알아본다.

2부. 고급 프로그래밍

2부에서는 더 복잡한 애플리케이션을 만들고 조직화하기 위한 파이썬 프로그래밍 언어의 기능들을 알아본다. 대규모의 프로그램을 세분화하는 방법과, 특정 문제를 해결하기 위한 사용자 정의 자료형을 생성하는 법에 대해 알아본다. 또한 파이썬 애플리케이션을 설계하고 테스트하고 문서화하는 법도 살펴본다.

3부. 유용한 파이썬

프로그램을 만드는 법을 익히고 나면, 다음으로 다른 사람들이 작성한 코드를 사용하는 법을 배울 수 있다. 파이썬의 중요한 장점 중 하나는 파이썬 사용자가 활용할 수 있는 소프트웨어 라이브러리가 많다는 점이다. 3부에서는 다양한 라이브러리에 대해 알아보고 그래픽 사용자 인터페이스를 지닌 애플리케이션을 만들기 위해 이런 라이브러리를 활용하는 방법을 배운다. 또한 네트워크 애플리케이션에서 파이썬 프로그램이 어떤 식으로 클라이언트와 서버 역할을 하는지, 마지막으로는 흥미로운 게임을 만드는 법도 알아본다.

3부는 PC에서 열어볼 수 있는 다운로드 가능한 문서로 제공된다. 데모 프로그램을 테스트해보고 나만의 애플리케이션을 만들어보자. 3부 PDF 파일은 다음 경로에서 다운로드할 수 있다.

https://www.microsoftpressstore.com/store/begin-to-code-with-python-9781509304523

학습 방법

각 장에서 프로그래밍을 자세히 배울 것이다. 프로그래밍 방법을 설명한 다음, 배운 내용을 바탕으로 직접 자신만의 무언가를 만들도록 유도할 것이다. 매번 새로운 내용을 배운 뒤, 바로 실습하는 방식으로 진행된다. 그리고 나서 자신만의 멋진 것을 만드는 일은 여러분의 몫이다!

원한다면 책을 처음부터 끝까지 쭉 읽어도 된다. 하지만 직접 실습하면서 천천히 학습한다면 더 많은 것을 배울 수 있다. 마치 자전거를 타는 법을 배우는 것처럼 직접 해보면서 말이다. 실제 어떻게 해야 하는지를 배우기 위해서는 시간을 들여 연습을 해야 한다. 이렇게 함으로써 이 책을 통해 프로그래밍을 직접 시도해볼 수 있는 지식과 자신감을 얻게 될 것이다.

또한 이 책은 프로그래밍이 기대한 대로 동작하지 않을 때도 도움을 줄 것이다. 다음은 여러분이 실습하는 내용이다.

 직접 해보기

최고의 학습 방법은 직접 해보는 것이다. 따라서 이 책을 읽는 동안 "직접 해보기"를 자주 보게 될 것이다. 직접 실습함으로써 프로그래밍 기술을 연습할 수 있다. "직접 해보기"에서는 우선 예제를 다룬 다음, 단계별로 학습 내용을 직접 구현하도록 돕는다. 직접 해보기를 통해 여러분이 만드는 프로그램은 윈도우, 맥, 리눅스 운영체제에서 동작할 것이다.

코드 분석

프로그래밍을 배우는 훌륭한 방법 중 하나는 남들이 작성한 코드를 보고 해당 코드가 어떤 기능을 수행하는지 혹은 왜 제대로 동작하지 않는지를 분석하는 것이다. 이 책은 면밀히 살펴볼 수 있는 150개가 넘는 샘플 프로그램을 담고 있다. 이 책의 "코드 분석"으로 연역적인 추론 능력을 사용해 프로그램의 동작 방식을 파악하고 버그를 수정하고 개선사항을 제시할 수 있다.

여러분이 프로그램이 실패할 수도 있다는 점을 아직 모른다면 첫 번째 프로그램을 작성하는 순간 난관에 부딪힐 것이다. 이런 어려움을 다룰 수 있도록 미리 돕기 위해 "주의 사항" 항목을 추가했다. "주의 사항"에서는 마주칠 수 있는 문제점을 예상하고 이에 대한 해결책을 제공한다. 예를 들어 책에서 무언가 새로운 것을 소개했을 때 해당 사항이 어떤 식으로 실패할 수 있는지 그리고 새로운 기능을 사용할 때 어떤 점에 유의해야 하는지에 관해 설명하는 데 자주 시간을 할애할 것이다.

프로그래머를 위한 조언

나는 오랫동안 프로그래밍을 가르쳤다. 또한 많은 프로그램을 작성하고 이 중 일부는 고객에게 판매도 했다. 이런 경험을 통해 애초에 알았으면 하는 것들을 배웠다. "프로그래머를 위한 조언"의 목적은 이런 정보를 미리 여러분에게 알려줌으로써 여러분이 프로그래밍을 학습하면서 소프트웨어 개발에 관한 전문가적인 시각을 가질 수 있도록 하는 것이다.

"프로그래머를 위한 조언"은 프로그래밍 뿐만 아니라 사람, 철학에 이르기까지 다양한 문제를 다룬다. 이 조언들을 읽고 자기 것으로 만들기 바란다. 그렇게 하면 미래에 많은 시간을 아낄 수 있다.

소프트웨어 및 하드웨어

이 책에서 제공하는 프로그램을 다루기 위해서는 컴퓨터와 특정 소프트웨어가 필요하다. 여러분에게 컴퓨터를 제공할 수는 없을 것 같다. 대신 1장에서 파이썬 관련 툴과 비주얼 스튜디오 코드^{Visual Studio Code}라는 애플리케이션을 다운로드하는 방법을 알려주겠다. 규모가 큰 애플리케이션을 작성할 때 이들을 활용할 것이다.

PC 혹은 랩톱

이 책의 파이썬 프로그램을 작성하고 실행할 때 윈도우, 맥, 리눅스 운영체제를 사용할 수 있다. PC가 고성능일 필요는 없지만 다음과 같은 사양을 권장한다.

- 1GHz 이상의 프로세서. 인텔 i5 이상

- 최소 4기가바이트(GB) 메모리(RAM). 8기가 이상

- 256GB 하드 디스크 공간(전체 파이썬 및 비주얼 스튜디오 코드 설치는 약 1GB의 하드 디스크 공간을 차지함)

그래픽 디스플레이와 관련해서는 특별히 요구 사항이 없다. 하지만 고해상도 화면을 사용한다면 프로그램 작성 시 더 많은 코드를 한 눈에 볼 수 있다.

모바일 장치

모바일 폰이나 태블릿에서 파이썬 프로그램을 작성하고 실행할 수 있다. iOS가 탑재된 애플 장치를 갖고 있다면 파이써니스타^{Pythonista} 앱을 사용할 것을 권장한다. 안드로이드 장치를 사용하는 경우 파이오닉^{Pyonic} 파이썬 3 인터프리터를 사용해볼 수 있다.

라즈베리파이

가장 저렴한 방식으로 파이썬을 학습하고 싶다면 라즈비안^{Raspbian} 운영체제를 탑재한 라즈베리파이^{Raspberry Pi}를 사용할 수 있다. 라즈비안에는 파이썬 3.6과 IDLE 개발 환경이 기본 탑재돼 있다.

다운로드

이 책의 각 장에서는 프로그래밍을 시작하는 법을 알려주기 위해 프로그램을 보여주고 설명할 것이다. 이후 해당 프로그램을 활용해 자신만의 프로그램을 만들어볼 수 있다. 다음 웹 페이지에서 이 책의 샘플 코드를 다운로드할 수 있다.

https://www.microsoftpressstore.com/store/begin-to-code-with-python-9781509304523

에이콘출판사의 도서 정보 페이지인 http://www.acornpub.co.kr/book/begin-code-python에 서도 샘플 코드를 다운로드할 수 있다.

샘플 프로그램과 코드를 설치하기 위해 1장의 지시사항을 따르길 바란다.

감사의 말

이 책을 집필할 기회를 준 로라 노만^{Laura Norman}에게 감사를 표한다. 또한 나의 장황한 설명을 견뎌내고 이를 간결하게 만들어준 댄 포스터^{Dan Foster}와 릭 쿠겐^{Rick Kughen}에게도 감사를 표한다. 빈틈 없고 건설적인 기술적 통찰력을 제공한 존 레이^{John Ray}와 이 책을 멋지게 만들어준 트레이시 크룸^{Tracey Croom}과 베키 윈터^{Becky Winter}에게도 감사를 전한다. 또한 너무나 멋진 삽화를 만들어 준 롭 낸스^{Rob Nance}에게도 감사드린다.

마지막으로 나를 지지해주고 끊임없이 차와 비스킷을 제공해준 나의 아내 마리^{Mary}에게도 감사를 전한다.

오탈자, 수정 사항, 지원

이 책에서 다루는 내용의 정확도를 보장하기 위해 최선의 노력을 다했다. 이 책에 대한 수정 사항은 오탈자 제출 및 관련된 수정 사항 목록 형태로 다음 주소에서 확인할 수 있다.

https://www.microsoftpressstore.com/store/begin–to–code–with–python–9781509304523

아직 제출되지 않은 오류를 발견했다면 위의 주소를 통해 해당 오류를 제출해주길 바란다.

한국어판의 정오표는 에이콘출판사의 도서 정보 페이지인 http://www.acornpub.co.kr/book/begin–code–python에서 볼 수 있다.

추가적인 지원이 필요한 경우 마이크로소프트 프레스 북 지원^{Microsoft Press Book Support}으로 메일을 보낼 수 있다.

mspinput@microsoft.com

마이크로소프트 소프트웨어와 하드웨어에 대한 제품 지원은 위의 주소를 통해 제공되지 않는다. 마이크로소프트 소프트웨어 혹은 하드웨어에 대한 도움이 필요하다면 다음 주소를 방문하길 바란다.

http://support.microsoft.com

MTA 자격 취득

마이크로소프트 인증 프로페셔널Microsoft Certified Professional 프로그램을 통해 여러분이 보유한 기술을 인정받을 수 있다. 시험 98-381 "파이썬을 활용한 프로그램 소개"를 통해 파이썬 프로그래밍에 대한 MTAMicrosoft Technology Associate 수준 자격을 취득할 수 있다. 해당 시험에 관한 더 자세한 정보는 다음 웹 페이지에서 찾아볼 수 있다.

https://www.microsoft.com/en-us/learning/exam-98-381.aspx

여러분이 시험을 준비하는 목적으로 이 책을 학습 프로그램의 일부로 활용하는 경우를 위해 책을 최대한 활용할 수 있도록 시험 주제들을 책의 항목들에 연관 지었다(연관 방식은 2017년 10월 시험에 기반한다).

또한 책에서 설명한 항목들의 일부를 시험 관점으로 해석한 부록을 만들었다. 해당 부록을 샘플 코드를 다운로드할 수 있는 웹 페이지에서 다운로드할 수 있다.

https://www.microsoftpressstore.com/store/begin-to-code-with-python-9781509304523

자격 구조

파이썬 MTA 자격은 여러 주제 영역으로 나눌 수 있다. 각 주제 영역은 전체 자격의 일부에 해당한다. 각 주제 영역을 살펴보고 적용 가능한 이 책의 항목들을 구분할 수 있다. 다음 표는 시험에 필요한 기술 항목들을 이 책의 각 장의 절과 연관 지었다.

자료형과 연산자를 사용한 연산 수행 (20-25%)

이 주제를 준비하기 위해 4장에 특별히 관심을 기울여야 한다. 4장은 파이썬 프로그램에서의 자료 처리에 관한 필수요소들과 텍스트와 숫자 자료가 어떤 식으로 저장되고 조작되는지를 다룬다. 5장은 불리언 변수형을 소개하고 논리 값이 어떤 식으로 조작되는지 설명한다. 8장은 자료 컬렉션을 저장하는 방법을 다루고 9장은 자료 구조를 생성하고 저장하는 법을 다룬다. 11장은 파이썬 프로그램의 집합에 관한 세부사항을 다룬다.

기술	책 항목
파이썬이 각 변수에 할당할 자료형을 구분하기 위해 표현식을 평가한다. str, int, float, bool 자료형을 구분한다.	4장: 파이썬에서의 변수 4장: 텍스트 다루기 4장: 숫자 다루기 5장: 불리언 자료 5장: 불리언 표현식
자료 및 자료형 연산을 수행한다. 하나의 자료형을 다른 자료형으로 변환한다. 자료 구조를 구성한다. 인덱싱 및 슬라이싱 연산을 수행한다.	4장: 문자열을 부동 소수점값으로 변환 4장: float와 int 간의 변환 4장: 실수와 부동 소수점 숫자 8장: 리스트와 매출 관리 9장: 클래스를 사용한 연락처 세부사항 저장
연산자 우선순위에 따라 실행 순서를 결정한다. = 할당; 연산; 논리; 산술; 구분(is); 포함(in)	4장: 계산 수행하기 9장: 연락처 객체와 참조 11장: 집합과 태그
원하는 결과를 달성하기 위해 적절한 연산자를 선택한다. = 할당; 연산; 논리; 산술; 구분(is); 포함(in)	4장: 계산 수행하기 5장: 불리언 표현식

결정 및 루프를 활용한 흐름 제어 (25-30%)

이 주제를 준비하기 위해 5장에 특별한 관심을 기울여야 한다. 5장은 if 구조를 다루고 6장은 파이썬 프로그램에서 반복을 구현하는데 사용하는 while 및 for 루프 구조를 다룬다.

기술	책 항목
분기문을 사용하는 코드를 구성하고 분석한다.	5장: 불리언 자료 5장: if 구조
if, elif, else로 구성된 복합 조건 표현식	5장: if 구조
반복을 수행하는 코드를 구성하고 분석한다.	6장: while 구조 6장: for 루프 구조
while, for, break, continue, pass로 구성된 복합 루프와 복합 조건 표현식을 포함하는 루프	6장: while 구조 6장: for 루프 구조 8장: 거품 정렬을 사용한 정렬

입출력 연산 수행 (20-25%)

이 책 전반에 걸쳐 콘솔 입출력 함수를 사용하는 예를 확인할 수 있다. 3장과 4장에서 등장하는 첫 번째 프로그램에서 콘솔 입출력을 다룬다. 8장은 파이썬 프로그램의 파일 저장 사용법을 소개하고 9장은 8장의 내용을 기반으로 파이썬 피클pickle 라이브러리를 사용해 자료 구조를 파일로 저장하는 법을 다룬다. 10장은 파이썬 프로그램에서 사용 가능한 문자열 서식화 방법의 세부사항에 대해 다룬다.

기술	책 항목
파일 입출력을 수행하는 코드를 구성하고 분석한다. open; close; read; write; append; 존재 유무 확인; delete; with	8장: 파일에 자료 저장하기 9장: 피클을 사용해 파일에 연락처 저장
콘솔 입출력 연산을 수행하는 코드를 구성하고 분석한다. 콘솔로부터 입력 읽기; 서식이 있는 텍스트 출력; 명령어 줄 인자 사용	3장: 출력 함수를 사용한 프로그램 출력하기 4장: 입력 함수를 사용한 텍스트 읽기 10장: 파이썬 문자열 서식화하기

코드 문서화 및 구조화 (15-20%)

코드를 잘 문서화하고 구조화하는 것의 중요성은 책 전반에 걸쳐 강조된다. 3장은 파이썬 주석에 관해 소개하고 5장은 좋은 코드 구조의 중요성을 강조하는 논의를 포함한다. 7장은 프로그램 구조를 향상하는 관점에서 파이썬 함수들을 소개하고 프로그램이 별도의 문서 없이도 잘 설명될 수 있도록 만들기 위해 함수에 문서화 기록을 추가하는 법에 대해 다룬다.

기술	책 항목
주석과 문서화 문자열을 사용해 코드를 문서화한다. 들여쓰기와 빈칸, 주석, 문서화 문자열을 사용한다; pydoc을 사용해 문서를 생성한다.	3장: 파이썬 주석 5장: 들여쓰기된 텍스트의 문제 발생 가능성 7장: 도움말 정보를 함수에 추가하기 12장: 프로그램 문서 보기
함수 정의를 포함하는 코드를 구성하고 분석한다. 호출 시그니처; 기본값; return; def; pass	7장: 함수 구성 요소

문제 해결과 오류 처리 수행 (5-10%)

3장은 파이썬 코드의 구문 오류를 다룬다. 4장의 데이터 처리에 관한 설명은 실행 시간 오류에 관한 설명을 포함한다. 6장과 7장에서 논리 오류의 원인과 결과를 애플리케이션 개발 관점에서 알아본다. 6장과 10장은 파이썬 프로그램이 예외를 발생시키고 관리하는 방법에 대해 다루고 12장은 파이썬 프로그램 테스트 시 단위 테스트를 사용하는 법에 대해 다룬다.

기술	책 항목
오류를 포함하는 코드를 분석하고 감지하고 수정한다. 구문 오류; 논리 오류; 실행 시간 오류	3장: 오류가 있는 프로그램 4장: 타이핑 오류와 테스트 5장: 등가와 부동 소수점값 6장: 좋은 루프가 안 좋아지는 경우 7장: 디버거를 활용한 프로그램 조사하기 12장: 프로그램 테스트
예외 처리 코드를 분석하고 구성한다. try; except; else; finally; raise	6장: 예외를 사용해 유효하지 않은 숫자 입력을 감지하기 10장: 오류를 나타내는 예외 발생시키기

모듈과 툴을 활용한 연산 수행 (1-5%)

이 책 전반에 걸쳐 무작위 및 시간 모듈을 비롯하여 다양한 파이썬 모듈이 사용된다. 13장에서는 무작위 예술품을 만들기 위해 무작위 라이브러리의 함수를 사용한다. 16장에서는 시간 라이브러리의 함수를 사용해 시간을 관리하는 애플리케이션을 만든다.

기술	책 항목
내장된 모듈을 사용해 기본 연산을 수행한다. math; datetime; io; sys; os; os.path; random	3장: 무작위 라이브러리 3장: 시간 라이브러리
내장된 모듈을 사용해 복잡한 계산 문제를 해결한다. math; datetime; random	10장: 시간 관리 애플리케이션의 근무시간 관리 16장: 예술 작품 만들기

마이크로스프트 프레스의 무료 이북

기술적인 개요 뿐 아니라 특정 주제에 대한 깊이 있는 정보에 이르기까지 마이크로소프트 프레스의 무료 이북은 다양한 주제를 다룬다. 이러한 이북은 PDF, EPUB, 킨들용 Mobi로 제공되며 다음 주소에서 다운로드할 수 있다.

https://aka.ms/mspressfree

종종 들러서 새로 출시된 책이 있는지 확인하기 바란다.

독자의 목소리

마이크로소프트 프레스는 여러분의 만족을 최우선으로 하며 여러분의 피드백은 우리의 가장 소중한 자산이다. 이 책에 관한 여러분의 의견을 다음 주소를 통해 알려주길 바란다.

https://aka.ms/tellpress

여러분이 바쁜 일상을 보낸다는 점을 잘 알고 있다. 따라서 간단한 몇 가지 질문만을 준비했다. 여러분의 답변은 마이크로소프트의 편집자에게 바로 전달되며 어떤 개인 정보도 필요로 하지 않는다. 여러분의 참여에 미리 감사드린다!

소통

우리는 계속해서 독자 여러분과 대화를 했으면 한다. 아래 트위터 계정을 팔로우하기 바란다.

http://twitter.com/MicrosoftPress

1부

프로그래밍 기초

프로그래밍 학습을 위한 여정을 시작해보자. 우선 컴퓨터가 실제로 무엇을 수행하는지와 프로그래밍 언어란 무엇인지에 대해 고민해볼 것이다. 그러고 나서 필요한 프로그래밍 툴을 설치할 것이다. 그 다음 파이썬 언어를 사용해 컴퓨터에게 작업을 수행하도록 명령하는 첫 번째 단계를 거칠 것이다.

1부의 목적은 파이썬 프로그래밍 언어의 기본 요소들을 소개하기 위함이다.

1

파이썬 시작

학습 목표

우선 지금부터 배울 프로그래밍 언어인 파이썬에 관해 토론해본다. 그러고 나서 프로그램을 작성하기 위해 어떤 종류의 컴퓨터가 필요한지 살펴본다. 또한 코드를 빌드하기 위해 필요한 툴을 구하는 방법과 설치하는 방법도 알아본다. 또한 파이썬 쉘을 다뤄볼 것이고, 파이썬 쉘 곳곳에 숨겨진 재미있는 점을 발견하면서 파이썬 프로그래밍 언어 설계자들이 유머 감각이 있다는 사실을 알게 될 것이다.

파이썬이란?

파이썬에 관해 배우기 전에 파이썬을 곰곰이 생각해볼 필요가 있다. 파이썬은 프로그래밍 언어다. 즉, 프로그램을 작성하는 데 사용하는 언어다. 프로그램은 컴퓨터에게 무언가를 수행하는 방법을 알려주는 명령어 집합이다. 컴퓨터에게 무언가를 수행하는 방법을 알려주기 위해 영어와 같은 일반적인 언어를 사용할 수는 없다. 영어와 같은 일반적인 언어는 컴퓨터가 이해하기에 너무 헷갈리기 때문이다. 예를 들어 다음과 같은 의사의 지시사항을 살펴보자.

"따뜻한 목욕 후에 약을 복용하세요(Drink your medicine after a hot bath)."

여러분이라면 아마도 따뜻하게 목욕을 한 다음, 약을 먹을 것이다. 하지만 컴퓨터는 따뜻한 목욕을 먹은 다음, 약을 먹을 것이다. 위의 문장을 두 가지 방식으로 해석할 수 있다. 영어라면 모호한 문장을 작성할 수 있기 때문이다. 프로그래밍 언어는 해당 프로그래밍 언어로 작성된 명령어가 다른 해석의 여지가 없도록 설계돼야 한다. 프로그래밍 언어는 컴퓨터에게 무엇을 수행해야 할지 정확하게 그리고 모호하지 않게 명령해야 한다. 이는 일반적으로 동작을 일련의 더 작은 단계로 나눈 것을 의미한다.

1단계: 따뜻하게 목욕을 하세요(Take a hot bath).
2단계: 약을 복용하세요(Drink your medicine).

프로그래밍 언어는 이런 식으로 명령어를 작성하도록 강제한다. 파이썬은 인간이 컴퓨터에게 무엇을 수행해야 할지 알려주는 수단을 제공하는 용도로 개발된 많은 프로그래밍 언어 중 하나다.

나는 지금까지 프로그래밍 관련 일을 하면서 수년 간 다양한 언어를 배워왔다. 앞으로 더 많은 언어를 배워야 할 것이라고 확신한다. 이런 프로그래밍 언어 중 완벽한 언어는 없다. 프로그래밍 언어는 특정 상황에 사용할 수 있는 도구일 뿐이다. 마치 벽돌로 된 벽이나 창유리, 나무 등에 구멍을 낼 때 상황에 맞게 다양한 도구를 선택하는 일처럼 말이다.

어떤 사람들은 '최고의' 프로그래밍 언어에 관해 이야기하면서 흥분하기도 한다. 나 역시 최고의 프로그래밍 언어는 어떤 조건을 갖춰야 하는지 논의하는 것을 즐긴다. 이는 내가 가장 좋아하는 차종에 관해 이야기하는 것을 즐기는 일과 같다. 하지만 그렇다고 최고의 프로그래밍 언어에 관해 이야기하는 것이 과도하게 흥분할 일은 아니라고 생각한다. 나는 파이썬이 강력하고 표현력이 우수하기 때문에 파이썬을 좋아한다. 또한 C#으로는 잘 구조화된 해결책을 만들 수 있기 때문에 C# 프로그래밍 언어를 좋아한다. 그리고 C++는 프로그램 하부에서 동작하는 하드웨어에 대한 제어를 가능케 하기 때문에 C++ 프로그래밍 언어도 좋아한다. 이외에도 다른 프로그래밍 언어들을 각기 다른 이유로 좋아한다. 물론 파이썬에는 머리를 뜯어버리고 싶을 정도로 절망에 빠뜨리는 요소도 있다. 하지만 이는 어느 프로그래밍 언어나 마찬가지다. 또한 프로그래밍 언어들은 저마다 나름의 장점이 있다. 나는 이런 장점을 고려해 프로그래밍 언어를 전부 사용하기를 즐긴다.

파이썬의 기원

프로그래밍 언어가 우주 로켓과 다소 흡사하다고 여길 수도 있다. 한치의 오차도 없이 항상 완벽한 해결책을 내놓는 흰색 가운을 입은, 엄청나게 명석한 과학자들이 설계했다고 생각한다면 말이다. 하지만 실제로는 그렇지 않다. 프로그래밍 언어는 다양한 이유로 인해 수년 간 개발된다. 이런 이유 중에는 '그 당시에는 좋은 생각 같았어요'와 같은 단순한 이유도 있다.

파이썬의 최초 개발자인 귀도 반 로섬Guido van Rossum은 1989년 후반, 몇 주 동안 취미로 프로그래밍 프로젝트를 진행하기로 결정했을 당시만 해도 자신이 하려는 일이 뭔지 몰랐다. 당시 귀도 반 로섬은 크리스마스 연휴를 맞아 출근하지 않고 집에서 해당 프로그래밍 프로젝트에 시간을 쓸 수 있었다. 귀도 반 로섬은 이 언어를 "파이썬"이라고 이름 붙였다. 그 이유는 뱀을 좋아해서가 아니라 영국 TV 코메디 코미디 쇼인 〈몬티 파이썬의 날아다니는 서커스Monty Python's Flying Circus〉의 광팬이었기 때문이다. 하지만 파이썬이 지닌 우아함과 강력함을 덕분에 전 세계의 많은 프로그래머가 파이썬에 빠지게 됐다. 파이썬은 이제 전 세계에서 가장 인기 있는 프로그래밍 언어로 자리잡았다.

파이썬 버전

파이썬에 관해 가장 먼저 알게 될 사실은, 파이썬 버전이 여러 가지라는 점이다. 프로그래머 관점에서 볼 때 이 점은 별로 도움이 되지 않는다. 어떤 버전의 파이썬용으로 작성한 프로그램이 다른 버전에서 반드시 동작한다는 보장이 없다. 하지만 파이썬은 다른 사람의 프로그램을 여러분의 프로그램에서 사용할 수 있도록 해준다. 이로써 동일한 프로그램을 작성하는 노력과 시간을 절감할 수 있기 때문에 앞에서 언급했듯이 버전이 다른 경우 다른 사람의 프로그램을 사용하는 것이 문제를 일으킬 수 있다. 그나마 다행인 점은 수년 동안 다양한 버전의 언어가 크게 두 가지로 통합되어 상황이 좀 더 단순해졌다.

어떤 버전의 파이썬을 사용할지 고민이라면 기본적으로 버전 2.7 혹은 버전 3.n 중에 선택하면 된다(여기서 n은 계속해서 증가하는 숫자를 의미한다).

- 버전 2.7(이전 버전)은 가장 대중적이다. 많은 기존 소프트웨어가 버전 2.7을 사용한다. 특정 작업을 수행하는 파이썬 코드 라이브러리를 찾고 있다면 버전 2.7로 돼 있을 가능성이 더 높다.

- 버전 3.n(최신 버전)은 실수를 유발하는 일부 헷갈리는 요소가 제거됐다는 점에서 좋다.

이 책은 파이썬 버전 3.n을 기준으로 한다. 하지만 버전 간의 차이가 프로그램에 영향을 미치는 경우 그런 차이점에 대해서도 알아볼 것이다. 또한 버전 2.7에서만 지원되는 일부 라이브러리를 사용하는 법에 대해서도 알아볼 것이다.

좋은 소식은 두 버전 모두 프로그램 작성을 위한 기본 요소들은 동일하다는 점이다. 사실 모든 프로그래밍 언어들의 근간은 동일하다. 파이썬 프로그램을 작성하는 법을 배우고 나면 해당 기술을 C++, C#, 비주얼 베이직, 자바스크립트 등 다양한 다른 언어에 적용할 수 있다.

운전의 기초를 배우고 나면 어떤 자동차든 운전할 수 있듯이, 파이썬 프로그래밍 기술도 다른 프로그래밍 언어에 적용할 수 있다. 새로운 차를 운전할 경우, 운전을 시작하기 전에 다양한 스위치와 콘트롤의 위치를 파악하기만 하면 된다. 이는 프로그래밍에 있어서도 마찬가지다.

파이썬 개발 환경 구성

여러분이 물품을 전국에 배달하느라 운전을 오래 하는 트럭 운전사라면, 편안한 시트와 도로가 훤히 보이고 쉽게 찾아서 사용할 수 있는 제어장치를 지닌 트럭을 원할 것이다. 또한 트럭이 충분한 속도로 언덕을 오를 힘이 있고 꼬불꼬불한 산길에서도 쉽게 운전할 수 있다면 편할 것이다.

마찬가지로 키보드로 프로그램을 작성하면서 시간을 많이 할애한다면 일하기에 괜찮은 환경을 갖춰야 할 것이다. PC와 키보드, 모니터를 설치할 장소를 찾아야 한다. 오랫동안 충분히 앉아 있을 수 있도록 의자를 당겨 앉아야 한다.

프로그램을 작성하는 데 아주 멋진 컴퓨터가 필요하지는 않다. 하지만 적어도 사용할 툴들을 처리하기에 충분한 메모리와 프로세서 성능을 지녀야 할 것이다. 적어도 인텔 i5 이상, 4GB 메모리, 256GB 하드 디스크를 지닌 컴퓨터를 사용할 것을 권한다. 이보다 성능이 떨어지는 컴퓨터를 사용할 수도 있지만, 그러면 프로그램에 변경 사항을 적용한 후 프로그램을 업데이트하는 데 시간이 오래 걸려 개발 과정이 짜증날 수도 있다.

어떤 운영체제를 사용할지는 개인의 취향에 달려 있다. 나는 윈도우 10을 선호하지만 여러분이 맥 OS나 리눅스를 선호한다면 윈도우 대신에 해당 운영체제를 사용해도 된다. 우리가 사용할 파이썬 언어와 개발 환경은 세 가지 운영체제 모두에서 사용 가능하다.

툴 설치

프로그램을 공유하거나 판매하기 전에 이를 가능케 하는 툴을 다운로드하고 설치해야 한다. 네트워크 연결 속도에 따라 설치는 다소 시간이 걸릴 수 있다. 인터넷으로 구성요소를 다운로드 받아 설치하는 동안 그저 앉아서 기다려야 할 수도 있다. 하지만 설치 과정을 책에서 제공한 순서대로 따라야 한다. 좋은 소식은 설치 과정을 사용할 컴퓨터마다 한 번씩만 수행하면 된다는 점이다.

사용할 모든 툴은 무료로 다운로드하고 설치할 수 있다. 이런 강력한 소프트웨어를 누구나 무료로 사용할 수 있다는 점은 놀라우면서도 멋지다. 파이썬 배포판 덕분에 프로그램도 작성을 쉽게 시작할 수 있다. 또한 비주얼 스튜디오 코드 편집기는 큰 규모의 애플리케이션을 작성하기 위한 훌륭한 개발 환경을 제공한다.

사용하고자 하는 장치에 따라 사용할 수 있는 툴과, 이런 툴을 어디서 구할 수 있는지는 아래 최신 설치 가이드를 통해 알아보자.

http://begintocodewithpython.com/tools.html

윈도우 PC용 파이썬

윈도우 PC가 있다면 파이썬 웹사이트에서 파이썬을 다운로드해서 설치할 수 있다. 파이썬 다운로드 사이트에서 설치 파일을 받은 다음 실행해서 윈도우 PC에 파이썬을 설치할 수 있다. 나는 마이크로소프트 엣지Edge 브라우저를 사용했다. 다른 브라우저를 사용하는 경우 화면이 약간 다를 수 있다. 따라서 엣지 브라우저를 사용해 다음 과정을 수행할 것을 권장한다.

반드시 아래 경로의 공식 다운로드 사이트를 방문하도록 하자. 또한 윈도우가 설치 파일을 실행할지 여부를 물을 때 실행을 선택해야 한다.

www.python.org/downloads/

그림 1-1은 파이썬 다운로드 페이지를 보여준다.

그림 1-1 파이썬 다운로드 페이지

위의 웹 페이지는 사용자가 윈도우 PC를 사용 중이라는 점을 파악해 설치 가능한 두 가지 버전을 제공한다. 다운로드 페이지에서 파이썬 3.6.1 버전을 받기 위해 해당 다운로드 버튼을 클릭한다.

웹 브라우저는 설치 파일을 가지고 무엇을 할지 물어볼 것이다. 마이크로소프트 엣지를 사용 중이라면 위와 같은 대화상자를 보게 된다. Run 버튼을 클릭하자. 파이썬 설치 파일이 다운로드된 다음, 설치 파일이 시작될 것이다(그림 1-2).

그림 1-2 파이썬 설치 프로그램

파이썬 설치 프로그램은 컴퓨터에서 사용할 수 있도록 파이썬을 로딩하는 역할을 한다. 설정을 달리 하면 파이썬이 설치되는 방식을 변경할 수 있지만, 굳이 변경할 필요는 없다. 유일하게 변경해야 하는 사항은 설치 화면 아래쪽에 위치한 Add Python 3.6 to PATH(파이썬 3.6을 PATH에 추가) 선택 상자를 선택하는 것이다. 그러고 나서 Install NOW 버튼을 클릭한다. 그러면 시스템에 적용되고 있는 변경 사항을 확인하라는 메시지가 뜰 수도 있다. 만약 그렇다면 OK를 클릭해 변경 사항을 적용한다.

설치가 끝나면 그림 1-3의 화면이 나타난다. Close를 클릭해 화면을 닫는다.

그림 1-3 설치 성공

설치가 끝나고 그림 1-4와 같이 "Disable path length limit(경로 길이 제한 해제)"이라는 메시지를 보게 될 수도 있다. "Disable path length limit" 메시지를 클릭하면 해당 설정에 대한 변경을 확인하라는 메시지가 뜰 것이다.

그림 1-4 설치 성공 및 경로 길이 제한 메시지

설치가 끝나면 Close를 클릭해 설치 프로그램을 종료한다.

 주의 사항

파이썬 설치 프로그램 문제

파이썬 다운로드 웹 페이지는 여러분이 사용하는 운영체제가 무엇인지 알아낸 다음, 알맞는 파일을 다운로드할 수 있도록 자동으로 다운로드 버튼을 표시한다. 하지만 이 기능이 동작하지 않을 때도 있다. 이때는 웹 페이지에서 다운로드 버튼을 찾을 수 없을 것이다. 만약 이런 문제가 발생하면 다운로드 페이지에 표시된 옵션에서 여러분의 운영체제를 선택한 다음 최신 릴리스를 찾으면 된다.

파이썬은 꽤 정기적으로 업그레이드된다. 따라서 여러분이 다운로드하려는 버전이 그림 1-1의 버전과 다를 수도 있다(예를 들어 버전이 3.6.3까지 올라갔을 수도 있다). 이는 문제가 아니다. 버전 숫자가 3.n이기만 하면 이 책의 샘플 프로그램을 사용하는 데 문제가 없다.

파이썬 시작

이제 파이썬 언어 지원 환경을 구성하고 파이썬을 사용할 준비를 할 차례다. 이는 마치 새로운 아파트나 주택의 정문을 여는 순간이나 이제 막 구입한 반짝이는 새 차에 타는 순간과 같다.

여러분이 사용할 툴은 IDLE라고 부르며, '통합 개발 학습 환경Integrated Development Learning Environment'을 의미한다. 혹은 몬티 파이썬Monty Python 코미디 팀의 구성원 중 한 명인 에릭 아이들Eric Idle을 나타내는 것일 수도 있다. IDLE는 파이썬을 사용하기 위한 두 가지 방법을 제공한다. 첫 번째로 '쉘'의 경우 파이썬 명령어를 입력해 즉시 실행시킬 수 있다. 두 번째로 텍스트 편집기의 경우 여러분이 프로그램 코드 문서를 작성할 수 있다. IDLE는 거의 모든 운영체제에서 사용 가능하다.

Open IDLE

우선 IDLE 환경을 연다. 윈도우 10의 경우 **Start** 버튼을 클릭한 다음, 파이썬 프로그램 그룹에서 IDLE를 찾는다(그림 1-5).

그림 1-5 IDLE 시작

IDLE를 시작 메뉴에 추가하거나 태스크바에 고정시켜두는 것도 좋은 방법이다. IDLE를 우클릭한 다음 적절한 옵션을 선택하면 된다.

맥OS나 리눅스의 경우 터미널을 연 다음 **idle**을 입력하고 엔터를 누른다. 어떤 운영체제를 사용하든 IDLE가 실행되고 나면 그림 1-6과 같이 IDLE 명령어 쉘이 화면에 나올 것이다.

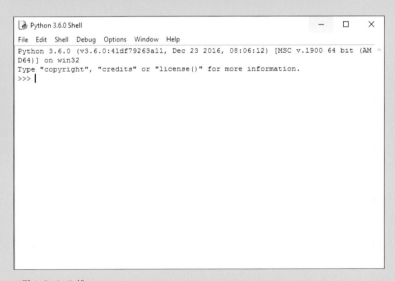

그림 1-6 IDLE 쉘

쉘은 무언가를 둘러싸거나 감싼다. IDLE 프로그램은 파이썬 엔진을 둘러싼다. 파이썬 엔진은 파이썬 프로그램을 실행하는 역할을 한다. IDLE 파이썬 쉘은 여러분이 입력하는 파이썬 명령어를 받아서 해당 명령어를 파이썬 엔진에 공급한 다음 결과를 화면에 표시한다.

IDLE 쉘을 음식점의 웨이터라고 생각해보자. 웨이터에게 무엇을 먹을지 말하면 웨이터는 주방으로 가서 주방장에게 해당 요리를 만들라고 요청하고 요리가 완성되면 여러분이 앉은 탁자로 가져온다. 웨이터는 주방을 감싸는 '쉘' 역할을 한다.

IDLE을 사용해 파이썬에게 '안녕'이라고 말해보자(그림 1-7). hello라고 입력한 다음 엔터 키를 누른다.

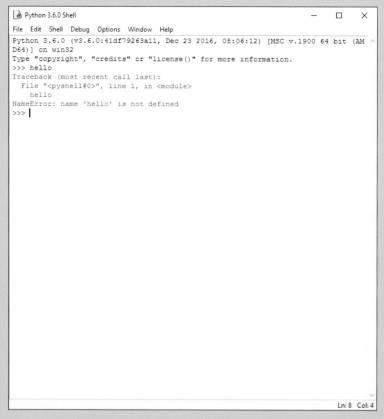

그림 1-7 hello 실행 실패

파이썬에게 인사하는 것은 잘 되지 않았다. 경험으로 보아 컴퓨터가 메시지를 빨간 색으로 출력하는 것은 대개 안 좋은 소식이다. 이 경우 빨간 색의 장황한 메시지는 파이썬이 "hello"라는 단어를 인식하지 못한다는 사실을 말하고 있다. 명령어를 입력할 때마다 파이썬 쉘 뒤에 있는 프로그램은 자신이 이해할 수 있는 단어 목록을 쭉 살펴보면서 일치하는 단어를 찾으려 노력한다. "hello"라는 단어는 해당 목록에 정의돼 있지 않기 때문에 파이썬은 위의 오류 메시지를 표시한다.

이는 웨이터에게 주방장이 조리법을 모르는 요리를 요청하는 것과 비슷하다.

파이썬 쉘이 "'hello'가 의미하는 것이 뭔지 모르겠다"라고 출력해도 된다. 하지만 그렇게 되면 일이 너무 쉬워진다. 여러분이 이미 알고 있거나 앞으로 알게 되겠지만 컴퓨터 오류 메시지는 간단한 실수를 정말 복잡하게 보이게끔 하는 재주가 있다.

2장에서 컴퓨터가 프로그램을 실행할 때 실제 무엇을 수행하는지 알아보기 위해 파이썬 쉘을 사용하는 법에 대해 좀 더 자세히 알아볼 것이다. 하지만 현재로써는 "import this"라고 입력하면서 이번 절을 마칠 것이다(그림 1-8). 이는 숨겨진 메시지를 활성화한다.

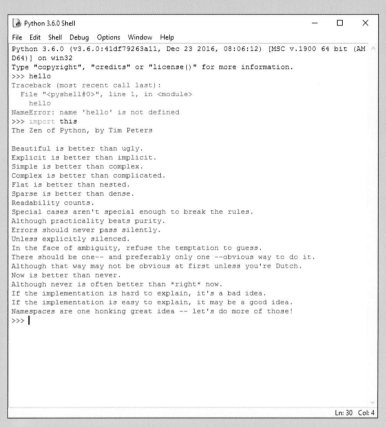

그림 1-8 파이썬의 선(The Zen of Python)

'파이썬의 철학(Philosophy of Python)'을 찾고 있다면 위의 숨겨진 메시지가 도움이 될 것이다. 아마도 이 메시지가 파이썬의 일부로서 오랜 동안 살아남은 이유일 것이다. 위의 문장 중 일부가 다소 심오하게 느껴지더라도 걱정할 필요가 없다. 이 책을 배워 나가면서 문장들도 함께 이해해보자.

요약

1장에서는 파이썬 언어와 IDLE 개발 환경을 설치함으로써 작업 공간을 스스로 만들어 봤다.

파이썬은 프로그래밍 언어이며, 프로그래밍 언어는 프로그래머가 컴퓨터에서 무언가를 작업하는 방법을 영어의 단순화된 형태로 알려준다는 점을 배웠다.

파이썬 언어에게 인사를 건네기도 했고, 파이썬 언어에게 너무 친근하게 다가가는 것은 별로 도움이 되지 않는다는 점도 배웠다. 친근하게 다가가는 대신에 컴퓨터에게 정확한 명령어를 제시해야 한다. 정확한 명령어를 제시하면 컴퓨터는 놀랍도록 말이 많아질 수도 있다는 사실도 알았다.

1장에 대한 이해도를 높이기 위해 컴퓨터와 프로그램, 프로그래밍에 관한 아래 심화 질문에 대해 고민해볼 필요가 있다.

프로그램과 애플리케이션의 차이점은 무엇인가?

소프트웨어에 관해 이야기할 때 프로그램과 애플리케이션이라는 단어가 혼용된다. 저자가 프로그램에 대해 이야기할 때는 컴퓨터에게 무엇을 할지 명령하는 코드를 말하는 것이다. 나는 애플리케이션이 좀 더 규모가 크고 개발된 무언가를 의미한다고 생각한다. 애플리케이션은 프로그램 코드와 이미지와 사운드와 같은 자산을 한데 모아서 사용자에게 완전한 경험을 제공한다. 프로그램은 파이썬 코드 몇 줄과 같이 간단한 것을 의미할 수 있다.

인공지능 덕분에 언젠가는 프로그램을 작성할 필요가 없어질까?

매우 깊이 있는 질문이다. 인공지능은 컴퓨터가 잘 추측하도록 하기 위해 많은 사람들이 매우 열심히 노력하는 분야다. 컴퓨터에게 많은 정보를 주고 정보가 어떤 식으로 연관되는지 컴퓨터에게 알려준다. 그러면 프로그램은 이런 정보를 활용해 문장의 맥락에 대해 훌륭하게 추측할 수 있다.

나는 인간이 어떤 것의 의미에 대해 '추측'한다고 생각한다. 의사는 환자가 약을 먹기 전에 뜨거운 목욕물을 정말로 마시길 원할 수도 있다(1장의 초반에 등장한 지시사항을 그대로 따르는 경우). 이 경우 내가 환자라면 의미를 잘못 추측하고 의사가 원하는 대로 행동하지 않게 된다. 하지만 인간은 경험을 저장하고 연결하는 능력이 훨씬 뛰어나다. 따라서 지적인 능력을 보여줄 때는 컴퓨터가 훨씬 불리하다. 아마도 시간이 지나면 이는 변할 것이다. 이미 금융이나 의료 진단, 인공지능 등 특정 전문 분야에서 이런 변화가 나타나고 있다.

하지만 인공지능을 이용해 컴퓨터에게 우리가 무엇을 하길 원하는지 정확하게 지시하기까지는 꽤나 오랫동안 프로그래머가 필요할 것이다. 여러분이 주택담보 대출을 다 갚을 정도로 충분히 오랜 시간 동안 필요할 것이라는 점은 확실하다.

IDLE만이 프로그램을 작성하는 유일한 툴인가?

그렇지 않다. 프로그램을 작성하기 위해 여러 툴을 사용할 수 있다. 어떤 툴은 특정 프로그래밍 언어만 사용할 수 있고 어떤 툴은 좀 더 범용적이다. 내가 좋아하는 툴은 비주얼 스튜디오Visual Studio다. 비주얼 스튜디오는 파이썬을 포함해 많은 프로그래밍 언어와 함께 사용할 수 있다. 하지만 비주얼 스튜디오는 프로그래밍을 시작하는 사람에게는 다소 복잡할 것이다. 마치 레이싱카로 운전을 배우는 것과 비슷하다. 이 책의 3부에서 비주얼 스튜디오와 비주얼 스튜디오의 사촌격인 비주얼 스튜디오 코드에 대해 살펴본다.

만약 프로그램을 망가뜨리면 어떻게 해야 하나?

어떤 사람들은 프로그램을 가지고 작업하다가 어떻게든 해당 프로그램을 망가뜨리지는 않을까 걱정한다. 나 역시 그런 걱정을 해본 적이 있다. 하지만 무언가를 할 때마다 되돌릴 수 있는 방법을 마련해 둠으로써 이런 두려움을 극복했다. 여러분은 현재 프로그래밍 입문 단계라는 행복한 위치에 있다. 그리고 이제 막 컴퓨터에 파이썬을 설치하는 법을 배웠다. 프로그램을 실행한다고 해서 설치한 파이썬을 망가뜨릴 가능성은 거의 없다. 무언가 아주 잘못돼 설치한 파이썬이 망가져서 더 이상 동작하지 않는다고 하더라도 해당 프로그램을 재설치한 다음 다시 시작하면 된다.

2

파이썬과
프로그래밍

학습 목표

2장에서는 파이썬을 사용해본다. 그 전에 먼저 약간의 조사를 통해 프로그래머란 무엇이며 컴퓨터 프로그램이 실제로 무엇을 수행하는지 알아보겠다. 또한 파이썬 프로그래밍 언어를 살펴보고 파이썬이 소프트웨어 개발에 왜 적합한지도 살펴본다.

프로그래머의 역할

이전에 프로그래밍을 해본 적이 없더라도 걱정할 필요가 없다. 프로그래밍은 매우 복잡한 첨단 과학이 아니다. 프로그래밍을 배우는 데 있어 어려운 점은 프로그래밍을 시작할 때 많은 아이디어와 개념을 다뤄야 한다는 점이다. 이런 아이디어와 개념 때문에 헷갈릴 수도 있다. 하지만 여러분이 프로그래밍을 학습하는 일이 어려워서 이를 해낼 수 없을 것 같다는 생각이 든다면 그런 생각은 잠시 접어 두길 바란다. 프로그래밍은 아이들을 위한 생일 파티를 계획하는 것만큼이나 쉽다.

프로그래밍과 파티 계획하기

한 아이의 생일 파티를 준비한다면 누구를 초대할지 결정해야 한다. 채식주의자용 피자를 먹어야 하는 친구는 누구인지, 다툼을 방지하기 위해 어떤 아이들을 서로 옆에 앉히지 말아야 할지 기억해야 한다. 친구들이 집에 돌아갈 때 어떤 선물을 줄지와 파티에서 뭘 하고 놀지도 고민해야 한다. 이런 계획을 쉽게 수행하기 위해 그림 2-1과 같은 목록을 사용해서 파티를 준비할 수 있다. 프로그래밍은 바로 이런 것이다. 프로그래밍은 한마디로 체계적으로 정리하는 과정이라고 할 수 있다.

초대 목록	메뉴	일정	손님 선물
롭	피자	오후 3:00 도착	모자
마리	과자	오후 3:30 비디오 게임	호루라기(미정)
데이빗	소다	오후 4:30 식사	과자
제니	콜라	오후 5:15 마술 공연	퍼즐
크리스	오렌지 주스		책
이모젠			
모			
선일			

그림 2-1 파티 준비는 프로그래밍과 매우 닮았다. 이처럼 체계적으로 구성해야 한다.

파티를 준비할 수 있다면 프로그램도 작성할 수 있다. 프로그램에서 일어나는 일이 약간 다르긴 하지만 기본 원칙은 동일하다. 또한 프로그램이 여러분이 생성하고 관리하는 요소를 갖추고 있기 때문에 원하는 대로 결과를 만들어낼 수 있다. 게다가 프로그래밍을 어느 정도 경험한 다음에는 수행하는 모든 일을 체계적으로 처리하는 능력이 생길 수 있다. 따라서 프로그래밍을 약간 경험했다면 훌륭한 주최자로 거듭날 수 있다.

대다수 사람들은 프로그래밍을 '아무도 이해하지 못하는 어떤 일을 해서 돈을 많이 버는 것'이라고 정의한다. 하지만 나는 프로그래밍이 '주어진 문제에 해결책을 마련하고 이를 컴퓨터 시스템이 이해하고 해결할 수 있는 형태로 표현하는 일'이라고 생각한다. 이런 관점에서 볼 때 프로그래밍에는 다음 두 가지 사항이 필수다.

- 문제를 해결하기 위한 프로그램을 작성하기 전에 해당 문제를 스스로 해결할 수 있어야 한다.

- 컴퓨터에게 지시하고자 하는 내용을 컴퓨터가 이해할 수 있도록 해야 한다.

프로그램을 조리법과 비슷하다고 생각해도 좋다. 케이크를 굽는 법을 모른다면 다른 누군가에게 케이크를 굽는 법을 알려줄 수 없다. 또한 상대편이 '밀가루와 설탕을 부드럽게 섞어서 반죽을 만들어라'와 같은 지시사항을 이해하지 못한다면 그에게 케이크 굽는 법을 알려줄 수도 없다.

프로그램을 만들기 위해서는 고민해서 찾은 해결책을 컴퓨터가 수행할 수 있도록 간단한 단계로 써봐야 한다.

프로그래밍과 문제 해결

나는 또한 프로그래머가 배관 수리공과도 비슷하다고 생각한다. 배관 수리공은 공구와 부품으로 가득 찬 큰 가방을 가지고 현장에 도착한다. 배관공은 한동안 배관 문제를 살펴본 다음 다양한 공구와 부품을 꺼내고, 부품들을 조합해 배관 문제를 해결한다. 프로그래밍도 마찬가지다. 해결해야 할 문제가 있고, 마음껏 사용할 수 있는 공구들로 가득 찬 큰 가방을 갖고 있다고 가정하자. 이때 프로그래밍 언어가 바로 공구다. 여러분은 문제를 살펴본 다음, 이를 어떻게 해결해야 할지 찾아내야 한다. 그러고 나서 프로그래밍 언어를 조합해 문제를 해결한다. 프로그래밍 방법은 문제의 각 부분을 해결하기 위해 어떤 공구를 공구 가방에서 꺼내야 할지 아는 것이다.

문제를 가지고 이를 컴퓨터에게 제공할 수 있는 일련의 명령어로 쪼개는 방법은 프로그래밍에 있어 흥미로운 부분이다. 하지만 프로그래밍을 학습하는 것은 프로그래밍 언어를 학습하는 것과는 전혀 다른 문제다. 또한 프로그래밍은 문제를 해결하는 프로그램을 떠올리는 것과도 전혀 다른 문제다. 프로그램을 작성할 때는 많은 사항을 고려해야 한다. 그렇다고 초기에 이런 사항 모두가 문제점에 직접 연관된 것은 아니다. 예를 들어 어떤 고객을 위한 프로그램을 작성한다고 가정해보자. 고객은 문제를 인식했고, 여러분이 해당 문제를 해결하기 위해 프로그램을 작성해줬으면 한다. 또한 고객이 우리보다 컴퓨터에 관해 훨씬 덜 알고 있다고 가정하자.

초기에 여러분은 프로그래밍 언어와 컴퓨터 종류 등에 관한 이야기는 전혀 하지 않고, 대신 고객이 원하는 바가 무엇인지 파악하는 데 주력할 것이다. 프로그래머는 해결책을 떠올리는 데 있어 자부심을 갖고 있기 때문에 문제점을 듣자마자 즉시 해당 문제를 해결할 방법을 생각하기 시작한다. 이는 마치 반사 작용과 같다. 안타깝게도 많은 소프트웨어 프로젝트가 실패하는 이유는 프로그래머들이 엉뚱한 문제를 해결했기 때문이다. 고객이 갖고 있지 않은 문제에 대해 완벽한 해결책을 찾아내는 것은 실제로 매우 자주 일어나는 일이다. 이러한 소프트웨어의 개발자들은 무엇이 필요한지 전혀 알아내지 못한 것이다. 대신에 프로그래머가 필요하다고 생각되는 것을 만든다. 고객은 개발자가 더 이상 질문을 하지 않기 때문에 올바른 해결책이 만들어지는 중이라고 믿는다. 마지막에 고객에게 프로그램을 전달할 무렵에야 안타까운 진실이 밝혀진다. 이처럼 프로그래머가 고객이 무엇을 필요로 하는지 정확히 이해할 때까지 작업을 연기해야 하는 것은 매우 중요하다.

여러분이 고객에게 바로 말할 수 있는 것 중 최악은 '전 그걸 할 수 있어요'이다. 이렇게 말하는 대신 '이게 고객이 원하는 것인가?', '내가 문제의 원인을 정말 이해하고 있는가?'를 먼저 자문해야 한다. 이렇게 스스로에게 질문하는 것은 일종의 자기 훈련이다. 문제를 해결하기 전에 문제가 무엇인지에 대해 빈틈 없는 정의를 내려야만 한다. 그리고 해당 정의는 여러분과 고객 모두가 동의할 수 있어야 한다.

실제로 이런 정의를 기능 설계 명세서functional design specification 혹은 FDS라고 부른다. 기능 설계 명세서는 고객이 원하는 바를 정확히 나타낸다. 여러분과 고객 모두가 기능 설계 명세서에 서명한 뒤, 여러분이 기능 설계 명세서에 따라 동작하는 시스템을 제공한다면 고객은 시스템 구축 비용을 지불할 것이다. 따라서 기능 설계 명세서를 만든 이후에 해당 문제를 해결하는 방법을 고민하면 된다.

자신을 위한 프로그램을 작성 중이라면 명세서가 필요 없다고 생각할 수도 있지만 명세서는 반드시 필요하다. 어떤 형태의 명세서를 작성함으로써 문제점을 매우 세세하게 고민할 수 있다. 또한 명세서 작성을 통해 시스템에 불필요한 것들을 고민해볼 수 있다. 고객과 일할 때만큼이나 자신을 위한 무언가를 만들 때에도 이러한 명료함이 필요하다. 명세서를 작성함으로써 처음부터 무엇을 만들어야 할지 정할 수 있다.

프로그래머를 위한 조언
명세서는 반드시 항상 있어야 한다

나는 돈을 받고 프로그램을 작성한 경험이 많다. 하지만 견고한 사양서를 작성하지 않은 채 프로그램을 작성한 적은 없다. 사양을 정의하는 것은 친구를 위해 작업할 때조차도 중요하다(어쩌면 더 중요할 수도 있다).

현대 개발 기법은 고객을 개발의 중심에 놓고 고객이 지속적으로 설계 과정에 참여하도록 한다. 프로젝트 초반에 확정적인 사양을 정하기가 매우 어렵기 때문에 이런 접근법은 매우 유용하다. 개발자로서 여러분은 고객의 업무를 많이 알지 못하고, 고객은 여러분이 문제를 해결하기 위해 사용할 기술의 제약사항과 가능성에 대해 알지 못한다. 여러 버전의 해결책을 만들면서 다음 버전으로 넘어가기 전에 고객과 각 버전에 관해 논의해보는 것도 좋은 생각이다. 이를 프로토타이핑^{prototyping}이라 부른다.

문제 해결에 대한 이러한 접근법은 여러분이 사용하는 프로그래밍 언어와 무관하게 큰 도움이 될 것이다. 생일 파티를 포함해 무언가를 준비할 때는 충분한 사양을 확보해야 한다. 또한 결정사항에 대해 자의적으로 결정하는 것이 아니라 고객과 충분히 논의하는 것도 중요하다.

프로그래머와 사람

고객이 무엇을 원하는지 알아내는 것은 프로그래밍 작업에서 가장 중요하다. 하지만 다른 사람과의 의사소통 역시 중요하다. 예를 들어 부유한 후원자에게 여러분이 차세대 큰 사업거리에 대한 아이디어가 있다고 확신시키려 할 수 있다. 또한 잠재적인 고객에게 여러분이 그들의 문제를 해결할 최상의 해결책을 갖고 있다고 확신시키려 할 수도 있다.

모든 프로그래머가 처음부터 의사소통을 잘하는 건 아니다. 하지만 기억해야 할 중요한 점은 새로운 프로그래밍 언어를 배우듯이 의사소통 기술도 배워야 하다는 것이다. 의사소통 능력을 기르기 위해서는 여러분이 편안함을 느끼는 영역에서 벗어나야 한다. 어느 누구도 처음부터 관객 앞에 서는 것을 좋아하지는 않는다. 하지만 많이 연습하면 의사소통 기술을 정복하고 프로그래밍 업을 오랫동안 지속할 수 있는 가능성을 크게 증가시킬 수 있다.

효과적인 의사소통은 글쓰기로도 이어진다. 다른 사람이 읽을 수 있는 문서를 생성하는 능력은 매우 유용한 기술이며 이를 위한 최선의 방법은 다시 말하지만 연습이다. 블로그나 일기 쓰기를 시작하는 것도 이를 위한 좋은 방법이다. 처음에는 여러분의 어머니가 블로그의 유일한 독자라도 상관없다. 중요한 건 정기적으로 무언가를 쓰는 것이다. 관심 있는 무언가에 관해 쓸 때 글쓰기 능력이 훨씬 빨리 늘 것이다(내 경우 프로그래밍에 관해 쓴다. 짜잔! 나의 블로그 주소는 www.robmiles.com이다).

자료 처리기 역할을 하는 컴퓨터

이제 프로그래머가 하는 일을 알았으니 컴퓨터란 무엇이며 컴퓨터를 그토록 특별하게 만드는 것이 무엇인지 고민해보자.

기계와 컴퓨터, 우리

인간은 도구를 제작하는 데 뛰어난 종족이다. 인간은 삶을 더 쉽게 만들기 위해 무언가를 수천 년 동안 개발해왔다. 인간은 농사를 효율적으로 만드는 쟁기와 같은 기계적인 기구부터 시작해서 지난 세기에는 전자 장치, 더 최근에는 컴퓨터를 개발했다.

컴퓨터가 더 작아지고 저렴해지면서 컴퓨터는 우리를 둘러싼 것들에 영향을 미치기 시작했다. 많은 장치들(예를 들어 휴대폰)이 탄생할 수 있었던 이유는, 내부에 해당 장치를 동작하도록 만드는 컴퓨터를 탑재하고 있기 때문이다. 하지만 컴퓨터가 무엇을 수행하는지 기억할 필요가 있다. 컴퓨터는 이전에 두뇌의 힘을 필요로 했던 작업을 자동화한다. 컴퓨터가 특별히 영리한 건 아니다. 컴퓨터는 그저 주어진 명령어를 따를 뿐이다.

컴퓨터는 소시지 기계가 고기를 다루는 방식과 동일하게 자료를 처리한다. 한쪽 끝에 무언가가 주어지고 어떤 처리가 수행된 다음 무언가가 다른 쪽 끝으로 나온다. 프로그램이 코치가 경기 전에 축구 팀에 주는 명령과 비슷한 것이라고 생각해도 좋다. 코치는 아마도 "너희들이 왼쪽에서 공격하면 제리와 크리스가 되돌아와야 한다. 하지만 필드 쪽으로 공을 찬다면 제리가 공을 쫓아야 한다"와 같은 말을 할 것이다. 그리고 나서 게임이 진행됨에 따라 축구 팀은 상대편을 제압할 수 있는 방식으로 상황에 대처할 것이다.

하지만 컴퓨터 프로그램과 축구 게임에서 축구 팀이 행동하는 방식에는 한 가지 중요한 차이점이 있다. 축구 선수는 이해할 수 없는 명령이 주어진 경우 이를 알아챌 수 있을 것이다. 만약 코치가 "너희들이 왼쪽에서 공격하면 제리가 애국가의 첫 번째 소절을 부른 다음, 출구 쪽으로 최대한 빨리 뛰어가라"라고 말한다면 선수는 항의를 할 것이다.

안타깝게도 프로그램은 자신이 처리하는 자료가 말이 되는지 알지 못한다. 이는 소시지 기계가 자신이 처리할 것이 고기가 맞는지 모르는 것과 같다. 소시지 기계에 자전거를 넣으면 소시지 기계는 자전거를 소시지로 만들려고 할 것이다. 이와 비슷하게 무의미한 자료를 컴퓨터에 넣으면 컴퓨터는 해당 자료를 가지고 무의미한 것을 수행할 것이다. 컴퓨터에게 있어 자료는 입력되고 있는 신호 패턴에 불과하다. 여기서 입력 신호 패턴은 다른 신호 패턴을 만들기 위해 어떤 식으로 처리돼야 한다. 컴퓨터 프로그램은 컴퓨터에게 입력 자료를 가지고 무엇을 하고 출력 자료가 어떤 형태를 지녀야 할지 알려주는 순차적인 명령어 집합이다.

일반적인 자료를 처리하는 대표적인 애플리케이션의 처리 과정을 살펴보자(그림 2-2 참고).

- 휴대폰 – 휴대폰 내의 마이크로 컴퓨터는 라디오로부터 신호를 받아서 이를 소리로 변환한다. 동시에 마이크로부터 신호를 받아서 비트로 구성된 패턴으로 변환한 다음, 해당 패턴을 라디오를 통해 송신한다.

- 자동차 – 엔진 내 마이크로 컴퓨터는 센서로부터 현재 엔진 속도, 도로 속도, 공기 중 산소 함유량, 엑셀레이터 설정 등의 정보를 받는다. 마이크로 컴퓨터는 엔진 성능을 최적화하기 위해 연료 분사 설정과 점화 플러그 타이밍 등을 제어하기 위한 전압을 생성한다.

- 게임기 – 컴퓨터는 컨트롤러로부터 명령을 받아서 이를 사용해 게이머를 위해 게임이 만들어 내고 있는 가상 세계를 관리한다.

입력		출력
라디오 신호 터치패드	휴대폰	소리 사진
온도 압력 스로틀	자동차	연료 분사기 점화 타이밍
게임패드	게임기	게임 플레이

그림 2-2 장치에 적용된 컴퓨터

오늘날 만들어진 복잡한 장치 대부분은 성능을 최적화하기 위한 자료 처리 구성요소를 가진다. 어떤 장치들은 자료 처리 구성요소 덕분에 존재하기도 한다. 'IoT^{Internet of Things}'가 성장하면서 컴퓨터는 엄청나게 넓은 영역에 적용됐다. 자료 처리를 숫자를 계산하고 결과를 출력하는 것, 예를 들어 회사의 급여를 계산하는 것(전통적인 컴퓨터 사용법) 이상으로 생각해야 한다. 소프트웨어 엔지니어로서 우리는 자료 처리 구성요소를 다른 장치에 적합하게 맞추느라 많은 시간을 소비할 수 밖에 없을 것이다. 이런 임베디드 시스템 덕분에 많은 사람은 자신이 사용 중인 장치가 컴퓨터라는 사실을 인지하지도 못한 채 컴퓨터를 사용한다.

프로그래머를 위한 조언

소프트웨어는 생사가 걸린 문제가 될 수도 있다

겉보기에 위험하지 않아 보이는 프로그램이 생명을 위협할 수도 있다는 점을 기억하자. 예를 들어 의사가 환자에게 약을 얼마나 처방할지 계산하는 프로그램이 있다고 해보자. 이 경우 프로그램의 오류는 신체적인 피해로 이어질 수 있다(오류가 있다면 의사가 눈치챌 것이다. 하지만 어떻게 될지는 아무도 모르는 것이다). 인터넷에서 **Therac-25**를 검색해보라. 프로그래머가 기본적인 부분에 신경을 쓰지 않을 때 얼마나 잘못된 일들이 일어날 수 있는지를 살펴볼 수 있다.

자료 처리기 역할을 하는 프로그램

그림 2-3은 컴퓨터의 역할을 나타낸다. 자료가 컴퓨터에 입력되 컴퓨터가 자료를 처리한 다음, 자료가 컴퓨터에서 나온다. 자료가 어떤 형태를 지니고 출력이 무엇을 의미하는지는 전적으로 우리한테 달려 있다.

그림 2-3 자료 처리기 역할을 하는 컴퓨터

앞에서 언급했듯이 그림 2-4와 같이 프로그램을 조리법으로 생각해볼 수도 있다.

그림 2-4의 예에서 요리사는 컴퓨터의 역할을 하고 조리법은 요리사가 재료로 무엇을 할지를 제어하는 프로그램이다. 조리법은 많은 다양한 재료를 다룰 수 있으며 프로그램 역시 다양한 입력을 처리할 수 있다. 예를 들어 프로그램은 여러분의 나이와 여러분이 보고 싶어하는 영화의 제목을 입력 받은 다음, 영화의 관람 등급에 따라 여러분이 해당 영화를 봐도 되는지 여부를 출력으로 제공할 수 있다.

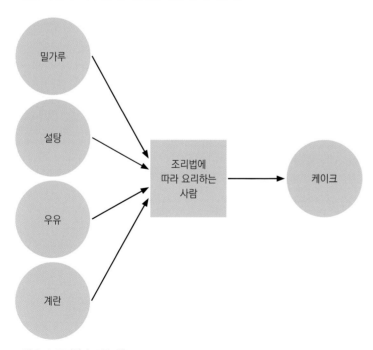

그림 2-4 조리법과 프로그램

자료 처리기 역할을 하는 파이썬

파이썬 자체를 자료 처리기로 간주해도 된다(그림 2-5). 파이썬으로 작성된 코드는 파이썬 엔진에 입력된다. 그리고 나서 파이썬 엔진은 출력을 만들어낸다.

그림 2-5 자료 처리기 역할을 하는 파이썬

앞에서 살펴봤듯이 때때로 오류가 출력이 될 수 있다(앞서 hello를 입력한 경우). 또 어떤 경우에는 출력이 파이썬 언어의 본질에 관한 철학적 문장이 될 수도 있다(앞서 import this 를 입력한 경우). 파이썬 언어가 어떤 식으로 동작하는지에 관해 더 자세히 알아보기 위해 파이썬 명령어 쉘을 사용해보자.

 직접 해보기

파이썬과 대화하기

마지막으로 파이썬과 대화했을 때는 그다지 많은 말을 걸지 않았다. 이제 좀 더 깊이 있는 대화를 나눠보고 파이썬 언어가 어떤 식으로 동작하는지에 관해 어떤 점을 알아낼 수 있을지 살펴보자. 우선 이전 장과 마찬가지로 IDLE 명령어를 사용해 파이썬 쉘을 실행해보자.

```
Python 3.6.0 Shell                                      —    □    ×
File  Edit  Shell  Debug  Options  Window  Help
Python 3.6.0 (v3.6.0:41df79263a11, Dec 23 2016, 08:06:12) [MSC v.1900 64 bit (AM
D64)] on win32
Type "copyright", "credits" or "license()" for more information.
>>>
                                                              Ln: 3  Col: 4
```

1장에서는 파이썬에게 **hello**라고 말하려 했지만 좋은 결과를 얻지 못했다. 따라서 명령어 쉘에게 숫자와 같이 컴퓨터가 이해할 만한 무언가를 입력해보자. 숫자 **2**를 입력한 다음 **엔터** 키를 누른다.

```
Python 3.6.0 Shell                                                    —    □    ×

File  Edit  Shell  Debug  Options  Window  Help

Python 3.6.0 (v3.6.0:41df79263a11, Dec 23 2016, 08:06:12) [MSC v.1900 64 bit (AM
D64)] on win32
Type "copyright", "credits" or "license()" for more information.
>>> 2
2
>>>

                                                                      Ln: 5  Col: 4
```

이번에는 오류가 발생하지 않는다. 2가 출력 결과로 바로 나온다. 이는 마치 파이썬 쉘이 답을 계산해서 우리한테 출력한 것처럼 보인다. **2+2**와 같이 합을 구하는 표현식을 입력해 파이썬 쉘이 정말 답을 계산하는지 확인해보자.

```
Python 3.6.0 Shell                                                    —    □    ×

File  Edit  Shell  Debug  Options  Window  Help

Python 3.6.0 (v3.6.0:41df79263a11, Dec 23 2016, 08:06:12) [MSC v.1900 64 bit (AM
D64)] on win32
Type "copyright", "credits" or "license()" for more information.
>>> 2
2
>>> 2+2
4
>>>

                                                                      Ln: 7  Col: 4
```

이번에는 2+2를 그대로 출력하는 대신 파이썬 쉘이 우리가 입력한 표현식을 평가해서 결과를 반환한 것처럼 보인다.

파이썬 쉘이 입력한 명령어를 받아서 어떤 식으로 해당 명령어를 처리하는 것처럼 보인다. 사실 파이썬 쉘은 실제 그런 방식으로 동작한다. 파이썬의 중심에는 표현식 평가기가 있다. '표현식 평가기'라고 하면 매우 거창하게 들리는데, 실제로는 우리를 대신해서 무언가를 처리해주는 것을 의미한다. 파이썬 쉘에게 평가식을 입력하면 해당 평가식의 답을 출력한다. 그림 2-6은 간단한 표현식이 어떤 식으로 구성되는지를 나타낸다.

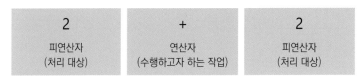

2	+	2
피연산자 (처리 대상)	연산자 (수행하고자 하는 작업)	피연산자 (처리 대상)

그림 2-6 간단한 표현식의 구성 방식

표현식의 처리 대상이 되는 항목을 피연산자^{operand}라고 부른다. 실제 작업을 수행하는 것을 연산자^{operator}라고 부른다. 2+2의 경우 두 개의 피연산자(2 두 개)가 있고 하나의 연산자(더하기)가 있다. 표현식을 파이썬 쉘에 입력했을 때 파이썬 쉘은 연산자와 피연산자를 식별한 다음 답을 계산한다.

 주의 사항

잘못된 표현식

파이썬이 이해할 수 없는 무언가를 입력하면 무슨 일이 일어날 수 있는지 이미 살펴봤다. 즉, 오류 메시지가 발생한다. 마찬가지로 파이썬에게 유효하지 않은 표현식을 입력하면 오류 메시지가 발생한다.

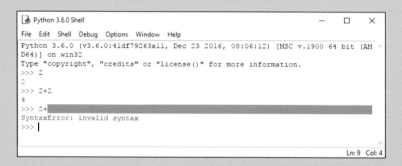

위의 예에서 프로그래머가 2+를 입력했다. 해당 표현식은 유효하지 않기 때문에 파이썬 쉘은 빨간 바와 빨간 오류 메시지를 표시한다.

파이썬은 표현식을 계산하는 데 매우 뛰어나다. 원한다면 계산기 대신 파이썬을 사용할 수 있다. 파이썬은 덧셈 전에 곱셈을 수행하고 괄호를 지키는 등 수학자가 계산을 수행하는 것과 동일한 방식으로 표현식을 계산한다.

표현식을 계산하기 위해 파이썬 쉘을 사용해 몇 가지 실험을 해보겠다. 지금부터는 파이썬 쉘의 스크린샷을 보여주는 대신 IDLE에서 보게 될 출력만을 보여주겠다. 즉, 이전에 시험한 세 가지 파이썬 명령어는 다음과 같을 것이다.

```
>>> 2
2
>>> 2+2
4
>>> 2+
SyntaxError: invalid syntax
```

입력된 문자는 검정색으로 표시되고 파이썬의 출력은 파란색으로 표시되고 명령어 프롬프트는 갈색으로 표시된다. 무언가 잘못되면 빨간색으로 표시된다.

 코드 분석

파이썬 표현식

가끔 "코드 분석" 절을 보게 될 것이다. 이 절은 바로 전에 확인한 코드에 대한 질문을 던진다. 답을 읽기 전에 해당 질문들에 대해 스스로 대답해보라.

질문: 2+3*4를 입력하면 어떤 결과가 나올까?

답: * (별표) 연산자는 곱셈을 의미한다. 파이썬은 수학에 사용되는 x(곱하기 기호) 대신에 별표를 사용한다. 수학에서 항상 곱하기와 나누기 같은 우선순위가 높은 연산을 덧셈 전에 수행한다. 따라서 위의 표현식이 결과 값으로 14를 출력할 것이라 예상할 수 있다. 3*4에 대한 계산이 먼저 수행돼 12를 얻게 되고 12에 2를 더하게 된다. 위의 계산을 IDLE에서 해보면 다음과 같이 예상한 대로 결과가 나올 것이다.

```
>>> 2+3*4
14
```

질문: (2+3)*4를 입력하면 어떤 결과가 나올까?

답: 괄호는 먼저 수행돼야 할 계산을 묶는다. 따라서 위의 표현식에서 (2+3)으로부터 5가 계산되고 이 값에 4가 곱해져서 결과로 20이 나온다.

```
>>> (2+3)*4
20
```

질문: (2+3*4를 입력하면 어떤 결과가 나올까?

답: 이번 질문은 매우 흥미롭다. 직접 이번 표현식을 파이썬 쉘에 입력해봐야 한다. 파이썬은 스스로에게 '내가 해결하고자 하는 표현식이 불완전하네. 닫힘 괄호가 필요해'라고 말한다. 따라서 파이썬 쉘은 여러분의 입력을 기다린다. 닫힘 괄호를 입력해 표현식을 완성하면 값이 계산돼 결과가 표시된다. 원한다면 두 번째 줄에 더 많은 계산식을 입력해도 된다.

```
>>> (2+3*4
)
14
```

질문:)2+3*4를 입력하면 어떤 결과가 나올까?

답: 파이썬은 열림 괄호 전에 닫힘 괄호를 만나는 경우 무언가가 잘못되었다는 것을 즉시 알고 오류를 표시한다.

```
>>> )2+3*4
SyntaxError: invalid syntax
```

명령어 쉘은 잘못된 문자를 강조 표시함으로써 어디서 오류가 발생했는지 파악할 수 있도록 돕는다.

스크립트 언어 역할을 하는 파이썬

파이썬 쉘을 사용해 이러한 대화를 하는 할 수 있는 이유는 파이썬이 '스크립트' 프로그래밍 언어이기 때문이다. 파이썬 쉘을 여러분이 입력하는 파이썬 명령어를 무조건 수행하는 일종의 '로봇 연기자'라고 생각해도 좋다. 즉, 파이썬 명령어 쉘에 여러분의 프로그램이 수행했으면 하는 것을 파이썬 언어를 사용해 입력한다. "로봇 연기자"는 입력한 명령어를 이해할 수 없으면 명령어를 이해할 수 없다고 말할 것이다(주로 빨간색 글씨로 표현할 것이다).

프로그램을 받아서 해당 프로그램 내의 명령어를 수행하는 과정을 프로그램을 '해석한다 interpreting'고 말한다. 연기자는 연극의 단어를 해석하면서 돈을 번다. 마찬가지로 컴퓨터는 프로그램 명령어를 해석함으로써 문제를 해결한다.

자료와 정보

이제 컴퓨터가 자료를 처리하는 기계라는 점을 이해했고, 프로그램이 컴퓨터에게 자료를 이용해 무엇을 수행해야 할지 알려준다는 점도 배웠다. 이제 자료와 정보의 본질에 관해 좀 더 깊이 살펴보자. 사람들은 자료와 정보라는 단어를 혼용한다. 하지만 컴퓨터와 인간이 자료를 고려하는 방식은 완전히 다르기 때문에 자료와 정보를 구분해야만 한다. 그림 2-7은 이 차이점을 보여준다.

컴퓨터가 보는 것   우리가 보는 것

그림 2-7 자료와 정보

그림 2-7의 두 가지 항목은 형태는 다르지만 동일한 자료를 담고 있다. 컴퓨터는 텍스트의 각 문자와 빈칸을 나타내기 위해 숫자값을 사용한다. 이러한 숫자값을 자세히 살펴보면 각 값의 의미를 알아낼 수 있다. 왼쪽 그림의 첫 번째 값인 87은 대문자 'W'를 나타낸다(오른쪽 그림의 첫 번째 단락이 "When"으로 시작하는 것을 확인할 수 있다).

컴퓨터가 자료를 담는 방식 때문에 숫자와 문자의 연관 관계 아래에 또 다른 레이어가 존재한다. 컴퓨터는 각 숫자를 켬 신호와 끔 신호(혹은 1과 0)로 이루어진 고유한 패턴으로 저장한다. 컴퓨팅의 영역에서 각 1 혹은 0을 비트[bit]라고 부른다(이런 저수준 단계에서 컴퓨터가 어떤 식으로 동작하는지 그리고 이 작동 방식이 코딩의 기초를 어떤 식으로 형성하는지에 관해 체계적으로 배우고 싶다면 찰스 펫졸드[Charles Petzold]의 『CODE 코드』(인사이트, 2010)를 읽어보자). "대문자 W"를 의미하는 값 87은 다음 방식으로 저장된다.

1010111

1010111은 87의 이진[binary] 표현이다. 지면 관계상 이와 관련해 구체적으로 어떤 식으로 동작하는지 설명할 수는 없다(또한 찰스 펫졸드가 이미 설명했다!). 여기서 간략히 설명하자면 이런 비트 패턴은 '87은 1 더하기 2 더하기 4 더하기 16 더하기 64로 구성된다'는 것을 의미한다.

이 패턴의 각 비트는 컴퓨터 하드웨어에게 특정 2의 거듭제곱이 존재한다는 사실을 알려준다. 여러분이 지금 다루고 있는 내용을 완전히 이해하지 못하더라도 걱정할 필요가 없다. 하지만 컴퓨터에 관한 한 자료는 컴퓨터가 저장하고 조작할 수 있는 1과 0의 집합이라는 점만을 기억하자. 이게 바로 자료다.

반면에 정보는 무언가를 의미하기 위해 사람들에 의해 자료를 해석한 것이다. 좀 더 구체적으로 얘기하자면 컴퓨터는 자료를 처리하고 인간은 정보에 대해 작업한다.

예를 들어 컴퓨터는 다음과 같은 비트 패턴을 메모리 어딘가에 담고 있을 수 있다.

11111111 11111111 11111111 00000000

위의 비트 패턴이 '은행에서 256달러를 초과 출금했다' 혹은 '여러분이 지하 256 피트에 있다' 혹은 '전등 32개 중 8개가 꺼졌다'는 것을 의미한다고 생각할 수도 있다. 자료를 정보로 전환하는 것은 주로 사람이 출력을 읽을 때 일어난다.

나는 지금 매우 세세한 내용에 집착하고 있다. 컴퓨터가 자신이 처리하는 자료가 의미하는 바를 '알지' 못한다는 사실을 기억하는 것이 매우 중요하기 때문이다. 컴퓨터에 있어 자료는 그저 비트 패턴일 뿐이다. 이러한 패턴에 의미를 부여하는 것은 사용자다. 실제로 여러분의 계좌에는 83달러가 없는데 8,388,608달러가 있다고 적힌 입출금 내역서를 받는다면 이 점을 기억하도록 하자.

파이썬의 자료 처리

이제 파이썬이 자료 처리기라는 점을 알고 있다. 파이썬으로 작성된 스크립트는 파이썬 시스템에 의해 해석된 다음, 파이썬 시스템은 어떤 출력을 만들어낸다. 또한 파이썬 프로그램을 실행 중인 컴퓨터 내에서 자료값은 비트 패턴(켬과 끔 패턴)으로 나타난다는 점도 배웠다.

 직접 해보기

파이썬의 텍스트 처리

파이썬이 이해할 수 있는 방식으로 파이썬에게 "hello"라고 말해보자. IDLE의 파이썬 쉘로 돌아가서 **'hello'**라고 입력한다. 이때 해당 단어를 단일 따옴표 문자로 감싼다.

```
>>> 'hello'
'hello'
```

이번에는 어떤 오류도 나지 않는다. 파이썬은 입력된 텍스트를 출력한다. 이를 이전에 숫자를 입력했을 때의 동작 방식과 비교하면 파이썬이 사실 동일한 것을 수행했다는 것을 알아챌 수 있다. 이전에 2를 입력했을 때 파이썬은 2를 출력했다. 텍스트 값을 입력했을 때 파이썬은 해당 텍스트를 출력한다. 지난 번에 숫자를 다룰 때 그 다음으로 했던 일은 덧셈이었다. 이번에는 텍스트 문자열을 더해보자.

```
>>> 'hello' + ' world'
'hello world'
```

멋지다. 파이썬은 기대하는 대로 완벽히 동작한다. 덧셈 계산을 입력하면 파이썬은 이를 계산해 계산 결과를 반환한다. 이전에 2와 2를 더해봤다. 이제는 동일한 과정을 통해 **'hello'**와 **' world'**를 더할 수 있다는 점을 발견했다. 예제에서 **' world'**와 같이 단어 앞에 빈칸을 입력한 점에 주목하자. 빈칸을 입력하지 않았다면 파이썬은 'helloworld'라고 출력했을 것이다.

+(덧셈)은 숫자 간의 연산에서도 잘 동작할 뿐만 아니라 문자열 간의 연산에서도 잘 동작한다. 이를 통해 파이썬 내부에서는 영리하게도 처리 대상에 따라 덧셈 연산을 다르게 처리함을 알 수 있다. 파이썬에게 두 개의 숫자를 더하라고 요청하면 두 수의 합을 반환한다. 파이썬에게 두 개의 문자열을 더하라고 요청하면 한 문자열이 다른 문자열에 연결된 것을 반환한다.

코드 분석

파이썬 규칙 위반

질문: 문자열을 입력할 때 닫힘 따옴표를 빼먹으면 어떻게 될까?

답: 이전에 숫자를 입력할 때 닫힘 괄호를 입력하지 않으면 파이썬은 다음 줄에 나머지 문자열이 입력되기를 기다린다. 안타깝게도 따옴표의 경우 오류가 발생한다.

```
>>> 'hello
SyntaxError: EOL while scanning string literal
```

"string literal(문자열 상수)"은 "말 그대로(literally)" 텍스트 내에 있는 문자열을 의미한다. EOL은 "End of Line(줄 종료)"을 축약한 것이다. 해당 오류 메시지에서 알 수 있듯이 파이썬 쉘은 여러분이 줄 마침 기호를 문자열에 나중에 포함시킬 기회를 주지 않는다. 파이썬은 개별적인 피연산자(숫자와 문자열)가 여러 줄에 걸쳐 표현되는 것도 허용하지 않는다. 개별적인 피연산자가 여러 줄에 걸쳐 표현되는 것은 허용하지 않지만 이미 숫자 표현식 입력할 때 봤듯이 표현식을 여러 줄에 걸쳐 표현하는 것은 가능하다(직접 시도해보라).

질문: 문자열 간에 뺄셈을 시도하면 어떻게 될까?

답: 파이썬은 영리하게도 여러분이 문자열 간에 뺄셈을 시도한다는 사실을 안다. "어떤 정수에서 다른 정수를 빼는 것"은 말이 되지만 한 문자열에서 다른 문자열을 빼는 것은 말이 안 된다.

```
>>> 'hello' - ' world'
Traceback (most recent call last):
  File "<pyshell#11>", line 1, in <module>
    'hello' - ' world'
TypeError: unsupported operand type(s) for -: 'str' and 'str'
```

문자열 간에 뺄셈을 시도하면 파이썬은 위와 같이 무언이 잘못됐는지에 관한 세부 내용을 표시한다. 위의 오류 메시지는 "문자열 간에 뺄셈은 바보 같은 짓이야"라는 말을 매우 어렵게 표현한 것이다. 위의 오류 메시지를 잘 이해하기 위해 피연산자가 "연산자의 작업 대상"이라는 점을 알아야 한다. 이번 예의 경우 연산자는 -(빼기) 연산자이고 피연산자는 두 개의 문자열(hello, world)이다. 파이썬은 두 개의 문자열 사이에 빼기 연산자를 넣을 수 없다고 말하고 있다.

질문: 문자열에 숫자를 더하면 어떻게 될까?

답: 문자열에 숫자를 더하는 것은 문자열에서 문자열을 빼는 것만큼이나 바보 같은 짓이다. 따라서 예상했겠지만 파이썬은 오류를 출력한다. 또한 예상대로 이에 대한 오류 메시지 역시 이해하기 어렵다.

```
>>> 'hello' + 2
Traceback (most recent call last):
  File "<pyshell#14>", line 1, in <module>
    'hello' + 2
TypeError: must be str, not int
```

이번에는 위의 오류 메시지를 좀 더 쉽게 이해할 수 있을 것이다. 파이썬은 무언가가 "정수가 아닌 문자열이어야 한다(must be a string, not an integer)"라고 말하고 있다(어떤 피연산자가 잘못되었는지 알려주지 않는다는 점에 있어 오류 메시지가 아주 도움이 되는 것은 아니다).

단어 'hello' 뒤에 숫자 2를 붙이고 싶다면 숫자에 따옴표를 붙여야 한다.

```
>>> 'hello' + '2'
'hello2'
>>>
```

질문: 문자열에 숫자를 곱하면 어떻게 될까?

답: 동작한다. 문자열이 주어진 숫자만큼 반복된다.

```
>>> 'hello' * 3
'hellohellohello'
```

파이썬은 자신이 말이 되는 무언가를 할 수 있을 때는 하려고 시도한다. 피연산자 간의 위치가 반대로 바뀌어도 위의 표현식은 동작한다. 또한 문자열에 0이나 음수를 곱해도 동작한다.

텍스트 자료형과 숫자 자료형

위의 결과를 자세히 살펴보면 파이썬이 숫자 표현식을 평가할 때 숫자를 반환하는 반면 문자열을 평가할 때 따옴표에 둘러싸인 텍스트를 반환한다는 점을 알 수 있다. 이는 파이 썬이 다양한 종류의 자료가 표현되는 방식에 관한 규칙을 지키기 때문이다.

파이썬은 숫자 자료(값 2)와 텍스트 자료(문자열 hello)를 엄격하게 구분한다. 값이 저장 되는 방식과 동일한 연산자에 대한 연산의 결과가 각 자료형마다 다르다. + 연산자를 사 용해 숫자나 텍스트의 문자열을 더할 수 있으며 파이썬이 해당 동작의 문맥을 이해할 수 있기 때문에 올바른 결과가 나타난다. 두 개의 숫자 사이에 + 연산자가 있는 경우 파이썬 은 숫자 버전의 +를 사용한다. 문자열 사이에 + 연산자가 있는 경우 파이썬은 문자열 버 전의 +를 사용한다.

인간도 마찬가지다. 얼굴을 씻거나 그릇을 씻거나 말horse을 씻을 수 있다. '씻는다'라는 동작은 무언가를 씻는다는 점에 있어 근본적으로는 의미가 같지만 각각의 경우에 실제 하 는 일은 다를 것이다. 언어가 '씻다wash'의 각 경우에 대해 다른 단어를 가질 수도 있을 것 이다. 예를 들어 '씻다'는 '말을 씻다'를 표현할 때만 사용하고 '얼굴을 씻다'를 표현하기 위한 다른 단어가 존재할 수도 있을 것이다. 실제 각 경우에 대해 다른 단어를 지니는 언 어도 있을 수 있겠지만 영어의 경우 그렇지 않다. 여러분이 '씻다'라는 단어를 사용한다면 해당 단어가 실제 의미하는 바를 이해하기 위해 독자들은 뇌와 경험을 활용해야 한다. 물 론 뇌와 경험은 컴퓨터가 지니지 못한 것이다. 따라서 프로그램을 작성할 때 우리가 원하 는 것을 표현하는 방식에 있어 일관성을 유지해야 한다. 파이썬(그리고 다른 프로그래밍 언 어들)은 이런 일관성을 강제하도록 설계됐다.

파이썬 함수 다루기

파이썬이 텍스트와 숫자를 어떤 식으로 처리하는지 배웠으니 텍스트 항목이 어떤 식으로 숫자와 비트 패턴으로 표현되는지 알아보자. 이를 위해 파이썬을 사용해 파이썬이 어떤 식 으로 값을 저장하는지 알아보겠다. 파이썬 언어에 기본 내장된 함수들을 사용해볼 것이다.

함수function는 어떤 행위에 구분이 가능한 이름을 붙인 것이다. 연기자가 수행해야 할 대 본을 작성 중이라면 '왼쪽으로 이동한다'와 '창 밖을 내다본다' 혹은 내가 가장 좋아하는 "곰에게 쫓기면서 탈출하라"[1]와 같은 지문을 포함할 수 있다. 연기자는 이런 지문에 나온

---

1   "곰에게 쫓기면서 탈출하라(Exit pursued by a bear)"는 셰익스피어(Shakespeare)의 『겨울이야기(The Winter's Tale)』
     에 등장하는 지문이다. – 옮긴이

동작들을 수행하는 법을 알고 있고 연극 동안에 지문의 동작들을 수행할 것이다. 이 동작을 '함수'라고 간주할 수 있다. 파이썬은 연기자와 비슷하다. 일련의 내장된 함수들을 수행하는 법을 알았으니, 이런 내장 함수 중 몇 가지를 사용해 텍스트가 컴퓨터에서 어떤 식으로 표현되는지 알아보자.

> **프로그래머를 위한 조언**
> **모든 프로그래밍 언어에 있어 함수는 중요하다**
>
> 프로그래밍 언어를 학습하는 과정 중 상당 부분은 해당 프로그래밍 언어가 제공하는 함수들을 학습하는 것이다. 상당히 많은 수의 함수를 학습하는데 향후 몇 개 장을 할애할 것이다. 그 이후에는 자신만의 함수를 작성해볼 것이다.

각 파이썬 함수는 고유의 이름을 지니며 처리해야 할 자료가 주어진다. 따라서 무언가가 함수로 입력되고 결과가 생성된다는 점에 있어 함수를 간단한 자료 처리기라고 생각해도 좋다.

ord 함수

파이썬이 수행하는 법을 알고 있는 동작 중 ord라고 불리는 것이 있다. ord는 '서수 값ordinal value'의 약자다. "서수"를 사전에서 찾아보면 설명이 매우 헷갈릴 것이다(적어도 나는 그랬다). ord 함수의 맥락에 있어 서수 값이 의미하는 바는 '연속된 문자 숫자 집합에서 해당 문자를 나타내는 값을 반환하라'이다. 좀 더 간단하게 얘기하면 '해당 문자를 나타내는 값을 반환하라'이다.

함수를 호출하기 위해서는 함수의 이름을 적고 그 뒤에 함수가 작업해야 할 것들을 괄호로 묶어야 한다. 그림 2-8은 ord 함수 호출의 구성요소를 보여준다. "함수가 작업해야 할 것"을 프로그래밍 용어로 인자라고 한다.

그림 2-8 함수 호출의 구성요소

ord를 사용해 텍스트 표현 살펴보기

ord를 사용해 텍스트가 컴퓨터 내에 어떤 식으로 저장되는지 살펴보자. 우선 특정 문자를 나타내는 데 사용되는 숫자를 찾아볼 수 있다. ord 함수에 문자 W 하나만을 담고 있는 문자열을 입력값으로 전달한 다음, 어떤 숫자가 출력되는지 살펴볼 수 있다. 다음 명령어를 IDLE의 파이썬 쉘에 입력한 다음 결과 값을 살펴보자.

```
>>> ord('W')
87
```

바로 그림 2-8에서 살펴본 함수 실행의 결과다. 미국 독립 선언문의 첫 번째 단어의 W는 값 87로 표현된다.

하지만 파이썬 표현식을 작성할 때 주의해야 한다. 우리가 관심이 있는 W는 텍스트 문자열의 일부여야 하기 때문에 해당 글자를 단일 따옴표로 묶어야 한다. 따옴표가 없으면 파이썬 시스템은 W라고 부르는 무언가에 대해 물어본다고 생각할 것이므로, 그런 것에 대해 전혀 알지 못한다고 우리에게 말할 것이다.

```
>>> ord(W)
Traceback (most recent call last):
  File "<pyshell#2>", line 1, in <module>
    ord(W)
NameError: name 'W' is not defined
```

파이썬 프로그램에서 ord 함수를 자주 사용하지는 않을 것이다. 하지만 ord 함수를 배우면 파이썬 코드가 값을 조작하는 방식을 잘 이해할 수 있다.

chr 함수

chr 함수는 ord 함수와 반대 방식으로 동작해 서로 상호 보완적인 역할을 한다. chr 함수는 숫자를 인자로 받아서 해당 숫자가 나타내는 문자를 출력한다.

chr을 사용해 숫자를 문자로 변환하기

87을 chr 함수에 입력해 어떤 결과가 나오는지 알아낸다고 해서 상금을 주는 것은 아니지만 어쨌든 시도해봐야 한다.

```
>>> chr(87)
'W'
```

문자를 나타내는 숫자들은 합리적인 방식으로 정렬되어 있다. 따라서 88에 대응하는 문자를 출력해보면 예상한 결과를 얻을 수 있다.

```
>>> chr(88)
'X'
```

컴퓨터 세계에서 어떤 숫자가 어떤 문자에 대응되는지는 국제 표준을 따른다. 나는 매우 오랫동안 컴퓨터 프로그램을 작성해왔다. 이 경험 덕분에 대문자 A가 65에 대응되고 빈칸이 32에 대응된다는 사실을 알게 됐다(빈칸 덕분에 단어 사이에 공간을 줄 수 있기 때문에 이는 매우 중요하다). 하지만 근간이 되는 운영체제와 파이썬이 텍스트 표시를 처리하기 때문에 일반적으로 어떤 문자가 어떤 숫자에 대응되는지 알 필요는 없다(더군다나 파티에서 어떤 문자가 어떤 숫자에 대응되는지 얘기하는 것이 사람들에게 좋은 인상을 남기는 데 별로 도움이 되지 않는다는 사실을 알게 됐다).

bin을 사용해 자료 저장소 살펴보기

컴퓨터 메모리를 작은 상자가 엄청나게 줄지어 있는 것으로 생각해도 좋다. 여기서 각 상자는 고유의 숫자 주소를 지닌다. 각 메모리 위치는 8개의 비트로 구성되고 각 비트는 켜져 있거나 꺼져 있다(앞에서 살펴봤다). 이와 같은 메모리 위치를 바이트라 부른다. 여러분이 컴퓨터가 '16기가 메모리'를 탑재하고 있다는 사실을 자랑할 때 사실은 여러분은 16억 개의 개별적인 위치를 지닌 컴퓨터에 관해 이야기하는 것이다. 각 위치의 크기는 1바이트다.

하나의 바이트로는 많은 값을 저장할 수 없다. 따라서 큰 수를 저장하기 위해 여러 바이트를 그룹화할 수 있다. 이후에 이런 그룹화가 어떤 식으로 동작하는지와, 파이썬이 저장할 수 있는 값의 종류에 대해 살펴볼 것이다. 하지만 현재로서는 값을 담는 데 사용하는 비트 패턴에 대해서만 살펴보자.

파이썬에 내장된 bin 함수는 하나의 숫자를 입력값으로 받고 해당 숫자의 값을 나타내는 비트 문자열을 반환한다.

직접 해보기

이진 표현 출력하기

bin 함수를 사용해 자료가 컴퓨터에 어떤 식으로 저장되는지 살펴볼 수 있다.

```
>>> bin(87)
'0b1010111'
```

bin 함수는 입력 수의 이진 표현을 나타내는 문자열을 반환한다. 해당 문자열은 0과 1로 이루어진다. 또한 문자 0b가 앞에 붙는 이는 숫자의 이진 표현임을 나타낸다.

코드 분석

이진 숫자 만들기

파이썬 프로그램에서 bin 함수는 자주 사용되지 않는다(고객이 이진 숫자를 표시하는 프로그램을 작성해달라고 요청할 정도로 여러분이 운이 좋지 않은 한 여러분 역시 bin 함수를 자주 사용할 일이 없을 것이다). 하지만 bin 함수를 사용해 숫자가 컴퓨터에 어떤 식으로 저장되는지 살펴볼 수 있다. 컴퓨터 하드웨어 내부에서 모든 자료는 주어진 신호에 존재하는 전압의 높고 낮음으로 조작된다는 사실을 기억하자. 따라서 자료를 0(전압 없음)과 1(전압 있음)의 조합으로 간주할 수 있다.

질문: 0을 이진값으로 표현하면 어떤 모양일까?

　답: 다시 한번 bin 함수를 사용해 이를 알아낼 수 있다.

```
>>> bin(0)
'0b0'
```

0의 이진값은 다른 0과 똑같이 생겼다.

질문: 1을 이진값으로 표현하면 어떤 모양일까?

답: bin 함수에 1을 입력함으로써 이를 알아낼 수 있다.

```
>>> bin(1)
'0b1'
```

1의 이진값은 이전에 확인한 다른 1과 완전히 똑같이 생겼다. 지금까지 알아본 바에 따르면 이진값 표현이라고 해서 특별한 게 없어 보인다.

질문: 2를 이진값으로 표현하면 어떤 모양일까?

답: bin 함수에 2를 입력함으로써 이를 알아낼 수 있다.

```
>>> bin(2)
'0b10'
```

이번에는 좀 달라졌다. 어떤 식으로 달라졌는지 이해하기 위해 우선 십진수 10을 생각해보자. 십진수 10에서 숫자 1은 10 안에 10이 몇 개나 있는지 나타낸다. 이진수 역시 동일한 방식으로 동작한다. 이진수의 경우 1이 해당 숫자 안에 2가 몇 개나 존재하는지 나타낸다. 따라서 이진수 10은 2를 의미한다.

질문: 이진값 11이 의미하는 바는?

답: 내 예상으로는 이진수 11은 십진수 3(1 더하기 2)이다. 확인을 위해 bin 함수를 사용해보자.

```
>>> bin(3)
'0b11'
```

이진값의 세 번째 비트는 4의 개수를 나타내 네 번째 비트는 8의 개수를 나타낸다. 이런 식으로 이진값의 비트가 증가함에 따라 해당 비트가 나타내는 수가 증가한다. 이를 확인하기 위해 bin 함수를 실행해 숫자들의 비트 패턴을 확인해볼 수 있다.

질문: 86의 이진값과 87의 이진값이 어떻게 다를까?

답: bin 함수를 사용해 차이점을 확인할 수 있다.

```
>>> bin(86)
'0b1010110'
>>> bin(87)
'0b1010111'
```

위의 두 이진 패턴을 비교함으로써 가장 오른쪽 비트가 1에서 0으로 바뀌었음을 알 수 있다. 이는 해당 비트가 해당 이진값이 '1'을 포함하는지 나타내기 때문이다. 가장 우측 비트에 1을 포함하는 숫자는 모두 홀수이다. 확신이 안 서거든 bin 함수를 사용해 직접 테스트해보라.

요약

2장에서는 컴퓨터가 실제로 어떤 식으로 동작하고, 이 동작 방식이 프로그램에 어떤 의미가 있는지에 관해 배웠다. 컴퓨터가 전체 세계를 켬과 끔의 패턴으로 본다는 사실도 알았다. 이 켬과 끔의 패턴은 컴퓨터가 처리하는 자료를 나타낸다. 컴퓨터는 입력 비트 패턴을 출력 비트 패턴으로 변환함으로써 자료 처리를 수행한다.

인간이 출력 자료를 보고 해당 자료에 대해 무언가를 수행할 때 자료는 정보가 된다. 컴퓨터는 자신이 처리하는 비트 패턴에 인간들이 부여하는 의미를 모른다. 이는 컴퓨터가 자료를 가지고 '멍청한' 행동을 할 수도 있다는 것을 의미한다.

프로그램은 컴퓨터에게 비트 패턴으로 무엇을 해야 할지 알려준다. 컴퓨터 자체는 매우 간단한 명령어들만 이해할 수 있다. 명령어는 프로그래밍 언어라고 부르는 특별한 언어로 작성돼야 한다. 파이썬은 프로그래밍 언어이고 프로그램 명령어들을 받아서 이를 처리한다는 점에 있어 컴퓨터 프로그램 역할을 한다. 이는 인간 연기자가 대본을 연기하는 것과 동일한 방식이다.

프로그래머의 역할은 프로그램을 작성함으로써 수행해야 할 작업을 기술하는 일련의 명령어를 작성하는 것이다. 성공적인 해결책을 만들기 위해 프로그래머는 좋은 프로그램을 작성해야 할 뿐 아니라 프로그램이 사용자가 원하는 것을 실제 수행하도록 해야 한다. 이는 프로그래머가 코드를 작성하기 전에 본인이 요구사항을 제대로 이해했는지 확인해야 한다는 것을 의미한다. 성공적인 프로그래머가 되기 위해서는 사람들과 이야기하고 그들이 원하는 것을 찾아낼 수 있어야 한다.

이번 장에 대한 여러분의 이해도를 높이기 위해 컴퓨터와 프로그램, 프로그래밍에 관한 다음 심화 질문에 대해 생각해보자.

컴퓨터가 누군가의 나이가 −20인 경우 잘못됐다는 사실을 알 수 있을까?

알 수 없다. 컴퓨터에 있어 나이값은 그저 어떤 숫자를 나타내는 비트 패턴일 뿐이다. 나이에 음수가 입력되는 것을 컴퓨터가 거부하길 원한다면 해당 기능을 프로그램에 추가해야 한다.

어떤 프로그램의 출력 값이 자동차의 연료 분사 시스템을 위한 설정 값이라면 해당 출력 값은 자료일까 아니면 정보일까?

무언가가 자료를 처리하기 시작하면 자료는 정보가 된다. 위의 경우 인간이 출력 값을 가지고 아무것도 하지 않지만 해당 출력 값이 인간에 영향을 미칠 수 있는 엔진의 속도를 변경하는 역할을 한다. 따라서 내 생각에 해당 출력 값은 자료라기보다는 정보다.

컴퓨터가 영어를 이해하지 못하기 때문에 멍청한 걸까?

완전히 모호하지 않은 무언가를 영어로 작성하기는 어렵다. 법률 관련 업계의 상당 직업이 텍스트의 의미를 정확하게 이해하고 이를 특정 상황에 어떤 식으로 적용시킬 것인지에 관한 것이다. 인간조차도 무언가를 어떤 식으로 이해해야 하는지 동의를 못하는 경우가 있기 때문에 컴퓨터가 영어를 이해하지 못한다고 해서 멍청하다고 하는 것은 공평하지 못하다.

프로그래머 자신이 어떤 문제를 푸는 법을 모른 채 해당 문제를 푸는 프로그램을 작성할 수 있을까?

작성할 수 없다. 프로그램을 몇 줄 작성한 다음 해당 프로그램을 실행했을 때 어떤 결과가 나오는지 확인해볼 수 있다. 하지만 이 방식이 원하는 것을 만들어낼 가능성은 매우 낮다. 이는 마치 자동차 바퀴와 기어, 엔진을 벽에다 던진 다음, 해당 부품들이 땅에 떨어질 때 알아서 자동차로 조립되기를 기대하는 것과 같다. 사실 프로그램을 작성하기 위한 최선의 방법은 자주 키보드에서 벗어나 한동안 해당 프로그램이 무엇을 해야 하는지 생각해보는 것이다.

고객이 모든 것을 인치 단위로 측정할 것이라고 가정하는 것은 합리적인가?

어떤 프로젝트에 대해 무언가를 가정하는 것은 결코 합리적이지 않다. 성공적인 프로그래머는 자신이 수행하는 모든 것이 탄탄한 이해를 기반으로 하는지 확인해야 한다. 가정을 하면 할 수록 재앙이 일어날 잠재성이 증가한다.

프로그램이 잘못된 것을 수행했을 때 이는 프로그래머의 잘못인가 혹은 고객의 잘못인가?

- 사양이 올바른데 프로그램이 잘못됐다면: 프로그래머의 잘못
- 사양이 잘못됐는데 프로그램이 올바르다면: 고객의 잘못
- 사양도 잘못되고 프로그램도 잘못됐다면: 둘 다의 잘못

3

파이썬 프로그램 구조

학습 목표

3장에서는 첫 번째 파이썬 프로그램을 만들어볼 것이다. 파이썬 프로그램이 컴퓨터가 이해할 수 있도록 규칙을 지킨 문장들의 집합일 뿐이라는 사실도 배운다. 파이썬 프로그램들을 생성한 다음. 추후 사용을 위해 해당 프로그램을 저장할 것이다. 또한 유용한 리소스들을 가져와 사용하면서 파이썬 프로그램에 신규 기능을 추가하는 법을 살펴본다. 이런 신규 기능에는 인상 깊은 프로그램을 만들기 위해 사용할 수 있는 스냅스(snaps) 함수도 포함된다.

첫 번째 파이썬 프로그램 작성하기

지금까지 IDLE의 파이썬 쉘을 사용해 파이썬 프로그램 명령어를 입력했다. 파이썬 쉘은 파이썬 언어를 테스트하기에 훌륭한 방법이다. 하지만 어떤 동작을 반복하길 원하는 경우 명령어를 다시 재입력해야 한다. 우리가 실제로 하고자 하는 일은 파이썬 프로그램을 작성하는 것이다. 프로그램은 순서대로 실행되는 일련의 동작이다. 프로그램을 연기자에게 주어지는 대본이라고 생각해도 좋다. 연기자는 대본을 한 줄 한 줄 순서대로 읽는다. 마찬가지로 파이썬은 파이썬 명령어를 읽어서 해당 명령어가 말이 되는지 확인한 다음, 해당 명령어를 수행한다. 그리고 나서 다음 명령어로 이동한다.

파이썬 프로그램은 컴퓨터에 파일 형태로 저장된다. 파이썬 프로그램 파일에 특별한 점은 없다. 파이썬 프로그램은 파이썬이 이해할 수 있는 프로그램 명령어들을 담고 있는 텍스트 파일일 뿐이다.

IDLE를 사용해 파이썬 프로그램 실행하기

IDLE 내에서 새로운 창을 열어서 파이썬 프로그램을 작성하고 컴퓨터에 파일로 저장할 수 있다. 그러고 나서 IDLE에서 해당 프로그램을 실행해 프로그램이 제대로 동작하는지 확인할 수 있다. 전문적인 개발자들이 프로그램을 작성할 때 바로 이런 방식을 사용한다.

 직접 해보기

첫 번째 파이썬 프로그램 실행하기

파이썬 프로그램 파일을 만들기 위해 우선 IDLE를 사용해 새로운 편집 창을 연다. 그림 3-1과 같이 IDLE 창의 상단에 있는 **File** 메뉴를 클릭한 다음, 해당 메뉴 목록에서 **New File**을 선택한다. 대안으로 **Ctrl+N**을 눌러도 된다. 나는 윈도우 10이 설치된 PC에서 해당 작업을 수행 중이다. 여러분의 컴퓨터 화면은 내 화면과는 약간 다를 수 있지만 내용은 전반적으로 비슷할 것이다.

그림 3-2에서 보듯이 "Untitled"라는 제목의 두 번째 창이 화면에 나타난다.

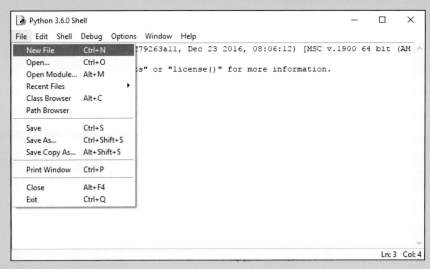

그림 3-1 IDLE 신규 파일

그림 3-2 IDLE Untitled 편집 창

두 번째 창은 파이썬 명령어 쉘과는 다르다. 파이썬 명령어를 입력할 수 있는 >>> 프롬프트가 없다. 편집 창에 입력된 파이썬 코드는 엔터를 입력했을 때 실행되지 않는다. 해당 코드는 프로그램 내에 저장된다. 편집 창을 평소에 사용하는 다른 텍스트 편집기처럼 사용하면 된다. 편집 창을 프로그램용 문서 편집기라고 생각해보자. 편집기는 프로그램의 다양한 요소들을 파이썬 쉘과 동일한 방식으로 색을 달리해 구분해서 표시한다. 편집기는 또한 여러분이 프로그램을 입력할 때 팝업 도움 메시지도 제공한다.

이제 프로그래밍 학습 초반에 사용한 파이썬 표현식을 입력해보자(그림 3-3).

그림 3-3 프로그램 내 표현식

간단하게 계산 결과를 출력하는 프로그램을 만들어봤다. 이제 프로그램을 실행해야 한다. **Run** 메뉴를 클릭한 다음 **Run Module**을 선택한다(그림 3-4).

그림 3-4 프로그램 실행

Untitled 프로그램을 처음 실행할 때 파이썬은 해당 프로그램을 파일로 저장하길 원하는지 묻는다(그림 3-5).

그림 3-5 저장 화면

OK를 클릭해 파일 저장 메뉴를 연다(그림 3-6).

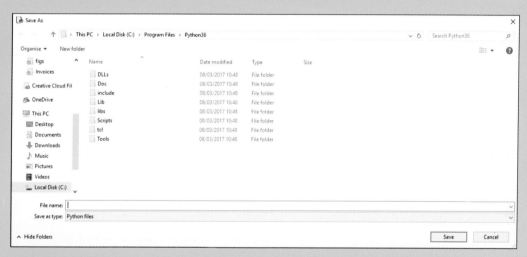

그림 3-6 기본 파일 저장 위치

IDLE의 기본 파일 저장 위치는 실용적이지 못하다. 여러분은 여러분의 컴퓨터가 허용하더라도 파이썬 프로그램을 Program Files 영역에 저장하는 습관을 들여서는 안 된다. 대신에 문서 폴더로 이동해서 파이썬 폴더를 만들 것을 권한다(그림 3-7).

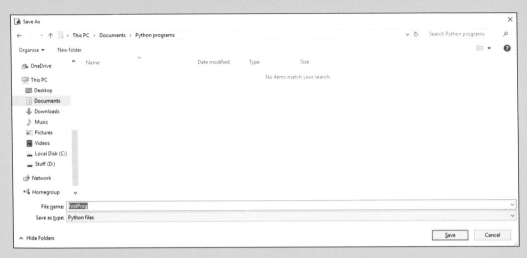

그림 3-7 첫 번째 프로그램 저장

프로그램에 적절한 이름을 붙인 다음 **Save**를 클릭한다(예제에서는 **firstProg**라고 이름을 붙였다). 저장 시 IDLE가 파일 이름에 파이썬 파일 확장자(.py)를 붙인다. 저장은 짜릿한 순간이다. **Save**를 클릭하자마 자 첫 번째 프로그램이 실행되기 시작하고 결과가 IDLE의 파이썬 쉘에 표시된다. 그림 3-8은 프로그램 출력을 나타낸다.

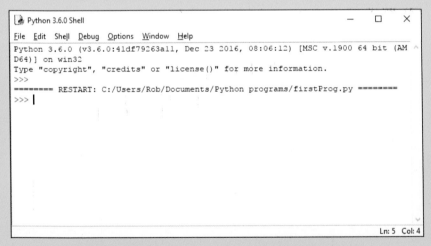

그림 3-8 첫 번째 프로그램 실행 결과

프로그램은 확실히 실행됐다(실행에 사용된 파일의 전체 이름을 화면에서 확인할 수 있다). 하지만 안타깝 게도 아무것도 출력되지 않았다. 우리가 기대한 일은 2+2의 계산 결과인 4가 출력되는 것이었지만 아무것 도 출력되지 않았다. 이는 향후 프로그램에 있어 좋은 징조가 아니다. 무슨 일이 일어나고 있는 걸까?

print 함수를 사용한 프로그램 출력

이전에 만든 간단한 프로그램이 실제 완벽하게 동작 중이다. 파이썬 프로그램이 사용자와 어떤 식으로 소통하는지에 대해 우리가 아직 이해하지 못했을 뿐이다. 파이썬 시스템은 순수한 자료 처리기라는 점을 상기해보자. 파이썬 프로그램이 파이썬 시스템의 한쪽 끝으로 늘어가서 해당 프로그램의 실행 결과가 다른 쪽 끝으로 나온다. 파이썬 프로그램은 단일 문장인 2+2로만 구성될 정도로 간단해지거나 수천 개의 파이썬 문장으로 구성될 수도 있다.

2+2로 구성된 프로그램의 출력 결과는 값 4이다(이전에 확인한 바 있다). 일반적으로 큰 규모의 프로그램은 해당 프로그램이 제대로 동작했는지를 출력한다.

파이썬 쉘은 파이썬 시스템을 감싸고 있어서 우리가 파이썬에 명령어를 입력하고 프로그램의 결과를 볼 수 있도록 해준다(파이썬 쉘의 이름에 쉘shell이 들어간 이유가 파이썬 시스템을 감싸고 있기 때문이다). 하지만 일반적으로 프로그램을 만들 때 하나의 결과만을 생성하는 프로그램을 만들지는 않는다. 일반적으로 프로그램이 실행됨에 따라 다양한 입력을 받고 출력을 준다. 그림 3-9는 이 과정을 도식화했다.

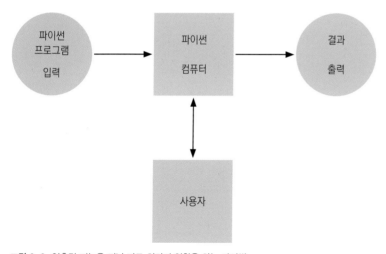

그림 3-9 입출력 기능을 지닌 자료 처리기 역할을 하는 파이썬

프로그램이 실행되면 프로그램은 사용자에게 메시지를 전송하고 사용자로부터 정보를 받아야 한다. 파이썬은 print와 input이라는 사용자와 상호작용할 수 있는 함수들을 제공한다. input 함수는 다음 장에서 살펴볼 것이다. 우선 print 함수 사용법을 살펴보자.

프로그램에서 print 사용하기

2장에서 처음으로 함수에 대해 알아보면서 텍스트에 대한 문자 코드를 다루기 위해 ord와 chr을 사용했다. 사용자가 표현식의 결과를 읽기 위해서는 print 함수에 표현식을 입력하면 된다. print 함수를 사용해 프로그램이 사용자에게 메시지를 출력하도록 할 수 있다(그림 3-10). IDLE의 파이썬 쉘은 메시지를 표시한다.

그림 3-10 프로그램에서 print 사용

위와 같이 print 함수를 추가한 다음 프로그램을 다시 실행해보자. 프로그램이 실행되기 전에 해당 프로그램을 저장하길 원하는지 물어볼 것이다. **Yes**를 선택한 다음, 출력을 확인하자(그림 3-11).

그림 3-11 프로그램으로부터 메시지 출력

마침내 값 4가 출력됐다. 더 많은 메시지를 출력하기 위해 print 함수 호출을 좀 더 추가해보자(지금부터는 IDLE 편집기의 전체 화면 대신에 프로그램 코드와 출력만을 보여주겠다).

```python
print('The answer is: ')
print(2+2)
```

위 코드는 다음 두 줄을 출력할 것이다.

```
======== RESTART: C:\Users\Rob\Documents\Python programs\firstProg.py ========
The answer is:
4
```

한 줄에 여러 가지를 출력하길 원한다면 print 함수에 인자 목록을 입력하면 된다.

인자 목록의 각 항목은 콤마로 구분된다.

```python
print('The answer is:', 2+2)
```

위 코드는 다음 한 줄을 출력할 것이다.

```
======== RESTART: C:\Users\Rob\Documents\Python programs\firstProg.py ========
The answer is: 4
```

인자 값은 하나씩 출력된다. print 함수는 각 항목을 출력하기 전에 자동으로 빈칸을 입력한다는 점에 유의하자.

저장 요청 끄기

지금쯤이면 수정할 때마다 저장 여부를 묻는 요청 때문에 약간 짜증날 수도 있다. 설정을 변경하면 IDLE가 계속해서 물어보는 것을 막을 수 있다.

윈도우 PC인 경우 **Options** 메뉴를 클릭한 다음 **Configure IDLE**을 선택한다.

맥인 경우 IDLE 메뉴의 **Preferences**를 선택한다.

그러고 나서 설정 대화상자의 **General** 탭으로 이동한 다음 **Autosave Preferences**에서 **No Prompt** 옵션을 선택한다(그림 3–12).

그림 3–12 저장 옵션

위 메뉴를 사용하면 IDLE에서 표시되는 텍스트의 크기 등 다양한 선호 사항을 설정할 수 있다. 멀리서도 프로그램 출력이 잘 보이길 원하는 프로그램을 만들 때도 텍스트 크기 조절과 같은 설정은 매우 유용하다. 예를 들어 이번 3장에서 만들 파티 프로그램의 경우가 이에 해당한다.

오류가 있는 프로그램

파이썬 쉘을 사용해 명령어를 입력했을 때와 마찬가지로 파이썬은 프로그램에 대해 동일한 오류 검사를
수행한다. 우리가 만든 간단한 프로그램이 잘못될 수 있는 두 가지 경우에 대해 살펴보자. 다음 코드 두
줄을 살펴보자.

```
print('The answer is: '}
print(2+2)
```

언뜻 보기에는 위의 코드가 문제 없는 것처럼 보인다. 하지만 위의 코드는 심각한 오류를 포함한다. 첫
번째 줄의 끝에 위치해야 할 닫힘 괄호가 닫힘 중괄호로 대체됐다. 프로그램을 실행하면 그림 3–13과
같은 오류가 발생한다.

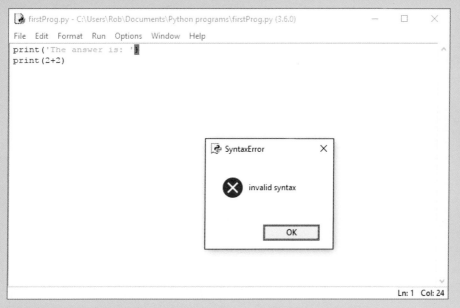

그림 3–13 유효하지 않은 구문 오류

편집기는 잘못된 닫힘 중괄호를 강조 표시해서 사용자에게 도움을 준다. 여러분이 프로그램 구문을 입
력할 때 IDLE 편집기는 프로그램의 구문을 실제로 확인한다. 그림 3–13에서는 잘못된 중괄호를 입력했
을 때 무언가 잘못됐음을 알리기 위해 PC가 경고음을 냈다. 닫힘 괄호를 입력할 때는 괄호로 둘러싸인
전체 문자열이 강조 표시되는 것을 확인할 수 있다. 이 기능은 괄호 안에 다른 괄호를 삽입할 때 특히 유
용하다. 강조 기능을 사용해 정확히 어떤 항목이 특정 괄호 쌍에 포함되는지 확인할 수 있다.

프로그램을 실행하지 않고 프로그램의 구문을 확인하고 싶다면 IDLE 편집기의 **Run** 메뉴에 있는 **Check Module** 옵션을 사용할 수 있다. 해당 옵션은 코드가 올바른지 확인하지만 프로그램을 실제 실행하지는 않는다.

다음은 문제가 있는 코드의 또 다른 예다.

```
print('The answer is: ')
Print(2+2)
```

언뜻 보기에 위의 코드는 문제가 없어 보이지만 실제 오류가 있다. 이번 경우는 두 번째 print 함수 호출을 할 때 실수로 Print라고 적는 철자 오류를 범했다. 파이썬은 대소문자를 구분한다. 파이썬은 Print와 print를 서로 다른 것으로 인식한다. 이번에 프로그램을 실행하면 오류가 편집기가 아닌 IDLE의 파이썬 쉘에서 표시된다.

```
======== RESTART: C:\Users\Rob\Documents\Python programs\firstProg.py ========
The answer is:
Traceback (most recent call last):
  File "C:\Users\Rob\Documents\Python programs\firstProg.py", line 2, in <module>
    Print(2+2)
NameError: name 'Print' is not defined
```

이번 오류는 프로그램을 실행했을 때만 감지된다. 위의 화면에서 보듯이 첫 번째 print 호출은 올바르게 동작해서 'The answer is: '라는 메시지가 출력됐다. 하지만 다음 줄에서 Print 함수를 호출하려 할 때 해당 함수가 존재하지 않는다는 오류와 함께 실패했다.

이를 실행시간 오류라고 부른다. 파이썬 구문 검사기는 쌍이 잘못 지어진 괄호를 감지하지만 코드 내에 함수 호출이 실제 존재하는 함수를 호출하는지 검증하지는 않는다.

따라서 여러분은 프로그램에 구문 오류가 없더라도 프로그램이 동작하지 않을 수도 있다는 사실을 받아들여야 한다.

print 함수와 파이썬 버전

현재 두 개의 파이썬 버전이 널리 사용된다. 이 점에 대해서는 이 책의 초반부에서 얘기한 바 있다. 버전 2.7은 '고참' 버전으로 2.7로 작성된 코드 라이브러리가 많다는 점이 강점이다. 버전 3.n(n은 2보다 큼)은 신규 기능과 일부 기능이 다듬어진 '신참' 버전이다. 버전 2.7은 출력할 항목 주변에 괄호가 없더라도 다양한 출력 기능을 지원한다.

```
print 'hello from Python'
```

위의 예를 제시한 이유는 여러분이 위와 같은 방식으로 프로그램을 작성하길 원해서가 아니라 위와 같은 방식으로 작성된 예전 파이썬 프로그램을 보게 될 수 있기 때문이다. 또한 이전 버전 파이썬용으로 작성된 프로그램에서 print문에 괄호를 사용하는 경우 문제가 발생할 수도 있다.

```
print('The answer is:', 2+2)
```

위 문장이 "The answer is: 4"를 출력하길 기대할 것이다. 하지만 파이썬 2.7에서는 다음과 같이 출력된다.

```
('The answer is:',4)
```

따라서 여러분의 파이썬 프로그램이 제대로 출력하지 못하는 경우 어떤 버전의 파이썬을 사용 중인지 확인해봐야 한다.

동작 방식이 바뀌는 것은 안타까운 일이다. 이는 파이썬의 가장 혼란스러운 측면 중 하나라고 생각한다. 타자기가 탄생할 무렵에는 타이핑 속도가 빠르면 타자기의 리본이 꼬여서 타이핑을 빨리 하지 못하도록 키보드의 알파벳의 위치를 배열했다. 오늘날 우리가 이런 키보드를 받아들여 사용하고 있는 것과 마찬가지로 파이썬 버전 간에 일관되지 않은 동작 방식이 다소 비합리적으로 느껴지더라도 받아들여야 한다.

파이썬 라이브러리 사용하기

파이썬이 제공하는 내장 함수들을 이미 살펴봤다. 그중 특히 ord 함수와 print 함수를 사용해봤다. 파이썬은 프로그램에 추가할 수 있는 많은 함수 라이브러리도 제공한다. 어떤 라이브러리는 파이썬 설치 시 함께 제공되고 어떤 라이브러리는 인터넷에서 다운로드할 수 있다. 파이썬 프로그램은 여러 라이브러리를 동시에 활용할 수 있다.

random 라이브러리

우선 random 라이브러리를 살펴볼 것이다. random 라이브러리는 프로그램에 사용할 수 있는 무작위 수를 제공한다. 프로그램에 무작위성을 추가하는 것은 신나는 일이며 무작위 수는 많은 게임의 기반이 된다. import 명령어를 사용해 프로그램에서 어떤 라이브러리의 함수를 사용할지 파이썬에게 알려야 한다.

```
import random
```

import 명령어 뒤에 가져오길 원하는 라이브러리의 이름을 위치시킨다. 위의 import 명령어는 random 라이브러리를 가져온다. 이제 프로그램은 random 라이브러리에 포함된 함수들을 사용할 수 있다. random 라이브러리는 randint 함수 등 많은 함수를 포함한다. randint 함수는 특정 범위에 있는 무작위 정수를 생성한다. 생성 가능한 가장 작은 수와 가장 큰 수를 두 개의 인자로 제공함으로써 randint 함수의 범위를 지정할 수 있다. 예를 들어 최하위 값 1과 최상위 값 6을 사용해 주사위 던지기를 흉내 낼 수 있다.

그림 3-14에서 라이브러리 함수 호출의 모양을 확인할 수 있다. 함수의 이름이 해당 함수가 포함된 라이브러리의 이름 뒤에 위치한다. 라이브러리 이름과 함수 이름은 점(마침표)으로 구분한다.

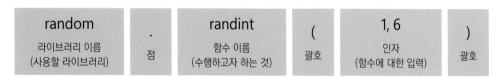

| random
라이브러리 이름
(사용할 라이브러리) | .
점 | randint
함수 이름
(수행하고자 하는 것) | (
괄호 | 1, 6
인자
(함수에 대한 입력) |)
괄호 |

그림 3-14 라이브러리 함수 호출 구조

random 라이브러리 살펴보기

import 명령어는 프로그램 내에서뿐만 아니라 파이썬 쉘에서도 사용할 수 있다. IDLE의 파이썬 쉘을
열어서 >>> 프롬프트가 표시되도록 하자.

randint를 호출해보자.

```
>>> random.randint(1, 6)
```

위 명령어는 동작할까?

```
>>> random.randint(1, 6)
Traceback (most recent call last):
  File "<pyshell#0>", line 1, in <module>
    random.randint(1, 6)
NameError: name 'random' is not defined
```

위 명령어는 동작하지 않는 것처럼 보인다. IDLE의 파이썬 쉘은 random이 정의되지 않았다고 오류를
표시한 것이다. 그렇다면 이제 random 라이브러리를 가져와보자.

```
>>> import random
```

위 명령어는 어떤 출력도 생성하지 않는다. 명령어 프롬프트가 다시 표시될 뿐이다. 그럼에도 불구하고 우
리는 random 라이브러리를 프로그램에 성공적으로 가져온 것이다. 하지만 라이브러리의 이름을 잘못 입
력했다면 다음과 같은 오류가 발생할 것이다(파이썬은 대소문자를 구분한다는 사실을 기억하자).

```
>>> import Random
Traceback (most recent call last):
  File "<pyshell#2>", line 1, in <module>
    import Random
ModuleNotFoundError: No module named 'Random'
```

이제 random 라이브러리를 성공적으로 설치했으니 해당 라이브러리를 사용할 수 있다. 라이브러리 이
름을 입력한 다음, 점을 입력하고 randint 함수 호출을 입력한다. 함수의 인자 시작을 의미하는 열림
괄호를 입력했을 때 그림 3-15와 같이 흥미로운 무언가를 눈치챌 수 있을 것이다.

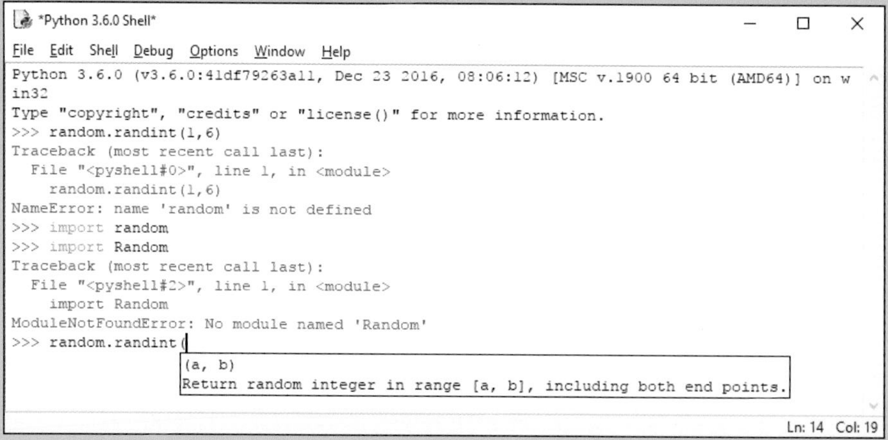

그림 3-15 팝업 도움 메시지

파이썬 쉘은 각 라이브러리 함수에 관한 정보를 사용할 수 있으며 해당 함수의 인자에 관한 유용한 메시지를 팝업으로 표시한다. 그림 3-15의 경우 해당 함수가 a와 b 를 포함해 a와 b 범위에 있는 무작위 정수를 반환한다는 것을 나타낸다. randint에는 두 개의 인자 a와 b가 있다. 팝업 메시지를 제거하기 위해 무언가를 해야 할 필요는 없다. 해당 명령어를 완성한 다음 엔터를 입력하면 된다. 파이썬 쉘은 결과를 계산해서 반환한다는 사실을 기억하자. 따라서 아래와 같이 randint 함수 호출 결과를 확인할 수 있다.

```
>>> random.randint(1,6)
4
```

위 명령어를 실행하면 결과로 4를 보게 될 수도 있다. 1부터 6까지 숫자 중 어떤 숫자가 나타날 확률은 각각 6분의 1이다. 무작위 수의 하한 값과 상한 값 경계를 원하는 대로 변경할 수 있다. 하지만 하한 값이 상한 값보다 작아야 한다는 점에 유의해야 한다. 그렇지 않으면 오류가 발생한다.

이제 우리는 주사위 던지기 프로그램을 만들 수 있다. **File, New File**을 클릭해 신규 파이썬 파일을 생성한다. 다음 코드를 파일에 입력한다.

```
import random
print('You have rolled: ', random.randint(1, 6))
```

프로그램을 실행한 다음, 해당 프로그램을 **throwDie**라는 이름의 파일에 저장한다. 주사위 던지기 파이썬 프로그램은 1부터 6까지 범위에 있는 수를 출력할 것이다. print 함수가 숫자를 출력할 수 있고 randint 함수가 인자의 범위 내에 있는 무작위 수를 반환하기 때문에 프로그램은 정상 작동한다.

예제에서는 주사위 던지기 프로그램을 처음 실행했을 때 "You have rolled: 4"라고 출력됐다. 두 번째 실행했을 때는 "You have rolled: 2"라고 출력됐다.

time 라이브러리

또 다른 유용한 파이썬 라이브러리로는 time 라이브러리가 있다. 5장에서 time 라이브러리를 사용해 PC 시계로부터 날짜와 시간을 가져올 것이다. 하지만 이번에는 time 라이브러리 내의 함수 중 하나인 sleep 함수만 집중적으로 알아볼 것이다. sleep 함수를 사용하면 파이썬 프로그램이 특정 시간 동안 멈춰 있을 수 있다.

나는 사용자에게 컴퓨터가 문제에 대해 생각 중이라는 인상을 주기 위해 sleep 함수를 사용한다. 이처럼 사용자에게 프로그램이 표시한 내용을 읽을 시간을 주기 위한 용도로도 sleep 함수를 사용할 수 있다.

sleep 함수를 호출한다고 해서 실제 전체 컴퓨터가 멈추는 건 아니라는 점을 명심해야 한다. sleep 함수 호출은 운영체제에게 해당 특정 파이썬 프로그램을 일정 시간 동안 멈추라고 명령하는 것이다(운영체제는 윈도우, 맥, 리눅스 뭐든지 상관없다).

운영체제는 어떤 시점에 어떤 프로그램이 활성화돼 있는지 결정하는 역할을 한다. 또한 프로그램을 멈춤 상태로 만드는 것은 프로그램이 돌아가고 있는 중이 아니라는 의미일 뿐이다. 컴퓨터의 다른 모든 프로그램은 평소처럼 돌아간다.

sleep 함수의 인자는 하나이며 해당 인자는 프로그램이 몇 초간 멈춤 상태여야 하는지를 나타낸다.

```
import time
print('I will need to think about that..')
time.sleep(5)
print('The answer is: 42')
```

위 프로그램은 첫 번째 메시지인 'I will need to think about that...(그건 좀 생각해봐야겠어요)'를 출력한 다음, 5초간 멈추고 나서 두 번째 메시지인 'The answer is : 42(답: 42)'를 출력한다. 원한다면 프로그램이 아주 오랫동안 멈춤 상태에 있도록 만들 수 있다.

달걀 타이머 만들기

sleep 함수를 사용해서 달걀 타이머 프로그램을 만들 수도 있다. 사용자는 해당 프로그램을 사용해 달걀을 삶는 데 필요한 5분을 잴 수 있다. 5초간 멈춤 상태를 유지하는 이전 프로그램을 수정해 달걀 타이머 프로그램을 만들어보자.

프로그램을 좀 더 멋지게 만들기 위해 프로그램이 4분30초에 "Nearly cooked, get your spoon ready(거의 다 삶아졌어요. 숟가락을 준비하세요)"라는 메시지를 출력하도록 할 수 있다.

달걀 타이머 프로그램을 확장해 상호작용이 가능한 조리법 프로그램을 만들 수도 있다. 이 조리법 프로그램은 조리법의 매 단계에서 수행해야 할 내용을 기술하고 단계가 끝날 때까지 멈춰 있게 된다.

파이썬 주석

코드를 읽는 사람이 무슨 일이 일어나고 있는지 쉽게 이해할 수 있도록 프로그램을 작성하는 것은 매우 중요하다. 주석은 컴퓨터를 위해서만 작성하는 것이 아니다. 주석은 프로그램을 읽을 누군가를 위해 작성하는 것이다. 또한 주석을 사용해 프로그램의 특정 버전과 최종 수정일, 수정 이유, 작성자 등을 나타낼 수도 있다. 작성자가 여러분 자신일지라도 주석은 향후에 유용한 정보가 된다.

주석은 아래와 같이 # 문자(해시 혹은 우물정)로 시작하며 한 줄로 구성된다.

```
# 달걀 타이머 프로그램 1.0 - 롭 마일스 작성          ── 한 줄로 된 주석
import time
print('Put the egg in boiling water now')
time.sleep(300)
print('Take the egg out now')
```

파이썬 시스템이 주석 시작(# 문자)을 마주치는 순간 해당 줄의 모든 내용을 무시한다. IDLE에서 주석은 강조를 위해 빨간 색으로 표시된다. 문장의 끝에 주석을 추가할 수 있다.

```
time.sleep(300) # 달걀을 삶는 동안 멈추세요(300초 혹은 5분).
```

위의 주석은 해당 프로그램이 sleep 함수를 수행하는 이유를 설명하고 있기 때문에 잘 작성된 것이다.

```
print('Put the egg in boiling water now') # 끓는 물에 달걀을 지금 집어 넣으라고 출력한다.
```

위 주석은 별로 유용하지 않다. 파이썬을 이해하는 사람이라면 누구나 이 문장을 이해할 수 있기 때문이다. 심지어 파이썬을 이해하지 못하더라도 주석을 읽지 않고도 이 문장을 이해할 수 있을 것이다.

주석에 관해서는 이 책의 뒤에서 더 자세히 다룰 것이다. 일단은 모든 프로그램에 제목을 붙이고 코드의 사용 용도를 설명하는 주석을 추가하는 습관을 들이자.

코드 샘플과 주석

이제 프로그램을 만들기 시작했으니 이 책의 코드 샘플을 사용할 준비가 됐다. 각 장에는 여러 코드 샘플이 있다. 텍스트의 상단에 주석을 추가해 어떤 코드 샘플인지 나타낼 것이다.

```
# EG3-01 주사위 던지기
import random
print('You have rolled: ' + random.randint(1, 6))
```

이 프로그램을 3장 코드 샘플 폴더에서 찾을 수 있다. 해당 프로그램의 파일은 EG3-01 주사위 던지기이다.

데스크탑에서 파이썬 실행하기

지금까지 파이썬 프로그램을 IDLE 환경 내에서 실행했다. 하지만 파이썬 프로그램을 여러분 컴퓨터의 데스크탑에서 직접 실행할 수도 있다. 운영체제가 파일 확장자 메커니즘을 활용해서 파이썬 프로그램을 식별하고 파이썬 시스템에게 해당 파일을 실행하도록 명령하게 할 수도 있다.

운영체제는 파일 확장자를 통해 어떤 파일이 어떤 애플리케이션과 연관돼 있는지 결정한다. 파일 확장자는 몇 글자로 구성되며 파일 이름 뒤에 붙는다. 마이크로소프트 워드 문서의 파일 확장자는 .docx이고 텍스트 문서의 파일 확장자는 .txt이다. 파이썬 프로그램의 파일 확장자는 .py이다.

IDLE에서 파이썬 프로그램을 저장할 때 파일 확장자 .py가 파일 이름 뒤에 자동으로 추가된다. 데스크탑에서 파이썬 프로그램을 선택하면 운영체제는 해당 파일에 대해 파이썬 시스템을 실행시킨다. 그림 3-16은 윈도우 10 운영체제 시스템의 폴더에 있는 샘플 프로그램 세 개를 나타낸다.

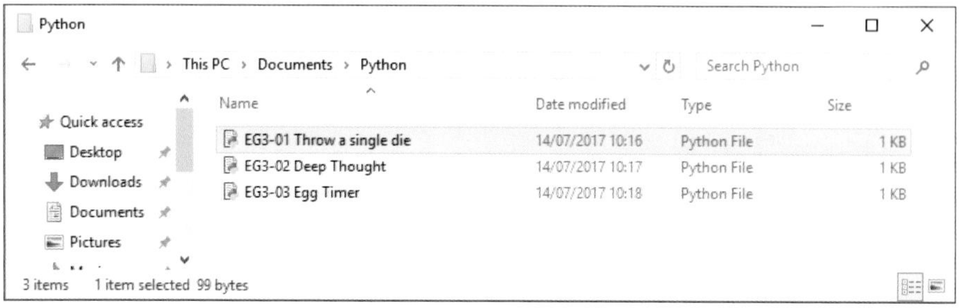

그림 3-16 폴더에 위치한 파이썬 프로그램들

이 파일 중 하나를 더블클릭하면 파이썬 시스템은 해당 프로그램을 실행시킨다. 해당 폴더가 파일의 종류가 "Python File"이라고 나타내고 각 파일의 아이콘이 파이썬 소스 파일 아이콘임을 알 수 있다.

파이썬이 올바르게 시작하는데 문제가 있다면 윈도우 10에서 파일 연결 변경 시 파이썬 시스템을 선택할 수 있다. 파일 이름을 우클릭한 다음, 컨텍스트 메뉴에서 **Open with**를 선택한다. 그림 3-17에서 보듯이 파이썬 소스 파일과 연결할 애플리케이션을 선택할 수 있다.

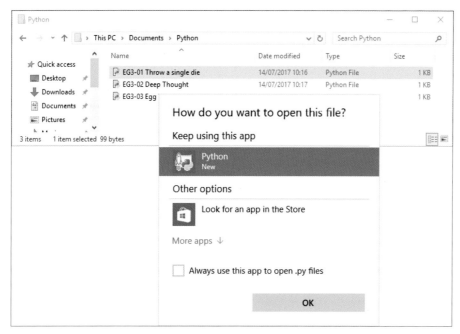

그림 3-17 윈도우 10에서 파일 연결 관리

추천된 애플리케이션을 선택하거나 More apps를 선택해 PC에서 파이썬 시스템을 찾을수도 있다. 하지만 이 책의 초반부에 나온 설치 가이드를 따랐다면 별도의 변경 없이도 파이썬이 잘 실행될 것이다.

프로그램 종료 지연하기

데스크탑에서 파이썬 프로그램을 실행했을 때 문제점은, 결과를 읽기도 전에 프로그램이종료되는 것이다. 일단은 프로그램의 맨 끝에 sleep 함수를 추가함으로써 이러한 문제를해결할 수 있다. 5장에서 프로그램이 계속 진행되기 전에 사용자로부터 입력을 기다리도록 만드는 방법을 배울 것이다.

스냅스 추가하기

IDLE의 파이썬 쉘에서 메시지를 출력해도 아무런 문제가 없다. 하지만 파이썬 프로그램이 그림을 표시하고 사운드를 재생할 수 있다면 멋질 것이다. 16장에서 파이게임^{pygame} 프레임워크를 사용해 게임 만드는 법을 알아볼 때 이에 대해 좀 더 자세히 알아볼 것이다.

하지만 그전에 프로그램을 더 흥미롭게 만들기 위해 파이게임 프레임워크를 사용해서 우리가 작성한 함수 라이브러리를 지원할 것이다. 해당 라이브러리를 '스냅스^{snaps}'라고 부르는 이유는 원하는 작업을 '단번에^{in a snap}' 할 수 있도록 해주기 때문이다. 새로운 스냅스 함수에 관해서도 이따금씩 배울 것이다. 이번 3장에서 사용할 스냅스는 프로그램에 텍스트와 이미지, 사운드를 쉽게 추가할 수 있도록 해준다.

파이게임 라이브러리 추가하기

우선 파이썬 설치에 파이게임 라이브러리를 추가해야 한다. 파이썬에 라이브러리를 추가하는 일은 매우 쉽다. pip 프로그램을 사용해 라이브러리를 추가할 수 있다. pip 프로그램은 파이썬 설치 시 같이 제공된다. pip는 라이브러리 파일을 가져와서 파이썬 설치에 추가한다.

윈도우 10을 사용 중이라면 윈도우 10 파워쉘 명령어 프롬프트에서 pip 프로그램을 사용할 수 있다. 윈도우 10 파워쉘 명령어 프롬프트는 입력하는 명령어가 다른 윈도우 프로그램을 실행하는 데 사용된다는 점을 제외하고는 IDLE의 파이썬 쉘과 비슷하다. 화면 왼쪽 하단에 있는 윈도우의 Start 버튼을 우클릭한 다음, 메뉴에서 Windows PowerShell을 선택하면 된다.

그러면 새로운 창이 데스크탑에서 열릴 것이다. 파이게임을 설치하기 위해 다음 명령어를 입력한다.

```
py -m pip install pygame --user
```

pip 프로그램은 진행 상황을 나타내는 프로그레스 바를 표시한다. 진행이 완료되면 성공 메시지가 표시된다. 그림 3-18은 파이게임을 성공적으로 설치한 경우를 나타낸다. 파이게임은 한 번만 설치하면 된다. 설치 이후에는 여러분 PC에 설치된 파이썬의 일부가 된다.

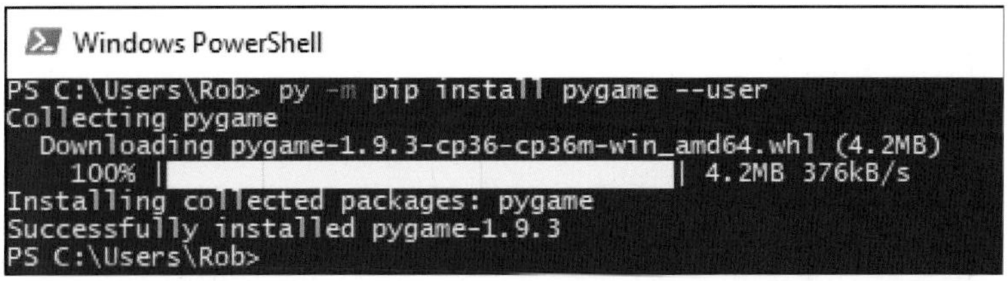

그림 3-18 파이게임 설치

애플 맥이나 리눅스 PC에 파이게임을 설치하기 위한 명령어는 약간 다르다. 다음 명령어를 터미널 창에서 실행해야 한다.

```
python3 -m pip install pygame --user
```

관련된 더 자세한 정보는 http://www.pygame.org/wiki/GettingStarted에서 찾을 수 있다.

스냅스 함수

스냅스 라이브러리는 각 장의 예제 프로그램 폴더와 동일한 폴더에 위치한 파이썬 프로그램이다. 해당 파일에는 사용할 모든 함수가 들어있다. 스냅스를 다른 폴더에서도 사용하고 싶다면 snaps.py 파일을 해당 폴더에 복사하기만 하면 된다.

텍스트 표시

그림 3-19와 같이 스냅스의 display_message 함수는 텍스트 문자열을 입력 받아 새로운 창에 해당 문자열을 표시한다.

```
# EG3-04 hello world

import snaps import *                          스냅스 라이브러리의 모든 함수를 가져온다.

snaps.display_message('hello world')           화면에 메시지를 표시한다.
```

그림 3-19 "hello world" 표시

파이썬 함수들은 선택적인 인자를 지원한다. 선택적인 인자에 원하는 값을 입력하면 함수가 동작하는 방식에 관해 추가적인 정보를 제공할 수 있다. 이와 관련된 내용은 7장에서 자세히 살펴보겠다. display_message 함수는 표시할 텍스트의 크기와 색상, 정렬을 지정할 수 있는 선택적인 인자들을 제공한다.

```
snaps.display_message('This is smaller text in green on the top left',
                      color=(0,255,0), size=50, horiz='left', vert='top')
```

텍스트 색상은 빨간색, 녹색, 파란색 세 가지 값으로 표현된다. 각 색상값에 입력 가능한 가장 큰 값은 255이다. 크기 값을 증가시키면 텍스트의 크기가 커진다. 텍스트가 화면에 맞지 않는 경우 display_message 함수는 오류를 발생시킨다. horiz 속성을 사용해 텍스트를 화면의 왼쪽이나 오른쪽 혹은 중앙에 정렬시킬 수 있다. vert 속성을 사용해 텍스트를 화면의 위쪽이나 아래쪽 혹은 중앙에 정렬시킬 수 있다. 이 인자들의 사용법을 익히는 가장 좋은 방법은 해당 함수를 테스트해서 어떤 결과가 나오는지 확인하는 것이다.

이미지 표시

display_image 함수는 이미지 파일의 이름을 받아서 해당 이미지를 화면에 표시한다. 이미지는 화면에 맞도록 확대 축소된다. 이미지 파일은 프로그램과 동일한 폴더에 있어야 한다.

```
# EG3-05 housemartins

import snaps

snaps.display_image('Housemartins.jpg')

snaps.display_message('Hull Rocks',color=(255,255,255), vert='top')
```

이미지 파일은 png 혹은 jpeg 이미지여야 한다. 파일이 없는 경우 display_image 함수는 오류를 발생시킨다. display_image를 호출한 다음, display_message를 호출하면 이미지 상단에 텍스트를 출력할 수도 있다(그림 3-20).

그림 3-20 이미지 표시

사운드 출력

play_sound 함수는 wav 오디오 포맷의 파일을 입력 받아서 컴퓨터 스피커를 통해 해당 오디오를 재생한다.

```
# EG3-06 Ding

import snaps

snaps.play_sound('ding.wav')
```

오디오 파일은 프로그램과 동일한 폴더에 있어야 한다. 위 프로그램에서 재생하는 녹음 파일은 내가 나무 숟가락과 물이 반쯤 찬 냄비를 사용해 직접 만든 것이다. 프로그램은 내가 직접 만든 "딩" 소리를 재생한다. 나는 이 소리를 좋아하기 때문에 이후에 달걀 타이머의 알람 소리로 유용하게 사용할 수도 있다.

프로그램에서 사용할 오디오 파일을 만들려고 하는 경우 Audacity 프로그램을 강력 추천한다. 이 프로그램은 www.audacityteam.org에서 무료로 다운로드할 수 있다.

프로그램에서 스냅스 사용하기

스냅스 함수를 사용해 달걀 타이머와, 이미 작성한 프로그램의 대화면 버전을 만들 수 있다. 유용하게 사용할 수 있는 백그라운드 그래픽을 이번 장의 코드 샘플 폴더에 준비해뒀다. 하지만 여러분만의 그래픽을 직접 그린다면 더 재미있을 수도 있다.

 직접 해보기

'위-아래' 게임과 '담력' 게임을 만들어보자

이 책 초반부에서 프로그래밍은 파티를 준비하는 것만큼이나 쉽다고 얘기한 적 있다(파티 준비가 어렵다고 생각하는 사람도 있을 수 있다. 그렇다면 프로그래밍도 그만큼 어려울 수도 있다). 이 점을 명심하자. 파티에서 재미로 사용할 수 있는 파이썬 프로그램에 대해 다음과 같이 몇 가지 아이디어를 내봤다.

무작위 수 생성기와 슬립 함수를 사용해 위-아래 파티 게임을 만들 수 있다. 위-아래 게임은 다음과 같이 동작한다.

1. 프로그램은 1부터 10까지의 수를 표시한다(1과 10 포함).

2. 그러고 나서 프로그램은 20초간 멈춤 상태로 들어간다. 프로그램이 잠자는 동안 플레이어는 다음 숫자가 지금 표시된 숫자보다 높을지 낮을지 결정해야 한다. "높음"을 선택한 플레이어는 오른쪽에 서고 "낮음"을 선택한 플레이어는 왼쪽에 선다.

3. 그후 프로그램은 1부터 10까지의 두 번째 숫자를 표시한다. 예측이 틀린 플레이어는 게임에서 탈락된다. 프로그램은 남은 플레이어가 없어질 때까지 반복된다.

이 게임에서는 다음 라운드에 진출하기 위해 어떤 숫자가 나올지 예측해야 하기 때문에 전략을 잘 짜야 한다.

무작위 수 생성기와 슬립 함수를 사용해 만들 수 있는 또 다른 프로그램으로 담력 게임이 있다. 담력 게임은 다음과 같이 동작한다.

1. 프로그램은 "플레이어들은 일어나시오"라고 표시한다.

2. 프로그램은 5부터 20초까지의 시간 중 무작위 시간 동안 멈춤 상태로 들어간다. 프로그램이 잠자는 동안 플레이어들은 앉을 수 있다. 가장 마지막에 앉은 사람을 기록한다.

3. 프로그램은 "가장 마지막에 앉은 사람이 승리한다"라고 표시한다. 해당 메시지가 표시되는 시점에 여전히 서 있는 플레이어들이 있다면 해당 플레이어들은 탈락되고 승자는 가장 마지막에 앉은 사람이다.

요약

3장에서는 IDLE의 파이썬 셸을 사용해 파이썬 코드를 실행하는 것과 완전한 파이썬 프로그램을 만드는 것의 차이점에 대해 배웠다. 프로그램이 컴퓨터의 파일에 저장된 파이썬 코드의 집합이라는 점도 배웠다. 이제 IDLE 프로그램을 사용해 파이썬 스크립트를 포함하는 파일을 생성할 수 있다. 해당 파이썬 프로그램은 컴퓨터에 파일 형태로 저장되며 IDLE 환경 내에서 로딩되고 편집되고 실행될 수 있다.

프로그램이 사용자와 상호작용하기 위해서는 print 함수를 사용해 문자열과 숫자값을 출력해야 한다. 프로그램은 기본 내장하지 않은 다른 함수를 사용할 수도 있는데, 이 함수들을 사용하기 위해서는 함수들을 포함하는 라이브러리를 가져오는 import 명령어를 사용하면 된다. random 라이브러리는 randint라는 함수를 포함한다. randint 함수는 무작위 수를 생성하는 데 사용할 수 있다. 또한 time 라이브러리는 sleep이라는 함수를 포함한다.

sleep 함수는 프로그램 실행을 특정 기간 동안 멈추는 데 사용할 수 있다(실제 컴퓨터를 멈추는 것은 아니다).

파이썬 시스템은 프로그램 내에 포함된 주석을 무시하지만, 주석은 프로그램을 읽는 사람에게는 매우 중요한 정보다(사실 프로그래머라면 프로그램 가독성을 위해 주석을 꼭 포함해야 한다). 주석은 #(해시 혹은 숫자 기호) 문자로 시작하며 한 줄로 구성된다.

스냅스 라이브러리는 파이썬 프로그램에서 그래픽과 텍스트를 표시하고 사운드를 재생하는 데 사용할 수 있는 함수 집합을 제공한다. 스냅스 라이브러리가 파이썬 언어에 정식으로 포함되는 것은 아니지만 스냅스의 함수는 누군가에게 감명을 주고 싶을 때 유용할 수 있다.

3장에 대한 이해도를 높이기 위해 다음과 같이 컴퓨터와 프로그램, 프로그래밍에 관한 심화 질문에 대해 생각해볼 필요가 있다.

사용자가 파이썬 명령어 쉘을 사용할까?

파이썬 명령어 쉘은 프로그래머에게 매우 유용하다. 파이썬 쉘 덕분에 파이썬 코드를 실험해보고 즉각적으로 실행 결과를 확인할 수 있다. 이는 전체 프로그램을 실행한 다음, 결과를 보는 것에 비해 편리하다. 하지만 사용자는 이 기능을 필요로 하지 않을 것이다. 파이썬 쉘은 프로그래머를 위한 특별한 도구로 생각하는 게 좋다. 사용자는 그저 파이썬 프로그램을 사용할 뿐이다.

두 개의 라이브러리가 동일한 이름을 지닌 함수를 포함하면 어떻게 될까?

이는 문제처럼 보인다. 하지만 걱정할 게 없다. 라이브러리로부터 함수를 사용할 때 라이브러리 이름을 함수 앞에 붙인다. 예를 들어 'user.menu'와 'system.menu'는 두 개의 다른 모듈의 menu 함수를 가리키는 것이다.

한 줄보다 긴 주석을 달 수 있을까?

어떤 프로그래밍 언어들(예를 들어 자바와 C#)은 프로그램에서 '다중 열' 주석을 작성할 수 있다. 이름에서 알 수 있듯이 다중 열 주석은 여러 줄에 걸쳐 작성된 주석이다. 다중 열 주석은 한 줄 주석으로 표현하기 어려운 프로그램에 대한 철저한 설명을 제공할 때 사용한다. 하지만 파이썬은 이를 허용하지 않는다. 여러 줄에 걸친 주석을 생성하는 유일한 방법은 각 줄을 # 문자로 시작하는 것뿐이다.

이는 문제점이며 잘 문서화된 프로그램을 작성할 때 방해가 될 것처럼 보인다. 하지만 IDLE를 비롯해 많은 파이썬 편집기는 편집기에서 선택된 여러 줄의 텍스트를 주석 처리하는 명령어를 제공한다. 해당 명령어를 선택하면 편집기는 선택된 각 텍스트 줄 앞에 #을 붙인다. 이 책의 후반부에서 프로그래머에게 도움이 될 수 있도록 코드에 문자열을 추가할 수 있는 영리한 방법에 대해 살펴볼 것이다.

파이썬 프로그램이 어떤 컴퓨터에서나 실행될 수 있을까?

답은 "실행 가능하다. 하지만 파이썬 언어를 설치해야 할 수도 있다"이다. 일부 컴퓨터의 표준 운영 시스템(예를 들어 라즈베리 파이, 리눅스 시스템)에는 이미 파이썬이 설치돼 있다. 하지만 파이썬 언어가 설치되지 않은 컴퓨터들도 있다. 좋은 소식은 파이썬 언어를 다운로드하는 것이 무료이고 거의 모든 운영체제를 위한 파이썬 버전이 존재한다는 점이다.

모든 컴퓨터의 파이썬 언어가 동일한가?

답은 "동일하다. 하지만 일부 라이브러리는 특정 컴퓨터에서 사용할 수 없다"이다. 파이썬 언어의 실제 사양(프로그램 작성법과 프로그램이 수행하는 것)은 모든 컴퓨터에 대해 공통이다. 하지만 모든 파이썬 함수 라이브러리들이 모든 컴퓨터에서 사용 가능한 것은 아니다. 예를 들어 "winsound"라는 파이썬 라이브러리는 마이크로소프트 윈도우 PC에서 사운드를 재생하는 데 사용된다. 하지만 안타깝게도 해당 라이브러리는 다른 운영체제에서는 사용할 수 없다.

내가 만든 프로그램에서 스냅스를 사용할 수 있는가?

물론이다. 스냅스는 실제 파이썬의 일부가 아니고 여러분이 인상 깊은 프로그램을 작성하기 위한 좋은 시작점을 제공하기 위한 라이브러리다. 여러분이 좋아할 만한 다른 라이브러리가 무수히 많다. 앞으로 파이썬에 대해 학습을 하면서 이 라이브러리들에 대해 자세히 알아볼 것이다.

4

변수 다루기

학습 목표

4장에서는 더 많은 파이썬 프로그램을 만들어본다. 프로그램이 변수를 사용해 저장하는 법과 프로그램이 저장한 다양한 자료를 파이썬이 어떻게 관리하는지 알아볼 것이다. 컴퓨터가 값을 항상 정확하게 저장하는 것은 아니라는 점도 배울 것이며, 프로그램이 사용자로부터 값을 요청해 처리하는 방식에 대해서도 배운다. 이번 장을 배우고 나면 유용한 프로그램을 작성할 수 있다.

파이썬에서의 변수

파이썬에서 숫자와 텍스트를 다루는 법을 살펴봤다. 파이썬을 계산기로 사용할 수도 있다. 계산식을 표현식으로 입력하면 파이썬이 해당 표현식을 평가해 결과를 표시할 것이다. 일반적으로 계산기는 메모리 기능을 제공한다. 동일한 값을 반복적으로 입력할 필요가 없도록 하기 위함이다. 자주 사용하는 값이나 누계를 메모리에 저장한 다음, 버튼을 한 번 눌러서 호출할 수 있다.

변수variable를 통해 파이썬 프로그램에 메모리를 추가할 수 있다. 변수를 이름으로 참조할 수 있는 저장 장소라고 생각해도 좋다. 파이썬 프로그램에서 변수를 생성하기 위해서는 변수의 이름을 정한 다음 해당 변수에 값을 입력하면 된다.

```
total = 0
```

위의 파이썬 코드는 total이라는 이름의 변수를 생성한다. 이 변수를 숫자들의 합을 담는 데 사용할 수 있다. 파이썬이 프로그램에서 total이라는 단어를 마주쳤을 때 total 변수의 내용을 가져온다.

위 코드를 '할당assignment'이라고 부른다. 다행히도 assignment가 숙제라는 의미는 아니다. 할당은 무언가를 다른 어딘가에 할당하는 역할을 한다. 그림 4-1은 할당문의 구조를 보여준다.

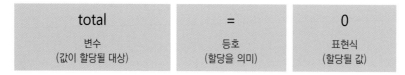

total	=	0
변수	등호	표현식
(값이 할당될 대상)	(할당을 의미)	(할당될 값)

그림 4-1 할당문 구조

할당문의 왼쪽 상자에는 있는 것은 값이 할당될 변수다. 중간에 문자는 '등호equals' 연산자로, '할당'을 의미한다. 오른쪽 상자는 표현식이 할당될 값을 나타낸다. 표현식은 얼마든지 복잡하게 구성할 수 있다.

```
total = us_sales + world_wide_sales
```

위 코드는 total 변수의 값을 us_sales 변수값과 world_wide_sales 변수값의 합으로 설정한다.

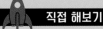

변수 다루기

IDLE의 파이썬 쉘에서 변수 처리가 어떤 식으로 되는지 경험하기 위해 IDLE 프로그램을 실행해보자. 우선 total 변수를 생성한다.

```
>>> total = 0
```

IDLE의 파이썬 쉘에 위의 변수를 입력해보면 약간 다른 방식으로 동작하는 것을 알 수 있다. 파이썬에 무언가 작업할 것을 던지면 해당 표현식을 계산해 결과를 표시한다. 하지만 위의 코드와 같이 변수에 값을 설정하면 파이썬은 결과를 표시하지 않는다. 대신에 파이썬은 할당을 수행한 다음, 다른 명령어를 기다린다. IDLE의 파이썬 쉘에 변수의 이름을 입력함으로써 해당 변수의 내용물을 확인할 수 있다.

```
>>> total
0
```

2장에서 2를 입력했을 때 파이썬은 해당 값을 반환했다. 위의 코드에서는 파이썬에게 total의 값을 주었고 파이썬은 해당 값을 계산해 값 0을 반환했다. 좀 더 복잡한 작업을 시도해보자.

```
>>> total = total+10
```

위 표현식이 복잡해 보일 수도 있다. 수학 등식을 다뤄본 적이 있다면 등호는 하나의 값이 다른 값과 같음을 의미한다는 사실을 기억할 것이다. 수학적 관점에서 볼 때 위의 코드는 명백히 잘못됐다. total이 total 더하기 10과 같을 수 없기 때문이다. 하지만 파이썬에서 등호는 "할당"을 의미한다. 따라서 우측의 total+10이 계산된 다음, 왼쪽의 변수에 계산 결과가 할당된다.

즉, 여러분은 total의 내용물에 10을 더한 것이다. 이를 확인하기 위해 total의 값을 확인해볼 수 있다.

```
>>> total
10
```

위의 코드는 간단한 자료 처리를 수행했다. 자료 처리에 입력되는 자료는 변수 total의 값이고 자료 처리의 결과로 나오는 값은 원래의 값에서 10이 증가된 값이다.

파이썬에서의 이름 규칙

첫 번째 변수의 이름으로 total을 사용했다. 프로그램을 작성할 때 해당 프로그램에서 사용할 변수의 이름을 만들어야 한다. 파이썬에서 이름을 붙이는 방식에는 어떤 규칙이 존재한다.

이름은 글자 혹은 밑줄 문자(_)로 시작해야 하고 문자와 숫자 혹은 밑줄을 포함할 수 있다.

total이라는 이름은 변수로 사용하는 데 아무 문제가 없다. xyz 역시 마찬가지다. 하지만 변수 2_be_or_not_2_be는 오류가 발생할 것이다. 해당 변수는 첫 글자가 글자나 밑줄 문자가 아닌 숫자로 시작하기 때문이다. 또한 파이썬은 대문자와 소문자를 구분한다. 예를 들어 파이썬에서 FRED는 fred와 다른 이름으로 취급된다.

> **프로그래머를 위한 조언**
> **의미 있는 이름 생성하기**
>
> 놀랍게도 X21 혹은 silly 혹은 hello_mom과 같은 변수 이름을 사용하는 프로그래머도 있다. 나는 그런 변수 이름을 절대 사용하지 않는다. 대신 프로그램의 가독성을 최대한 좋게 만들기 위해 매우 노력한다. 따라서 length 혹은 window_length_in_inches와 같은 이름을 사용한다. 파이썬 설계자는 변수 이름을 짓는 방식을 명시한 스타일 가이드를 작성했다. 생성하는 이름은 소문자로 표현돼야 하며 밑줄 문자로 구분돼야 한다. 좀 더 자세한 내용은 https://www.python.org/dev/peps/pep-0008/#naming-conventions에서 찾아볼 수 있다.
>
> 어떤 프로그래밍 언어들은 변수 이름 내에서 단어를 구분하기 위한 용도로 카멜 표기법(camel case)을 사용할 것을 권한다. 따라서 변수 이름을 windowLengthInInches와 같이 생성한다. 이를 카멜 표기법이라 부른다. 단어의 대문자가 낙타의 등처럼 솟아오른 혹을 형성하기 때문이다. 두 가지 표준 모두 괜찮다. 하지만 여러분이 파이썬을 작성한다면 파이썬 방식을 따를 것을 권한다.
>
> 변수 이름을 지을 때 어떤 방법을 사용하든 상관없다. 중요한 건 의미 있는 이름을 생성하려 노력해야 한다는 것이다. 변수 이름이 어떤 특정한 것에 적용된다면 해당 특정한 것을 식별할 수 있는 이름을 지어야 할 것이다. 또한 해당 특정한 것이 특정한 측정 단위를 가지고 있다면 해당 측정 단위도 이름에 추가해야 한다. 예를 들어 고객의 나이를 저장하는 경우 나라면 변수 이름을 customer_age_in_years라고 지을 것이다.

파이썬에서 변수 이름에 대한 길이 제한은 없다. 또한 변수 이름의 길이가 프로그램 속도에 영향을 미치지 않는다. 즉, 변수의 이름이 길더라도 프로그램 속도가 느려지지 않는다. 하지만 아주 긴 이름은 읽기 어려우므로 변수 이름의 길이를 예제에서 보여준 정도로 유지하는 것이 좋다.

코드 분석

오타와 테스트

파이썬이 이해하지 못하는 무언가를 입력했을 때 어떤 일이 벌어지는지 확인했다. 오류 메시지는 대개 빨간색으로 표시된다. 하지만 발견하기 어려운 오류를 파이썬 코드에 포함하는 경우도 있다.

```
Total = total + 10
```

질문: 위의 코드에서 오류를 찾을 수 있겠는가? 위의 코드는 변수 total에 10을 더하는 역할을 한다.

> **답**: 이번 장의 앞부분에서 total이라는 변수의 값에 10을 더하기 위해 위의 코드와 유사한 코드를 사용했다. 전에 했던 작업을 그대로 다시 하는 것처럼 보이지만 실제로는 그렇지 않다. 위의 코드와 이전 코드 사이에는 중요한 차이가 있다. 위 코드는 계산 결과를 새롭게 생성된 변수인 Total에 할당한다. 위 코드를 실행하면 오류가 발생하지 않는다. 하지만 total의 값을 올바르게 갱신하지도 않을 것이다.
>
> 이는 논리 오류다. 위 코드는 파이썬 입장에서는 완전히 정상적인 코드이지만 실행 시 원치 않는 결과를 낳는다. 파이썬은 이런 오류가 존재하는지 경고하지 못하고, 프로그램은 원하는 대로 동작하지 않기 때문에 이런 오류는 매우 위험하다. 파이썬은 이런 오류를 피하기 위해 변수 이름에 소문자만을 사용할 것을 권한다.

질문: 어떻게 하면 논리 오류를 피할 수 있을까?

> **답**: 논리 오류를 피하기 위한 유일한 방법은 테스트 뿐이다. 알고 있는 값을 가지고 프로그램을 실행한 다음, 결과 값이 기대하는 바와 일치하는지 확인해야 한다. 결과 값이 기대하는 바와 일치하는 경우 코드에 문제가 없다는 자신감이 생길 것이다. 하지만 프로그램이 모든 테스트를 통과하더라도 여전히 해당 테스트들이 발견할 수 없는 오류가 존재할 수 있다.
>
> 테스트가 프로그램이 문제 없다는 것을 증명하지는 않는다. 테스트는 프로그램이 해당 테스트를 통과하지 못할 정도로 형편없지는 않다는 것을 증명할 뿐이다.
>
> 프로그램을 만드는 시점에 테스트를 추가하는 것이 가장 좋다. 새로운 프로그램을 만들 때마다 테스트 전략에 대해 이야기해볼 것이다.

```
total = Total + 10
```

질문: 이전 코드의 경우 변수 total을 잘못 입력했다. 하지만 이번 경우에는 등호 우측의 변수 이름이 잘못됐다.

해당 프로그램을 실행시키면 무슨 일이 일어날까?

> **답**: 파이썬은 위 코드를 실행하지 않을 것이다. 파이썬은 Total이라는 이름의 변수가 정의되지 않았다고 메시지를 띄울 것이다. 파이썬 시스템이 Total 변수를 이전에 본적이 없기 때문이다. 프로그램 시작 전에 오타가 감지되는 경우도 있고 감지되지 않는 경우도 있다.
>
> 길고 의미 있는 이름을 입력하다 보면 실수할 가능성이 높아진다. 앞서 길고 의미 있는 이름을 사용하라고 권했기 때문에 속았다는 생각이 들 수도 있다. 이 문제점을 피해가려면 변수 이름 입력 시 편집기의 텍스트 복사 기능을 사용해 복사해야 한다.
>
> 변수 이름을 입력하는 중에 변수 이름을 자동 완성하는 기능을 제공하는 편집기를 사용하는 방법은 이후에 알아볼 것이다.

 직접 해보기

'셀프 타이머' 게임 만들기

프로그램을 만드는 데 있어 한 가지 문제점은 사용자가 직접 프로그램을 사용하다보면 해당 프로그램을 개선할 만한 아이디어가 떠오른다는 점이다. 이는 여러분이 프로그래머로서 더 많은 일을 해야 한다는 것을 의미한다. 이번 "직접 해보기"에서는 3장에서 만든 프로그램을 개선해보겠다.

3장의 마지막 부분에 만든 "담력" 게임을 살펴보자. 담력 게임에서 플레이어는 언제 종료될지 모르는 타이머가 종료되는 시점을 예상해 종료 예상 시점 바로 전까지 서 있어야 한다.

여기서 내가 받은 한 가지 제안은, 게임에서 플레이어들이 얼마나 오랫동안 서 있어야 할지 정해준다면 플레이어들은 더 많은 요령이 필요할 것이라는 점이다. 그 경우 담력 게임의 이름을 "셀프 타이머" 게임으로 바꿀 수도 있다. 그러면 시간을 가장 잘 지킨 사람이 승자가 될 것이다. 셀프 타이머 게임은 다음과 같이 동작해야 한다.

1. 서 있어야 하는 시간을 무작위로 정한다.
2. 서 있어야 하는 시간을 화면에 표시한다.
3. 서 있어야 하는 시간 동안 슬립 상태로 들어간다.
4. "시간 완료" 메시지를 표시한다.

셀프 타이머 프로그램은 플레이어가 서 있어야 하는 무작위 시간을 초 단위로 저장할 변수가 필요하다. 해당 변수의 이름으로 stand_name이 어울린다.

```python
# EG4-01 셀프 타이머(Self Timer)

import time
import random

print('Welcome to Self Timer')
print()
print('Everybody stand up')
print('Stay standing until you think the time has ended')
print('Then sit down.')
print('Anyone still standing when the time ends loses.')
print('The last person to sit down before the time ended will win.')

stand_time = random.randint(5, 20)          # 서있을 시간을 무작위로 정한 다음, 해당 시간을 저장한다.

print('Stay standing for', stand_time, 'seconds.')   # 서 있어야 할 시간을 표시한다.

time.sleep(stand_time)          # 서 있어야 할 시간 동안 슬립 상태에 들어간다.

print('****TIME UP****')          # 완료 메시지를 표시한다.
```

텍스트 다루기

이전 장에서 텍스트를 처리하는 표현식을 작성해봤다. 텍스트를 저장할 수 있는 변수를 만들 수도 있다.

```python
customer_name = 'Fred'
```

위 코드는 문자열이 변수에 할당된다는 점을 제외하고는 total 변수를 생성하기 위해 사용한 코드와 완전히 동일하다. 변수 customer_name은 숫자가 아닌 텍스트를 저장한다는 점에 있어 변수 total과는 다르다. 변수 customer_name을 문자열을 사용하길 원하는 어디에나 사용할 수 있다.

```
message = 'the name is '+customer_name
```

위의 할당 표현식에서 변수 customer_name의 텍스트는 문자열 "the name is "의 뒤에 추가된다. customer_name이 현재 문자열 "Fred"를 담고 있기 때문에(이전 코드에서 설정) 위의 할당은 "the name is Fred"를 담고 있는 message라는 문자열 변수를 생성한다.

 직접 해보기

텍스트 변수와 숫자 변수

파이썬은 각 변수의 내용을 추적해 내용이 잘못 섞이는 것을 방지한다. IDLE의 파이썬 쉘을 통해 문자열 변수와 숫자 변수를 테스트해볼 수 있다.

```
>>> customer_age_in_years = 25
>>> customer_name = 'Fred'
```

우선 IDLE의 파이썬 쉘에 위 두 줄을 입력해보자. 파이썬은 두 개의 변수를 생성한다. 첫 번째 변수의 이름은 customer_age_in_years이며 정수값 25를 포함한다. 두 번째 변수의 이름은 customer_name이며 문자열 'Fred'를 포함한다. 다음 코드는 이 두 개의 변수를 더한다.

```
>>> customer_age_in_years+customer_name
Traceback (most recent call last):
  File "<pyshell#2>", line 1, in <module>
    customer_age_in_years + customer_name
TypeError: unsupported operand type(s) for +: 'int' and 'str'
```

2장에서 숫자에 문자열을 더하려 시도했을 때 동일한 종류의 오류가 발생했다. 파이썬은 피연산자들 간에 연산이 가능한지 확인한다(피연산자는 + 연산자의 왼쪽과 오른쪽에 있는 것을 의미한다). 변수를 가지고 무언가 말이 안되는 것을 시도하면 파이썬은 이를 알아챌 것이다. 다음을 시도해보자.

```
>>> customer_age_in_years='Fred'
```

위의 코드가 오류를 발생해야 한다고 생각할 수도 있다. 위 코드는 문자열을 파이썬이 숫자를 담기 위해 만들었던 변수에 할당하려 한다. 안타깝게도 오류가 발생하지 않는다. 대신에 파이썬은 이전의 숫자 버전 변수를 버리고 문자열을 담을 수 있는 새로운 변수를 생성한다. 나는 이런 동작 방식을 좋아하지 않는다. 하지만 이게 파이썬이 동작하는 방식이다. customer_name 변수에 숫자를 할당하는 경우도 동일하게 동작한다.

문자열의 시작과 끝 지정하기

파이썬에서 문자열이 동작하는 방식을 처음 봤을 때 나는 단일 따옴표를 포함하는 문자를 입력하는 방법이 궁금했다. 예를 들어 "It's a trap."이라는 메시지를 출력하길 원한다고 해보자. 파이썬이 단일 따옴표 문자를 사용해 텍스트 문자열의 경계(혹은 구분자)를 정의한다는 사실을 알고 있다. 하지만 "It's"처럼 단어 안에 있는 단일 따옴표는 파이썬을 헷갈리게 할 수도 있다. 파이썬은 문자열이 종결됐다고 생각할 수도 있다.

이 문제를 해결하기 위한 방법 중 하나는 문자열을 단일 따옴표가 아닌 이중 따옴표로 묶는 것이다.

```
print("It's a trap")
```

파이썬은 프로그램에서 텍스트 문자열을 구분하기 위해 단일 따옴표와 이중 따옴표 모두를 허용한다. 텍스트 문자열 구분법은 알았다. 그렇다면 다음 질문은 "단일 따옴표와 이중 따옴표를 모두 포함하는 텍스트를 입력하려면 어떻게 해야 하는가?"이다. 파이썬 설계자는 이 역시도 고민을 했다. 파이썬은 문자열을 구분하기 위한 삼중 따옴표를 제공한다. 삼중 따옴표는 단일 따옴표를 연속으로 세 번 사용하거나 이중 따옴표를 연속으로 두 번 사용하면 된다.

```
print('''...and then Luke said "It's a trap"''')
```

위 코드는 다음 메시지를 출력한다.

```
...and then Luke said "It's a trap"
```

삼중 따옴표로 묶인 문자열은 약간 이상해 보이지만 '일반적인' 문자열 대비 또 다른 장점이 하나 있다. 삼중 따옴표로 묶인 문자열의 줄바꿈은 해당 문자열의 일부가 된다. 이 기능이 얼마나 유용한지 확인하기 위해 3장에서 살펴본 "담력" 게임의 지시어들을 살펴보자.

```
print('Welcome to Nerves of Steel')
print()
print('Everybody stand up')
print('Stay standing as long as you dare.')
print('Sit down just before you think the time will end.')
```

위 지시어들을 출력하기 위해 여러 출력문을 작성해야 했다. 삼중 따옴표로 묶인 문자열을 사용함으로써 이를 훨씬 쉽게 만들 수 있다.

```
print('''Welcome to Nerves of Steel

Everybody stand up
Stay standing as long as you dare.
Sit down just before you think the time will end. ''')
```

이제 print문은 여러 줄에 걸쳐 있다. 프로그램이 실행되면 텍스트가 이전과 동일하게 보이도록 줄바꿈이 된다. 출력 시 제목 아래에 빈 줄 역시 보존된다는 점에 주목하자.

한 가지 또 기억해야 할 사항은 문자열의 시작과 끝을 나타내는 구분자가 쌍을 이루어야 한다는 점이다. 삼중 따옴표로 문자열을 시작했다면 삼중 따옴표로 문자열을 끝마쳐야 한다.

텍스트에서의 이스케이프 문자

텍스트 문자열에 따옴표를 포함하는 또 다른 방법으로 이스케이프 시퀀스escape sequence를 사용하는 방법이 있다. 일반적으로 문자열의 각 문자는 해당 문자를 나타낸다. 즉, 문자열의 A는 'A'를 의미한다. 하지만 파이썬은 이스케이프 문자인 역슬래시 문자(\)를 마주쳤을 때 어떤 문자를 표현하려고 하는 것인지 결정하기 위해 이스케이프 문자 다음의 텍스트를 살펴본다. 이를 이스케이프 시퀀스라 부른다. 파이썬 문자열에 사용 가능한 다양한 이스케이프 시퀀스가 있다. 가장 유용한 이스케이프 시퀀스는 다음 표에서 확인할 수 있다.

이스케이프 시퀀스	의미	역할
\\	백슬래시 문자(\)	문자열에 백슬래시를 입력
\'	단일 따옴표(')	문자열에 단일 따옴표를 입력
\"	이중 따옴표(")	문자열에 이중 따옴표를 입력
\n	아스키(ASCII) 신규 줄	현재 줄을 끝마치고 다음 줄로 넘어감
\t	아스키 탭	다음 탭까지 오른쪽으로 이동
\r	아스키 캐리지 리턴	출력 위치를 줄의 시작으로 이동
\a	아스키 벨	터미널에서 벨 소리를 재생

파이썬에는 위의 이스케이프 시퀀스 외에도 더 많은 이스케이프 시퀀스가 있지만 현재로서는 위의 이스케이스 시퀀스 정도만 알면 된다.

아스키ASCII(American Standard Code for Information Interchange, 미국 정보교환 표준 부호)가 의미하는 바가 궁금할 수도 있다. 아스키는 출력 문자에 숫자를 대응한 것이다. 아스키는 1960년대 초반에 컴퓨터에 사용하기 위해 개발됐으며 지금까지 사용되고 있다(2장에서 아스키는 문자 W를 10진수 값 84에 대응하는 표준이라는 점을 배웠다).

아스키는 100가지 이상의 다른 문자를 출력하지 않는 한 완벽하게 문제 없는 표준이다. 하지만 많은 현대 언어가 100개 이상의 문자를 사용하기 때문에 유니코드UNICODE가 새로운 표준이 됐다. 유니코드는 더 많은 문자와 이모지와 이모티콘을 허용한다. 일부 파이썬 이스케이프 시퀀스는 유니코드 문자를 생성한다. 유니코드 문자는 그래픽 사용자 인터페이스GUI, Graphical User Interface에서 자주 사용된다.

위의 모든 이스케이프 시퀀스가 모든 컴퓨터에서 동작하는 것은 아니다. 또한 이스케이프 시퀀스의 기능이 컴퓨터마다 항상 동일한 것은 아니다. 예를 들어 \a 이스케이프 시퀀스는 아스키 벨을 의미하는데, 이는 예전 기계식 컴퓨터 터미널에서 벨 소리를 재생하는 기능을 한다. 하지만 해당 시퀀스를 출력하더라도 여러분이 사용 중인 컴퓨터가 소리를 재생하리라는 보장은 없다. 컴퓨터 터미널의 출력 헤드를 줄의 시작부로 이동시키는 이스케이프 시퀀스인 \r은 그렇게 유용하지 않으며 일부 컴퓨터에서는 아무런 동작도 하지 않을 수 있다.

가장 유용한 이스케이프 시퀀스는 따옴표와 백슬래시를 출력하는 문자다. 또한 신규 줄 문자(\n)를 사용하면 여러분이 출력하는 문자열 내에서 줄바꿈을 할 수 있다.

파이썬 프로그램 내에서 텍스트 줄의 끝은 신규 줄 문자로 항상 표시된다. 기반이 되는 운영체제는 다른 방식으로 동작할 수도 있다. 예를 들어 윈도우 체제는 "\r\n"(캐리지 리턴 + 신규 줄)를 사용해 파일에서 텍스트의 각 줄의 끝을 나타낸다. 파이썬 시스템은 해당 컴퓨터 시스템의 줄 끝을 나타내는 문자를 자동으로 감지한다. 따라서 우리는 줄의 끝을 나타내기 위해 신규 줄 문자(\n)만을 사용하면 된다.

이스케이프 시퀀스 살펴보기

이스케이프 문자에 대해 학습하는 가장 좋은 방법은 파이썬 쉘에서 이스케이프 문자를 써보는 것이다.

```
print('hello\nworld')
```

질문: 위의 코드가 무엇을 출력할까?

답: 첫 줄에 "hello"를 출력한 다음, 다음 줄에 "world"를 출력할 것이다. 신규 줄 이스케이프 시퀀스는 프로그램이 다음 줄에 무언가를 출력할 수 있도록 해준다.

```
print('Item\tSales\ncar\t50\nboat\t10')
```

질문: 위의 코드가 무엇을 출력할까?

답: 출력될 문자열은 탭 문자와 신규 줄 문자를 포함한다. 위의 코드는 우리가 지금까지 자동차와 보트를 몇 개나 팔았는지 나타내는 작은 표를 출력한다.

```
Item    Sales
car     50
boat    10
```

이 형태의 구조는 꽤나 매력적이다. 하지만 실제 하나의 탭 문자(\t)가 빈칸 몇 개에 해당하는지 같은 세부적인 사항은 컴퓨터가 탭 문자에 어떤 식으로 반응하는지에 달려있다. 이 책의 뒤에서 파이썬 프로그램의 출력을 서식화하는 더 좋은 방법을 알아볼 것이다.

질문: 파이썬 이스케이프 시퀀스를 사용해 다음 메시지를 출력하려면 어떻게 해야 할까?

답: 이스케이프 시퀀스 \'를 사용해 It's 단어의 단일 따옴표를 출력하고 단일 따옴표로 전체 문자열을 감싸면 된다.

```
print('...and then Luke said "It\'s a trap"')
```

또한 이스케이프 시퀀스를 사용해 이중 따옴표 문자도 출력할 수 있다. 하지만 위의 경우 단일 따옴표를 사용해 문자열을 구분했기 때문에 그럴 필요가 없다.

질문: 백슬래시 문자를 출력하기 위해 이스케이프 시퀀스를 사용해야만 하는가?

답: 반드시 그래야 한다.

input 함수를 사용해 텍스트 입력하기

지금까지 프로그램은 파이썬 코드 자체에 저장된 값만을 처리했다. 이러한 값은 말 그대로 코드에 박혀 있기 때문에 리터럴literal값이라 부른다. 자료를 입력 받고 입력 받은 자료를 처리해 결과를 내는 완전한 프로그램을 만들기 위해 input 함수를 사용한다.

```
name = input( )
```

위의 코드는 프로그램을 멈추고 사용자가 문자열을 입력한 다음, 엔터 키를 누르기를 기다릴 것이다. 입력된 텍스트 문자열은 name이라는 이름의 변수에 저장된다. input 함수 호출에 매개변수로 문자열을 추가함으로써 사용자에게 메시지를 출력할 수 있다.

```
name = input('Enter your name please: ')
```

name 변수는 사용자가 입력한 문자열을 저장할 것이다. 사용자가 아무것도 입력하지 않고 엔터 키만을 누른다면 name 변수는 빈 문자열을 저장할 것이다.

또한 input 문을 사용해 사용자가 결과를 확인할 때까지 프로그램을 멈출 수도 있다.

```
input('Press Enter to continue')
```

위 코드에서 input 함수에 대한 호출 결과는 어디에도 할당되지 않는다.

 직접 해보기

input을 사용해 '환영' 프로그램 만들기

파이썬 쉘에서 input 함수를 사용할 수 있다. 하지만 input 함수는 프로그램에서 사용할 때 매우 유용하다. 우선 이름을 요청한 다음 해당 이름을 포함하는 인사를 건네는 간단한 프로그램을 만들어보자. IDLE를 사용해 새로운 프로그램 파일을 생성한 다음 다음 프로그램 코드를 입력하자.

```
name = input('Enter your name please: ')
print('Hello', name)
```

프로그램을 실행한 다음, "greeter"라는 이름의 파일로 저장한다.

프로그램이 실행되면 이름을 요청하는 메시지를 출력할 것이다. 그러고 나서 입력된 이름과 함께 "hello"를 출력할 것이다. 이름은 문자열로 입력된다. 프로그램을 입력한 다음 실행해보자. 여러분의 이름을 입력한 다음 컴퓨터가 여러분에게 말을 걸도록 시켜보자.

 주의 사항

파이썬 버전과 input 함수

파이썬에 있어 골치 아픈 문제 중 하나는 input 함수가 버전에 따라 다르게 동작한다는 것이다. 앞에서 살펴본 input 예제는 매우 잘 동작할 것이다. 하지만 이는 파이썬 버전 3.6을 사용할 때만 해당한다. 버전 2.7을 사용하는 경우 다음과 같은 오류가 발생할 것이다.

```
Traceback (most recent call last):
  File "<pyshell#7>", line 1, in <module>
    name=input('Enter your name please: ')
  File "<string>", line 1, in <module>
NameError: name 'Rob' is not defined
```

위와 같은 오류가 발생하는 이유는 input문이 파이썬 2.7에서는 다르게 동작하기 때문이다. 여러분이 입력하는 것을 받아서 변수에 저장하는 대신에 2.7에서는 input이 표현식을 평가하려 한다.

위의 오류의 경우 이름 "Rob"을 입력했다. 파이썬은 표현식에서 사용할 "Rob"이라는 이름의 변수를 찾는다. 그리고 해당 변수를 찾지 못하면 오류를 발생한다.

파이썬 2.7의 경우 사용자로부터 텍스트 문자열을 입력 받기 위해 raw_input을 사용할 수 있다.

```
name = raw_input('Enter your name please: ')
```

버전 2.7에서 위 코드는 버전 3.6의 input 함수와 동일한 결과를 낸다.

마지막으로 명심해야 할 점은 raw_input 함수가 파이썬 3.6에는 존재하지 않는다는 것이다. 이로 인해 더 헷갈린다. 또 중요한 점이 있다. 여러분의 프로그램이 input 관련하여 갑자기 문제점을 보고하기 시작하면 파이썬의 버전에 맞는 올바른 함수를 사용하는지 확인해봐야 한다. 이는 다른 사람들이 여러분이 작성한 프로그램을 사용하기 시작할 때 특히나 중요하다.

사용자가 입력한 내용을 파이썬 문장으로서 평가하는 능력이 필요하다면 eval 함수를 사용해도 된다. eval 함수는 사용자가 입력한 문자열 뿐만 아니라 모든 텍스트 문자열을 평가하는 데 사용할 수 있다.

숫자 처리하기

문자열을 정수값으로 변환하기

input 함수는 텍스트 문자열을 반환한다. 이름만을 입력 받길 원한다면 문제가 없다. 하지만 숫자를 입력 받길 원하는 경우에는 문제가 될 수 있다. 예를 들어 2장에서 만든 달걀 타이머를 수정해 사용자가 타이머가 종료되는 초를 숫자로 입력하고 싶다고 해보자. 이 경우 사용자는 생달걀(0초)부터 완숙(600초)까지 원하는 시간을 입력할 수 있어야 한다. 파이썬은 int라는 함수를 제공한다. int 함수는 문자열을 받아서 해당 문자열의 숫자를 반환한다.

```
time_text = input('Enter the cooking time in seconds: ')    ───  시간을 텍스트 문자열로 입력한다.

time_int = int(time_text)    ───────────────────    입력된 텍스트 문자열을 숫자로 변환한다.
```

첫 번째 문장은 input 함수를 사용해 사용자로부터 문자열을 읽는다. 두 번째 문장은 int 함수를 사용해 해당 문자열을 숫자로 변환해 해당 숫자를 달걀이 요리되는 동안 프로그램이 잠들어 있을 시간의 길이로 설정한다. 최종적인 달걀 타이머는 다음과 같다.

```
# EG4-02 사용자가 시간을 지정할 수 있는 달걀 타이머

import time

time_text = input('Enter the cooking time in seconds: ')

time_int = int(time_text)

print('Put the egg in boiling water now')

time.sleep(time_int)

print('Take the egg out now')
```

설정 가능한 타이머나 알람이 필요한 어디에나 위 프로그램을 사용할 수 있다. 사용자에게 표시되는 메시지만을 변경하면 된다.

숫자 읽기

위의 프로그램을 살펴본 다음, 몇 가지 질문에 답해보자.

질문: 위의 프로그램에서 변수를 몇 개나 사용했는가?

답: 두 개의 변수를 사용했다. 하나는 time_text이고 문자열을 저장한다. 다른 하나는 time_int이고 정수를 저장한다. 변수의 이름을 꼭 위의 프로그램처럼 사용해야 하는 건 아니다. 해당 변수들을 x와 y로 불러도 된다. 하지만 내가 생각하기에는 위의 프로그램과 같이 변수 이름을 저장하면 프로그램이 더욱 명확해진다.

질문: time_text 변수를 사용하지 않고도 프로그램을 작성할 수 있을까?

답: 작성할 수 있다. input 함수로부터 받은 문자열을 int 함수에 바로 입력할 수 있다.

```
time_int = int(input('Enter the cooking time in seconds: '))
```

저자는 위와 같이 프로그램을 줄여 표현하는 것을 아주 좋아하지는 않는다. 프로그램을 줄여 표현하면 프로그램을 이해하기 어려워진다. 또한 줄여 쓰지 않아도 프로그램 실행 시 속도나 메모리 사용량에 거의 영향을 주지 않는다. 위 코드는 사용자가 입력한 문자열을 어디에도 저장하지 않기 때문에 해당 문자열을 출력할 수 없다.

질문: 사용자가 숫자 외에 다른 것을 입력하면 무슨 일이 일어날까?

답: IDLE의 파이썬 쉘을 사용해 테스트해보자.

```
>>> x = int('kaboom')
```

위 파이썬 코드는 문자열 'kaboom'을 숫자로 변환한 다음, x라는 변수에 저장하려 시도할 것이다. 여러분이 예상하듯이 이는 성공하지 못할 것이다.

```
Traceback (most recent call last):
  File "<pyshell#32>", line 1, in <module>
    x = int('kaboom')
ValueError: invalid literal for int() with base 10: 'kaboom'
```

숫자 대신에 텍스트를 입력하면 프로그램이 실패하기 때문에 이는 문제인 것처럼 보인다. 현재로서는 이 문제를 해결하지 않고 안고 갈 것이다. 하지만 이 책의 뒤에서 프로그램이 이 오류를 처리한 다음, 사용자에게 숫자를 입력할 기회를 다시 한번 주는 방법에 대해 살펴볼 것이다.

정수와 실수

파이썬이 두 가지 기본 자료 종류인 텍스트 자료와 숫자 자료를 구분할 수 있다는 사실을 배웠다. 이제 숫자 데이터가 어떤 식으로 동작하는지 좀 더 깊이 알아보자. 숫자에는 정수와 실수라는 두 가지 종류의 숫자 자료가 있다. 정수에는 소수 부분이 없다. 지금까지 작성한 프로그램들은 정수만을 활용했다. 컴퓨터는 정수를 입력된 대로 저장한다. 반면에 실수에는 컴퓨터가 항상 정확하게 저장할 수는 없는 소수 부분이 있다.

프로그래머로서 여러분은 각 값을 저장하기 위해 어떤 종류의 숫자를 저장할지 선택해야 한다.

코드 분석

정수 대 실수

정수와 실수를 사용할 수 있는 몇 가지 상황을 살펴봄으로써 정수와 실수의 차이점을 배울 수 있다.

질문: 머리카락 수를 셀 수 있는 장치를 만들고 있다. 머리카락 수를 정수로 저장해야 할까, 실수로 저장해야 할까?

답: 머리카락 절반 개라는 개념은 존재하지 않기 때문에 머리카락 개수는 정수로 저장해야 한다.

> **질문:** 머리카락 세는 기계를 100명의 사람에게 사용한 다음 머리카락 평균 개수를 구하고 싶다. 평균 개수를 정수로 저장해야 할까, 실수로 저장해야 할까?

> **답:** 결과를 계산할 때 평균 개수가 소수를 포함한다는 사실을 알게 될 것이다. 따라서 평균 개수를 저장하기 위해 실수를 사용해야 한다.

질문: 프로그램에서 제품의 가격을 관리하고 싶다. 정수를 사용해야 할까, 실수를 사용해야 할까?

> **답:** 매우 헷갈리는 질문이다. 가격이 정수로 저장돼야 한다고 생각할 수도 있다. 예를 들어 $1.50와 같은 가격이 있을 수도 있다. 하지만 가격을 1.5달러 대신 150센트로 저장하는 경우 정수로 저장할 수 있다. 이 상황에서 사용하는 숫자의 종류는 해당 숫자가 어떤 식으로 사용되는지에 달려 있다. 제품을 판매하는 동안 버는 돈의 총량을 저장하는 경우 가격과 전체 판매액을 담기 위해 정수를 사용하면 된다. 하지만 사람들이 제품을 구매할 수 있도록 돈을 빌려준 다음, 빌린 사람들에게 이자를 부여하고 싶다면 좀 더 정확한 숫자를 담기 위해 소수 부분이 필요할 것이다.

실수와 부동 소수점 수

실수형에는 소수가 존재한다. 소수는 소수점 다음에 위치한 숫자이다. 실수는 파이썬 프로그램에 입력된 그대로 항상 저장될 수 있는 것은 아니다. 숫자는 원래 숫자와 최대한 가까운 값으로 저장될 수 있도록 컴퓨터 메모리에 대응된다. 저장된 자료를 보통 부동 소수점floating-point 표현이라 부른다. 컴퓨터 메모리를 더 많이 사용함으로써 저장 과정의 정확도를 높일 수 있다. 하지만 모든 실수를 정확하게 저장할 수는 없다.

하지만 이게 문제가 되지는 않는다. 파이와 같은 값은 영원히 끝나지 않기 때문에 정확하게 저장할 수 없다(내가 보유한 책 중에는 파이pi의 소수점 백만자리까지 기록된 책도 있다. 하지만 여전히 해당 값이 파이의 정확한 값이라고 할 수는 없다. 해당 책의 파이 값이 일반적으로 필요한 값보다 훨씬 정확하다는 것만은 확실하다).

숫자가 어떤 식으로 저장되는지를 고려할 때 범위와 정확도를 생각해봐야 한다. 정확도는 어떤 숫자가 얼마나 정확하게 저장되는지를 나타낸다. 특정 부동 소수점 변수는 123456789.0 또는 0.123456789를 저장할 수 있다. 하지만 123456789.123456789를 저장할 수는 없다. 18개의 숫자를 저장할 정도의 충분한 정확도를 가지고 있지 않기 때문이다. 부동 소수점 저장의 범위는 아주 작은 수 혹은 아주 큰 수를 저장하기 위해 소수점의 위치를 얼마나 조정할 수 있는지를 의미한다. 예를 들어 123,456,700을 저장할 수도 있고 0.0001234567을 저장할 수도 있다. 파이썬에서 부동 소수점 수의 경우 정확도가 15-16 자리이고, 큰 수를 저장하기 위해 우측으로 308칸 이동하거나 작은 수를 저장하기 위해 왼쪽으로 324칸 이동할 수 있다.

실수를 부동 소수점 표현으로 대응함으로써 불편함이 따른다. 0.1과 같은 간단한 소수도 값이 저장되는 방식 때문에 컴퓨터에 의해 정확하게 저장될 수 없다. 0.1을 나타내기 위해 저장된 값은 해당 값에 매우 가깝겠지만 같지는 않을 것이다. 이는 프로그램을 작성하는 방식에 영향을 끼친다.

부동 소수점 변수와 오류

파이썬 쉘을 사용한 몇 가지 실험을 통해 부동 소수점 변수가 동작하는 방식에 대해 배울 수 있다. 숫자 표현식을 입력함으로써 파이썬이 해당 표현식을 계산한 결과를 확인할 수 있다.

질문: 정확하게 저장될 수 없는 값을 부동 소수점으로 값으로 저장하는 경우 어떤 일이 발생하는가?

답: 컴퓨터가 0.1이라는 값을 정확하게 저장할 수 없다는 사실을 배웠다. 이제 파이썬 쉘에 0.1을 입력한 다음 어떤 값이 결과로 표시되는지 확인해보자.

```
>>> 0.1
0.1
```

앞서 0.1이 정확하게 저장될 수 없다고 말했기 때문에 결과 값으로 0.1이 나오는 것을 보고 여러분은 내가 거짓말을 했다고 생각할 수도 있다. 하지만 내가 거짓말하는 것이 아니라 파이썬이 거짓말 하는 것이다. 파이썬 출력 루틴은 값을 출력할 때 값을 '반올림'한다. 즉 출력될 숫자가 0.100000000000000005551115이거나 대략 그쯤(실제로 그 정도 값이 저장돼 있다)일 때 0.1을 출력한다.

질문: '반올림'이 정말로 일어나는가?

답: 현재로선 여러분은 값이 출력될 때 해당 값이 반올림되어 오류가 보이지 않을 뿐이라는 저자의 말을 믿을 수 밖에 없다. 하지만 간단한 계산을 수행해보면 숨기기 어려울 정도로 충분히 큰 오류를 발생시킬 수 있다. 다음 계산식을 파이썬 쉘에 입력한 다음, 출력을 확인해보자.

```
>>> 0.1+0.2
0.30000000000000004
```

0.2에 0.1을 더한 결과는 0.3이다. 하지만 값이 부동 소수점값으로 저장되기 때문에 계산 결과는 숨길 수 없을 정도로 큰 오류를 포함한다. 우리의 꽤나 비싼 컴퓨터가 합도 제대로 하지 못한다는 사실이 밝혀졌다!

여러분의 매우 강력한 컴퓨터가 모든 값을 정확히 저장할 수 있어야 한다고 생각할 수도 있다. 컴퓨터가 값을 정확히 저장할 수 없고 간단한 계산기조차도 강력한 컴퓨터보다 낫다는 사실이 좀 충격적일 것이다.

하지만 이러한 정확도 부족은 프로그래밍에 있어 문제가 되지 않는다. 일반적으로 그 정도로 정확한 데이터를 받아들이지 않기 때문이다. 예를 들어 머리카락 세는 장치를 개선해 머리카락 길이를 측정한다면 0.1인치(2.4밀리미터) 정확도보다 더 정확하게 머리카락 길이를 재는 것은 매우 어려울 것이다. 머리카락 자료 분석에는 3-4자리수 정확도만 있으면 된다. 파이썬이 제공 가능한 15자리 정확도 이상을 필요로 하는 자료를 처리할 일은 거의 없을 것이다.

이 시점에서 이러한 정확도 문제가 파이썬과는 전혀 상관 없다는 사실을 알아둘 필요가 있다. 전부는 아니더라도 대부분의 현대 컴퓨터는 IEEE[Institute of Electronic and Electrical Engineers]가 1985년에 정립한 표준을 사용해 부동 소수점값을 저장하고 관리한다. 컴퓨터에서 실행되는 모든 프로그램은 값을 동일한 방식으로 관리한다. 따라서 파이썬의 부동 소수점 수도 다른 언어의 부동 소수점 수와 동일하다.

파이썬의 부동 소수점 수와 다른 언어의 부동 소수점 수의 유일한 차이는 파이썬의 부동 소수점 변수가 메모리 8바이트를 차지한다는 점이다. 이는 C, C++, 자바, C#과 같은 언어의 부동 소수점 형의 두 배 크기다. 파이썬 부동 소수점 변수는 이러한 언어의 배 정밀도[double precision] 값과 동일하다.

더 높은 정확도로 값을 저장하길 정말로 정말 원한다면(저자가 생각하기에 정말 그럴 일이 없을 것 같긴 하다) 파이썬과 함께 제공되는 decimal 라이브러리와 fraction 라이브러리를 살펴보자.

> **프로그래머를 위한 조언**
> ## 정밀도와 정확도를 헷갈려서는 안 된다
>
> 숫자가 더 높은 정밀도로 저장된다고 해서 더 정확한 것은 아니다. 연구실에서 개미 다리의 길이를 재는 과학자는 어떤 엄청난 기술을 가지고 있지 않는 한 2-3자리 수 이상의 정확도를 유지하기는 어려울 것이다. 따라서 개미 다리 길이를 저장하고 결과를 처리하는 데 훨씬 더 높은 정밀도를 사용하는 것은 의미가 없다. 더 높은 정밀도를 사용함으로써 프로그램의 속도가 느려지고 변수들은 메모리 공간을 더 차지하게 될 것이다.

부동 소수점 변수 다루기

파이썬이 프로그램에서 사용할 변수를 자동으로 생성한다는 사실을 배웠다. 변수의 형은 프로그램이 해당 변수에 무엇을 저장하는지에 따라 결정된다.

```
name = 'Rob'
age = 25
```

위 두 문장은 두 개의 변수를 생성한다. 변수 name은 텍스트 문자열이 할당되기 때문에 문자열 형이다. 하지만 변수 age는 정수가 할당되기 때문에 정수형이다.

IDLE의 파이썬 쉘을 사용해 부동 소수점 변수가 동작하는 방식에 대해 배울 수 있다.

질문: 어떻게 부동 소수점 변수를 생성하는가?

　답: 부동 소수점 표현을 변수에 할당함으로써 부동 소수점 변수를 생성할 수 있다.

```
>>> x = 1.5
```

　위 문장은 x라는 부동 소수점 변수를 생성하고 해당 변수에 1.5가 저장된다. 변수의 이름을 입력하면 변수의 내용물을 확인할 수 있다.

```
>>> x
1.5
```

질문: 부동 소수점 변수에 정수를 할당하면 어떻게 되나?

　답: 새로운 변수를 하나 만들어서 어떤 식으로 동작하는지 살펴보자.

```
>>> y = 1.0
```

　위 문장은 정수값 1을 저장하는 y라는 변수를 생성한다. 그렇다면 y는 정수 변수일까, 부동 소수점 변수일까? y의 내용물을 확인하면 이를 알아낼 수 있다.

```
>>> y
1.0
```

파이썬은 소수부와 함께 값을 저장한다(여기서 소수부는 0이다). 이는 해당 값이 부동 소수점값이라는 것을 의미한다. 즉, 출력된 값에 소수점이 있다는 것은 해당 값이 부동 소수점이라는 얘기이다. 값에 소수가 포함되지 않더라도 소수점이 포함되면 해당 값은 항상 부동 소수점 수이다.

질문: 부동 소수점 수와 정수 계산은 어떻게 되는가?

답: 몇 가지 값을 입력하여 계산 결과를 확인해보자.

```
>>> 2+2
4
```

이전 장에서 두 개의 정수를 더하면 정수 결과가 나온다는 사실을 배웠다.

```
>>> 2.0+2.0
4.0
```

위의 정수 계산과 동일한 계산이지만 피연산자가 모두 부동 소수점값이기 때문에 결과가 부동 소수점값으로 나온다(피연산자는 + 연산자가 적용되는 대상을 의미한다).

```
>>> 2.0+2
4.0
```

표현식에 부동 소수점 수가 하나라도 포함되면 결과는 자동으로 부동 소수점값으로 변환된다는 사실을 알 수 있다. 일반적으로 표현식이 정수를 포함하는 경우 정수 결과가 나올 것이다. 표현식이 부동 소수점값을 하나라도 포함하면 표현식은 부동 소수점 결과를 생성할 것이다.

"정수는 정수 결과를 낳는다"는 법칙의 예외로 정수를 다른 정수로 나누는 경우가 있다.

```
>>> 1/2
0.5
```

위의 문장은 정수를 다른 정수로 나눈다. /(슬래시)문자는 파이썬 프로그램에서 나눗셈을 표현하는 방식이다. 이 경우 1.0/2.0을 나눈 결과는 0.5라는 부동 소수점 결과를 생성한다.

파이썬 버전과 정수 나눗셈

파이썬 버전에 따라 정수 나눗셈의 동작 방식이 달라질 수 있다. 이는 머리를 쥐어 뜯고 싶을 정도로 파이썬의 이해할 수 없는 점 중 하나다. 위에서 정수를 정수로 나누면 부동 소수점 결과가 나온다고 배웠다. 이 책의 예제에서 사용 중인 버전인 파이썬 3.6에서는 부동 소수점 결과가 나온다. 하지만 파이썬 2.7에서는 다르게 동작한다. 정수를 정수로 나누면 결과가 정수로 나온다.

```
>>> 1/2
0
```

1/2 값은 0.5이며 정수로 표현할 수 없다. 따라서 파이썬 2.7에서 계산 결과는 0이다. 사실 1보다 작은 모든 수는 계산 결과 0으로 표현된다. 이는 9/10 값인 0.9 역시 0이 된다는 의미다. 이로 인해 원하는 대로 계산 결과가 나오지 않을 수 있다.

파이썬 3.6에서 잘 동작하는 프로그램이 파이썬 이전 버전에서는 완전히 잘못된 결과를 낼 수 있다는 점은 파이썬의 단점 중 하나다. 나 역시 이런 상황을 여러 번 겪었다. 여러분에게 해 줄 수 있는 최선의 조언은 부동 소수점 결과를 원하는 경우 계산에 사용할 값에 항상 소수점을 붙이라는 것이다.

파이썬의 단점을 여러분에게 알리게 되어 마음이 안 좋다. 하지만 이 단점을 비밀로 하는 것이 더 나쁘다고 생각한다. 아니면 파이썬 2 프로그램이 개선된 나눗셈 루틴을 사용하도록 명시적으로 표현해 파이썬 2 프로그램이 파이썬 3와 동일한 방식으로 나눗셈을 수행하도록 할 수도 있다.

```
from __future__ import division
```

프로그램의 시작부에 위 명령어를 위치시킴으로써 파이썬 2 나눗셈이 파이썬 3 나눗셈과 동일한 방식으로 수행되도록 할 수 있다.

문자열을 부동 소수점값으로 변환하기

float 함수는 값을 부동 소수점값으로 변환하는 데 사용된다. 프로그램은 float 함수를 사용해 텍스트 문자열을 부동 소수점값으로 변환할 수 있다. float 함수는 int 함수와 동일한 방식으로 동작한다.

```
time_text = input('Enter the cooking time in seconds: ')    ──── 시간을 문자열로 읽어들인다.

time_int = int(time_text)    ──────────────────────── 문자열을 부동 소수점 수로 변환한다.
```

위 코드는 달걀 타이머 프로그램의 매우 정교한 버전을 만드는 데 기반이 될 것이다. 정교한 버전의 경우 사용자가 1초 미만의 단위로 달걀 삶는 시간을 정할 수 있을 것이다. 정교한 버전의 달걀 타이머는 4장 예제 폴더 내에서 **EG4-03 매우 정밀한 달걀 타이머**라는 프로그램에 해당한다.

정교한 버전의 달걀 타이머 프로그램이 가능한 이유는 sleep 함수가 지연 시간을 부동 소수점값으로 설정할 수 있기 때문이다.

```
time.sleep(time_float)
```

이는 sleep 함수를 사용해 프로그램이 아주 짧은 기간 동안 지연되도록 만들 수 있다는 점을 의미한다.

또한 float 함수를 사용해 정수값을 부동 소수점값으로 변환할 수도 있다. 이는 파이썬 예전 프로그램에서 나눗셈 연산이 항상 올바르게 동작하도록 하기 위한 방법 중 하나로 유용하게 사용할 수 있다(위에서 살펴본 "주의 사항"에서 "파이썬 버전과 정수 나눗셈"을 살펴보자).

```
z = float(1)
```

위 코드의 경우 변수 z에 정수가 할당되지만 해당 변수는 float형이다.

float 함수의 동작 방식이 친숙하게 느껴질 수도 있다. 이는 float 함수의 동작 방식이 결과가 부동 소수점이라는 점을 제외하고는 int 함수와 비슷하기 때문이다.

계산 수행하기

2장에서 연산자와 피연산자로 이루어진 파이썬 표현식을 살펴봤다. 연산자는 수행해야 할 동작을 식별하며, 피연산자는 연산자가 적용될 대상이다. 이제 방금 전 설명을 좀 더 보강해보겠다. 표현식은 단순하게는 단일 값이 될 수도 있고 복잡하게는 매우 복잡한 계산식이 될 수도 있다. 숫자 표현식 예를 몇 개 살펴보자.

```
2 + 3 * 4
-1 + 3
(2 + 3) * 4
```

파이썬은 위 표현식들을 평가할 때 왼쪽에서 오른쪽으로 평가한다. 이는 여러분이 표현식을 읽는 방식과 동일하다. 일반적인 수학과 마찬가지로 곱셈과 나눗셈이 먼저 수행되고 덧셈과 뺄셈이 그 뒤에 수행된다.

파이썬은 각 연산자의 우선순위를 정함으로써 이 순서를 결정한다. 파이썬은 표현식을 평가할 때 가장 높은 우선순위의 연산자를 모두 찾아낸 다음, 해당 연산자들을 우선 적용한다. 그리고 나서 다음 우선순위의 연산자들을 찾는다. 이런 식으로 결과가 나올 때까지 우선순위 순으로 연산자를 찾아 적용한다. 연산자 우선순위로 인해 표현식 2 + 3 * 4의 결과는 20이 아닌 14가 된다.

표현식이 평가되는 순서를 변경하고 싶다면 위의 마지막 예와 같이 먼저 평가됐으면 하는 표현식 항목들을 괄호로 묶으면 된다. 괄호 안에 괄호를 넣을 수도 있다. 다만 괄호를 열었으면 괄호를 반드시 닫아서 쌍이 이루어지도록 해야 한다. 나는 친절하게도 괄호로 최대한 많이 묶어서 표현식을 이해하기 매우 쉽게 만드는 편이다.

표현식 평가에 대해 너무 깊게 들어갈 필요는 없을 것 같다. 일반적으로 여러분이 예상하는 대로 표현식은 평가된다.

다음은 연산자 목록으로 각 연산자의 역할과 우선순위를 포함한다. 연산자들을 연산자 우선순위 순으로 나열했다.

연산자	사용 방식
–	단항 음수 연산자. 파이썬은 해당 연산자가 숫자 앞에 있으면 해당 숫자를 음수로 인식한다.
*	곱셈 연산자. 수학적으로는 x를 쓰는 것이 맞겠지만 알파벳 x와 헷갈리기 때문에 *를 사용한다.
/	나눗셈 연산자. 코드 편집 시 숫자 위에 다른 숫자를 그리기 어렵기 때문에 / 문자를 분수 대신 사용한다.
+	덧셈 연산자
–	뺄셈 연산자. 단항 음수 연산자와 동일한 문자를 사용한다.

위의 목록이 전체 목록은 아니지만 현재로서는 충분하다. 위의 연산자들이 숫자에 적용되기 때문에 숫자 연산자$^{numeric\ operator}$라고도 부른다. 하지만 + 연산자는 이미 위에서 살펴봤듯이 문자열을 연결하는 용도로 문자열 사이에 위치할 수 있다.

코드 분석

결과 알아내기

질문: 다음 코드를 실행하면 최종적으로 a와 b, c의 값이 어떻게 될까?

```
a = 1
b = 2
c = a + b

c = c * (a + b)
b = a + b + c
```

답: a=1, b=12, c=9이다. 결과를 예측하기 위한 가장 좋은 방법은 컴퓨터처럼 생각해보고 각 문장을 순서대로 처리하는 것이다. 나는 종이에 변수값들을 적어둔 다음, 각 문장을 처리할 때마다 각 변수의 값을 수정한다. 이러한 방식을 통해 실제 프로그램을 실행해보지 않고도 프로그램의 결과를 예측할 수 있다.

말이 안되는 계산식

표현식에서 나눗셈 연산자를 사용할 수 있기 때문에 다음과 같은 말이 안 되는 코드를 작성할 수 있다.

```
>>> 1/0
```

위 코드는 1을 0으로 나누려 시도할 것이고 이로 인해 말도 안되는 결과가 나올 것이다. 이로 인해 컴퓨터 자체가 오류에 빠질 것이라고 생각할 수도 있다. 예전에는 이러한 계산을 시도하면 컴퓨터 자체에 오류가 발생하기도 했다. 내가 예전에 즐겨 사용하던 계산기가 있다. 이 계산기에서 1을 0으로 나누면 계산기는 결과가 무한대에 이를 때까지 계속해서 그저 계산을 지속한다. 파이썬 프로그램의 경우 파이썬 엔진이 1을 0으로 나누는 시도를 중지시켜 버린다.

```
>>> 1/0
Traceback (most recent call last):
  File "<pyshell#11>", line 1, in <module>
    1/0
ZeroDivisionError: division by zero
```

float와 int 간의 변환

프로그램이 부동 소수점값과 정수값 사이에 변환을 수행해야 하는 경우가 있다. 프로그램은 int 함수를 사용해 이를 수행할 수 있다. 이미 텍스트 문자열을 정수값으로 변환하기 위해 int 함수를 사용한 적이 있다. 이때 문자열을 입력으로 받을 수 있는 버전의 int 함수를 사용했다.

```
i = int('25')
```

int 함수의 입력으로 숫자를 포함하는 문자열이 주어지는 경우 int 함수는 해당 문자열을 숫자로 변환해 읽는다. 즉, 위 코드를 실행하면 변수 i는 정수값 25를 저장하게 된다.

또한 프로그램은 int 함수를 사용해 부동 소수점값을 정수값으로 변환할 수도 있다.

```
i = int(2.9)
```

피자 주문 계산하기

어떤 경우에 부동 소수점값을 정수로 변환해야 하는지 궁금할 것이다. 다음 예를 살펴보자. 나는 많은 해커 대회에 참석했는데 해커 대회에 참석할 때마다 한 사람에게 필요한 피자 양이 얼마나 되는지 과학적으로 분석해봤다. 내가 수행한 엄격한 과학적 연구 결과에 따르면 정확히 1.5명의 사람당 피자 한 판이 필요하다. 즉, 30명의 학생을 먹이려면 피자가 20판이 필요하다.

피자를 몇 판 주문할지 계산하기 위해 특정 학생 수를 입력으로 받는 파이썬 프로그램을 작성했다. 해당 프로그램은 학생 수를 입력으로 받아서 계산을 한 다음, 결과를 출력한다. 다음은 해당 프로그램의 첫 번째 버전이다.

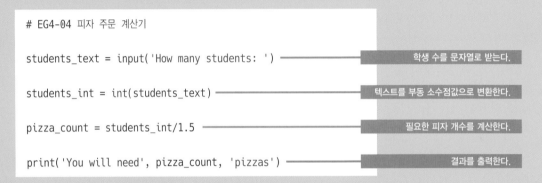

```
# EG4-04 피자 주문 계산기

students_text = input('How many students: ')      학생 수를 문자열로 받는다.

students_int = int(students_text)      텍스트를 부동 소수점값으로 변환한다.

pizza_count = students_int/1.5      필요한 피자 개수를 계산한다.

print('You will need', pizza_count, 'pizzas')      결과를 출력한다.
```

위의 테스트 값으로 30을 입력하면 위 버전은 문제가 없다. 학생 수로 30을 입력하면 프로그램은 피자 20판이 필요하다고 말할 것이다. 하지만 테스트 값을 변경해보면 문제가 생긴다.

```
How many students: 40
You will need 26.666666666666668 pizzas
```

피자 가게에 피자를 소수점 단위로 시킬 수 없다. 따라서 피자 개수를 정수로 변환할 수 있는 방법이 필요하다. 이 시점에서 변환을 어떤 식으로 수행할지도 결정해야 한다. 위의 결과에 정수 변환을 그대로 적용하면 결과는 피자 26판 주문이 될 것이다. int 함수는 부동 소수점값을 버리기 때문이다. 그렇게 되면 40명의 학생이 아니라 39명의 학생에게 충분한 양의 피자가 배달되기 때문에 한 명의 배고픈 학생이 발생한다.

이러한 문제를 해결하기 위한 여러 방법이 있다. 이 문제를 해결하기 위한 가장 좋은 방법은 계산 결과에 피자 한판을 추가해 여분을 준비하는 것이다.

```
pizza_count = (students_int/1.5)+1
```

위 프로그램을 불러온 다음, 피자 계산 부분을 위의 코드와 같이 수정해보자. 이제 40명의 학생이 있는 경우 프로그램은 피자 27판을 시켜야 한다고 제시할 것이다.

그러고 나서 프로그램이 덜 너그럽도록 수정해보자. 프로그램이 주문해야 할 피자 개수를 가장 근사한 정수값으로 내림하도록 수정해보자.

프로그래머를 위한 조언
고객과의 상의 없이 프로그램이 어떤 식으로 동작해야 하는지 스스로 쉽게 단정하지 말자

고객을 위해 피자 계산기를 만드는 경우 계산 결과에 소수점이 있을 때 해당 소수점을 어떤 식으로 처리할지를 스스로 결정해서는 안 된다. 고객은 비용 절감을 위해 피자 개수를 정수로 변환할 때 내림하고 싶을 수도 있다. 이 경우 고객은 프로그램이 여분의 피자를 추가한다면 불만을 표할 것이다.

프로그래머로서 여러분은 프로그램이 무엇을 해야 하는지 안다고 생각해서는 안 된다. 항상 고객에게 물어봐야 한다. 그렇지 않으면 추가로 주문된 피자 값을 지불해야 하는 사태가 발생할 수도 있다.

직접 해보기

화씨와 섭씨 변환하기

온도를 화씨에서 섭씨로 변환하기 위해 화씨 값에서 32를 뺀 다음, 1.8로 나누면 된다. 이러한 계산을 수행하는 파이썬 프로그램을 작성할 수 있다. 위의 피자 주문 프로그램을 활용하면 이미 온도 변환 프로그램의 상당 부분은 완성된 것이다. 프로그램이 표시하는 메시지와 계산을 수행하는 코드를 수정하면 된다.

이제 여러분은 어떤 종류의 변환 프로그램이든 작성할 수 있다. 피트를 미터로, 그램을 온스로, 리터를 갤론으로 변환하는 등의 프로그램을 작성할 수 있다.

날씨 스냅스

화씨에서 섭씨로 변환하는 것은 변환을 적용할 만한 실제 날씨 자료가 있는 경우 더욱 유용할 것이다. get_weather_temp라는 스냅스 함수는 미국 내 지역의 온도를 반환한다. 날씨 정보는 미국 국립 기상 서비스US National Weather Service인 www.weather.gov에서 제공한다. 온도를 얻고자 하는 지역의 위도와 경도를 메소드에 제공해야 한다. 다음은 워싱턴 시애틀의 날씨를 얻는 방법에 대한 예다.

```
# EG4-05 시애틀 온도

import snaps                                                스냅스 라이브러리 가져오기

temp = snaps.get_weather_temp(latitude=47.61, longitude=-122.33)    온도 가져오기

print('The temperature in Seattle is:', temp)              온도 출력하기
```

get_weather_temp 함수를 호출할 때 위도와 경도는 이름이 있는 인자로 제공한다. 이름이 있는 인자는 3장에서 처음 사용한 적 있다. 3장에서 스냅스 함수인 display_message의 동작 방식을 제어하기 위해 이름이 있는 인자를 제공했다. 여기서는 위치를 나타내기 위해 두 개의 인자를 제공한다.

빙Bing 검색 엔진을 사용해 미국 내 도시나 마을의 위도를 알아낼 수 있다. "위치이름 Latitude"이라고 입력하면 된다. 여기서 위치 이름의 경우 여러분이 사는 지역의 이름을 입력하면 결과값으로 위도값이 표시된다.

어떤 지역의 날씨 상태에 대한 간단한 정보를 얻고 싶다면 get_weather_description 메소드를 사용하면 된다. 해당 메소드는 특정 지역의 날씨 상태를 나타내는 짧은 문자열을 반환한다.

```
# EG4-06 시애틀 날씨

import snaps

desc=snaps.get_weather_desciption(latitude=47.61, longitude=-122.33)
print('The conditions are:',desc)
```

이러한 메소드들은 미국 내 지역에 대해서만 날씨 정보를 제공한다. 다른 나라나 지역의 위도와 경도 값을 사용하는 경우 해당 메소드는 실패할 것이다.

 직접 해보기

날씨 표시 프로그램

이제 현재 날씨 상태를 표시하는 프로그램을 만들 수 있다. 스냅스의 `display_text` 함수를 사용해 온도와 현재 날씨 상태를 표시할 수 있다.

요약

4장에서는 파이썬 프로그램에서 변수를 생성하는 법에 대해 알아봤다. 하나의 변수는 메모리에 위치한 이름이 있는 장소이며 유효한 변수 이름이 되기 위한 규칙이 존재한다는 사실을 배웠다. 파이썬 이름은 글자나 밑줄(_) 문자로 시작해야 한다. 첫 번째 문자 이후에 글자, 숫자, 밑줄이 올 수 있다. 파이썬이 할당될 값으로부터 변수의 형을 결정하는 방식에 대해서도 살펴봤다. 정수값을 변수에 할당함으로써 정수 변수를 생성할 수 있다.

또한 프로그램에는 텍스트와 숫자의 기반이 되는 자료가 있음을 배웠다. 파이썬은 텍스트를 담기 위해 문자열 형을 제공하고 프로그램은 input 함수를 사용해 파이썬 쉘에서 사용자로부터 텍스트 줄을 입력 받고 해당 텍스트를 문자열 변수에 저장한다(이와 관련해 파이썬 2.x와 3.x가 동작 방식이 다르다는 사실도 알아봤다). 파이썬은 숫자를 담고 있는 문자열을 숫자로 변환하기 위한 int 함수를 제공하며 프로그램은 input과 int 함수를 조합해 프로그램 사용자로부터 숫자를 입력 받을 수 있다.

숫자값과 관련해서는 소수부가 없는 정수값(예: 1)과 소수부가 있는 실수(예: 1.5) 사이의 근본적인 차이점에 대해 알아봤다. 또한 컴퓨터에 저장된 부동 소수점값이 실제 값을 추정하는 방식에 대해 알아봤다. 이러한 추정 방식으로 인해 실수에 대해 계산을 수행할 때 문제가 발생할 수도 있다.

마지막으로 계산이 프로그램에서 수행되는 방식과 부동 소수점값과 정수값 사이의 변환 방법, 프로그램에서 이러한 작업을 수행해야 하는 경우에 대해 알아봤다.

4장에서 배운 내용을 더 잘 이해하기 위해 변수와 값에 대한 다음 심화 질문을 살펴보자.

어떤 형의 변수를 다른 형의 변수로 '덮어쓰기'하면 어떻게 되나?

이 경우 오류가 발생한다고 생각할 수도 있다. 예를 들어 파이썬이 다음과 같은 오류를 줄 것이라 기대할 수 있다. "마지막으로 이 변수를 사용했을 때 숫자를 입력했습니다. 지금 해당 변수에 문자열을 입력하려 시도합니다." 하지만 실제 이렇게 동작하지 않는다. 여러분이 할당을 할 때마다 파이썬은 해당 값에 적합한 형의 새로운 변수를 생성한 다음, 동일한 이름의 기존 변수는 버린다. 따라서 프로그램은 변수를 절대 '덮어쓰기'할 수 없다. 동일한 이름을 지니지만 내용은 다른 변수가 신규로 생성된다.

변수의 이름이 긴 경우 프로그램이 느려질 수 있는가?

"sales_total_for_July"라는 변수가 "sj"라는 변수보다 파이썬에게 더 어려울 것이라고 생각할 수도 있다. 어느 정도는 맞는 얘기다. 하지만 변수 이름 길이가 파이썬 프로그램 속도에 미치는 영향은 무시해도 좋을 정도로 너무 적다. 누군가 프로그램을 봤을 때 이해하기 쉽도록 변수 이름을 길게 쓰는 것이 좋다.

모든 프로그램을 부동 소수점 변수만을 사용하도록 하면 편하지 않을까?

부동 소수점 변수만을 사용함으로써 프로그램이 더 간단해질 것이라고 생각할 수도 있다. 하지만 필요한 경우 정수를 사용하는 편이 나은 경우가 있다. 앞에서 일부 계산 결과가 우리가 예상하는 것과 다른 경우를 봤다. 1이 결과로 나와야 하는 계산이 1.00000000004와 같은 결과를 낼 수 있다. 값 1과 1.00000000004를 비교하는 경우 프로그램은 두 값이 다르다고 결정할 수 있으며 이로 인해 프로그램이 원하는 대로 동작하지 않을 수 있다.

이런 이유로 나는 변수를 생성할 때 적합한 형의 변수를 생성하려 노력한다. 무언가를 세는 작업을 위한 변수로는 정수형의 변수를 생성하고 계산 작업을 위한 변수로는 부동 소수점형 변수를 생성한다.

사용자가 유효하지 않은 값을 입력했을 때 프로그램이 죽지 않도록 하려면 어떻게 해야 하나?

아직 해당 방법을 배우지는 않았다. 하지만 파이썬이 오류를 만났을 때 프로그램이 이를 제어할 수 있는 방법이 존재한다. 사용자가 실수를 했을 때 프로그램이 오류 메시지를 표시한 다음, 사용자에게 재입력할 수 있는 기회를 줄 수 있다. 이와 관련해서는 6장의 "예외를 사용해 유효하지 않은 값 입력 감지하기" 절에서 자세히 알아볼 것이다.

5

프로그램에서
결정 내리기

학습 목표

컴퓨터가 입력을 받은 후 해당 입력을 가지고 무언가를 한 다음 결과를 낸다는 측면에서 컴퓨터를 소시지 만드는 기계와 비슷하다고 언급한 적이 있다. 이는 컴퓨터가 무엇인지를 이해하기 위한 출발점으로는 좋은 발상이지만 실제 컴퓨터는 훨씬 더 많은 일을 할 수 있다. 단순히 입력된 것으로부터 소시지를 만드는 실제 소시지 기계와는 달리 컴퓨터는 다양한 입력에 대해 다양한 방식으로 반응할 수 있다. 이번 장에서는 프로그램이 다양한 입력에 대해 반응할 수 있도록 만드는 방법에 대해 알아볼 것이다. 또한 이러한 방식으로 컴퓨터가 동작하게 되면 프로그램은 항상 이치에 맞는 결정을 내려야 하기 때문에 이로 인한 책임에 대해서도 알아볼 것이다.

불리언 자료

4장에서 프로그램이 다양한 종류의 자료를 나타내기 위해 변수를 사용한다는 사실을 배웠다. 여러분의 머리카락 개수를 세기 위해서는 자연수(정수)를 사용하고 머리카락 길이의 평균 길이를 재기 위해서는 실수(부동 소수점값)를 사용하면 된다. 이제 새로운 자료형인 불리언Boolean값을 만날 차례다. 값의 범위를 제공하는 숫자 자료형과는 달리 불리언 형은 True와 False 오직 두 가지 값만 갖는다. 어떤 사람이 머리카락이 있는지 없는지를 나타내기 위해 불리언값을 사용할 수 있을 것이다.

불리언 변수 생성하기

프로그램은 불리언값을 담을 수 있는 변수를 생성할 수 있다. 다른 파이썬 자료형과 마찬가지로 파이썬 엔진은 해당 변수가 사용되는 문맥으로부터 변수의 형을 추론할 것이다.

```
it_is_time_to_get_up = True
```

위의 코드는 it_is_time_to_get_up이라는 불리언 변수를 생성한 다음, 해당 변수를 True로 설정한다. 저자의 경우 늦잠을 자기 때문에 언제나 일어날 시간이다. 나와 같이 침대에 더 머물러야 하는 경우를 위해 해당 변수의 값을 False로 변경할 수 있다.

```
it_is_time_to_get_up = False
```

True와 False라는 단어는 파이썬에 내장된 키워드다. 따라서 파이썬이 해당 값을 만나게 되면 불리언값의 관점에서 해당 값을 해석한다. True와 False를 입력 시 첫 글자를 반드시 대문자로 입력해야 한다. "true"와 "false"는 동작하지 않을 것이다.

불리언값

질문: 불리언값의 내용을 출력하면 어떤 결과가 나올까?

```
print(it_is_time_to_get_up )
```

답: 어떤 값이든 출력 시 파이썬은 보기에 의미 있는 내용으로 변경하려 시도한다. 불리언값의 경우 "True"나 "False"를 출력한다.

```
True
```

질문: input 함수에 **True**를 입력하면 어떻게 될까?

```
>>> x=input("True or False: ")
True or False: True
```

위 코드는 우리에게 True나 False를 입력하라고 요청한다. 저자는 어쩔 수 없이 True를 입력했고 해당 값이 변수 x에 할당됐다. "True"가 프로그램 내에서는 특수하게 처리된다는 사실을 알고 있다. 그렇다면 변수 x의 형은 어떻게 될까?

답: 변수 x의 형은 문자열이 된다. 파이썬이 특수하게 처리하는 단어들은 프로그램 텍스트 내에서만 의미가 있다. 실행 중인 프로그램에 해당 단어들을 입력한다고 해서 특수하게 처리되지 않는다.

x의 값은 단일 따옴표로 둘러싸여 문자열로서 표시된다. 이는 프로그램에 저장되는 다른 문자열과 마찬가지다.

```
>>> x
'True'
```

파이썬 3.6에서 input 함수는 사용자로부터 텍스트를 받아서 해당 텍스트를 문자열로 저장한다. 하지만 파이썬 2의 경우 input 함수에 주어지는 모든 것을 파이썬 표현식으로 평가한다. 따라서 파이썬 표현식 "True"의 값은 불리언값 "True"가 된다. 파이썬 2에서 위의 코드를 실행하는 경우 입력 시 True나 False를 입력하면 x의 형은 실제 불리언 변수가 된다. 이로 인해 문제가 발생할 소지가 다분하며 이와 관련된 자세한 사항은 4장의 "주의사항"에 나온 "파이썬 버전과 input 함수"를 살펴보자.

질문: int와 float 함수처럼 입력된 내용을 불리언으로 변환하는 bool이라는 파이썬 함수가 존재하는가?

답: 실제 존재한다. IDLE의 파이썬 명령어 쉘을 사용해 bool 함수가 어떤 식으로 동작하는지 알아볼 수 있다.

```
>>> bool(1)
True
>>> bool(0)
False
>>> bool(0.0)
False
>>> bool(0.1)
True
>>> bool('')
False
>>> bool('hello')
True
```

파이썬 쉘을 사용해 bool 함수를 포함하는 여러 표현식을 평가해봤다. 빈 문자열과 값 0이 False로 취급되는 것을 확인할 수 있다. 그 외 나머지는 True로 평가된다.

질문: 프로그램이 불리언값과 다른 값을 조합하면 어떻게 되는가?

답: 파이썬 프로그램이 올바르지 않은 방식으로 무언가를 조합할 때 오류가 발생된다는 사실을 배웠다(예를 들어 문자열에 숫자 더하기).

```
>>> 'Hello'+True
Traceback (most recent call last):
  File "<pyshell#26>", line 1, in <module>
    'Hello'+True
TypeError: must be str, not bool
```

문자열에 불리언값을 더하는 경우 오류가 발생한다. 파이썬은 오류 메시지를 반환한다. 하지만 불리언값을 다른 형의 값과 조합하는 경우 상황이 더욱 복잡해진다.

```
>>> 1+True
2
```

위의 코드는 값 1에 값 True를 더한다. 그리고 이는 2라는 결과를 내며 잘 동작한다. 파이썬은 불리언값을 계산에 사용하는 것을 허용한다. 불리언값 True는 값 1에 해당한다. 불리언값 False는 0에 해당한다.

```
>>> 1+False
1
```

불리언 표현식

불리언 변수에 True나 False값을 반환하는 모든 표현식을 할당할 수 있다. 예로 알람시계 역할을 하는 파이썬 프로그램을 만들어보자.

가장 먼저 프로그램이 시간 정보를 얻을 방법이 필요하다. time 라이브러리가 시간을 가져오는 함수를 제공한다.

```
import time ─────────────────────────────  시간 라이브러리를 임포트한다.

current_time = time.localtime( ) ─────────  현재 시간을 얻는다.

hour = current_time.tm_hour ──────────  전체 시간에서 시에 해당하는 부분을 얻는다.
```

위의 코드는 시간에서 시hour에 해당하는 부분을 가져와서 해당 부분을 hour라는 변수에 저장한다. 첫 번째 줄은 localtime 함수를 포함하는 time 라이브러리를 가져온다는 사실에 주목하자.

localtime 함수는 시를 포함한 현재 시간을 나타내는 속성을 포함하는 파이썬 객체object를 반환한다. current_time 변수에 localtime이 변환한 시간을 설정한다. current_time 객체의 속성 중에 시에 해당하는 값이 있다. 시 값이 우리가 사용하고자 하는 값이다.

속성attribute은 어떤 객체의 일부에 해당하는 자료를 가리킨다. 여러분도 알다시피 많은 훌륭한 프로그래밍 책이 본 책의 저자인 "롭 마일스Rob Miles"의 작품이듯이 tm_hour값 역시 localtime 함수가 생성한 객체의 일부다.

속성	값
tm_year	년을 나타낸다(예: 2017).
tm_mon	월을 나타내며 범위는 1부터 12까지다. 1은 1월에 해당한다.
tm_mday	해당 월의 일을 나타내며 범위는 1부터 해당 달의 마지막 일까지다.
tm_hour	해당 일의 시간을 나타내며 범위는 0부터 23까지다.
tm_min	해당 시간의 분을 나타내며 범위는 0부터 59까지다.
tm_sec	해당 분의 초를 나타내며 범위는 0부터 59까지다.
tm_wday	해당 주의 요일을 나타내며 범위는 0부터 6까지다. 0은 월요일에 해당한다.
tm_yday	해당 연도의 일을 나타내며 범위는 0-364 혹은 윤년의 경우 0-3650이다.

위 표는 localtime 함수가 반환하는 객체의 속성 중 가장 유용한 속성 일부를 나타낸다. 위의 속성들을 사용해 현재 날짜와 시간을 기억하는 파이썬 프로그램을 만들 수 있다.

시간과 관련된 사항들이 너무 복잡하게 느껴진다면 시간값을 종이 위에 시간 자료가 표 형태로 출력돼 있는 것이라고 생각해도 좋다. 그림 5-1은 해당 표의 모양을 나타낸다.

속성	값
tm_year	2017
tm_mon	7
tm_mday	19
tm_hour	11
tm_min	40
tm_sec	30
tm_wday	2
tm_yday	200

그림 5-1 시간값 표

왼쪽의 속성 열은 각 속성의 이름을 나타낸다. 우측의 값 열은 각 속성의 값을 나타낸다. localtime( ) 함수는 위와 같은 표를 담고 있는 종이를 반환하고 현재 시간 정보를 얻기 위해 프로그램이 표에서 각 속성의 값을 찾아보는 식으로 생각해도 좋다. 앞으로 이 책을 학습하면서 객체에 관해 많은 사항을 배울 것이다.

 직접 해보기

시침이 하나인 시계 만들기

IDLE 프로그램을 시작한 다음 localtime( ) 함수를 사용해 시간값만을 표시하는 시계를 만들어보자. 이를 '시침이 하나인 시계'라고 부르며 이러한 시계는 인생을 좀 더 여유롭게 살 수 있도록 만들어줄 것이다. IDLE를 연 다음 File 메뉴의 New File을 클릭해 새로운 프로그램 파일을 생성한다. 다음 프로그램을 입력한다.

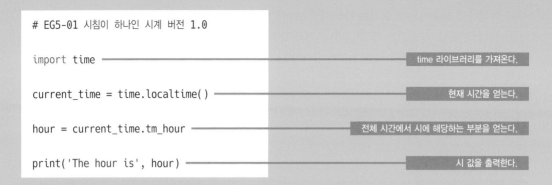

```
# EG5-01 시침이 하나인 시계 버전 1.0

import time                                    time 라이브러리를 가져온다.

current_time = time.localtime()               현재 시간을 얻는다.

hour = current_time.tm_hour        전체 시간에서 시에 해당하는 부분을 얻는다.

print('The hour is', hour)                    시 값을 출력한다.
```

프로그램을 실행한 다음 "OneHandedClock"이라는 이름의 파일에 프로그램을 저장한다. 해당 프로그램이 실행된 시가 출력돼야 한다.

이를 수정해 프로그램이 실행된 시간과 날짜를 출력하는, 좀 더 기능이 많은 시계를 만들어보자. File 메뉴의 Save As를 사용해 향상된 버전의 시계를 다른 파일에 저장하자.

값 비교하기

파이썬 표현식이 연산자(연산을 식별)와 피연산자(연산의 대상이 되는 항목을 식별)로 이루어져 있다고 배운 적 있다. 그림 5-2는 2+2라는 계산을 수행하는 첫 번째 표현식을 나타낸다.

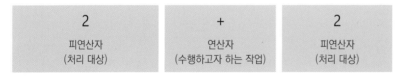

그림 5-2 산술 연산자

표현식은 비교 연산자를 포함할 수 있다(그림 5-3).

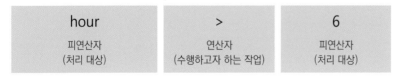

그림 5-3 비교 연산자

비교 연산자를 포함하는 표현식은 True나 False에 해당하는 불리언값을 반환한다. 위의 표현식에서 > 연산자는 '크다'를 의미한다. 위의 표현식을 읽어보면 "hour가 6보다 크다" 이다. 즉, 시값이 6보다 크면 위 표현식은 True이다. 7시 정각에 일어나야 하는 경우 알람 시계 프로그램에 이 표현식을 사용하면 된다.

비교 연산자

다음은 파이썬 프로그램에서 사용 가능한 비교 연산자들이다.

연산자	이름	결과
>	~보다 크다	왼쪽 값이 오른쪽 값보다 큰 경우 True
<	~보다 작다	왼쪽 값이 오른쪽 값보다 작은 경우 True
>=	~보다 크거나 같다	왼쪽 값이 오른쪽 값보다 크거나 같은 경우 True
<=	~보다 크거나 작다	왼쪽 값이 오른쪽 값보다 작거나 같은 경우 True
==	같다	왼쪽 값이 오른쪽 값과 같은 경우 True
!=	같지 않다	왼쪽 값이 오른쪽 값과 같지 않은 경우 True

프로그램은 표현식에서 비교 연산자를 사용해 불리언값을 설정할 수 있다.

```
it_is_time_to_get_up = hour>6
```

위 파이썬 코드는 it_is_time_to_get_up의 오른쪽 표현식 값이 6보다 큰 경우 True로 설정하고 오른쪽 표현식 값이 6보다 크지 않은 경우 False로 설정한다. 위의 코드가 이해하기 어렵다면 위 표현식을 소리 내어 읽어보자. "it_is_time_to_get_up은 6보다 큰 시간"은 위 코드의 동작을 잘 설명한다.

비교 연산자 살펴보기

질문: 등가 연산자는 어떤 식으로 동작하는가?

답: 등가 연산자는 두 피연산자가 동일한 값을 지닌 경우 True로 평가된다.

```
>>> 1==1
True
```

등가 연산자는 문자열과 불리언값을 비교하는 데 사용될 수도 있다.

```
>>> 'Rob'=='Rob'
True
>>> True==True
True
```

질문: 어떤 관계 연산자가 어떤 의미인지 쉽게 기억할 수 있는 방법이 있는가?

답: 나는 처음 프로그램을 배울 때 <= 연산자에서 <를 문자 L(Less, 작다)과 연관 지었다. 그 덕분에 <=는 "작거나 같다(less than or equal to)"는 사실을 쉽게 기억할 수 있었다.

질문: 숫자가 아닌 다른 종류의 표현식에도 관계 연산자를 적용할 수 있는가?

답: 적용할 수 있다. 관계 연산자를 두 문자열 피연산자에 적용하면 알파벳 순서를 사용해 순서를 결정한다. 파이썬 쉘에 다음과 같이 입력해 이를 테스트해 볼 수 있다.

```
>>> 'Alice'<'Brian'
True
```

알파벳 순서상 Alice가 Brian보다 앞에 있기 때문에 파이썬 쉘은 True를 반환했다.

등가와 부동 소수점값

4장에서 부동 소수점 수가 프로그램에서 사용 중인 실수값의 근사치일 뿐인 경우를 배운 적이 있다. 즉, 일부 숫자는 정확하게 저장되지 않는다.

실수값의 근사치를 저장하는 방식은 두 변수가 동일한 부동 소수점값을 지녔는지 비교하는 경우에 심각한 문제를 발생시킬 수 있다. 이전에 입력했던 다음 파이썬 코드를 살펴보자.

```
>>> x = 0.3
>>> y = 0.1+0.2
```

위 코드는 x와 y라는 두 변수를 생성하며, 둘 다 값 0.3으로 설정된다.

변수 x에는 0.3을 직접 할당한 반면 변수 y에는 0.1 + 0.2의 계산 결과로 0.3이 할당된다.

두 변수가 동일한지 테스트하면 어떤 결과가 나올까?

```
>>> x == y
False
```

위 표현식은 두 피연산자가 동일한 값을 지닌 경우 결과로 True를 반환하는 등가 연산자(==)를 사용한다. 하지만 파이썬은 x와 y가 다른 값을 지녔다고 판단한다. 변수 x는 0.3을 담고 있고 변수 y는 0.30000000000000004를 담고 있기 때문이다. 이는 부동 소수점값이 동일한지 비교하는 프로그램 코드에 발생할 수 있는 문제점을 잘 보여준다. 이러한 작은 부동 소수점 오류로 인해 우리가 동일하다고 여기는 값들이 항상 동일하다고 평가되지는 않는다.

프로그램이 두 부동 소수점값이 동일한지 비교해야 하는 경우 가장 좋은 방법은 두 수의 차이가 작은 경우 동일하다고 보는 것이다. 이렇게 하지 않으면 여러분의 프로그램은 여러분이 예상한 대로 동작하지 않을 수도 있다.

파이썬 time 함수가 반환한 날짜와 시간값은 등가 평가 시 문제가 없도록 정수로 제공된다. 하지만 다른 라이브러리의 함수를 사용하는 경우 결과가 어떤 형으로 반환되는지 확인해야 한다. 파이썬 내장 함수인 type을 사용하면 객체의 자료형을 알아볼 수 있다.

```
>>> mystery = 1
>>> type(mystery)
<class 'int'>
```

type 함수는 매개변수로 제공된 항목의 형을 나타내는 객체를 반환한다. 위의 예의 경우 mystery 변수가 int임을 알 수 있다(해당 변수는 정수로부터 생성됐기 때문에 당연한 결과다). 다른 변수들의 자료형도 테스트해보자.

불리언 연산자

지금까지는 일어날 시간인지 결정하는 테스트는 시간의 시 값에 의해서만 결정된다.

```
it_is_time_to_get_up = hour>6
```

위 코드는 시간이 6보다 큰 경우(즉, 7시 정각부터) it_is_time_to_get_up의 값을 True로 설정한다. 하지만 일어나는 시간을 7시30분으로 설정하고 싶을 수도 있다. 이를 위해서는 시가 6보다 크고 분이 29보다 큰 경우에 변수를 True로 설정할 수 있는 방법이 필요하다. 파이썬은 논리값을 다루기 위한 세 가지 논리 연산자를 제공한다. 이 연산자들이 이 문제를 해결하는 데 도움이 될 것이다.

연산자	결과
not	대상이 되는 피연산자가 False인 경우 True로 평가된다. 대상이 되는 피연산자가 True인 경우 False로 평가된다.
and	왼쪽 값과 오른쪽 값이 True인 경우 True로 평가된다.
or	왼쪽 값 또는 오른쪽 값이 True인 경우 True로 평가된다.

and 연산자는 두 불리언값 사이에 적용되며 두 값이 모두 True인 경우에 True를 반환한다. 두 불리언값 사이에 적용된 or 연산자는 둘 중 하나만 True면 True를 반환한다. 세 번째 연산자인 not은 불리언값을 뒤집는 데 사용한다.

불리언 연산자

IDLE의 파이썬 쉘을 사용해 불리언 연산자의 동작 방식을 알아볼 수 있다. 표현식을 입력한 다음 어떤 식으로 평가되는지 확인하면 된다.

질문: 다음 표현식은 어떻게 평가되는가?

```
>>> not True
```

답: not은 불리언값을 뒤집는 효과를 지닌다. 따라서 True를 False로 변환한다.

```
>>> not True
False
```

질문: 다음 표현식은 어떻게 평가되는가?

```
>>> True and True
```

답: and의 양쪽 피연산자가 True이므로 결과는 True이다.

```
>>> True and True
True
```

질문: 다음 표현식은 어떻게 평가되는가?

```
>>> True and False
```

답: and 연산의 결과가 True가 되기 위해서는 and 연산자의 양쪽 피연산자가 True여야 한다. 따라서 당연히 결과는 False이다.

```
>>> True and False
False
```

질문: 다음 표현식은 어떻게 평가되는가?

```
>>> True or False
```

답: or 연산의 결과가 True가 되기 위해서는 or 연산자의 피연산자 중 하나만 True이면 된다. 따라서 결과는 True이다.

```
>>> True or False
True
```

질문: 지금까지 위의 예는 불리언값만을 사용했다. 불리언과 숫자값을 조합하면 어떻게 될까?

```
>>> True and 1
```

답: 파이썬은 논리와 숫자값을 조합하는데 아무 문제가 없다. 위 조합은 True를 반환하는 대신에 1을 반환할 것이다.

```
>>> True and 1
1
```

다소 헷갈리는 결과일 수 있다. 그래도 이 예제로 파이썬이 논리 표현식을 평가하는 원리를 알 수 있다. 파이썬은 논리 표현식을 평가할 때 맨 앞에서부터 평가하며 최종적으로 표현식의 결과를 결정할 수 있을 때까지 표현식 내 피연산자들을 쭉 따라가며 평가한다. 그리고 나서 해당 값을 반환한다.

위 표현식의 경우 파이썬은 왼쪽 피연산자가 True라는 것을 확인한 다음 "아~ and 표현식의 값은 오른쪽 값에 의해 결정되겠군. 오른쪽 값이 True면 결과가 True이고 False면 결과가 False이겠군"이라고 생각한다. 따라서 표현식은 단순히 오른쪽 피연산자를 반환한다. 피연산자의 순서를 뒤집어서 1 and True를 테스트해보면 이를 확인할 수 있다.

```
>>> 1 and True
True
```

0을 제외하고 모든 값이 True라는 점을 알고 있다. 따라서 파이썬은 오른쪽 피연산자를 반환할 것이다. 위 표현식의 경우 True이다. 이러한 동작 방식은 or 연산자도 마찬가지다. 파이썬은 결과를 True 혹은 False로 결정할 수 있을 때까지 논리 연산자의 피연산자만을 확인한다.

```
>>> 1 or False
1
>>> 0 or True
True
```

동작 방식을 제대로 이해하고 있는지 확인하기 위해 여러 값들을 가지고 시험해볼 필요가 있다.

다음 코드를 작성해 7:30 이후에 알람이 울리도록 할 수 있다.

```
it_is_time_to_get_up = hour>6 and minute>29
```

and 연산자는 두 불리언 변수 사이에 적용되며 두 표현식이 모두 True로 평가되어야 True 를 반환한다. 위 코드는 hour의 값이 6보다 크고 minute의 값이 29보다 큰 경우에 it_is_ time_to_get_up 변수를 True로 설정한다. 하지만 위 코드는 틀렸다. 몇 가지 테스트를 통 해 버그를 찾아낼 수 있다.

시	분	예상 결과	실제 결과
6	0	False	False
7	29	False	False
7	30	True	True
8	0	True	False

위의 표는 네 가지 시간을 예상 결과와 실제 결과와 함께 나타낸다. 그 중 한 가지 경우에 잘못된 결과가 나왔다. 시간이 8:00인 경우 it_is_time_to_get_up의 값은 False로 설정 된다. 이는 잘못된 결과다.

우리가 사용 중인 조건은 시값이 6보다 크고 분값이 29보다 크면 True로 평가된다. 이는 분이 29보다 작은 경우 조건이 False로 평가된다는 것을 의미한다. 따라서 8:00에 해당 조건은 False가 된다.

이 문제를 해결하기 위해 좀 더 복잡한 조건을 개발해야 한다.

```
it_is_time_to_get_up = (hour>7) or (hour==7 and minute>29)
```

두 조건이 or 연산자에 의해 어떤 식으로 조합되는지를 나타내기 위해 괄호를 추가했다. hour의 값이 7보다 큰 경우 minute의 값은 무시한다. hour가 7과 동일한 경우 minute가 29보다 큰지 확인해야 한다. 위 코드를 위 테스트 표의 값들로 테스트해보면 위 코드가 제대로 동작한다는 점을 알 수 있다.

위 예로부터 이러한 논리를 수행하는 코드를 설계할 때 중요한 점을 알 수 있다. 프로그램 이 원하는 대로 동작하는지 확인하기 위해 사용할 수 있는 테스트들을 설계해야 한다.

if 문

침대에서 벗어날 시간이 됐는지 알려주는 메시지를 표시하는 프로그램을 만든다고 해보자. 파이썬의 if문을 사용해 프로그램의 실행을 제어하기 위해 방금 생성한 불리언값을 사용힐 수 있다.

```
# EG5-02 간단한 알람시계

import time                                          time 라이브러리를 가져온다.

current_time = time.localtime()                      시간을 얻는다.

hour = current_time.tm_hour                          시를 얻는다.
minute = current_time.tm_min

it_is_time_to_get_up = (hour>7) or (hour==7 and minute>29)    플래그 값을 설정한다.

if it_is_time_to_get_up:                             플래그 값이 참인가?
    print('IT IS TIME TO GET UP')                    그렇다면 메시지를 출력한다.
```

if문은 단어 if로 시작한다. 그 다음에 조건condition이라고 부르는 불리언값이 온다. 조건 뒤에는 콜론(:)이 온다. 콜론은 매우 중요하다. 콜론은 if 조건이 제어하는 코드의 시작을 알린다.

들여쓰기된 코드(위의 예에서 print 문)가 불리언값이 True인 경우에만 실행된다. 즉, 위의 코드를 살펴볼 때 'IT IS TIME TO GET UP'을 출력하는 코드는 it_is_time_to_get_up 이 True인 경우에만 실행된다.

파이썬에서의 조건

조건은 조건에 의해 제어되는 코드의 실행 여부를 결정한다. 조건이 True인 경우 if문에 의해 제어되는 코드가 실행된다. 조건이 False인 경우 파이썬 프로그램은 if문에 의해 제어되는 코드를 건너뛸 것이다. 위 테스트에서의 조건은 값이 True 혹은 False이기 때문에 이해하기 쉽다.

```
if it_is_time_to_get_up:
    print('IT IS TIME TO GET UP')
```

논리 표현식의 결과를 조건으로 사용하면 프로그램을 간략하게 만들 수 있다.

```
if (hour>7) or (hour==7 and minute>29):
    print('IT IS TIME TO GET UP')
```

위 코드의 동작 방식은 동일하다. 하지만 중간의 불리언 변수를 필요로 하지 않는다.

코드를 '스위트(suite)'로 묶기

화면에 메시지를 출력하는 것은 아주 잘 동작한다. 하지만 메시지를 출력하는 것만으로 나를 침대에서 일어나게 할 수는 없을 것이다. 아침에 일어나려면 더 큰 메시지와 시끄러운 소음이 있어야 한다. 다행히도 스냅스 함수를 사용해 메시지를 출력하고 소리를 재생할 수 있다. 3장의 마지막 부분에서 처음으로 스냅스 함수를 살펴봤다. 스냅스의 미리 작성된 함수를 사용해 그래픽을 표현하고 소리를 재생할 수 있다. 예제로 만들 알람시계가 아주 깊게 자는 사람도 깨울 수 있도록 시끄러운 사이렌 소리 샘플을 만들었다.

알람이 울리면 프로그램은 큰 메시지를 표시하고 사이렌 소리를 재생한 다음 사이렌 소리 재생이 끝날 때까지 기다릴 것이다. 즉, 해당 프로그램은 세 가지 코드를 수행할 것이다.

```
# EG5-03 사이렌 알람시계

import time ─────────────────────────────── time 라이브러리를 가져온다.

import snaps ────────────────────────────── snaps 라이브러리를 가져온다.

current_time = time.localtime() ─────────── 시간을 얻는다.

hour = current_time.tm_hour ─────────────── 시를 얻는다.
minute = current_time.tm_min

if (hour>7) or (hour==7 and minute>29):
    snaps.display_message('TIME TO GET UP') ── 여기 모든 코드는
    snaps.play_sound('siren.wav')            조건에 의해 제어된다.
```

```
    # 소리 재생이 끝날 때가지 프로그램을 멈춘다.
    time.sleep(10)
```

if 조건이 제어할 수 있는 코드의 양에는 제한이 없다. 해당 코드가 if 조건 아래에 들여쓰기만 되어 있으면 된다. 위의 프로그램은 메시지를 표시하고 사이렌 소리를 울린 다음, 사이렌 소리가 울리는 10초 동안 기다린다.

일어날 시간이 됐을 때 수행돼야 할 코드 작성이 끝난 다음, 항상 실행되는 코드를 계속해서 작성할 수 있다. 들여쓰기를 하지 않은 코드를 작성함으로써 해당 조건과 무관하게 해당 코드를 실행시킬 수 있다.

```
# EG5-04 시간을 표시하는 알람시계

import time

current_time = time.localtime()

hour = current_time.tm_hour
minute = current_time.tm_min

if (hour>7) or (hour==7 and minute>29):
    print('IT IS TIME TO GET UP')
    print('RISE AND SHINE')
    print('THE EARLY BIRD GETS THE WORM')
print('The time is', hour,':',minute)          ────── 이 코드는 항상 실행된다.
```

위 프로그램은 일어날 시간이 됐을 때 동기를 부여하는 세 개의 메시지를 출력한다. 현재 시간을 출력하는 마지막 코드는 일어날 시간이 됐는지 여부와 무관하게 항상 실행된다. C++, 자바, 자바스크립트, C#과 같은 많은 프로그래밍 언어는 if 조건에 의해 제어되는 코드 블록의 시작과 끝을 나타내기 위해 특정한 문자를 사용한다. 파이썬은 다르게 동작한다. 들여쓰기가 돼 있지 않은 코드는 프로그램이 해당 코드에 도달하면 무조건 실행된다. 들여쓰기가 된 코드는 해당 코드 위의 조건문에 의해 제어된다. 이러한 접근법의 좋은 점은 어떤 코드가 어떤 조건에 의해 제어되는지 이해하기 쉽도록 프로그램을 작성해야만 한다는 것이다.

들여쓰기된 텍스트는 큰 문제를 야기할 수 있다

프로그램의 다양한 부분들이 어떤 식으로 연관되는지 나타내기 위해 들여쓰기를 사용하는 것은 좋은 생각이다. 하지만 들여쓰기를 하면 프로그램을 실행할 때 문제가 발생할 수 있다. 첫째로, 들여쓰기를 아주 조금이라도 틀리면 프로그램은 실행되지 않을 것이다.

이 그림을 보면, 코드 한 줄이 잘못 정렬됐을 때 프로그램을 실행하면 무슨 일이 일어나는지 확인할 수 있다. 어떤 부분을 실수했는지 쉽게 파악할 수 있다. IDLE 편집기는 잘못된 들여쓰기 문자를 강조 표시할 것이다. 이제 다음 프로그램을 살펴본 다음, 무엇이 잘못됐는지 파악해보자.

```
if (hour>7) or (hour==7 and minute>29):
    print('IT IS TIME TO GET UP')
    print('RISE AND SHINE')
    print('THE EARLY BIRD GETS THE WORM')
print('The time is', hour, ':', minute)
```

코드는 문제가 없어 보인다. 하지만 프로그램의 세 번째 줄이 탭 키를 사용해 들여쓰기됐고 나머지 줄은
공백으로 들여쓰기됐다. 종이에 출력하거나 화면을 통해 볼 때는 차이가 없어 보인다. 하지만 파이썬은
차이점을 감지하고 프로그램 실행을 거부할 것이다.

IDLE 편집기가 들여쓰기 오류를 잘 표시한다는 사실을 이미 살펴본 적 있다. 하지만 다른 프로그램에 의
해 편집된 프로그램을 사용하는 경우 일부 줄의 탭 문자가 문제를 일으키는 경우를 보게 될 수도 있다.
파이썬이 완전히 문제가 없어 보이는 줄에서 오류를 낸다면 해당 줄이 공백을 사용해 들여쓰기됐는지
아니면 탭 문자를 사용해 들여쓰기됐는지 확인해봐야 한다.

파이썬 if 구조의 공식적인 정의는 다음과 같다.

if	condition	:	suite
(if 구조의 시작)	(True 또는 False인 값)	콜론	코드

그림 5-4 if 조건

if 조건에서 콜론 다음의 항목들을 스위트suite라고 부른다. 스위트는 '세트'라는 의미도
있다. 예를 들어 나의 거실에는 두 개의 의자와 하나의 소파, 이렇게 '세 가지 항목으로 구
성된 스위트(세트)'가 있다. 파이썬에서 스위트는 다음 두 가지 중 하나를 의미한다.

- if문이 있는 줄에서 콜론(:) 다음에 아무것도 없는 경우 들여쓰기된 문장들의 집합(위
  의 예에 해당)

- if문이 있는 줄에서 콜론(:) 다음에 있는 문장들의 집합(각 문장은 세미콜론으로 구분됨)

스위트의 두 번째 의미가 헷갈린다면 다음 예를 살펴보자.

```
if hour > 6:print('IT IS TIME TO GET UP');print('THE EARLY BIRD GETS THE WORM')
```

이 예에서 hour의 값이 6보다 큰 경우 두 개의 print문 모두 실행된다. 이와 같은 방식은 조건이 True인 경우 실행해야 할 문장의 개수가 많지 않은 경우에 사용할 수 있다. 앞서 설명한 두 가지 방식을 혼용해서 사용할 수는 없다.

```
if hour > 6:print('IT IS TIME TO GET UP'); print('RISE AND SHINE')
    print('THE EARLY BIRD GETS THE WORM')
SyntaxError: unexpected indent
```

이와 같은 형태의 코드는 동작하지 않는다. 파이썬 스위트는 if문과 같은 줄에서 콜론 다음에 위치하거나 if문 아래에 있는 줄에 위치해야 한다.

개인적으로 if 조건과 동일한 줄에서 콜론 뒤에 파이썬 코드가 위치하는 방식은 절대 사용하지 않는다. 들여쓰기된 방식을 사용하면 특정 코드가 언제 실행할지 파악하기 훨씬 쉽다.

코드 분석

조건문 레이아웃

질문: 파이썬 쉘에서 조건문을 사용할 수 있나?

답: 사용할 수 있다. 파이썬 쉘을 연 다음, 다음 코드를 입력하자.

```
>>> if True:
```

위의 코드를 입력한 다음, 엔터를 누르는 순간 신기한 일이 커서에게 일어난다. 왼쪽 끝으로 이동하지 않고 커서가 들여쓰기된다. 해당 위치에 print문을 추가한 다음, 엔터를 누르자.

```
>>> if True:
        print('True')
```

print문을 추가했을 때 두 가지 사항을 확인할 수 있다. 첫째, print문이 아무것도 출력하지 않는다. 둘째, 커서가 들여쓰기된 채로 유지된다. 이제 두 번째 print문을 추가해보자.

```
>>> if True:
        print('True')
        print('Still true')
```

두 번째 문장 역시 아무런 결과를 만들어내지 않는다. 커서는 여전히 들여쓰기된 채로 유지된다. 파이썬이 if문에 의해 제어되는 문장들의 스위트가 끝나기를 기다리고 있기 때문에 아무것도 일어나지 않는다. 빈 줄을 입력함으로써 스위트를 끝낼 수 있다.

```
>>> if True:
        print('True')
        print('Still true')

True
Still true
```

빈 줄을 입력하면(즉, 아무 텍스트도 입력하지 않고 엔터 키를 누르면) 스위트가 완료되고 파이썬은 해당 조건을 수행한다. 파이썬 쉘에 조건을 입력하는 것은 의미가 없지만 IDLE 텍스트 편집기에 위의 코드를 입력했을 때와 동일한 자동 들여쓰기를 확인할 수 있다.

질문: if 조건에 의해 제어되는 파이썬 문장들의 스위트를 몇 개의 빈칸만큼 들여쓰기해야 하는가?

답: IDLE 편집기는 들여쓰기를 위해 네 개의 빈칸을 쓰도록 설정돼 있다. 하지만 프로그램 옵션에서 이를 변경할 수 있다. 파이썬 프로그램의 들여쓰기가 몇 칸이어야 하는지에 대한 공식적인 수치는 없다. 하지만 항상 동일한 칸 수를 사용해야 한다. 즉, 스위트의 첫 번째 줄이 네 칸만큼 들여쓰기됐다면 모든 줄이 네 칸만큼 들여쓰기돼야 한다. 파이썬 문장들을 들여쓰기 위해 탭 문자를 사용하기 시작하면 큰 문제가 발생할 것이다. 겉으로 보기에는 모든 줄이 동일하게 들여쓰기된 것처럼 보이지만 실제 일부 줄은 빈칸 대신 탭을 포함하기 때문이다.

if 구조에 else 추가하기

많은 프로그램은 if 조건이 True인 경우 어떤 조치를 취하고 False인 경우 다른 조치를 취한다. if 조건이 False인 경우 실행돼야 할 문장을 구분하기 위해 if 구조에 else를 추가할 수 있다.

```
# EG5-05 else를 지닌 간단한 알람시계

if (hour>7) or (hour==7 and minute>29):          ← if 구조의 시작
    print('IT IS TIME TO GET UP')
else:                                            ← else 문의 시작
    print('Go back to bed')
```

이 프로그램은 사용자가 프로그램을 실행하는 시간에 따라 다른 메시지를 표시한다. 아침 7:30 이전에는 "Go back to bed"를 출력하고 아침 7:30 이후에는 "IT IS TIME TO GET UP"을 출력한다. else 뒤에는 문장들의 또 다른 '스위트'가 온다.

코드 분석

if 구조

질문: if 구조에는 반드시 else 부분이 있어야 하는가?

답: 그렇지 않다. else 부분이 매우 유용한 경우가 있긴 하지만 프로그램이 해결하고자 하는 문제에 따라 유용할 수도 있고 유용하지 않을 수도 있다.

질문: if 조건이 절대 True가 될 수 없다면?

답: 조건이 절대 True가 될 수 없다면 해당 조건이 제어하는 코드는 영원히 실행되지 않을 것이다.

프로그램에서 문자열 비교하기

프로그램은 등가 연산자를 사용해 문자열을 비교한다. 등가 연산자를 사용해 프로그램이 우리를 이름으로 구분할 수 있도록 만들어보겠다.

```
# EG5-06 부족한 손님 맞이
name = input('Enter your name: ')                    이름을 읽는다.

if name == 'Rob':                                    입력된 텍스트가 'Rob'인지 비교한다.
    print('Hello, Oh great one')
```

이 프로그램으로 멋진 모습을 보여주려 했다면 이름을 입력하는 방식에 따라 문제가 발생할 수 있다. 등가 테스트는 대문자와 소문자를 다르게 취급한다. 즉, 여러분이 "ROB"이라고 입력한 경우 인사를 받지 못할 것이다.

이를 피하기 위한 방법으로 문자열을 대문자로 변환할 수 있다. 문자열은 소문자를 대문자로 대체하는 upper() 메소드를 제공한다. 메소드를 객체가 여러분을 위해 수행하는 함수라고 보면 된다.

```
# EG5-07 대문자 손님 맞이
name = input('Enter your name: ')

if name.upper() == 'ROB':                                   테스트 전에 이름을 대문자로 변환한다.
    print('Hello, Oh great one')
```

위 프로그램은 사용자가 이름을 "rob" 혹은 "Rob", "ROB"으로 입력해도 관계없이 잘 동
작한다. 문자열 입력을 받는 프로그램을 작성할 때 사용자가 대소문자가 섞인 텍스트를
입력 시 어떻게 처리할지 결정해야 한다.

문자열의 대문자를 소문자로 변환하는 lower()라는 문자열 메소드도 있다.

코드 분석

메소드와 함수

질문: lower() 메소드와 upper() 메소드는 어떤 식으로 동작하는가?

> **답**: 파이썬에서는 모든 것이 메소드(method) 집합을 제공하는 객체다. 메소드는 input과 print
> 와 같은 함수와 동일한 방식으로 호출된다. 뒤에서 객체를 설계하고 객체에 메소드를 부여하는 법
> 을 알아볼 것이다.

질문: lower() 메소드 입력 시 뒤쪽에 괄호를 넣어야 하는 이유는?

> **답**: 이를 가장 잘 설명하는 방법은 괄호를 생략한 다음, 무슨 일이 발생하는지 보는 것이다.

```
>>> name = 'Rob'
>>> name.upper
<built-in method upper of str object at 0x0000021CDA0FE880>
```

> 괄호를 생략한다고 프로그램이 실패하지는 않는다. 하지만 메소드가 실행되는 대신에 name 객체
> 의 upper 속성에 대한 설명이 표시된다.
>
> t_hour를 사용해서 현재 날짜 및 시간으로부터 시간값을 추출할 때 속성을 살펴봤다.
>
> 일부 속성은 메소드라고 부를 수 있다. 파이썬은 메소드 호출에는 인자(argument)가 있기 때문에
> 메소드 호출을 구분할 수 있다. 인자는 메소드 이름 뒤에 오는 괄호로 둘러싸인 값이다.

print 함수를 호출할 때 무엇을 출력할지를 함수에게 전달하기 위해 인자를 사용한다. 빈 줄을 입력하려면 print 함수 호출 시 인자를 비어두면 된다. upper( ) 메소드의 경우 인자를 전달할 필요가 없지만 파이썬이 메소드 호출을 구분할 수 있도록 괄호를 추가해야 한다.

```
>>> name = 'Rob'
>>> name.upper( )
ROB
```

질문: 함수와 메소드의 차이점은 무엇인가?

답: 프로그램은 메소드와 함수를 동일한 방식으로 사용한다. 유일한 차이점은 메소드와 함수가 어디서 만들어졌는지다. 함수는 특정 객체와 연관되지 않았다. 함수는 '항상 거기에 있다'고 생각해도 좋다. 함수는 존재하기 위해 객체를 필요로 하지 않는다. 지금까지 사용해본 함수로는 print와 input이 있다.

메소드는 객체의 속성이다. upper( ) 메소드 덕분에 문자열은 우리를 위해 무언가를 할 수 있다. 따라서 upper( ) 메소드는 문자열 객체의 일부로서 존재한다.

중첩 if문

파이썬은 조건 안에 조건을 배치하는 것을 허용한다. 중요한 사람이 방문한 경우 실제 그 사람이 맞는지 확인하기 위해 비밀번호를 물어볼 수도 있을 것이다.

```
# EG5-08 손님 맞이 시 비밀번호 물어보기

name = input('Enter your name: ')

if name.upper() == 'ROB':
    password = input('Enter the password: ')        ── 이름이 Rob인 경우 실행된다.
    if password == 'secret':
        print('Hello, Oh great one')                ── 이름이 Rob이고 비밀번호가
    else:                                                맞는 경우 실행된다.
        print('Begone. Imposter')
```

이 프로그램은 이름으로 Rob이 입력된 경우 비밀번호를 물어볼 것이다. 두 번째 if 조건 (비밀번호 테스트)은 첫 번째 if 조건 안에 위치한다. 들여쓰기된 방식을 봤을 때 else문은 두 번째 if 조건에 적용된다.

다음 코드는 if와 else가 동일하게 들여쓰기 됐다. 따라서 이번에는 else문이 첫 번째 if 조건과 쌍을 이룬다. 이는 입력된 이름이 'Rob'이 아닌 경우 else문이 실행된다는 것을 의미한다.

```
# EG5-11 첫 번째 if 조건과 쌍을 이루는 손님 맞이

name = input('Enter your name: ')

if name.upper() == 'ROB':
    password = input('Enter the password: ')          이름이 Rob인 경우 실행된다.
    if password == 'secret':
        print('Hello, Oh great one')                  이름이 Rob이고 비밀번호가
else:                                                  맞는 경우 실행된다.
    print('You are not Rob. Shame.')
```

논리 처리

이와 같이 논리적 결정을 내리는 코드를 작성하는 것은 프로그램을 학습할 때 가장 어려운 내용 중 하나다. 논리적 결정을 내리는 코드를 작성하는 것이 논리 퍼즐을 해결하는 것과 유사하다고 생각한다면 맞게 생각한 것이다. 논리 퍼즐을 해결하는 것이야말로 여러분이 프로그래머로서 하고 있는 일이기 때문이다. 내가 할 수 있는 가장 좋은 조언은 여러분이 하고자 하는 내용을 글로 적어본 다음, 해당 글을 논리 표현식으로 변환해보라는 것이다. 예를 들어 "일한 시간이 40시간 이상이거나 일한 날이 토요일인 경우 초과 근무 수당을 지불하고 싶다"라고 적었다고 해보자. 나는 많은 세월을 프로그래밍에 쏟았는데도 무언가를 기록하려는 습관이 있다. 그래서 코드를 테스트할 때 잘 동작할 것이라 생각하는 코드를 작성한 뒤, 몇 가지 값을 입력한 다음 결과를 확인해본다. 알람시계 예에서 확인했듯이 테스트 계획을 세우는 것 역시 좋은 생각이다.

고급 알람시계 만들기

여러 방법으로 알람시계를 개선할 수 있다. `localtime` 함수가 반환하는 정보는 날짜와 요일을 포함한다. 알람시계가 무슨 요일인지 확인한 다음, 주말에는 여러분이 늦잠을 잘 수 있도록 내버려두도록 만들수 있다. 스냅스의 소리 재생 기능을 사용해 알람시계가 여러분 생일 아침에 팡파르를 틀도록 만들 수도 있다.

애플리케이션 작성 시 결정문 활용하기

이제 프로그램에서 결정을 내리는 방법을 배웠으니 무언가 유용한 소프트웨어를 만들어보자. 옆집 이웃이 테마파크의 소유주이고 여러분에게 다음과 같은 일거리를 제안한다고 가정해보자. 테마파크의 일부 놀이기구에는 나이 제한이 있고 테마파크 소유주가 어떤 놀이기구를 탈 수 있는지 사람들이 직접 확인할 수 있는 컴퓨터를 설치하길 원한다. 따라서 테마파크 소유주는 이러한 기능을 수행하는 소프트웨어가 필요하며 여러분이 해당 소프트웨어를 제공하면 시즌권을 제공하겠다고 한다. 테마파크 소유주는 다음과 같이 놀이기구에 대한 정보를 제공한다.

놀이기구 이름	탑승 가능한 최소 나이
Scenic River Cruise(풍경 좋은 강 크루즈)	없음
Carnival Carousel(카니발 회전 목마)	최소 3세
Jungle Adventure Water Splash(정글 모험 물 놀이)	최소 6세
Downhill Mountain Run(내리막길 산악 달리기)	최소 12세
The Regurgitator(롤러 코스터)	최소 12세 및 70세 미만

여러분은 테마파크 소유주와 프로그램 설계에 대해 논의한다. 사용자는 원하는 놀이기구를 선택한다. 프로그램은 사용자의 나이를 물어본 다음, 해당 사용자가 해당 놀이기구를 탈 수 있는지 여부를 나타내는 메시지를 표시한다. 현재로서는 테마파크 소유주는 텍스트

입력으로도 만족해한다. 하지만 이후에 터치 버튼으로 입력이 가능한 그래픽 사용자 인터페이스로 변경하길 원한다(이 책의 3부에서 그래픽 사용자 인터페이스를 만드는 법을 배운다).

사용자 인터페이스 설계

여러분과 테마파크 소유주는 프로그램이 어떤 식으로 사용돼야 하는지 논의한 다음, 다음 텍스트 기반 사용자 인터페이스를 만들기로 협의했다.

```
Welcome to our Theme Park

These are the available rides:

1. Scenic River Cruise
2. Carnival Carousel
3. Jungle Adventure Water Splash
4. Downhill Mountain Run
5. The Regurgitator

Please enter the ride number you want: 1
You have selected the Scenic River Cruise
There are no age limits for this ride
```

여기서 사용자는 Scenic River Cruise를 선택했고 나이 제한이 없다는 메시지가 표시됐다.

> **프로그래머를 위한 조언**
> ## 사용자 인터페이스 설계 시 고객과 함께 하라
>
> 이와 같은 인터페이스는 설계가 간단해 고객이 사용자 인터페이스가 어떤 모습이며 어떤 식으로 동작해야 하는지에 대해 특별한 의견이 없을 것이라고 생각할 수 있다. 내 경험에 따르면 그렇지 않다. 나는 완성된 솔루션을 고객에게 자랑스럽게 보여줬다가 고객으로부터 해당 솔루션은 고객이 "원했던 것과 다르고 사용하기 어렵다"는 말을 들은 적이 있다. 완성된 설계만을 보여주는 대신에 고객과 설계를 함께 했어야 했다. 그렇게 했더라면 재작업하는 일은 없었을 것이다.

사용자 인터페이스 구현하기

이제 설계를 마쳤으니 해당 설계를 구현하기 위해 파이썬 코드를 생성할 수 있다. 다음 코드를 살펴보자.

```
# EG5-10 놀이기구 선택 시작

print('''Welcome to our Theme Park

These are the available rides:

1. Scenic River Cruise
2. Carnival Carousel
3. Jungle Adventure Water Splash
4. Downhill Mountain Run
5. The Regurgitator
''')

ride_number_text = input('Please enter the ride number you want: ')
ride_number = int(ride_number_text)

if ride_number == 1:
    print('You have selected the Scenic River Cruise')
    print('There are no age limits for this ride')
```

이 코드는 사용자가 Scenic River Cruise 놀이기구를 선택한 경우를 처리한다. 테마파크의 소유주로부터 받은 정보에 따르면 사용자가 Scenic River Cruise 외에 다른 놀이기구를 선택한 경우 해당 사용자의 나이를 입력 받아야 한다. 이를 위해 위의 코드에 else문을 추가할 수 있다. if 구조는 사용자가 선택한 놀이기구가 Scenic River Cruise가 아닌 경우에 else 부분을 수행한다. 여기서 프로그램이 나이값을 읽어야 하는 부분에 주석을 추가했다.

```
if ride_number == 1:
    print('You have selected the Scenic River Cruise')
    print('There are no age limits for this ride')
else:
    # 사용자의 나이를 입력 받아야 한다.
```

Scenic River Cruise는 누구나 이용할 수 있는 놀이기구이기 때문에 사용자가 Scenic River Cruise를 선택한 경우는 처리가 간단하다. 다른 놀이기구의 경우 프로그램은 놀이기구를 이용하려는 사람의 나이를 입력 받아야 한다. 프로그램은 놀이기구 번호를 입력 받을 때 사용했던 코드를 활용할 수 있다.

```python
if ride_number == 1:
    print('You have selected the Scenic River Cruise')
    print('There are no age limits for this ride')
else:
    # 사용자의 나이를 입력 받아야 한다.
    age_text = input('Please enter your age: ')
    age = int(age_text)
```

사용자 입력 테스트

놀이기구 프로그램이 사용자의 나이를 입력 받은 다음, 해당 사용자가 해당 놀이기구를 이용할 수 있는지 결정할 수 있다. 프로그램이 처리해야 할 두 개의 항목이 있다.

- 선택된 놀이기구. ride_number라는 변수에 저장됨.

- 사용자의 나이. age라는 정수 변수에 저장됨.

놀이기구 프로그램은 if...else 구조를 사용해 결정을 내릴 수 있다.

```python
if ride_number == 2:
    print('You have selected the Carnival Carousel')
    if age >= 3 :
        print('You can go on the ride.')
    else:
        print('Sorry. You are too young.')
```

이 조건은 Carnival Carousel을 선택한 경우를 처리한다. 첫 번째 if문은 선택된 놀이기구를 결정하는 데 사용한다. 내부 if문은 사용자의 나이에 따라 적절한 결정을 내린다. 또한 사용자가 어떤 놀이기구를 선택했는지 확인하는 메시지를 출력한다.

Carnival Carousel을 선택한 경우를 처리하는 코드를 작성했으니 해당 코드를 다른 놀이기구를 처리하기 위한 코드의 기반 코드로 사용할 수 있다. Jungle Adventure Water Splash를 올바르게 처리하기 위해 놀이기구의 이름을 확인한 다음, 사용자의 나이값에 따라 해당 사용자를 받아들이거나 거부해야 한다. Jungle Adventure Water Splash의 경우 사용자는 적어도 여섯 살이어야 한다. 나이값을 확인할 때는 초과 연산자를 사용해 사용자의 나이가 다섯 살보다 많은지(age > 5) 확인하거나 이상 연산자를 사용해 사용자의 나이가 여섯 살보다 많거나 같은지(age >= 6) 확인할 수 있다.

```
if ride_number == 3:
    print('You have selected the Jungle Adventure Water Splash')
    if age >= 6:
        print('You can go on the ride.')
    else:
        print('Sorry. You are too young.')
```

Downhill Mountain Run을 선택한 경우를 처리하는 코드도 이전 두 개의 놀이기구와 동일한 패턴으로 매우 쉽게 구현할 수 있다. 하지만 마지막 놀이기구인 The Regurgitator는 가장 까다롭다. 해당 놀이기구는 매우 스릴이 넘쳐서 노인들의 건강에 좋지 않을 수 있기 때문에 사용자가 얼마나 어린지 확인해야 할 뿐만 아니라 나이가 얼마나 많은지도 확인해야 한다. 놀이기구 프로그램은 사용자의 나이가 12살보다 적은지와 70살보다 많은지를 확인해야 한다. 이 상황을 처리하기 위한 조건문을 설계해야 한다.

프로그램 완성하기

The Regurgitator를 처리하는 코드는 지금까지 작성한 코드 중 가장 복잡하다. 어떤 식으로 코드를 만들어야 할지 이해하기 위해서는 if 구조가 프로그램에서 사용되는 방식에 대해 좀 더 알아야 한다. 다음 코드를 살펴보자.

```
if ride_number == 5:
    print('You have selected The Regurgitator')
```

print문은 사용자에게 무슨 일이 벌어지고 있는지 알려줄 뿐 아니라 해당 스위트 내에 있는 코드는 선택된 놀이기구가 The Regurgitator인 경우에만 실행된다는 점을 명확히 한다. 즉, 해당 스위트 내에서는 "선택된 놀이기구가 The Regurgitator인가요?"와 같은 질문을 하는 코드가 필요 없다. 해당 코드는 선택된 놀이기구가 The Regurgitator인 경우에만 실행되기 때문이다. 어떤 코드가 실행되는 상황은 해당 코드 위의 조건들에 의해 결정된다. 어떤 상황인지 명확히 하기 위해 주석을 추가해보자.

```python
if ride_number == 5:
    print('You have selected The Regurgitator ')
    if age >= 12:
        # 나이가 너무 적지 않다.
        if age > 70:
            # 나이가 너무 많다.
            print('Sorry. You are too old.')
        else:
            # 나이가 올바른 범위 안에 있다.
            print('You can go on the ride.')
    else:
        # 나이가 너무 적다.
        print('Sorry. You are too young.')
```

위 주석들로 인해 프로그램이 약간 길어졌지만 훨씬 명확해졌다. 위의 코드가 The Regurgitator를 처리하는 완성된 구조다. 위의 코드가 무엇을 수행하는지 확인하는 최선의 방법은 사용자의 나이값을 입력하며 각 문장을 차례대로 살펴보는 것이다. 샘플 **EG5-13 완성된 놀이기구 선택기**에서 전체 프로그램을 다운로드하고 실행해볼 수 있다.

입력 스냅스

스냅스 프레임워크는 우리가 프로그램에서 사용할 수 있는 미리 작성된 함수 집합이다. 이전에 이미지와 텍스트를 표시하고 사운드를 재생하고 현재 날씨 상태를 얻기 위해 스냅스 함수를 사용했다. 놀이기구 선택 프로그램을 보기 좋게 만들기 위해 새로운 스냅스 함수를 알아볼 것이다.

get_string 함수는 파이썬의 input 함수와 동일한 방식으로 동작한다. 텍스트 문자열을 인자로 입력 받아 해당 문자열을 표시하고 사용자로 하여금 텍스트를 입력할 수 있도록 한다.

```
# EG5-12 스냅스 get_string 함수

import snaps

name = snaps.get_string('Enter your name: ')
snaps.display_message('Hello ' + name)
```

이 프로그램은 우리가 이전에 작성했던 인사 맞이 프로그램의 스냅스 버전이다. 그림 5-5 에서 생성된 화면을 확인할 수 있다.

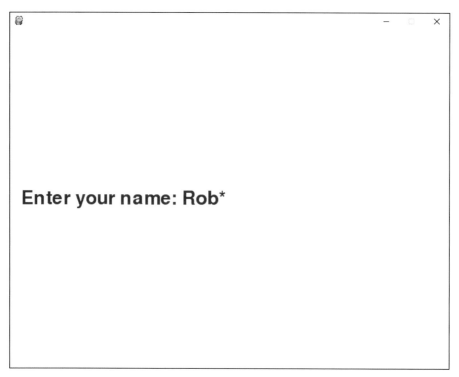

그림 5-5 문자열 읽기

입력 표시 메시지의 화면 상의 위치를 설정하기 위해 추가적인 인자를 사용할 수 있다.

```
# EG5-13 스냅스를 이용한 놀이기구 선택

import snaps

snaps.display_image('themepark.png')

prompt = '''These are the rides that are available

1: Scenic River Cruise
2: Carnival Carousel
3: Jungle Adventure Water Splash
4: Downhill Mountain Run
5: The Regurgitator

Select your ride: '''

ride_number_text = snaps.get_string(prompt,vert='bottom',
                                    max_line_length=3)

confirm='Ride ' + ride_number_text
snaps.display_message(confirm)
```

위 프로그램은 백그라운드 이미지를 표시한 다음 get_string 함수를 사용해 사용자로부터 놀이기구 번호를 입력 받는다. 그림 5-6은 vert 인자의 효과를 나타낸다. 위 프로그램에서 해당 인자는 화면의 아래쪽에 입력을 표시하는데 사용됐다. max_line_length 인자는 입력 받을 문자열의 최대 길이를 설정하는 데 사용된다. 위 프로그램은 문자열 길이를 세 개의 문자열로 제한한다.

These are the available rides

1: Scenic River Cruise
2: Carnival Carousel
3: Jungle Adventure Water Splash
4: Downhill Mountain Run
5: The Regurgitator

Select your ride:

그림 5-6 스냅스 놀이기구 선택 프로그램

직접 해보기

놀이기구 선택 프로그램 스냅스 버전

"EG5-13 Theme Park Snaps Display"(스냅스를 이용한 놀이기구 선택) 샘플 프로그램을 시작점으로 활용해 매우 좋은 놀이기구 선택 프로그램을 만들 수 있다. 놀이기구별로 맞춤화된 그래픽을 설계하여 해당 놀이기구가 선택됐을 때 해당 그래픽을 표시할 수도 있다. 또한 놀이기구별로 알맞은 사운드 효과를 추가할 수도 있다.

날씨 알림 프로그램

4장의 끝 부분에서 스냅스 함수를 사용해 현재 날씨 상태를 알아낼 수 있는 프로그램을 작성해봤다. if 구조에서 스냅스 함수를 사용해 따뜻하게 입고 나가야 할지 혹은 시원한 음료를 먹어야 할지 알려주는 프로그램을 만들 수 있다.

```
# EG5-14 날씨 알림 프로그램

import snaps

temp = snaps.get_weather_temp(latitude=47.61, longitude=-122.33)

print('The temperature is:', temp)

if temp < 40:
    print('Wear a coat - it is cold out there')
elif temp > 70:
    print('Remember to wear sunscreen')
```

날씨가 추울 때는 코트를 입으라고 알려주고, 날씨 더울 때는 햇빛 차단제를 바르라고 알려주는 매우 간단한 날씨 알림 프로그램이다. 다양한 날씨 조건에 따라 이미지를 표시하고 사운드를 재생하도록 프로그램을 개선할 수 있다.

운세 프로그램

random 라이브러리의 randint 함수를 if 구조에서 사용해 프로그램이 마치 무작위로 동작하는 것처럼 보이도록 만들 수 있다.

```
import random
if random.randint(1,6)<4:
    print('You will meet a tall, dark stranger')
else:
    print('You will not meet anyone at all')
```

위의 if 구조는 1에서 6까지의 범위에서 값을 생성하는 randint 메소드를 호출함으로써 생성되는 값을 테스트한다. 반환된 값이 4보다 작은 경우 프로그램은 사용자에게 키가 크고 어두운 낯선 사람을 만나게 될 것이라고 얘기한다. 반환된 값이 4보다 크거나 같은 경우 프로그램은 사용자가 흥미로운 사람을 만나지 못할 것이라고 얘기한다. 이러한 조건들을 활용해 재미있는 운세 프로그램을 만들 수 있다. 또한 프로그램 예측과 어울리는 그래픽 이미지를 생성할 수도 있다.

요약

5장에서는 파이썬이 숫자와 텍스트 뿐만 아니라 불리언값을 처리할 수 있다는 사실을 배웠다. 불리언값은 True 혹은 False이고 비교 연산자(예를 들어 미만 연산자)를 사용해 문자열과 숫자를 비교해서 불리언 결과를 생성할 수 있다. 또한 파이썬 if 구조를 사용해 입력된 자료에 따라 프로그램의 동작 방식을 변경할 수도 있다. 주어진 불리언값이 True인 경우에만 하나 이상의 파이썬 문장들('스위트'라고 부름)을 실행함으로써 이러한 동작 방식을 변경할 수 있다. 그 덕분에 프로그래머는 입력에 유용한 방식으로 반응하는 소프트웨어를 만들 수 있다.

또한 and와 or, not이라는 세 가지 추가적인 논리 연산자가 있다는 사실을 배웠다. and 연산자는 피연산자들이 모두 True인 경우에 True로 평가된다. 반면에 or 연산자는 피연산자들 중 하나만 True이면 True로 평가된다.

결정을 내리는 코드를 생성하기 위해 논리 조건을 처리할 수 있는 유용한 프로그램을 만드는 방법에 대해서도 배웠다. 이러한 프로그램을 만들기 위한 가장 좋은 방법은 결정을 우리가 쓰는 말로 적어본 다음, 이를 파이썬 조건문으로 변환하는 것이다. 예를 들어 "토요일 혹은 일요일이면서 오전 9시 이후인 경우 잠에서 깨야 한다"와 같은 문장은 하나의 논리 표현식으로 변환될 수 있다.

다음 질문은 프로그램에서 결정을 내리는 것 관련하여 여러분이 고민해볼 만한 심화 질문이다.

불리언값 사용함으로써 프로그램이 동일한 자료 입력이 있는 경우 항상 동일한 작업을 수행하도록 할 수 있는가?

동일한 입력에 대해 컴퓨터가 매번 동일한 작업을 수행하는 것은 매우 중요하다. 컴퓨터가 일관되게 동작하지 않는 경우 컴퓨터는 더 이상 유용하지 않을 것이다. 컴퓨터가 무작위로 동작하길 원하는 경우(예를 들어 운세 프로그램) 명시적으로 무작위인 값을 얻은 다음, 해당 값을 기반으로 결정을 내려야 한다. 어느 누구도 기분에 따라 다르게 동작하는 컴퓨터를 원하지는 않는다(물론 재미를 위하여 무작위 숫자를 사용해 매번 다르게 동작하는 프로그램을 만들어볼 수 있다).

우리가 결정을 내리는 프로그램을 작성했을 때 컴퓨터는 항상 맞는 동작을 하는가?

컴퓨터가 항상 맞는 동작을 할 것이라고 보장할 수 있다면 멋질 것이다. 하지만 컴퓨터는 해당 컴퓨터에서 실행 중인 프로그램에 따라 달라진다. 해당 프로그램이 예상치 못한 무언가가 발생하는 경우 프로그램은 잘못 반응하게 될 것이다. 예를 들어 프로그램이 수프한 그릇을 조리하는 시간을 계산하도록 돼 있는데 사용자가 1인분이 아닌 10인분을 입력한 경우 프로그램은 조리 시간을 매우 길게 계산할 것이다(이로 인해 아마도 결국 부엌에서 불이 날 수도 있다). 이러한 상황에서 여러분은 잘못된 자료를 입력한 사용자를 탓할 수도 있다. 하지만 입력된 값이 말이 되는지를 확인하는 과정 역시 프로그램에 있어야 한다. 조리기가 3인분 이상을 처리할 수 없는 경우 입력을 3인분으로 제한하는 조건이 수행돼야 할 것이다. 따라서 프로그램을 작성할 때 사용자가 무엇을 할 수 있는지 예측한 다음, 프로그램이 각 상황에 맞게 동작하도록 결정문을 작성해야 한다.

if 조건은 최대 몇 단계까지 위치할 수 있는가?

if 조건의 단계에는 제한이 없다. 연속 100단계로 if 조건 내에 if 조건을 위치하더라도 파이썬 컴파일러는 문제없이 동작한다(하지만 IDLE에서 해당 코드를 편집하기는 매우 어려울 것이다). 언젠가 여러분이 if 조건의 계층 구조를 매우 복잡하게 만들어야 하는 경우가 온다면 코드 작성을 잠시 멈추고 다른 방식으로 해당 문제를 해결할 수는 없는지 고민해 볼 필요가 있다.

6

루프를 통한 동작 반복

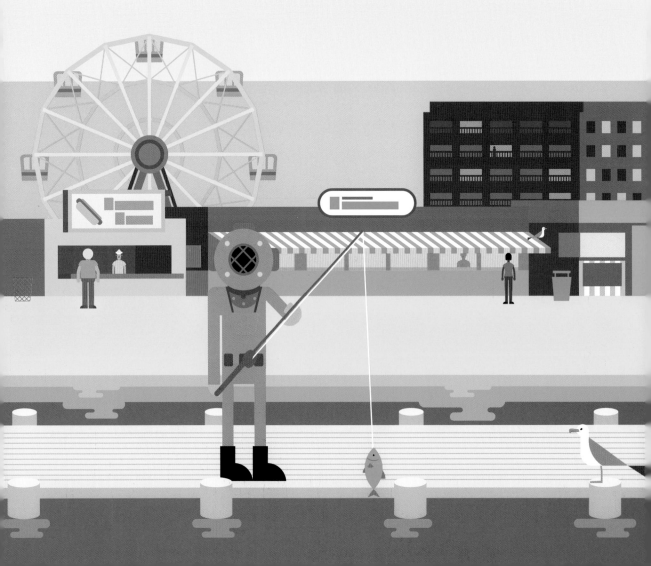

학습 목표

프로그램이 입력 자료를 받아서 해당 자료를 활용해 무언가를 수행한 다음, 결과를 만들어냄으로써 동작한다는 사실을 알고 있다. 또한 프로그램이 입력에 대해 의미 있는 방식으로 반응하도록 하기 위해 조건문을 사용하는 법도 배웠다. 프로그램은 값과 기타 조건을 비교해 비교 결과에 따라 수행하는 내용을 변경할 수 있다. 지금까지 작성한 모든 프로그램은 코드를 전부 실행한 다음 멈췄다. 하지만 프로그램이 일련의 코드를 반복하도록 만들어야 하는 경우가 있다. 예를 들어 사용자가 유효하지 않은 값을 입력한 경우 프로그램이 해당 값을 거부한 다음, 다음 값을 요청하는 코드를 반복해야 할 수도 있다. 프로그램은 루프(loop) 구조를 활용해 일련의 동작들을 반복한다.

모든 프로그래밍 언어는 루프 구조를 사용한다. 사실 루프를 생성하는 법을 배우고 난 다음에는 루프를 사용해 여러분이 이미 알고 있는 코드들을 반복할 수 있다. 이 정도만 알면 지금까지 작성된 거의 모든 프로그램을 작성하기에 충분하다.

파이썬 프로그래머가 사용할 수 있는 루프 구조는 두 가지다. 하나는 while 구조이고 다른 하나는 for 구조다. 6장의 후반부에서 for 구조에 대해 논의할 것이다.

while 구조

while 구조를 사용하면 주어진 조건이 True인 동안에 프로그램은 하나 이상의 문장을 반복할 수 있다. 프로그램 구조를 어디에 활용할 것인지 고민하지 않고 프로그램 구조를 배운다면 아무 소용 없다. 따라서 이전에 작업한 테마파크 놀이기구 선택 프로그램을 개선하기 위해 while 구조를 어떤 식으로 활용할지 살펴보자.

while을 사용해 일련의 문장 반복하기

5장에서 테마파크 방문자들이 특정 놀이기구를 이용할 수 있는지 쉽게 알 수 있도록 놀이기구 선택 프로그램을 작성했다. 사용자가 놀이기구를 선택하면 프로그램은 사용자의 나이를 물어본 다음(선택한 놀이기구에 나이 제한이 있는 경우), 사용자가 놀이기구를 이용할 수 있는지 알려준다.

우리가 만든 프로그램은 매우 잘 동작하지만 현 단계에서는 한 번만 동작한다. 프로그램은 사용자에게 선택된 놀이기구를 이용할 수 있는지 말한 다음 종료된다. 다수의 사용자를 처리하기 위해서는 프로그램이 반복돼야 한다. while 구조를 사용하면 프로그램이 반복되도록 만들 수 있다. 그림 6-1은 파이썬 프로그램에서 사용되는 while 구조를 나타낸다.

while	condition	:	suite
(while 구조 시작)	(True 또는 False인 값)	콜론	코드

그림 6-1 while 구조

while 구조는 5장에서 본 if 구조와 매우 유사해 보인다. 하지만 while 구조의 동작 방식은 if 구조와 다르다. if 구조는 조건이 True인 경우 해당 if 구조가 제어하는 코드를 수행한다. while 구조는 조건이 True인 동안 코드를 수행한다. while 구조의 동작 방식은 다음과 같다.

1. 파이썬 엔진이 "while"이라는 단어와 마주친 다음 while 구조를 수행하기 시작한다.

2. 파이썬 엔진이 while 단어 뒤에 있는 조건을 확인한다. 조건이 False로 밝혀진 경우 해당 while이 제어하는 코드를 건너 뛴 다음 파이썬 엔진은 while 구조 다음에 있는 첫 번째 문장으로 이동한다.

3. 조건이 True로 밝혀진 경우 해당 while 구조가 제어하는 코드가 수행된다.

4. 파이썬 엔진은 단계 2로 이동한다.

파이썬 엔진은 while 조건이 False인 경우에만 while 구조 다음으로 이동한다. 이 동작 방식이 헷갈린다면 인간이 비슷한 일을 반복적으로 수행하는 경우를 생각해보자.

- while 씻을_그릇이_있다: 그릇을 씻는다

- while 채점할_시험이_있다: 시험을 채점한다

- while 주전자가_아직_끓지_않았다: 일 분간 기다린다

while 구조를 활용하면 우리가 원하는 만큼 파이썬 프로그램이 동작을 반복하도록 만들 수 있다.

코드 분석

while 구조 분석

IDLE에서 파이썬 쉘을 사용해 while 구조가 어떤 식으로 동작하는지 분석할 수 있다.

질문: while 구조를 제어하기 위해 불리언값을 사용할 수 있는가?

답: 사용할 수 있다. 파이썬 쉘을 연 다음, 다음 코드를 입력한다.

```
>>> while False:
```

이 코드를 입력한 다음 엔터를 입력하는 순간 커서가 왼쪽 끝까지 이동하지 않는다는 것을 알 수 있다. 5장에서 if 구조를 분석할 때 이런 동작 방식을 본 적 있다. 들여쓰기된 문장들은 해당 while 구조에 의해 제어되는 스위트를 형성한다. print문을 추가한 다음 엔터를 누른다.

```
>>> while False:
      print('Loop')
```

위의 print문을 입력한 다음 빈 줄을 입력하자. 물론 조건이 True인 경우에만 while에 의해 제어되는 코드가 실행되기 때문에 아무것도 일어나지 않을 것이다. 이러한 점에서 while 구조는 if 구조와 매우 닮았다.

질문: 루프가 영원히 반복되도록 만들 수 있는가?

답: 루프가 영원히 반복되도록 하는 건 굉장히 쉽다. 다음 코드를 입력한 다음 빈 줄을 입력한다.

```
>>> while True:
    print('Loop')
```

"Loop"라는 단어가 반복적으로 출력될 것이다. 프로그램은 영원히 멈추지 않을 것이다. 파이썬이 영원히 종료되지 않는 프로그램은 실행하기를 거부할 것이라고 생각할 수도 있지만 실제 그렇지 않다. 다행히도 파이썬은 실행 중인 프로그램을 중간에 멈출 수 있는 방법을 제공한다. Ctrl 키를 누른 채로 C를 누르자. 이는 파이썬 쉘에게 "멈춤" 명령어를 전송하여 실행 중인 프로그램에 끼어들어 해당 프로그램을 중단시킨다.

```
>>> while True:
    print('Loop')
Loop
Loop
Loop
LoopTraceback (most recent call last):
  File "<pyshell#8>", line 2, in <module>
    print('Loop')
KeyboardInterrupt
>>>
```

컴퓨터가 수행하는 작업에 따라 Ctrl+C를 여러 번 눌러야 하는 경우도 있다. 프로그램이 멈추기를 거부한다면 Ctrl+C를 누르는 동안 IDLE 파이썬 쉘에 커서가 위치해 있는지 확인해보자. Ctrl+C가 동작하도록 만들 수 없다면 아래와 같이 Shell 메뉴에서 Interrupt Execution 옵션을 사용할 수도 있다.

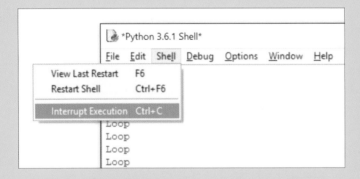

Interrupt Execution 옵션을 사용하면 루프에 빠져 꼼짝도 안 하는 실행 중인 모든 프로그램을 멈출 수 있다. 무한 반복되는 프로그램이 여러분의 컴퓨터를 완전히 중단시키지 않은 이유가 궁금할 수도 있다. 이렇게 무한 반복에 빠지는 현상은 공상과학 영화에서 팀원 중 한 명이 해답을 찾기 어려운 퍼즐을 사양이 떨어지는 하드웨어에서 실행하는 경우에 주로 발생한다. 다행히도 윈도우와 맥, 리눅스와 같은 현대 운영체제는 여러 실행 중인 프로그램과 컴퓨터 시간을 공유하는 데 매우 뛰어나다.

질문: 다음 프로그램이 Outside loop라는 메시지를 출력할까?

```
while True:
        print('Inside loop')
print('Outside loop')
```

답: 출력하지 않을 것이다. 위의 while 구조가 영원히 끝나지 않을 것이다. 따라서 마지막 print 문에 도달할 수 없을 것이다.

질문: 다음 프로그램이 Inside loop 메시지를 출력할까? Outside loop 메시지를 출력할까?

```
while False:
        print('Inside loop')
print('Outside loop')
```

답: 위의 while 구조는 해당 while 구조에 의해 제어되는 코드를 절대 실행하지 않을 것이다. 따라서 Inside loop는 출력되지 않을 것이다. 하지만 프로그램의 실행이 while 구조에 의해 제어되는 코드 다음으로 이동하는 순간 Outside loop가 출력될 것이다.

질문: 다음 프로그램은 무엇을 출력할까?

```
# EG6-01 불리언 플래그를 활용한 루프
flag = True
while flag:
    print('Inside loop')
    flag = False
print('Outside loop')
```

답: 위의 프로그램이 무엇을 수행할지 알아내는 유일한 방법은 파이썬 엔진과 마찬가지로 우리가 직접 실행을 시뮬레이션 해보는 것이다. 변수 flag는 불리언형이고 프로그램 시작부의 flat = True에 의해 True로 설정된다. while 구조가 해당 flag 변수를 처음 비교할 때 해당 변수는 True로 설정돼 있기 때문에 while 구조 내의 코드가 실행된다. while에 의해 제어되는 첫 번째 문장은 Inside loop라는 메시지를 출력할 것이다. 두 번째 문장은 변수 flag의 값을 False로 설정한다. while 조건이 두 번째로 flag의 값을 테스트할 때 변수 flag가 False이기 때문에 루프는 종료된다.

while 구조의 실행을 제어하는 변수값을 변경하는 것이 위험한 행위가 아닌가 생각할 수도 있다. 하지만 이는 매우 흔한 프로그래밍 기법 중 하나다.

질문: 다음 프로그램이 무엇을 출력할까?

```python
flag = True
while flag:
    print('Inside loop')
    Flag = False
print('Outside loop')
```

답: 질문 자체가 어이없다고 생각할 수도 있다. 위의 코드는 이전 질문의 코드와 동일해 보인다. 하지만 두 코드 샘플 간에 결정적 차이가 있다. 이 차이로 인해 프로그램은 Inside loop를 영원히 출력할 것이다. 자세히 살펴보면 Flag라는 변수의 값을 False로 설정한 것을 알 수 있다. False로 설정한 원래 의도는 루프를 중단하기 위함이지만 실제 이 코드는 Flag라는 새로운 불리언 변수를 생성한 다음 해당 변수를 False로 설정한다. 루프를 제어하는 변수는 flag이고 파이썬은 변수 이름에 있어 대소문자를 구분하기 때문에 두 변수는 다른 변수다.

이는 파이썬 프로그램에 있어 매우 중요한 점을 보여준다. 작은 실수가 심각한 결과를 초래할 수 있다. 파이썬 엔진이 우리가 무언가를 잘못 입력했다고 알려주는 경우가 있다. 하지만 이 경우 어떤 오류도 감지되지 않는다. 이를 해결하기 위한 마법과 같은 해결책이 있는지 모르겠다. 어찌됐든 여러분이 작성한 루프가 갑자기 멈추지 않고 계속 실행된다면 적어도 여러분은 변수의 이름을 잘못 입력한 것이 아닌가 의심해봐야 한다.

질문: 다음 프로그램이 무엇을 출력할까?

```python
# 카운터를 활용하는 루프
count = 0
while count < 5:
    print('Inside loop')
    count = count+1
print('Outside loop')
```

답: 이 질문에 대한 대답을 알아냈다면 스스로를 'while 구조 전문가'라고 불러도 좋다. count 변수는 초기에 0으로 설정되고 while 구조를 제어하는 조건은 count 변수가 5 이상이 되는 순간 False가 된다. 루프가 한번 돌 때마다 count 변수는 1씩 커진다. 따라서 프로그램은 Inside loop를 다섯 번 호출한 다음 while 구조가 종료된다.

위의 설명이 잘 이해가 가지 않는다면 while 구조를 나이트 클럽의 문지기라고 생각해보자. 문지기는 나이트 클럽에 들어오는 사람들의 수를 세기 위해 종이를 한 장 가지고 있다. 초기에는 종이에 숫자 0이 써있다. 문지기가 누군가를 들여보낼 때마다 나이트 클럽의 최대 수용인원인 5와 종이에 적힌 숫자를 비교한다. 나이트 클럽에 다섯 명 미만의 사람이 있을 때는 사람을 들여보낸 다음, 숫자를 증가시킨다. 나이트 클럽에 다섯 명 이상의 사람이 있을 때는 "만석"이라는 표지를 내걸고 다른 일을 하러 긴다.

다음 추가적인 질문에 대한 답을 고민해보는 것도 좋다.

프로그램이 Inside loop를 100번 출력하도록 변경하려면 어떻게 해야 하는가?

루프가 실패할 수 있는 경우가 무엇이 있을까? 앞에서 Flag 변수 사용 시 발생했던 문제를 떠올려보자.

 직접 해보기

루프 선택 프로그램 만들기

while을 사용해 계속해서 실행되는 놀이기구 선택 프로그램을 만들 수 있다. while True 비교 구조에 놀이기구 선택 코드만 구현하면 된다.

반복 횟수 세기 프로그램 만들기

위에서 5까지 세기 위해 카운터를 활용하는 법을 살펴봤다. 이제 10초 동안 10부터 0까지 거꾸로 세는 카운트다운 프로그램을 만들 것이다. 여러분이 로켓 발사대를 운영하는 경우 이를 사용해 로켓 발사를 관리할 수 있다. 위의 예제 프로그램을 시작점으로 사용할 수 있다. time 라이브러리의 sleep 함수를 사용해 카운트마다 프로그램이 1초 동안 정지되도록 만들 수 있다.

이와 같이 카운터를 만들고 나면 해당 카운터를 조리나 운동 등의 다양한 분야에 적용할 수 있다.

유효하지 않은 사용자 입력 처리하기

현재 놀이기구 선택 프로그램은 사용자가 유효하지 않은 놀이기구 번호를 입력했을 때 이를 감지하지 못한다. 사용자가 1부터 5까지의 범위를 벗어나는 놀이기구 번호를 입력했을 때 프로그램은 멈추지도 않고 오류를 보고하지도 않는다. 이 경우 프로그램이 사용자들에게 해당 놀이기구를 이용할 수 없다고 알려주지 않기 때문에 사용자들이 해당 놀이기구를 타러 갈 수도 있다. 놀이공원 소유주는 이 점을 염려하고 있다. 따라서 유효하지 않은 놀이기구 번호를 감지하는 코드를 추가해야 한다.

프로그래머를 위한 조언
훌륭한 프로그래머는 방어적으로 생각한다

나는 소위 '방어적 프로그래밍'을 매우 좋아한다. 작성 중인 프로그램은 작은 성이라고 생각한다. 사람들이 이 성을 공격하려 시도하고 나는 이를 방어해야 한다. 어느 누군가가 내 성 안에 들이기 전에 이 사람이 성에 해를 끼치려 하지는 않는지 철저히 검증해야 한다. 성에는 들어 올릴 수 있는 다리가 있어야 하고, 이 다리에는 항상 근무 중인 경비가 있어서 성에 들어오려는 사람들에게 친구인지 적인지 물어봐야 할 것이다. 놀이기구 선택 프로그램의 경우 입력 자료가 정상인지 확인해야 한다. 놀이기구 번호는 1부터 5까지의 범위에 있어야 하고 사용자 나이 역시 정상 범위 내에 있어야 한다. 이러한 프로그램 개발 부분을 자료 검증이라 부른다.

내 경험으로 볼 때 누군가가 엉뚱한 것을 입력해 여러분의 프로그램이 엉뚱한 동작을 하도록 만드는 경우 해당 사용자는 똑똑해 보이고 여러분은 프로그래머로서 덜떨어져 보일 수 있다. 나는 덜떨어져 보이는 일이 없도록 매우 신경 쓴다. 코드를 작성할 때 유효하지 않은 입력으로 인해 프로그램에 문제가 생기지 않도록 매우 주의한다.

앞서 컴퓨터가 자료를 입력 받아서 해당 자료에 무언가를 수행한 다음. 더 많은 자료 결과를 생성하는 기계라고 비유했다. 자료 검증은 가공되지 않은 자료와 프로그램이 작업해야 할 올바른 값 사이에 있는 일종의 필터라고 생각할 수 있다.

자료 검증 과정으로 인해 프로그램이 훨씬 길어질 수 있다는 점을 명심하자(자료 검증은 여러분이 덜떨어져 보이는 일이 발생하지 않도록 해준다). 입력값을 검증하는 데 필요한 코드 추가로 인해 코드의 길이가 두 배가 될 것이다. 하나의 프로그램을 만드는 데 필요한 작업량이 얼마인지 계산할 때 반드시 이런 추가 작업도 고려해야 한다.

허용 가능한 놀이기구 값에 대해 인간에게 자료 검증을 지시하는 경우 아마도 "놀이기구 번호가 5보다 크거나 1보다 작으면 해당 숫자는 유효하지 않다"라고 말할 것이다. 이를 다음 조건문의 형태로 우리 프로그램에 추가할 수 있다.

```
if ride_number < 1 or ride_number > 5:
    print('Invalid ride number')
```

조건 중 하나라도 참인 경우,
놀이기구 번호는 잘못된 것이다.

놀이기구 번호가 잘못된 경우
오류 메시지를 출력한다.

ride_number 변수는 사용자가 입력한 놀이기구 번호를 저장한다. if 구조는 논리 연산자 or로 결합한 두 개의 테스트를 포함한다. 즉, 조건 중 하나라도 True인 경우 or 논리 연산자에 의해 평가되는 결과 역시 True이다. print문은 프로그램의 사용자를 위한 메시지를 출력한다.

위의 코드가 낯설어 보인다면 5장으로 되돌아가서 if 구조와 불리언 표현식에 대해 다시 살펴보자. 위의 코드에서 if 조건이 무엇을 수행하는지 이해하기 위해 첫 번째 문장을 소리 내어 읽어보자. < 연산자는 '미만'을 의미하고 > 연산자는 '초과'를 의미한다는 점을 명심하자.

이 문장을 사용하면 프로그램은 놀이기구 번호가 유효하지 않았을 때를 감지한다. 하지만 반복적으로 놀이기구 번호를 검사하지는 않는다. 우리는 프로그램이 유효한 범위의 숫자가 입력될 때까지 놀이기구 번호를 반복적으로 사용자에게 요청하길 원한다.

입력을 검증하기 위한 루프 만들기

앞의 if 구조를 사용해 놀이기구 번호를 검증하는 테스트를 만들 수 있다. 프로그램이 놀이기구 번호를 평가한 다음, 해당 번호가 허용 가능한 범위 내에 있는지 확인하고 허용 가능한 범위 내에 있지 않은 경우 사용자에게 다른 숫자를 요청하길 원한다. 즉, 주어진 숫자가 올바르지 않다면 계속해서 입력 작업을 반복하길 원한다.

놀이기구 번호를 읽는다.

```
ride_number_text = input('Please enter the ride number you want: ')
ride_number = int(ride_number_text)

while ride_number < 1 or ride_number > 5:
    print('There is no ride with that number')
    ride_number_text = input('Please enter the ride number you want: ')
    ride_number = int(ride_number_text)

print('You have selected ride number:',ride_number)
```

입력된 텍스트를 정수로 변환한다.

놀이기구 번호가 유효하지 않다면 반복한다.
오류 메시지를 출력한다.

놀이기구 번호를 다시 요청한다.
입력된 텍스트를 정수로 변환한다.

놀이기구 번호가 유효한 경우에만
여기에 도달할 수 있다.

오류 메시지를 출력하고 새로운 값을 읽어 들이는 코드는 while 구조의 조건에 의해 제어된다. 유효하지 않은 놀이기구 번호가 입력된 경우 사용자에게 다시 입력하라고 요청할 것이다. 이는 프로그램이 while 구조 다음에 있는 print문에 도달하기 위한 유일한 방법은 사용자가 유효한 놀이기구 번호를 입력하는 것이다.

놀이기구 번호 검증을 놀이기구 선택 프로그램에 추가하기

위의 코드를 사용해 놀이기구 선택 프로그램에 놀이기구 번호 검증 기능을 추가할 수 있다. 위의 while 구조가 프로그램이 ride_number값을 읽은 다음에 추가돼야 한다는 점에 유의하자.

잘못된 루프 조건

다른 예를 살펴봄으로써 루프가 어떤 식으로 동작하는지 좀 더 알아보자. 언뜻 보기에는 다음 코드가 이전 코드와 동일해 보일 수 있다. 그리고 이 프로그램을 실행하면 해당 프로그램이 잘 동작하는 것처럼 보인다. 유효한 나이를 입력하면 프로그램은 Thank you for entering your age(나이를 입력해주셔서 감사합니다)라는 메시지를 출력한다.

```
1. # 사용자의 나이를 입력 받아야 한다.
2. age_text = input('Please enter your age: ')
3. age = int(age_text)
4. while age < 1 and age > 95:
5.     # 유효한 나이가 입력될 때까지 다음 코드를 반복한다.
6.     print('This age is not valid')
7.     age_text = input('Please enter your age: ')
8.     age = int(age_text)
9. # 이 코드에 도착했다는 것은 유효한 나이값을 얻었다는 것이다.
10. print('Thank you for entering your age')
```

질문: 위의 프로그램에서 잘못된 부분은 어디인가?

답: 네 번째 줄이 잘못됐다. 여기서 사용된 논리 표현식은 이전에 사용한 것과 약간 다르다. 이 표현식은 '나이가 1살보다 작으면서도 나이가 95살보다 많은 동안'을 의미한다. 이를 소리 내 읽어보면 말이 안되는 소리라는 점을 쉽게 알 수 있다. 하지만 컴파일러는 이런 실수를 포함한 프로그램을 컴파일하는 데 아무런 문제가 없다.

질문: 잘못된 부분으로 인해 프로그램이 어떤 식으로 동작하는가?

답: 1보다 작으면서 95보다 큰 숫자는 존재하지 않기 때문에 while 구조를 제어하는 표현식은 절대 True가 될 수 없다. 이는 해당 조건이 절대 반복되지 않을 것이라는 의미다. 즉, 위의 프로그램은 모든 나이값을 올바른 값으로 간주할 것이다. 이는 매우 위험한 동작 방식이다. 유효하지 않은 값을 가지고 프로그램을 테스트하지 않으면 이 문제를 발견할 수 없기 때문이다.

질문: 이 문제를 어떻게 수정해야 하는가?

답: 프로그래머의 원래 의도는 1보다 작거나 95보다 큰 나이값을 거부하려고 while 구조를 만든 것으로 보인다. 네 번째 줄의 and를 or로 변경함으로써 원래 의도를 달성할 수 있다.

```
4. while age < 1 or age > 95:
```

 주의 사항

테스트 시 프로그램이 실패할 수 있는 값들도 테스트해봐야 한다

이는 소프트웨어를 작성할 때 반드시 고려해야 하는 점이다. 오류를 처리할 수 있는 코드를 작성한 경우 해당 코드를 오류를 발생시킬 수 있는 값들을 가지고 테스트해봐야 한다. 소프트웨어 엔지니어들은 프로그램에 있어 '행복한 경로'에 대해 이야기한다. "행복한 경로"란 사용자가 올바른 값을 입력하고 네트워크가 잘 동작하고 디스크 드라이브에 충분한 공간이 있고 프린터에 종이가 걸리지 않는 문제가 없는 상황을 의미한다. 프로그래머들이 소프트웨어를 작성할 때 프로그램이 잘못될 수 있는 엄청나게 많은 경우에 대해서는 별로 신경을 쓰지 않고 이 행복한 경로에 대해서만 집중하는 경향이 있다. 하지만 이는 코드 작성에 있어 위험하다. 훌륭한 프로그래머는 상황이 잘못될 수 있는 경우를 능동적으로 고민하고 해당 오류 조건을 처리할 수 있는 코드를 추가하며, 해당 코드가 잘 동작하는지 검증하기 위해 테스트하는 수고를 마다하지 않는다. 이는 방어전 프로그래밍 접근 방식이 지니는 여러 측면 중 하나다.

위의 나이 확인 프로그램의 경우 해당 프로그램을 나이값 0, 1, 50, 94, 95, 96, 101을 가지고 테스트해 보길 권한다. 이 값들을 통해 유효하지 않은 나이(0과 101)는 거부되고 경계에 있는 나이들을 포함한 다른 모든 나이들은 허용된다는 것을 확인할 수 있다. 사실 나라면 해당 코드를 자동으로 테스트해 해당 테스트가 주기적으로 실행되도록 할 것이다(자동 테스트 관련된 내용은 이 책의 후반부에서 배울 것이다). 가장 좋은 테스트 값은 경계 주변에 있는 값들이다. 따라서 40보다 큰 수를 거부하는 프로그램을 작성 중이라면 해당 프로그램을 39, 40, 41을 가지고 테스트해봐야 한다.

 직접 해보기

놀이기구 나이 입력 부분에 유효성 검사 추가하기

이제 여러분은 놀이기구 선택 프로그램에 나이 검사 기능을 추가할 수 있다. 놀이공원 소유주는 놀이공원에서 놀이기구를 탈 수 있는 최소 나이는 1살이고 최대 나이는 95살이라고 얘기했다. 해당 값들을 여러분의 프로그램에서 사용해보자.

예외를 사용해 유효하지 않은 값 감지하기

놀이기구 선택 프로그램을 출시할 준비가 거의 다 됐다. 그런데 처리해야 할 문제가 아직 하나 남았다. 프로그램은 올바른 값 범위 밖에 있는 값들을 거부한다. 하지만 프로그램은 사용자가 유효하지 않은 숫자값을 입력한 경우 여전히 실패한다.

```
Please enter the ride number you want: three ──────────── 실행 중인 프로그램의 출력
Traceback (most recent call last): ──────────────────── 오류에 대한 설명 시작
  File "C:/Users/Rob/RideSelecter.py", line 16, in <module> ── 해당 프로그램 파일의 경로
    ride_number = int(ride_number_text) ──────────────── 예외가 발생한 코드
ValueError: invalid literal for int() with base 10: three ── 예외 설명
```

사용자는 three라는 텍스트를 입력했고 프로그램은 빨간색 오류 메시지와 함께 중단됐다. int 함수는 three라는 단어가 숫자를 의미한다는 사실을 파악할 만큼 영리하지 않다. 해당 메소드는 입력된 문자열이 숫자만을 포함할 것이라고 기대한다.

이는 int 함수의 큰 문제점이다. int 함수가 주어진 문자열을 이해하지 못하면 숫자를 반환하지 않는다. 입력된 자료가 유효하지 않은 경우에 프로그램이 계속 진행되는 것이 의미가 없기 때문에 프로그램을 중단시킨다. 파이썬 용어로 하면 int 함수는 예외를 일으킨다. 컴퓨터 관점에서 예외를 일으키는 것은 여러분이 체스 게임에서 지고 있을 때 탁자를 엎어버리는 것과 같다. 따라서 현재 프로그램은 잘못된 값이 입력되면 중단된다.

이러한 동작 방식이 다소 극단적이라고 생각할 수도 있다. 사용자가 한 것이라곤 프로그램이 숫자를 기대하고 있을 때 해당 프로그램에 텍스트를 입력한 것뿐이다. 프로그램은 왜 이렇게 난리법석을 피울까? 여기에 대한 답은 매우 중요하다. 프로그램이 잘못됐을 때 사용자는 즉시 알아야 한다. 프로그램이 중단되는 것보다 더 안 좋은 경우는 프로그램이 잘못됐는데도 사용자가 이 사실을 모르는 경우다. 예를 들어 여러분이 문서 편집기에서 파일을 저장하려 할 때 문서 편집기는 오류를 발생할 수 있다. 하지만 파일이 저장되지도 않았는데 여러분이 파일이 저장됐다고 생각하도록 오류를 발생하지 않는다면 이는 큰 문제일 것이다.

int 함수가 계속 실행돼 "입력된 텍스트를 이해할 수 없다"라는 의미로 –100000 값을 반환한다면 큰 문제가 발생할 가능성이 있다. 프로그래머가 int 함수가 항상 값을 반환한다고 가정해버리면 프로그램에 유효하지 않은 자료가 주어져서 잘못된 결과 값이 나올 수 있다. 이 상황에서 int 함수가 할 수 있는 유일한 현명한 동작은 예외를 일으키는 것이다.

즉, 예외는 계속해서 프로그램이 실행되면 위험한 상황에서 프로그램이 오류를 처리하는 방식이다. 예외는 프로그램이 잘못된 것을 수행하는 경우를 방지하기 위한 방법을 제공한다.

예외를 무언가가 동작하지 않은 이유에 대한 설명이라고 생각해도 좋다. 파이썬 프로그램 작성 경험이 쌓여가면서 꽤 다양한 예외를 보게 될 것이다. 파이썬 엔진이 예외를 감지하면, 프로그램이 지금까지 도달한 위치에 대한 간단한 설명을 표시한 다음, 발생한 예외에 대한 세부 정보를 표시한다. int 함수가 텍스트 문자열을 정수로 변환하지 못한 경우 ValueError 예외를 발생시킨다.

프로그램이 예외가 발생했을 때 제어권을 유지하길 원한다면 try라는 파이썬 구조를 사용해 오류 처리기를 추가할 수 있다. 예외를 발생시킬 수 있는 코드는 try 키워드 다음에 와야 한다. 코드 중 어느 한 문장이라도 예외를 일으키면 프로그램의 실행은 해당 예외를 처리하는 코드 블록(예외 처리기)으로 즉시 이동한다. 예외 처리가 어떤 식으로 동작하는지 다음 프로그램을 통해 확인할 수 있다.

```
# EG6-03 예외 처리
try:                                                              try 구조의 시작
    ride_number_text = input('Please enter the ride number you want: ')
    ride_number = int(ride_number_text)                          예외를 발생시킬 수 있는 코드
    print('You have entered',ride_number)
except ValueError:                                                예외 처리기의 시작
    print('Invalid number')                                      예외 발생 시 수행될 코드
```

이 코드에서 except 키워드를 통해 예외 처리기의 시작을 알 수 있다. except 키워드
다음에는 해당 예외 처리기가 처리할 예외를 명시한다. 위의 예에서 예외 처리기는 사
용자가 유효하지 않은 숫자를 포함하는 텍스트를 입력했을 때 int 함수가 발생시키는
ValueError 예외를 처리한다. ValueError 예외 처리기는 적절한 메시지를 표시한다.

사용자가 유효한 놀이기구 번호 값을 입력하면 프로그램은 int 함수 뒤에 있는 print문
을 실행한다. int 함수가 예외를 일으킨 경우 예외가 발생한 지점 뒤의 코드는 실행되지
않는다.

지금 현재 설명하는 내용이 잘 이해가 안 된다면 우리가 무엇을 하려고 하는지 생각해보
자. 사용자가 숫자 대신에 텍스트를 입력할 수도 있다. 이로 인해 int 함수는 텍스트를 숫
자로 변환하지 못해서 예외를 일으킨다. 프로그램은 이런 만일의 사태에 대응할 수 있어
야 한다. except문 뒤의 코드 블록이 바로 이러한 역할을 한다.

그림 6-2는 두 개의 예외 처리기를 지닌 예외 처리 구조를 나타낸다. 프로그램은 아주 많
은 예외 처리기를 지닐 수도 있고 단 하나의 예외 처리기를 지닐 수도 있다. 이번 장의 뒤
에서 다수의 예외를 처리하는 법을 살펴볼 것이다. 이를 위해 유효하지 않은 숫자 텍스트
를 거부하고 사용자가 Ctrl+C를 눌러서 프로그램을 중단하는 것을 방지하는 프로그램을
만들어볼 것이다.

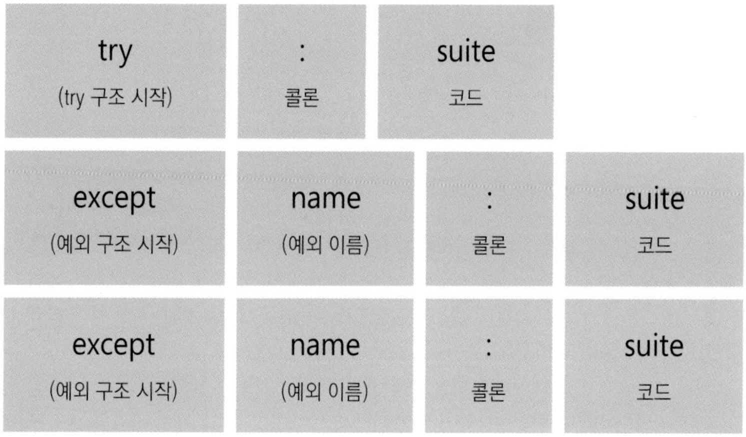

try (try 구조 시작)	: 콜론	suite 코드
except (예외 구조 시작)	name (예외 이름)	: 콜론	suite 코드
except (예외 구조 시작)	name (예외 이름)	: 콜론	suite 코드

그림 6-2 예외 처리 구조

예외와 숫자 읽기

예외가 발생하면 프로그램의 흐름이 중단되고 예외 이후의 모든 코드는 무시된다.

```
ride_number = int(ride_number_text)    ──── 이 문장은 예외를 일으킬 수 있다.
print('You have entered', ride_number) ──── 이 문장에 영원히 도달하지 않을 수도 있다.
```

이 샘플 코드에서 두 번째 문장이 실행될 것이라는 보장이 없다. ride_number_text의 내용이 정수로 변환될 수 없다면 int 함수는 print문에 도달하기 전에 프로그램을 다른 쪽으로 이동시키거나 중단시키는 예외를 발생할 것이다. 하지만 사용자가 유효하지 않은 숫자를 입력한 경우 값을 다시 입력할 수 있는 기회를 주고 싶다. 이미 "입력값을 검증하는 루프 만들기"에서 이를 구현했다. 그 당시에 사용자가 범위 밖의 값을 입력한 경우 또 다른 값을 입력하도록 반복적으로 요청하는 while 구조를 만들었다(예를 들어 놀이기구 번호로 10을 입력한 경우). 이제 유효하지 않은 숫자 텍스트를 처리할 수 있도록 프로그램을 개선해보자.

루프에서 예외 처리하기

사용자가 숫자로 변환할 수 없는 텍스트를 입력하는 한 계속해서 while 구조를 수행하는 프로그램을 만들어볼 것이다. 다음 코드를 살펴보자.

```
 1. #EG6-04 유효하지 않은 텍스트 처리
 2. ride_number_valid = False        # 플래그 값을 생성한 다음 해당 플래그를 False로 설정한다.
 3. while ride_number_valid == False:  # 플래그가 False인 동안 반복한다.
 4.     try:                          # 예외를 던질 수도 있는 코드의 시작
 5.         ride_number_text = input('Please enter the ride number you want: ')
 6.         ride_number = int(ride_number_text)   # 텍스트를 숫자로 변환
 7.         ride_number_valid = True   # 여기에 도달했다면 숫자는 문제가 없다.
 8.     except ValueError:            # 유효하지 않은 숫자 처리기
 9.         print('Invalid number text. Please enter digits.') # 오류를 표시한다.
10. # 여기에 도달했다면 유효한 놀이기구 번호를 지닌 것이다.
11. print('You have selected ride', ride_number)
```

질문: ride_number_valid 변수의 목적은?

답: 해당 변수는 플래그 혹은 상태 변수다. ride_number_valid 플래그 변수는 프로그램이 사용하는 자료를 관리하지 않는다(예를 들어 ride_number 변수는 프로그램이 사용하는 자료를 저장한다). 대신에 ride_number_valid 플래그 변수는 프로그램이 사용자가 유효한 놀이기구 번호를 입력했는지 추적할 수 있도록 해준다. 두 번째 줄에서 ride_number_valid의 값은 False로 설정된다. ride_number_valid 변수는 여섯 번째 줄의 int 함수가 성공적으로 완료되었을 때만 True로 설정된다. 일곱 번째 줄의 코드는 int 함수 호출이 어떤 예외를 발생시키지 않은 경우에만 실행된다.

질문: 프로그램이 실제 사용될 때 while 구조가 몇 번이나 반복될 것이라고 예상하는가?

답: 사용자가 유효한 숫자를 입력할 것이라고 예상한다. 이 경우 while 구조는 단 한 번 수행된다. 첫 번째 루프가 끝나고 두 번째 루프가 되었을 때 ride_number_valid의 값은 True이기 때문에 루프가 중단된다.

질문: 놀이기구 번호가 유효한지 확실히 하기 위해 열 번째 줄의 ride_number_valid를 테스트하지 않는가?

답: while 구조를 제어하는 조건이 True인 동안 while 구조가 계속될 것이라는 것을 알고 있다. 열 번째 줄은 while 구조 바깥에 위치한다(열 번째 줄의 코드가 들여쓰기되지 않았기 때문에 이를 알 수 있다). 놀이기구 번호가 유효하지 않으면 while 구조를 벗어날 수 없기 때문에 프로그램의 실행이 열 번째 줄에 도달했다는 것은 놀이기구 번호가 유효하다고 확신해도 된다.

다수의 예외 처리하기

이번 장의 앞에서 멈추지 않고 계속 실행되는 프로그램을 만든 적이 있다. 이때 프로그램 실행을 멈추기 위해 제어 시퀀스인 Ctrl+C를 사용해야 했다. 사용자는 프로그램을 멈추기 위해 언제든지 Ctrl+C 조합을 사용할 수 있다. 이는 놀이기구 선택 프로그램을 사용 중인 사람들이 프로그램을 중단시킬 수 있음을 의미한다.

```
Please enter the ride number you want:
Traceback (most recent call last):
  File "C:/Users/Rob/OneDrive/Begin to code Python/Part 1 Final/Ch 06 Loops/code
  /samples/#EG6-04 Handling invalid text.py", line 5, in <module>
    ride_number_text = input('Please enter the ride number you want: ') # read in
      some text
KeyboardInterrupt
```

사용자가 숫자를 입력하는 동안 Ctrl+C를 입력하면 위에서 보듯이 프로그램은 중단된다. 이를 수정하기 위한 한 가지 방법은 Ctrl 키를 포함하는 키보드를 사용하지 않는 것이다. 하지만 이 문제를 프로그램에서 처리할 수도 있다.

try 구조 다음에 다수의 except 처리기가 올 수 있다. 프로그램이 처리해야 하는 예외마다 개별적인 예외 처리기를 만들 수 있다. 사용자가 Ctrl+C를 누름으로써 발생하는 예외를 KeyboardInterrupt라고 부른다. 다음과 같이 해당 예외에 대한 처리기를 추가할 수 있다.

```
 1. #EG6-04 유효하지 않은 텍스트 처리하기
 2. ride_number_valid = False              # 플래그 값을 생성한 다음 해당 플래그를 False로 설정한다.
 3. while ride_number_valid == False:  # 플래그가 False인 동안 반복한다.
 4.     try:                           # 예외를 던질 수도 있는 코드의 시작
 5.         ride_number_text = input('Please enter the ride number you want: ')
 6.         ride_number = int(ride_number_text)  # 예외를 발생시킬 수 있다.
 7.         ride_number_valid = True     # 여기에 도달했다면 숫자는 문제가 없다.
 8.     except ValueError:               # 유효하지 않은 숫자 처리기
 9.         print('Invalid number text. Please enter digits.') #
10.     except KeyboardInterrupt:        # Ctrl+C 처리기
11.         print(Please do not try to stop the program.') #
12. # 여기에 도달했다면 유효한 놀이기구 번호를 지닌 것이다.
13. print('You have selected ride', ride_number)
```

이제 try에 대응되는 except가 여덟 번째 줄과 열 번째 줄에 두 개 존재한다. 두 예외 중 하나라도 발생하면 프로그램은 해당 예외에 해당하는 예외 처리기로 이동한 다음 적절한 메시지를 출력할 것이다.

 주의 사항

실패에 대비하기

다소 우울한 이야기이긴 하지만 여러분이 프로그램을 작성할 때 프로그램이 어떤 식으로 실패할 수 있고 이에 대해 무엇을 해야 할지 항상 고민해야 한다. 사용자가 자료를 입력하는 부분이 있는 경우 해당 부분이 잠재적인 실패 지점이 될 수 있다고 생각하고 적절한 조치를 취해야 한다.

또 다른 중요한 규칙은 예외를 처리할 때 해당 오류를 숨기는 방식으로 처리해서는 안 된다는 것이다. 모든 코드를 try...except 구조에 포함시킴으로써 프로그램이 예외를 생성하지 못하도록 만들 수 있다. 하지만 이 경우 다른 프로그래머 혹은 사용자들이 실제 프로그램이 내부적으로 잘못되고 있는데도 겉으로는 잘 동작한다고 착각할 수 있다. 이는 매우 안 좋은 상황이다.

앞서 살펴본 프로그램의 경우 무엇이 예외를 일으켰는지(int 함수) 그리고 오류가 발생한 원인을 정확히 알 수 있다(사용자가 숫자가 아닌 무언가를 입력했거나 프로그램을 중단하려 시도했기 때문). 이런 지식을 배웠으므로 이제 프로그램이 이러한 상황에서 더 현명하게 동작하게끔 할 수 있다.

루프 빠져나오기

유효하지 않은 입력을 거부하는 프로그램은 잘 동작한다. 하지만 파이썬 루프가 제공하는 기능을 활용하여 구조를 약간 더 간단하게 만들어보자. break문은 프로그램에게 루프로부터 빠져 나오라고 명령한다. 파이썬이 break문을 발견하자마자 루프에서 실행 중인 코드를 중단한 다음, 루프 프로그램 바로 뒤에 있는 코드로 이동한다.

```
1. # EG6-06 break를 사용해 루프 빠져나가기
2. while True:              # 루프를 빠져 나갈 때까지 반복한다.
3.     try:                 # 예외를 던질 수도 있는 코드의 시작
4.         ride_number_text = input('Please enter the ride number you want: ')
5.         ride_number = int(ride_number_text)  # 예외를 발생시킬 수 있다.
6.         break            # 여기에 도달했다면 숫자는 문제가 없다.
7.     except ValueError:  # 유효하지 않은 숫자 처리기
```

```
 8.            print('Invalid number text. Please enter digits.')  # 오류를 표시한다.
 9. # 여기에 도달했다면 유효한 놀이기구 번호를 지닌 것이다.
10. print('You have selected ride', ride_number)
```

이 코드는 사용자기 올비른 숫지를 입력했을 때 break문을 사용해 숫자 입력을 멈춘다.
다섯 번째 줄의 int 함수 호출이 성공한 경우에만 여섯 번째 줄에 도달할 수 있음을 알고
있다. 이는 프로그램이 루프를 빠져나올 수 있다는 것을 의미한다. 여섯 번째 줄 다음에
실행될 코드는 아홉 째 줄의 코드다. while 구조 다음에 등장하는 첫 번째 코드이기 때문
이다.

if 구조를 사용해 break문 실행을 제어하면 프로그램이 루프가 "일찍" 종료하도록 할 수
있다.

```
1. # EG6-07 일찍 종료하는 조건을 지닌 루프
2. count=0
3. while count<5:
4.     print('Inside loop')
5.     count = count+1
6.     if count == 3:
7.           break
8. print('Outside loop')
```

여섯 번째 줄은 count의 값을 테스트한 다음, count가 3에 도달했을 때 break문을 수행한
다. 이는 count가 5에 도달했을 때 종료되는 것이 아니라 3에 도달했을 때 일찍 종료된다
는 점을 의미한다.

프로그래머를 위한 조언

break문을 너무 많이 사용하지 마라

루프에는 많은 break문이 존재할 수 있다. 나는 break문을 많이 추가하는 것을 좋아하지 않는다.
break문을 추가할 때마다 break문은 루프가 종료될 수 있는 또 다른 방법을 제공한다. 위의 루프
의 경우 break문이 하나밖에 없기 때문에 열 번째 줄에 도달하기 위한 유일한 방법은 int 함수가
성공적으로 종료됐을 때뿐이라는 것을 쉽게 알 수 있다. 하지만 루프 내 여기 저기에 break문이 존
재하는 경우 루프가 종료되기 위한 조건이 무엇인지 파악하기 어려울 것이다.

continue를 사용해 루프의 처음으로 돌아가기

프로그램을 작성할 때 루프의 맨 앞으로 돌아가서 루프를 다시 실행해야 하는 경우가 종종 있을 것이다. 예를 들어 루프 내에서 특정한 조건에 따라 루프 내 코드 실행 중간에 루프의 맨 처음으로 돌아가는 경우가 있을 것이다. 루프의 시작으로 이동하기 위해 파이썬은 continue 키워드를 제공한다. continue 키워드는 "이번 루프에서는 더 이상 전진하지 말고 루프의 맨 처음으로 이동하라. 그리고 나서 필요하다면 루프를 다시 실행한다"라는 의미다.

예를 들어 놀이기구 번호 3번인 Jungle Adventure Water Splash에 누수가 생겨서 더 이상 이용할 수 없다고 가정해보자. 사용자가 놀이기구 3번을 선택한 경우 프로그램은 메시지를 표시한 다음, 해당 사용자에게 다른 놀이기구를 선택하라고 요청해야 할 것이다.

```
# EG6-08 3번 놀이기구 무시하기
while True:
    ride_number_text = input('Please enter the ride number you want: ')
    ride_number = int(ride_number_text)
    if ride_number == 3:
        print('Sorry, this ride is not available')
        continue ─────────────────────────── 이 코드에 도달한 경우 루프가 다시 시작된다.
    print('You have selected ride number:',ride_number)
```

사용자가 놀이기구 3번을 선택한 경우 if 조건이 충족된다. 해당 if 구조가 제어하는 문장은 두 개다. 첫 번째 문장은 사용자에게 메시지를 출력할 것이고 두 번째 문장은 continue를 수행한다. 이는 사용자가 3 외에 다른 놀이기구 번호를 선택한 경우에만 최종 문장에 도달할 수 있다는 의미다. 위의 예는 놀이기구 번호 입력 프로그램을 매우 단순화한 것이라는 점에 유의하자. 하지만 위의 코드는 continue문이 어떤 식으로 사용되는지 나타낸다.

> **프로그래머를 위한 조언**
> **continue 사용 횟수가 break 사용 횟수보다 적을 것이다**
>
> 프로그램에서 break 키워드가 유용한 상황이 꽤 많다. 하지만 continue 키워드는 훨씬 덜 사용된다. 여러분이 continue를 자주 사용하지 않는다고 해서 진정한 프로그래머가 아니라고 느낄 필요는 없다.

반복 루프 세기

놀이기구 선택 프로그램의 루프는 꽤 단순하다. 하지만 루프가 여러 차례 반복하도록 만들 수도 있다. 앞에서 while 루프에 관해 알아볼 때 루프가 여러 차례 반복하도록 만들어 본 적이 있다. 이는 루프가 수행된 횟수를 세는 변수를 사용함으로써 가능하다. 프로그램은 카운터 변수를 시작 값으로 설정한 다음, 루프가 반복될 때마다 카운터 변수를 갱신할 수 있다. 이러한 루프의 반복과 카운터 변수 갱신은 루프를 종료시키는 한계값에 도달할 때까지 지속된다.

곱셈을 계산하는 데 도움이 되는 곱셈표를 만들기 위해 이러한 종류의 루프를 사용할 수도 있다. 루프를 사용해 프로그램이 "1 곱하기 2는 2, 2 곱하기 2는 4"와 같은 것을 출력하도록 만들 수 있다. 다음 코드는 전체 곱셈표 프로그램이다. while 루프를 사용하며 해당 while 루프는 실행됨에 따라 각 숫자의 곱셈 결과를 잇따라 출력한다.

```
# EG6-09 곱셈표
count = 1
times_value = 2
while count < 13:
    result = count * times_value
    print(count,'times', times_value,'equals',result)
    count = count + 1
```

이 프로그램에서 여러분은 두 가지 사항을 반드시 이해해야 한다. 첫째, 루프와 루프를 제어하는 표현식이다.

```
while count < 13
```

while 루프는 count 변수의 값이 13에 도달했을 때 False가 되는 논리 표현식에 의해 제어된다(13은 13보다 작지 때문이다. 13은 13과 동일하다).

둘째, 카운터를 갱신하는 할당문이다.

```
count = count + 1
```

이 코드가 실행될 때마다 count에 1을 더한 값을 계산한 다음 count 변수에 계산 결과를 저장한다.

반 스파이 활동

다음은 줄 번호가 표시된 곱셈표 코드다. 자세히 살펴보자.

```
1. # EG6-09 곱셈표
2. count = 1
3. times_value = 2
4. while count < 13:
5.     result = count * times_value
6.     print(count,'times', times_value,'equals',result)
7.     count = count + 1
```

질문: 2에 대한 곱셈표 대신에 3에 대한 곱셈표를 표시하려면 어떤 부분을 수정해야 하는가?

답: 세 번째 줄에 있는 할당문을 변경하면 된다. times_value 변수에 3을 설정하면 3에 대한 곱셈표가 표시될 것이다.

질문: 24배수까지 출력하려면 어떤 부분을 수정해야 하는가?

답: 루프가 count 변수가 25보다 작은 동안 계속되도록 네 번째 줄에 루프의 끝 지점을 수정하면 된다.

질문: 일곱 번째 줄에 있는 코드를 다음 코드와 같이 변경하면 어떻게 될까?

```
count = count - 1
```

답: 위 코드는 변수 count를 해당 코드가 실행될 때마다 작아지게 만든다. 곱셈표 루프 내 코드는 계산을 수행한 다음, 음수 곱셈 결과를 표시할 것이다. 또한 count 변수가 항상 13보다 작기 때문에 루프는 영원히 멈추지 않을 것이다. 결국 사용자는 Ctrl+C를 사용해 프로그램을 멈춰야 할 것이다.

사용자가 곱셈표의 기준 값을 입력하도록 허용하기

사용자가 곱셈표의 기준 값을 직접 입력하도록 곱셈표 프로그램을 개선할 수 있다. 사용자가 25에 대한 곱셈표를 계산하도록 허용하거나 곱셈표의 기준 값이 2부터 12까지 범위 내에 있도록 검증 기능을 추가할 수도 있다.

for 루프 구조

while 루프 구조를 이용해 완벽하게 반복문을 관리할 수 있다는 점을 알았다. 곱셈표 프로그램은 잘 동작한다. 하지만 파이썬 설계자는 프로그래머가 대량의 자료를 쉽게 처리할 수 있도록 또 다른 종류의 루프를 개발했다. 이를 for 루프라고 한다(그림 6-3 참조).

for	variable	in	items	:	suite
(for 구조 시작)	함수 이름 (for 구조의 제어 변수)		(처리할 항목들)	콜론	코드

그림 6-3 for 루프 구조

파이썬에서 루프는 항목 모음 내 항목들을 한 번에 한 개씩 처리한다. 루프가 실행될 때마다 변수는 모음 내 다음 항목으로 설정된다. 파이썬에서 항목 모음을 만들기는 매우 쉽다. 파이썬 모음의 한 종류로 튜플^{tuple}이 있다. 8장에서 튜플에 관해 더 자세히 알아볼 것이다. 현재로서는 여러분이 튜플에 관해 알아야 할 가장 중요한 점은 여러분이 튜플을 어떻게 발음하든 별로 중요하지 않다는 것이다. '서플^{supple}'이나 '스크러플^{scruple}'과 운을 맞춰 튜플을 발음할 수도 있다.

튜플은 여러분이 한 덩어리의 자료로 취급하고자 하는 것들을 빠르게 모음의 형태로 만들 수 있다. 이를 위해 모음으로 만들 값들을 콤마로 구분하고 괄호로 감싸기만 하면 된다.

```
names=('Rob','Mary','David','Jenny','Chris','Imogen')
```

변수 names는 이제 여섯 개의 이름 문자열을 포함한다. 파이썬 프로그램은 for 루프를 사용해 이러한 이름들을 하나씩 살펴보면서 각 이름을 출력할 수 있다.

루프 내에서 사용할 제어 변수

카운터를 비교한다.

```
for name in names:
    print(name)
```

위의 루프는 튜플 내 각 항목에 대해 한 번씩 돌아간다. 루프 내에서 name이라고 부르는 제어 변수는 루프가 매번 반복될 때마다 튜플 내 다음 이름으로 설정될 것이다. 즉, 루프가 처음 실행되면 name의 값으로 Rob이 될 것이다. 이후에 실행될 때 name의 값은 Mary가 될 것이다. 이런 식으로 목록의 끝까지 반복될 것이다.

```
# EG6-10 이름 출력
names=('Rob','Mary','David','Jenny','Chris','Imogen')
for name in names:
    print(name)
```

위 파이썬 프로그램은 다음을 출력할 것이다.

```
Rob
Mary
David
Jenny
Chris
Imogen
```

name과 names라는 이름의 변수를 사용한 것이 좋지 못한 판단이었다고 생각할 수도 있다. 두 변수는 헷갈리기 쉽기 때문이다. 하지만 그렇지 않다. 변수 names는 복수를 나타내기 때문에 해당 변수가 다수의 항목을 포함한다는 사실을 쉽게 알 수 있다. 반면 변수 name은 단수이기 때문에 해당 변수가 목록 내 한 개의 이름을 나타낸다는 사실을 알 수 있다.

파이썬은 range라는 함수를 제공한다. range 함수는 연속된 값들을 하나씩 세는 프로그램을 만드는 경우 유용하게 사용할 수 있는 일련의 숫자들을 생성한다.

```
# EG6-11 곱셈표 루프
times_value = 2
for count in range(1, 13):          ──────────  1부터 12까지 값 범위를 생성한다.
    result = count * times_value
    print(count,'times', times_value,'equals',result)
```

위 프로그램은 for 루프를 활용한 곱셈표 프로그램이다. 위 곱셈표 프로그램은 이전에 봤던 곱셈표 프로그램과 동일한 기능을 수행한다. 위의 range 함수에는 두 개의 인자가 주어진다. 첫 번째 인자는 생성할 범위의 하단 경계다. 이 코드에 따르면 곱셈표를 1부터 시작한다. 두 번째 인자는 값 범위의 상한 경계인데 해당 값 바로 이전 값까지 포함하고 해당 값은 범위에서 제외된다. 즉, 위의 예의 두 번째 인자가 13이기 때문에 13은 범위에 포함되지 않는다.

for 루프 구조는 break문과 continue문을 포함할 수 있다. 이는 while 루프 구조에서와 동일하게 동작한다. for 루프에서 continue문이 실행될 때 continue문은 루프가 제어 변수를 모음의 다음 항목으로 이동하도록 만든다.

코드 분석

루프, break, continue

몇 가지 간단한 프로그램을 살펴봄으로써 break와 continue 사용법을 더 잘 이해할 수 있다.

질문: 다음 코드는 무엇을 출력할까?

```
1. # EG6-12 코드 분석 1
2. for count in range(1, 13):
3.     if count == 5:
4.         break
5.     print(count)
6. print('Finished')
```

답: 이 코드는 "1,2,3,4"를 출력한 다음 "Finished"를 출력할 것이다. count의 값이 5가 되면 세 번째 줄의 if 조건 내 논리 표현식은 True가 될 것이다(count가 5와 동일해지기 때문이다). break문을 만나면 프로그램은 루프를 즉시 빠져나간 다음, 여섯 번째 줄로 이동해 프로그램을 계속 실행할 것이다. 프로그램은 값 5를 출력하지는 않을 것이다. count의 값을 출력하는 코드에 도달하기 전에 루프를 빠져나가기 때문이다.

질문: 다음 코드는 무엇을 출력할까?

```
1. # EG6-13 코드 분석 2
2. for count in range(1, 13):
3.     if count == 5:
4.         continue
5.     print(count)
6. print('Finished')
```

답: "1,2,3,4,6,7,8,9,10,11,12"를 출력할 것이다. 위의 프로그램은 "5"를 출력하지는 않는다. count 의 값이 5가 되면 세 번째 줄의 조건문에 의해 프로그램이 루프를 재시작하기 때문이다. 이는 값 5에 대해서는 print 메소드가 호출되지 않음을 의미한다.

질문: 다음 코드는 무엇을 출력할까?

```
1. # EG6-14 코드 분석 3
2. for count in range(1, 13):
3.     count = 13
4.     print(count)
5. print('Finished')
```

답: 위 예제는 주의해서 살펴봐야 한다. 다른 프로그래밍 언어를 사용해본 경험이 있다면 루프가 일찍 종료될 것이라고 생각할 수도 있다. 루프를 제어하는 변수인 count의 값이 루프를 종료시키는 값으로 설정되기 때문이다. 하지만 그렇지 않다. 실제로 프로그램은 "13"을 12번 출력한다. 이는 루프를 돌 때마다 range로부터 추출된 값이 출력되기 전에 값 13으로 대체되기 때문이다.

질문: 다음 프로그램은 종료되지 않고 영원히 실행될까?

```
1. # EG6-15 코드 분석 4
2. while True:
3.     break
4. print('Finished')
```

답: 그렇지 않다. while 구조를 제어하는 논리 표현식이 True로 설정된 것은 맞다. 이는 항상 루프를 반복함을 의미한다. 하지만 루프 내부의 break문으로 인해 루프가 종료된다.

질문: 다음 프로그램이 "Looping"이라는 메시지를 출력할까?

```
1. # EG6-16 코드 분석 5
2. while True:
3.     continue
4.     print('Looping')
```

답: 그렇지 않다. continue문으로 인해 프로그램 실행은 print문에 도달하기 전에 while 루프의 맨 앞으로 이동할 것이다. 프로그램은 멈추지 않고 계속 실행된다. 하지만 메시지를 출력하지는 않는다.

질문: 다음 프로그램은 무엇을 수행하는가? 정상적으로 실행될까?

```
1. # EG6-17 코드 분석 6
2. for letter in 'hello world':
3.     print(letter)
```

답: 위 프로그램은 정상적으로 동작한다. 파이썬은 문자열을 문자들의 모음으로 간주한다. 따라서 위와 같이 문자열을 for 루프의 기반으로 사용할 수 있다. 위 프로그램은 한 줄에 글자 한 개를 출력할 것이다.

```
h
e
l
l
o

w
o
r
l
d
```

 직접 해보기

곱셈 퀴즈 프로그램 만들기

곱셈표 프로그램이 반대로 동작하도록 만들어보자. 프로그램이 곱셈표를 출력하는 대신에 "6 곱하기 4는?"이라고 물어보도록 만들어보자. 사용자는 답을 입력할 수 있고 프로그램은 사용자가 입력한 답과 정답을 비교한 다음, 몇 문제나 맞췄는지를 점수로 기록한다. 루프를 사용해 12개의 '곱셈표' 질문을 만들어낼 수 있고 무작위 수를 사용해 퀴즈가 매번 다르게 출제되도록 만들 수 있다.

스냅스를 사용해 디지털 시계 만들기

스냅스 라이브러리의 draw_text 함수와 루프를 사용해 시간을 반복적으로 표시할 수 있다. draw_text 메소드는 5장에서 알람 메시지를 표시하는 프로그램을 만들 때 사용한 적 있다. 이제 draw_text를 사용해 매 초 갱신되는 디지털 시계를 만들어보자.

```python
# EG6-18 디지털 시계

import time

import snaps

while True:                                              # 영원히 종료되지 않는 루프

    current_time = time.localtime()                      # 시간을 얻는다.

    hour_string = str(current_time.tm_hour)
    minute_string = str(current_time.tm_min)
    second_string = str(current_time.tm_sec)             # 시간 정보를 포함하는 문자열을 얻는다.

    time_string = hour_string+':'+minute_string+':'+second_string    # 시간 문자열을 만든다.
    snaps.display_message(time_string)                   # 시간 문자열을 표시한다.
    time.sleep(1)                                        # 프로그램을 1초간 멈춘다.
```

직접 해보기

디지털 알람시계 만들기

6장에서 작업했던 코드를 사용해 하루의 특정 시점에 알람을 울리고 메시지를 표시하는 디지털 시계를 만들 수 있다. 스냅스 라이브러리의 display_image 함수를 사용해 시간을 표시하는 숫자 뒤에 백그라운드 이미지를 표시할 수도 있다.

요약

6장에서는 프로그램이 실행 중인 동안 반복되는 코드를 포함하는 프로그램을 만드는 법에 대해 배웠다. 이를 위해 파이썬이 제공하는 다양한 루프 구조를 다뤘다.

첫 번째로 배운 while 구조는 조건의 논리 표현식이 True인 동안 코드를 반복한다. while 구조의 조건으로 불리언 값 True를 입력하면 루프는 영원히 종료되지 않는다. 프로그램이 실행 중인 동안 반복돼야 하는 동작을 포함하는 프로그램들이 많기 때문에 루프가 영원히 종료되지 않는 것은 그리 이상한 동작이 아니다(예를 들어 게임).

두 번째로 다룬 루프 구조인 for 구조는 while 구조와 완전히 다르다. for 루프의 경우 코드의 반복만큼이나 자료 모음도 중요하다. for 루프는 프로그래머가 값들의 모음을 반복적으로 다루면서 각 값 항목에 대해 어떤 동작을 취해야 하는 경우를 위해 만들어졌다. 값들의 모음은 어떤 구조의 형태를 지닐 수도 있고(예를 들어 "튜플"이라는 자료 구조) 혹은 정의된 일련의 값들을 생성하는 range라는 파이썬 함수를 사용할 수도 있다.

또한 파이썬 언어는 프로그램이 break 키워드를 통해 루프를 빠져나갈 수 있는 방법을 제공한다. break는 프로그램이 루프를 반복하는 것이 의미가 없는 상태에 도달한 경우 유용하다. continue 키워드를 통해 루프를 루프문의 시작점부터 다시 시작할 수 있다. 단, 이 경우 루프의 종료 조건을 통과해야 한다.

다음은 루프에 관해 생각해볼 만한 심화 질문이다.

꼭 루프가 필요한가?

아니다. 이론적으로 볼 때 일련의 코드와 조건을 사용해 모든 프로그램을 작성할 수 있다. 루프를 여러 줄의 반복되는 코드 형태로 펼칠 수 있다. 어떤 동작을 10번 수행하는 루프는 루프 내 코드를 10번 연달아 작성함으로써 대체될 수 있다. 루프가 없다면 프로그램이 훨씬 길어질 것이다. 그렇다고 하더라도 동작에는 문제가 없다.

루프가 위험한가?

어떻게 보면 그렇다. '펼쳐진' 루프는 반드시 종료까지 실행될 것이다. 펼쳐진 루프가 중간에 멈추거나 영원히 실행될 가능성은 없다. 하지만 루프의 경우 종료 조건을 잘못 설정한 경우 루프가 영원히 실행되거나 잘못된 횟수만큼 실행될 수 있다. 즉, 프로그램에서 루프를 사용함으로써 새로운 오류의 가능성이 생기는 것이다. 비행기나 원자로를 제어하는 것과 같이 일부 매우 중요한 프로그램의 경우 프로그래머는 이러한 이유로 루프를 사용하지 않기도 한다.

7

함수를 사용한
프로그램 단순화

학습 목표

함수는 프로그램 설계에 있어 필수적이다. 함수를 사용해 큰 솔루션을 개별적인 구성 요소로 나눌 수 있고, 추후에 다른 프로그램에서 해당 기능을 사용할 수 있도록 라이브러리(함수들의 모음) 형태로 만들 수 있다. 지금까지는 파이썬이 제공하는 함수만을 사용했다(예를 들어 print 함수). 7장에서는 함수를 직접 만들고 사용하는 법에 대해 알아보겠다. 함수가 작업할 자료를 함수에게 전달하는 법과 프로그램이 함수가 반환하는 결과를 받는 법도 배우겠다. 함수는 프로그램을 간소화할 수 있으며 관리하기 쉽게 만들 수 있다.

함수란 무엇인가?

함수는 파이썬 코드 덩어리에 이름을 붙인 것이다. 파이썬이 함수를 만나면 해당 함수가 무엇을 수행하는지를 기술한 코드를 받아서 해당 코드를 저장한 다음, 나중에 프로그램에서 사용할 수 있도록 준비해둔다. 다음 간단한 함수 예를 살펴보자.

```
def greeter():
    print('Hello')
```

위의 매우 간단한 함수는 단순히 메시지를 출력한다. 함수가 정의됐으면 프로그램에서 해당 함수를 사용할 수 있다. 프로그램에서 함수가 호출되면 프로그램은 해당 함수가 정의될 당시에 주어진 코드를 실행한다.

```
>>> greeter()
Hello
>>>
```

greeter 함수는 많은 작업을 수행하지는 않는다. 하지만 많은 코드를 포함하는 함수를 만들 수도 있다. 주의해야 할 점은 함수를 호출하기 전에 해당 함수를 정의해야 한다는 것이다.

직접 해보기

함수를 자세히 알아보기

파이썬 쉘을 사용해 함수가 어떤 식으로 생성되고 사용되는지 알아볼 수 있다. IDLE 명령어 쉘을 연 다음 >>> 프롬프트에 다음 파이썬 코드를 입력한다. 두 번째 문장의 끝에서 엔터를 입력한다.

```
>>> def greeter():
    print('Hello')
```

질문: print문을 입력한 다음에 프로그램이 출력 동작을 수행하지 않는 이유는?

답: 현재 입력 중인 코드는 greeter 함수의 일부로서 저장된다. 아직 함수가 호출되지 않았다.

질문: 파이썬에게 greeter 함수 입력을 마쳤다는 것을 알리려면 어떻게 해야 하는가?

답: 앞에서 루프 내 코드 입력을 마쳤을 때나 if 구조에 의해 제어되는 코드 입력을 마쳤을 때와 동일한 방식을 사용하면 된다. 바로 빈 줄을 입력하는 것이다.

```
>>> def greeter():
        print('Hello')

>>>
```

질문: greeter 함수를 호출하려면 어떻게 해야 하나?

답: 다른 파이썬 함수를 호출할 때와 같은 방식으로 greeter를 호출할 수 있다. 파이썬이 함수가 호출 중임을 알 수 있도록 빈 괄호를 추가하는 것을 잊지 말자.

```
>>> greeter()
Hello
```

함수가 실행되면 함수 내 모든 코드가 실행된다. 이번 경우에는 한 줄짜리 메시지가 출력된다.

이제 다음 코드를 살펴보자(그리고 실행도 해보자).

```
>>> x=greeter
>>> x()
Hello
```

위 코드는 여러분이 이 책에서 지금까지 본 코드 중 가장 이해가 안되는 코드일 것이다. 위의 결과를 통해 함수는 그저 다른 변수와 같다는 것을 알 수 있다. 첫 번째 문장에서 변수 x는 greeter의 값으로 설정된다. 그러고 나서 두 번째 문장에서 x를 마치 x가 함수인 것처럼 호출한다. 파이썬은 Hello를 출력하는데 이는 바로 greeter 함수가 수행하는 것이다.

프로그램은 문자열이나 부동 소수점값을 저장할 수 있는 것과 같은 방식으로 함수의 '값'을 저장할 수 있다. 단순히 값을 변수에 할당하면 된다. 이는 파이썬이 제공하는 강력한 기능이며 12장에서 좀 더 자세히 알아볼 것이다.

프로그램 실행 경로 확인

파이썬에서 하나의 함수가 다른 함수를 호출하는 것은 흔한 일이다. 다음 코드를 살펴봄으로써 함수가 어떤 식으로 동작하는지 더 자세히 알아보자.

```
# EG7-01 프로그램 실행 경로 확인
def m2( ):
    print('the')

def m3( ):
    print('sat on')
    m2( )

def m1( ):
    m2( )
    print('cat')
    m3( )
    print('mat')

m1( )
```

질문: 위의 프로그램 실행 시 출력 결과는?

답: 이를 알아내기 위한 가장 좋은 방법은 컴퓨터가 프로그램을 실행할 때와 마찬가지로 프로그램을 한 번에 한 문장씩 실행해보는 것이다. 함수가 완료됐을 때 프로그램 실행은 해당 함수 호출 다음에 있는 코드부터 계속된다. 다음 프로그램의 출력 결과는 여러분이 예상한 것과 동일하다.

```
the
cat
sat on
the
mat
```

질문: 함수가 스스로를 호출하면 어떻게 되는가? 예를 들어 m1 함수가 m1 함수를 호출하면 어떻게 될까?

답: 결과는 여러분이 두 개의 거울을 서로 마주보게 했을 때 여러분이 보는 것과 비슷하다. 양쪽 거울 모두 서로를 끊임없이 반사할 것이다. m1 함수가 스스로를 호출하는 경우 컴퓨터는 수초 동안 조용해졌다가 "RecursionError: maximum recursion depth exceeded"와 같은 오류 메시지를

출력한다. 함수가 호출될 때마다 파이썬은 반환 주소(프로그램이 함수 호출 종료 후 돌아갈 장소)를 '스택'이라는 메모리의 특수한 공간에 저장한다. 실행 중인 프로그램이 함수의 끝에 도달했을 때 해당 프로그램은 스택의 가장 위에 저장된 가장 최근 주소를 꺼내서 해당 주소가 가리키는 곳으로 돌아간다. 이는 함수가 호출되거나 반환됨에 따라 스택이 늘었다가 줄었다한다는 의미다.

하지만 함수가 자기 자신을 호출하는 경우 파이썬 엔진은 스택에 반환 주소를 반복적으로 추가한다. 함수가 스스로를 호출할 때마다 또 다른 반환 주소가 스택의 맨 위에 추가된다. 어느 시점이 되면 파이썬 시스템은 스택이 너무 길어졌기 때문에 프로그램을 중단시킨다.

프로그래머들이 스스로를 호출함으로써 동작하는 함수를 일컫는 단어가 있다. 이를 재귀라고 부른다. 재귀가 프로그램에서 유용한 경우가 있다. 프로그램이 큰 자료 구조에서 값을 검색 중인 경우 특히 유용하다. 하지만 나는 프로그래밍을 하는 동안 재귀를 사용한 적이 거의 없다. 이 책에서 할 수 있는 조언은 재귀를 여러분이 당장 사용할 필요는 없는 강력한 마법 같은 것으로 생각하라는 것이다. 코드 블록을 반복하는 데 있어 대개 루프가 가장 적합하다.

그림 7-1 파이썬 함수 정의의 구조를 나타낸다. 각 항목을 차례대로 살펴보자.

def	name	(	parameters	)	:	suite
(함수 정의 시작)	삭제 (함수 이름)		(함수에 전달할 항목들)		콜론	함수 내 코드

그림 7-1 파이썬 함수 정의

파이썬은 "define"의 약어인 def를 통해 함수가 정의되어 있음을 안다. 이때 파이썬은 함수를 위한 공간을 할당한 다음, 해당 함수의 코드를 저장할 준비를 마친다. def 뒤에는 빈 칸이 오고, 그러고 나서 함수 이름이 온다. 변수의 이름을 정할 때와 같은 방식으로 함수의 이름을 정한다. 함수는 어떤 동작과 관련된 것이기 때문에 함수의 이름이 해당 동작을 나타낼 수 있어야 한다. 나는 함수 이름을 동사_명사 형태로 정한다. 동사는 해당 함수가 수행할 동작을 나타내며 명사는 해당 함수가 처리할 항목을 나타낸다. 예로 display_menu가 있다. 파이썬에는 print와 input이라는 함수가 있는데 이름과 실제 동작이 잘 일치한다.

함수 이름 다음에는 해당 함수에 전달할 매개변수가 온다. 매개변수는 콤마로 구분되며 괄호로 싸여있다. 매개변수는 함수가 처리할 대상을 함수에게 제공한다. 지금까지 생성한 함수에는 매개변수가 없었다. 따라서 괄호 안에 아무것도 없었다. 마지막으로 함수 정의에는 콜론이 포함된다. 콜론 다음에는 해당 함수의 몸체를 형성하는 파이썬 코드가 온다.

매개변수를 사용해 함수에 정보 전달하기

greeter 함수는 함수가 어떤 식으로 사용될 수 있는지 보여준다. 하지만 해당 함수는 매번 호출될 때마다 동일한 것을 출력하기 때문에 그렇게 유용하지는 않다. 함수가 정말로 유용하게 되기 위해선 함수가 처리할 자료를 함수에게 전달해야 한다. 여러분은 이미 이런 식으로 동작하는 함수들을 많이 봤다. print 함수는 출력할 항목을 매개변수로 받는다. sleep 함수는 프로그램이 멈춰야 하는 시간 길이를 매개변수로 받는다. 출력해야 할 곱셈표를 매개변수로 받는 곱셈표 함수를 만들어볼 수 있다.

> times_value **매개변수**

```
def print_times_table(times_value):
    count = 1
    while count < 13:
        result = count * times_value        함수에서 times_value의 값을 사용한다.
        print(count, 'times', times_value, 'equals', result)
        count = count + 1
```

프로그램은 곱셈표를 출력해야 할 때 언제든지 print_times_table 함수를 사용할 수 있다. 해당 함수는 출력돼야 할 곱셈표를 인자로 받는다.

```
print_times_table(5)
```

이 코드는 print_times_table 함수를 호출하며 해당 함수에게 5의 곱셈표를 출력하라고 지시하는 것이다. 99의 곱셈표를 출력하고자 하는 경우 함수에 전달하는 숫자만 변경하면 된다.

```
print_times_table(99)
```

인자와 매개변수

이번 절의 제목을 보고 우리가 서로 다른 의견[1]이 있다는 의미로 해석할 수도 있다. 하지만 파이썬에서 인자argument는 논쟁이 아닌 다른 의미를 지닌다. 파이썬에서 인자는 "함수 호출 시 전달하는 것"이라는 의미다.

---

1   Argument는 "인자"라는 뜻과 "논쟁"이라는 뜻이 있음. – 옮긴이

```
print_times_table(7)
```

위의 코드에서 인자는 값 7로 설정된다. 따라서 인자라는 단어를 들으면 함수를 호출하는 코드를 떠올려야 한다.

파이썬에서 매개변수^{parameter}는 "함수 내에서 인자를 나타내는 이름"을 의미한다. 함수에서 인자는 함수 정의에서 지정된다.

```
def print_times_table(times_value):
```

위의 코드는 print_times_table 함수의 정의다. 위의 정의를 통해 해당 함수에는 times_value라는 이름의 매개변수가 하나 존재함을 알 수 있다. print_times_table 함수가 호출될 때 times_value의 값은 해당 함수 호출 시 전달된 인자로 설정된다. print_times_table 함수 내의 코드는 변수를 사용하는 것과 마찬가지 방식으로 매개변수의 이름을 통해 매개변수를 사용할 수 있다.

코드 분석

인자와 매개변수

인자와 매개변수를 사용하는 다음 코드를 통해 인자와 매개변수에 관해 좀 더 알아보자.

질문: 다음 프로그램이 무엇을 수행하는가?

```
# EG7-02 곱셈표
def print_times_table(times_value):
    count = 1
    while count < 13:
        result = count * times_value
        print(count, 'times', times_value, 'equals', result)
        count = count + 1

print_times_table(6)
```

답: 위의 프로그램은 6에 대한 곱셈표를 출력한다.

질문: print_times_table 함수에 대한 호출 시 다음과 같이 문자열을 인자로 전달하면 어떻게 될까? 프로그램이 실패할까?

```
print_times_table('six')
```

답: 프로그램은 실패하지 않지만 여러분이 기대하는 대로 동작하지 않는다.

```
1 times six equals six
2 times six equals sixsix
3 times six equals sixsixsix
4 times six equals sixsixsixsix
5 times six equals sixsixsixsixsix
6 times six equals sixsixsixsixsixsix
7 times six equals sixsixsixsixsixsixsix
8 times six equals sixsixsixsixsixsixsixsix
9 times six equals sixsixsixsixsixsixsixsixsix
10 times six equals sixsixsixsixsixsixsixsixsixsix
11 times six equals sixsixsixsixsixsixsixsixsixsixsix
12 times six equals sixsixsixsixsixsixsixsixsixsixsixsix
```

위 결과를 통해 파이썬은 문자열과 숫자 간에 곱셈 연산을 수행할 수 있다는 것을 알 수 있다.

다음 코드는 print_times_table 내에서 결과를 계산하는 코드다. count(1부터 12까지 증가)에 함수의 매개변수인 times_value를 곱한다.

```
result = count * times_value
```

두 개의 숫자를 곱하면 숫자 결과가 나온다. 문자열에 숫자를 곱하면 해당 문자열을 해당 숫자만큼 반복한다. 이를 통해 파이썬 언어의 중요한 원칙을 알 수 있다. 파이썬 언어는 처리해야 할 항목의 종류에 따라 무엇을 수행할지 결정한다. 이로 인해 프로그램이 여러분이 기대하는 대로 동작하지 않을 수도 있다.

질문: print_times_table 함수가 정수 매개변수만을 처리하도록 강제하려면 어떻게 해야 하나?

답: 이 문제를 수정하기 전에 해당 문제를 수정할지 여부를 먼저 결정해야 한다. print_times_table 함수를 프로그램에서 사용하는 경우 프로그램이 이미 입력값을 확인하기 때문에 우리가 이 문제에 대해 고민할 필요가 없을 수도 있다.

이 문제를 수정하기로 결정했다면 어떤 식으로 동작하길 원하는지 확실히 해야 한다. 정수 외의 값이 입력되었을 때 함수가 경고 메시지를 출력해야 할까? 프로그램이 중단돼야 할까? 오류 전략을 결정하는 것은 프로그램 설계에 있어 중요하며 오류 전략을 결정할 때 고객이 있는 경우 반드시 상의해야 한다.

이 경우 정수 입력 확인에 대해 언급한 규치을 적용해 정수 외의 값이 입력된 경우 `print_times_table` 함수가 오류를 일으키도록 할 수도 있다. 파이썬에는 주어진 항목이 특정 자료형인지 확인할 수 있는 `isinstance`라는 내장 함수가 있다. `isinstance` 함수는 두 개의 인자를 받는데 하나는 확인할 항목이고 다른 하나는 확인할 자료형이다. `isinstance` 함수는 확인할 항목의 자료형이 인자로 전달된 자료형과 일치하는 경우 `True`를 반환하고 일치하지 않는 경우 `False`를 반환한다.

```
# EG7-03 안전한 곱셈표
if isinstance(times_value,int)==False:                    times_value의 형을 확인한다.
    raise Exception('print_times_table only works with integers')   자료형이 정수가 아니면
                                                                   예외를 일으킨다.
```

위의 코드는 함수의 매개변수가 유효하지 않은 경우 `isinstance`를 사용해 예외를 발생시키는 법을 나타낸다. 첫 번째 문장은 해당 함수에 정수가 전달됐는지 확인한다. 두 번째 문장은 이전에 본 적이 없는 코드이다. 두 번째 문장은 예외를 일으키며, 해당 예외로 인해 프로그램은 오류와 함께 중단된다.

```
Traceback (most recent call last):
  File "C:/EG7-03 Safer Times Table.py", line 11, in <module>
    print_times_table('six')
  File "C:/ EG7-03 Safer Times Table.py", line 4, in print_times_table
    raise Exception('print_times_table only works with integers')
Exception: print_times_table only works with integers
```

`Exception`을 무엇이 잘못된 이유를 설명하는 하나의 자료 덩어리라고 생각해도 좋다. 예외 생성 시 해당 오류를 기술하는 문자열을 인자로 전달할 수 있다. 6장의 "예외와 숫자 읽기"에서 봤듯이 프로그램이 오류를 처리할 수 있도록 예외는 `try` 구조에서 감지된다. 뒤에서 예외에 관해 좀 더 자세히 알아볼 것이다.

함수의 다중 매개변수

함수는 여러 개의 매개변수를 가질 수 있다. 현재 print_times_table 함수는 항상 12개의 결과만을 출력한다. 1 곱하기 times_value부터 시작해서 12 곱하기 times_value까지 출력한다. 수학 천재를 위한 곱셈표를 출력하는 경우 20 곱하기 입력값까지 곱셈표를 출력하고 싶을 수도 있다. 또 어떤 사람들은 5 곱하기 입력값까지만 출력하는 작은 곱셈표를 선호할 수도 있다. 각 곱셈표 크기마다 다른 함수를 작성하거나 곱할 수와 곱셈표의 크기를 인자로 받아서 print_times_table을 좀 더 유연하게 만들 수도 있다.

```
# EG7-04 두 개의 매개변수를 지닌 곱셈표 함수
def print_times_table(times_value, limit):
    count = 1
    while count < limit+1:
        result = times_value * count
        print(count, 'times', times_value, 'equals', result)
        count = count + 1
```

위 함수에는 두 개의 매개변수가 있다. 첫 번째 매개변수인 times_value는 곱셈표의 기준이 되는 숫자를 나타내고 두 번째 매개변수인 limit는 출력될 곱셈표의 크기를 나타낸다.

이제 함수를 호출해보자.

```
print_times_table(6, 5)
```

위의 코드는 print_times_table 함수를 호출하고 6의 곱셈표를 5 곱하기 6까지 출력하도록 명령한다.

```
1 times 6 equals 6
2 times 6 equals 12
3 times 6 equals 18
4 times 6 equals 24
5 times 6 equals 30
```

위치 및 키워드 인자

다음 함수 호출을 살펴보자.

```
print_times_table(12, 7)
```

위의 코드는 print_times_table 함수를 호출한다. 이때 위의 함수가 12의 곱셈표를 출력하는지 혹은 7의 곱셈표를 출력하는지 헷갈릴 수 있다. 원래 코드로 돌아가서 인자인 12와 7이 매개변수 times_value와 limit와 어떤 식으로 연관되는지 확인해야 할 수도 있다. 이런 식으로 연결되는 인자를 '위치^{positional} 인자'라고 부른다. 함수에 주어진 인자와 함수 내에 정의된 매개변수의 위치가 어떤 인자가 어떤 매개변수에 연결되는지 결정하기 때문이다. 즉, 위의 예는 12의 곱셈표를 출력할 것이다. times_value 매개변수가 함수의 정의에서 첫 번째에 위치하기 때문이다.

프로그래머들이 이를 좀 더 이해하기 쉽도록 함수 호출 시 함수에 대한 인자를 식별하기 위한 키워드를 사용할 수 있다.

```
# EG7-05 키워드 인자
print_times_table(times_value=12, limit=7)
```

키워드 인자를 사용하는 경우 함수 호출 시 인자의 순서는 신경 쓰지 않아도 된다.

```
print_times_table(limit=7, times_value=12)
```

위의 print_times_table 함수 호출은 이전 호출과 동일한 결과를 낼 것이다. 나는 키워드 인자가 매우 유용하다고 생각한다. 두 개 이상의 인자를 받는 파이썬 함수를 작성할 때 해당 함수를 호출할 때마다 키워드 인자를 사용하려고 노력한다.

 주의 사항

위치 인자와 키워드 인자를 섞어 쓰지 마라

파이썬은 함수 호출 시 위치 인자와 키워드 인자를 섞어 쓸 수 있도록 허용한다. 하지만 이렇게 섞어 쓰면 어떻게 동작할지 파악하기 어려워진다. 인자가 무엇을 의미하는지 명백한 경우 전부 위치 인자를 사용하거나 아니면 전부 키워드 인자를 사용할 것을 강력하게 권한다.

매개변수 기본값

첫 번째 print_times_table 함수를 생성했을 때 해당 곱셈표의 크기를 12로 추정했다. 즉, 결과는 "1 곱하기"부터 "12 곱하기"까지였다. 그리고 나서 사용자가 크기를 지정할 수 있도록 허용했다. 하지만 print_times_table 함수의 대부분 사용자들은 곱셈표의 크기를 12로 사용하길 원한다. limit 매개변수에 기본값을 제공함으로써 사용자들의 편의를 도울 수 있다.

limit 매개변수의 기본값

```
# EG7-06 매개변수 기본값
def print_times_table(times_value, limit=12):
    count = 1
    while count < limit+1:
        result = times_value * count
        print(count,'times', times_value, 'equals', result)
        count = count + 1
```

여기서 기본값의 의미는 "해당 인자의 값을 입력하지 않은 경우 기본값을 사용해라"라는 것이다. 따라서 print_times_table 함수의 사용자들은 여전히 다른 크기를 지정할 수 있다. 하지만 사용자들이 해당 인자를 생략하는 경우 기본값인 12가 사용될 것이다.

```
print_times_table(times_value=7)
```

위의 코드는 7의 곱셈표를 12 곱하기 7까지 출력할 것이다.

IDLE 편집기는 함수 정의를 자동으로 찾아서 여러분이 해당 함수를 호출하는 코드를 작성할 때 매개변수값을 입력하는 데 도움을 준다. 그림 7-2에서 print_times_table 함수 호출을 작성할 때 IDLE 편집기에서 무슨 일이 일어나는지 확인할 수 있다.

인터랙티브 도움 기능과 함수

```
print_times_table (
                  (times_value, limit=12)
```

그림 7-2 IDLE 함수 도움 기능

커서 밑에 텍스트는 편집기에서 생성한 것이다. print_times_table 함수의 이름을 입력했을 때 IDLE은 해당 함수의 정의를 찾아서 매개변수 목록을 읽는다. 그리고 나서 인자를 입력함에 따라 매개변수 정보를 표시한다. 이러한 도움 기능이 파이썬의 내장 함수에도 동작하는 것을 확인할 수 있다. 또한 함수 도움 기능은 여러분이 만든 함수에 대해서도 동작한다.

프로그래머를 위한 조언

키워드 인자와 매개변수 기본값을 사용해야 하는 이유

나는 파이썬의 키워드 인자와 매개변수 기본값 기능을 사랑한다. 이 기능 덕분에 프로그램이 더 명확해서 도대체 함수가 무엇을 수행하는지 헷갈릴 필요가 없다. 키워드 인자와 매개변수 기본값 덕분에 프로그래머가 인자를 헷갈릴 가능성도 줄어든다. 이는 프로그래머가 어떤 함수에 대해 수정하기 쉬운 '표준' 동작을 제공할 수 있다는 것을 의미한다.

코드 분석

매개변수값 전달 방식

함수가 호출될 때 인자 값은 함수 매개변수로 전달된다. 이것이 정확히 의미하는 바는 무엇일까?

다음 프로그램에 포함된 what_would_I_do라는 함수는 단 하나의 매개변수를 받는다. 해당 함수는 많은 일을 수행하지는 않으며 매개변수의 값을 99로 설정할 뿐이다. 해당 함수를 호출 시 test라는 이름의 변수를 인자로 설정한다.

```
# EG7-07 매개변수값 전달
def what_would_I_do(input_value):
    input_value = 99

test = 0
what_would_I_do(test)
print('The value of test is', test)
```

질문: 위 프로그램 실행 시 프로그램이 무엇을 출력할까? 0 또는 99?

답: 코드를 실행하면 파이썬은 다음 순서를 따른다.

1. test의 값을 0으로 설정한다(프로그램은 함수 정의 바로 다음에 있는 코드부터 시작한다).

2. what_would_I_do 함수를 호출하면서 test의 값을 인자로 전달한다.

3. what_would_I_do 함수가 시작할 때 input_value라는 매개변수에 값 0이 할당된다.

4. what_would_I_do 함수가 input_value라는 매개변수의 값을 99로 설정한다.

5. what_would_I_do 함수가 종료되고 실행이 해당 함수를 호출한 코드로 돌아간다.

6. test의 값이 출력된다.

인자는 함수에 입력된 항목(변수)이라는 점을 기억하자. 하지만 파이썬은 해당 변수 자체를 사용하지 않고 해당 변수의 값을 사용한다. 따라서 위의 프로그램이 출력하는 값은 0이다. 즉, 프로그램은 다음을 출력한다.

```
The value of test is 0
```

텔레타이프 프린터 만들기

어떤 이유인지 몰라도 프로그램의 결과가 느리게 출력될 때 뭔가 더 있어 보인다. 이전에 for 루프를 사용해 문자열의 문자들을 하나씩 사용하는 법을 확인했고 time 라이브러리의 sleep 함수에 대해 배운 적 있다. 따라서 각 문자 출력 시 다음 문자 출력 전에 약간의 지연이 있다면 재미있을 것이다.

텔레타이프 프린터를 흉내내는 teletype_print라는 함수를 만들어보겠다. 해당 함수에는 두 개의 매개변수가 있어야 한다. 첫 번째 매개변수는 출력할 문자열이다. 두 번째 매개변수는 각 문자 출력 간에 지연 시간이다. 지연 시간의 기본값으로 0.1초를 설정할 것이다. teletype_print 함수의 정의는 다음과 같다.

```python
def teletype_print(text, delay=0.1):
```

해당 함수는 for 루프를 사용해 입력 문자열의 각 문자를 사용하고 해당 문자를 출력한 다음 지연을 준다.

```python
for ch in text:
    print(ch)
    time.sleep(delay)
```

위 코드는 잘 동작할 것처럼 보인다. 하지만 문제가 있다. 단어를 출력하려고 하면 한 줄에 문자 한 개씩 출력된다. 프로그램이 hello를 출력하는 경우 다음과 같이 출력된다.

```
h
e
l
l
o
```

hello는 한 줄에 한 글자씩 출력된다. print 함수의 기본 동작이 매번 출력할 때마다 줄 바꿈을 하기 때문이다. 하지만 IDLE의 도움말 기능을 사용해 해당 문제를 어떤 식으로 해결할지 알아낼 수 있다.

```
print (
      print(value, ..., sep=' ', end='\n', file=sys.stdout, flush=False)
```

print 함수에 대한 호출 코드를 작성하기 시작한 다음 잠시 멈추면 IDLE는 print 함수에 대한 도움말을 표시한다. 도움말에 표시되는 맨 마지막 네 개 항목이 우리가 관심있는 항목들이다. 해당 항목들은 네 개의 매개변수와 각 매개변수의 기본값을 정의한다.

sep 인자는 print 호출에 의해 출력될 항목들이 연속적으로 있을 때(예: print("Hello", "How are you?", "Good")) 각 항목을 구분하기 위한 구분자를 지정한다. 기본값으로 출력 항목 사이에 구분자 공간이 삽입된다. 구분자를 다른 문자열 혹은 빈 문자열로 변경할 수 있다. 구분자를 빈 문자열로 지정한 경우 다수의 항목을 구분자 없이 출력할 수 있다.

end 인자는 print 함수에게 출력 동작의 마지막에 무엇을 출력할지 지정한다. 도움말 정보에서 봤듯이 end 인자의 기본 설정은 \n이다. 이는 줄 바꿈에 대한 이스케이프 문자다. 이를 빈 문자열로 변경해 print 함수가 항목들을 출력한 다음, 줄 바꿈 문자를 추가하는 것을 막을 수 있다.

file과 flush 매개변수를 사용해 print 함수가 동작하는 방식과 print 함수의 출력 대상을 세밀하게 제어할 수 있다. 우리는 해당 인자들을 변경할 필요가 없다.

```
print(ch, end='')
```

위 코드는 end 인자를 사용해 줄 종료 문자열을 빈 문자열로 변경한다. 위의 코드를 사용해 출력하는 경우 ch 변수에 담긴 문자는 출력되지만 줄 바꿈은 되지 않는다.

이제 여러분만의 텔레타이프 프린터를 만들 수 있다. 입력 문자열의 모든 문자를 출력하는 루프 뒤에 빈 줄을 출력할 필요가 있다.

위의 print 함수를 우리가 이미 작성한 프로그램에도 사용할 수 있다. 특히나 5장에서 다룬 점쟁이 프로그램에서 유용하게 사용될 수 있다. 또한 각 문자 출력 사이에 지연 시간을 약간 무작위로 줌으로써 그리고 빈칸 문자열 출력 시 좀 더 긴 지연을 줌으로써 컴퓨터가 마치 인간이 말하는 것처럼 문자를 출력하도록 할 수 있다. 이때 지연 시간을 무작위로 주기 위해서는 3장에서 살펴본 random 라이브러리의 randomInt 함수를 사용하면 된다.

함수 호출로부터 값 반환하기

함수는 값을 반환한다. 지금까지 작성한 많은 프로그램에서 이를 확인했다. 다음 예를 살펴보자.

```
name = input('Enter your name please : ')
```

위 코드는 input 함수를 사용한다. input 함수는 사용자에게 표시할 텍스트를 인자로 받고 사용자가 입력한 문자열을 값으로 반환한다. 다음 함수 정의를 살펴보자.

```
def get_value(prompt, value_min, value_max):
```

get_value 함수에는 세 개의 매개변수가 있다. 첫 번째 매개변수 prompt는 사용자에게 표시될 문자열이다. 두 번째 매개변수 value_min과 세 번째 매개변수 value_max는 get_value 매개변수가 반환할 수 있는 값을 나타낸다. get_value 함수를 사용하는 프로그램은 다음과 같을 것이다.

```
ride_number=get_value(prompt='Please enter the ride number you want:',
value_min=1, value_max=5)
```

위의 get_value 함수에 대한 호출은 우리가 4장에서 만든 놀이기구 선택 프로그램에서 사용자가 놀이기구를 선택할 수 있도록 하는 데 사용될 수 있다. 해당 프로그램은 또한 get_value 함수를 사용해 사용자의 나이를 읽을 수도 있다. 함수가 표시하는 메시지와 입력값 제한만 변경하면 된다.

즉, 우리가 이미 만들었던 소프트웨어를 함수로 만들어서 프로그램 내에서 여러 번 사용하는 것이다.

```
def get_value(prompt, value_min, value_max):
{
    return 1;
}
```

get_value의 함수 헤더

함수가 항상 1을 반환한다.

위의 get_value 함수는 항상 1을 반환하기 때문에 그렇게 유용하지는 않다. 하지만 위 함수를 통해 return이 어떤 식으로 사용되는지를 알 수 있다. 프로그래머들은 프로젝트 초반에 이후에 작성할 '빈' 함수를 자주 만든다.

코드 분석

함수와 return

함수 내에서 return이 어떤 식으로 사용되는지 살펴보자.

```
# EG7-08 get_value 분석 1
def get_value(prompt, value_min, value_max):
    return 1
    return 2


ride_number=get_value(prompt='Please enter the ride number you want:',
value_min=1,value_max=5)
print('You have selected ride:',ride_number)
```

질문: 위 프로그램이 무엇을 출력할까?

  답: 사용자가 놀이기구 1번을 선택했다고 출력할 것이다.

```
You have selected ride: 1
```

  함수의 실행이 return문을 만나면 종료되기 때문에 두 번째 return은 실행되지 않는다.

```
# EG7-09 get_value 분석 2
def get_value(prompt, value_min, value_max):
    return


ride_number=get_value(prompt='Please enter the ride number you want:',
```

```
value_min=1,value_max=5)
print('You have selected ride:', ride_number)
```

질문: 위 프로그램이 무엇을 출력할까? 프로그램이 제대로 실행될까?

답: 함수가 결과를 전달하는 대신에 특정 작업을 수행하도록 설계된 경우 위의 코드에서 보듯이 함수는 값이 없는 return을 포함할 수 있다. 이 경우 함수는 None이라는 특별 값을 반환한다. None은 파이썬에서 사용 가능한 값이 없음을 나타내는 데 사용된다. 위 프로그램은 None이라는 값을 문자열로 출력한다.

```
You have selected ride: None
```

함수가 return 문을 포함하지 않는데도 해당 함수를 호출하는 코드가 해당 함수의 반환값을 사용하려 하면 해당 함수는 None 값을 반환한다.

질문: 함수가 다수의 return 문을 포함할 수 있는가?

답: 포함할 수 있다. 하지만 프로그램은 첫 번째 return 문에 도달하면 해당 함수를 종료시킨다.

다음 완료된 get_value 함수를 살펴보자.

```
# EG7-10 완성된 get_value 함수
def get_value(prompt, value_min, value_max):        ──── 함수 헤더
    while True:                                     ──── 루프가 무한히 반복된다.
        number_text = input(prompt)
        try:
            number = int(number_text)
        except ValueError:
            print('Invalid number text. Please enter digits.')
            continue # 루프의 시작으로 돌아간다.
        if number<value_min:
            print('Value too small')
            print('The minimum value is',value_min)
            continue # 루프의 시작으로 돌아간다.
        if number>value_max:
            print('Value too large')
            print('The maximum value is',value_max)
```

```
        continue # 루프의 시작으로 돌아간다.
    # 여기에 도달했다는 것은 숫자가 유효하다는 의미이다.
    # 해당 숫자를 반환한다.
    return number
```

위 함수는 입력된 수가 필요한 범위 내에 들어올 때까지 반복적으로 정수를 읽는다. 즉, number의 값이 value_min보다 작거나 value_max보다 큰 경우 루프가 반복된다. 유효한 값이 입력된 경우 get_value 함수가 종료된다. 유효한 값이 입력되면 get_value 함수 내 return문에 도달하게 되며 함수는 해당 입력된 숫자를 반환한다. get_value 함수를 사용해 사용자로부터 값을 입력 받을 수 있다.

```
ride_number=get_value(prompt='Please enter the ride number you want:',
value_min=1, value_max=5)
print('You have selected ride:', ride_number)
```

프로그래머를 위한 조언
함수 설계하기

함수는 프로그래머가 지닌 도구들 중 매우 유용한 도구이며 개발 과정에 있어 중요한 부분을 차지한다. 고객이 애플리케이션에서 원하는 바를 파악하고 나면 해당 프로그램을 어떤 식으로 함수로 쪼갤지 고민할 수 있다. 애플리케이션의 각 함수의 동작 방식을 결정하고 나면 함수 헤더를 작성한 다음(함수 이름, 매개변수, 반환값 등을 결정) 다른 누군가에게 해당 함수의 구현을 맡길 수도 있다.

또한 함수 덕분에 코드 작성량이 줄어든다. 프로그램을 작성하다 보면 특정 동작을 반복하는 코드를 작성 중인 자신을 발견하는 경우가 종종 있다. 이 경우 해당 동작을 함수로 변경하는 것을 고려해봐야 한다. 함수를 사용하는 것이 좋은 데는 두 가지 이유가 있다.

- 첫째, 코드를 한 번만 작성한다. 잘못된 함수를 발견하더라도 해당 함수를 한 번만 수정하면 된다.

- 둘째, 함수는 프로그램 테스트를 쉽게 해준다. 각 함수를 "자료 처리기"라고 생각할 수 있다. 인자를 통해 자료가 해당 함수에 입력되고 반환값을 통해 결과가 출력된다. "테스트 하네스(test harness)"라는 것을 작성해 테스트 자료를 가지고 함수를 호출한 다음 결과가 제대로 출력됐는지 확인할 수 있다. 즉, 스스로를 테스트하는 프로그램을 만들 수 있다. 전문적인 개발자들은 프로그램 코드와 함께 테스트 코드도 작성한다. 프레임워크를 사용해 이러한 테스트 과정을 더욱 자동화할 수 있다. 이에 관련해서는 12장에서 살펴볼 것이다.

파이썬 함수 내 지역 변수

부엌에서 여러 명의 요리사가 함께 작업하는 경우를 생각해보자. 각 요리사는 각자의 조리법을 사용 중이다. 부엌에는 요리사들이 사용할 수 있는 한정된 수의 냄비와 팬이 있다. 요리사들은 두 명이 동시에 동일한 냄비를 사용하려 하지 않도록 협동해야 한다. 그렇지 않으면 스프에 설탕이 들어가거나 훈제 소고기에 그레이비gravy 소스 대신에 커스터드custard 소스가 들어갈 수도 있다.

파이썬 설계자는 함수를 만들 때 비슷한 문제에 부딪혔다. 요리사들이 특정 후라이팬을 가지고 싸우는 것처럼 함수들이 변수에 대해 싸우기를 바라지 않았다. 여러분은 두 개의 함수가 동일한 이름을 지닌 변수를 사용하는 경우는 드물다고 생각할 수도 있다. 하지만 이는 실제 매우 자주 발생할 수 있는 경우다.

나를 비롯해 많은 프로그래머는 변수 이름 i를 좋아한다. i는 주로 세기를 하는 데 사용된다. 두 개의 함수가 i라는 이름의 변수를 사용하고 한 함수가 다른 함수를 호출하는 경우 두 번째 함수가 첫 번째 함수가 사용 중인 i의 값을 변경해 프로그램은 제대로 동작하지 않을 것이다.

파이썬은 각 함수에게 자신만의 지역local 변수 공간을 줌으로써 이 문제를 해결한다. 이는 각 요리사에게 자신만의 개인 냄비와 팬 세트를 주는 것과 동일하다. 어떤 함수든 자기 자신에게 특정 i라는 이름의 지역 변수를 선언할 수 있다. 함수가 반환될 때 모든 지역 변수는 파괴된다. 함수 바깥에 선언된 변수들은 특정 함수와 연관되지 않기 때문에 전역 변수라 부른다.

```
# EG7-11 지역 변수

def func_2():
    i = 99

def func_1():
    i = 0
    func_2()
    print('The value of i is: ', i)

func_1()
```

위의 코드는 지역 변수가 어떤 식으로 동작하는지 보여준다. func_1과 func_2 모두 i라는 변수를 사용한다. 위의 프로그램을 실행하면 다음의 순서로 실행된다.

1. 함수 func_1이 호출된다.

2. func_1의 첫 번째 문장이 i라는 변수를 생성한 다음, 0으로 설정한다.

3. func_1의 두 번째 문장이 func_2를 호출한다.

4. func_2의 첫 번째이자 유일한 문장이 i라는 변수를 생성한 다음, 99로 설정한다.

5. func_2가 종료되고 제어가 func_1의 세 번째 문장으로 넘어간다.

6. func_1의 세 번째 문장은 i의 값을 출력한다.

여기서 생각해봐야 할 질문은 "어떤 값이 출력되는가?"이다. func_1 내에서 설정된 값 0인가? 혹은 func_02 내에서 설정된 값 99인가?

이번 절의 첫 번째 부분을 제대로 읽었다면 출력될 값이 0이라는 점을 알고 있을 것이다. 두 변수의 이름은 i로 동일하다. 하지만 두 변수는 각자 다른 함수 내에 존재한다. 이러한 형태의 격리를 캡슐화라고 한다. 캡슐화는 한 함수의 동작이 다른 함수들의 동작과 격리되는 것을 의미한다. 덕분에 프로그래머들은 변수 이름 충돌을 걱정할 필요 없이 각자 함수를 작성할 수 있다.

파이썬 프로그램에서의 전역 변수

지역 변수는 매우 유용하다. 하지만 프로그램이 모든 함수 간에 공유해야 할 자료를 포함하는 경우도 있다. 예를 들어 게임을 구현 중인데 해당 게임 내에 존재하는 여러 함수들이 플레이어의 이름을 공유해야 할 수도 있다. 파이썬에서는 함수가 전역global 수준에 위치한 변수에 접근할 수 있다. 전역 변수는 함수 외부에서 선언된다.

```
# EG7-12 전역 변수 읽기

cheese = 99                                          전역 변수 cheese를 선언한다.

def func():
    print('Global cheese is:', cheese)               func에서 전역 변수를 읽어온다.

func()                                               함수를 호출한다.
```

위 예제 프로그램을 통해 함수가 전역 수준에서 선언된 변수의 내용을 어떤 식으로 읽을 수 있는지 알 수 있다. 위 프로그램은 완벽하게 실행되며 다음을 출력한다.

```
Global cheese is: 99
```

위 메시지는 func 함수 내에서 실행되는 코드로부터 출력된다. 따라서 함수 내에서 전역 자료를 쉽게 읽을 수 있음을 알 수 있다. 그저 해당 전역 변수를 사용하기만 하면 된다. 하지만 안타깝게도 전역 변수에 값을 저장하는 것은 꽤 복잡하다.

```
# EG7-13 전역 변수 설정

cheese = 99 ─────────────────────────────────── 전역 변수 cheese를 생성한다.

def func():
    cheese = 100 ──────────────────────────────── 지역 변수 cheese를 생성한다.
    print('Local cheese is:', cheese) ──────────── 지역 변수 cheese를 출력한다.

func() ───────────────────────────────────────────── 함수를 호출한다.
print('Global cheese is:', cheese) ──────────── 전역 변수 cheese를 출력한다.
```

위의 코드를 살펴보는 것만으로 이해했다고 생각할 수도 있다. 위 프로그램은 cheese라는 전역 변수를 포함한다. 해당 전역 변수는 초기에 99로 설정된다. 그리고 나서 함수 func를 호출한다. func 함수 내에 코드가 cheese의 값을 100으로 설정한다. 그리고 나서 함수가 종료된다. 함수가 실행됐을 때 cheese의 값을 100으로 설정했기 때문에 다음과 같은 결과 가 출력될 것이라고 생각할 수도 있다.

```
Local cheese is: 100
Global cheese is: 100
```

하지만 실제로 위와 다르게 아래와 같이 출력된다.

```
Local cheese is: 100
Global cheese is: 99
```

파이썬은 전역 변수와 동일한 이름을 지닌 신규 지역 변수를 생성한다. 이를 쉐도잉 shadowing이라고 부른다. 함수 내에서 지역 쉐도우 변수 cheese가 전역 변수 cheese 대신에 사용된다. 사실 위 프로그램은 cheese라는 이름의 변수를 두 개 포함한다. 하나는 전역 변수이고 다른 하나는 func 함수의 지역 변수다.

쉐도잉이 동작하는 방식으로 인해 많이 헷갈릴 수 있다. 쉐도잉이 어떤 식으로 동작하는지 모르는 경우 왜 변수가 갱신되지 않는지 알아내기 위해 수 시간을 낭비할 수도 있다. 함수 내에서 전역 변수를 읽는 것은 잘 되는 반면 함수 내에서 전역 변수에 값을 저장하려 하면 쉐도우 변수가 생성되기 때문에 매우 헷갈린다.

함수 내에서 전역 변수를 활용하고 싶다면 함수 내에서 사용하고자 하는 전역 변수를 명시하면 된다.

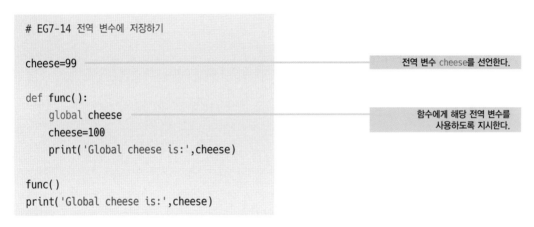

```
# EG7-14 전역 변수에 저장하기

cheese=99                                          전역 변수 cheese를 선언한다.

def func():
    global cheese                                  함수에게 해당 전역 변수를
    cheese=100                                     사용하도록 지시한다.
    print('Global cheese is:',cheese)

func()
print('Global cheese is:',cheese)
```

함수 내에서 값을 저장하고자 하는 전역 변수의 이름 앞에 global 키워드를 붙이면 된다. 위의 프로그램에서 cheese라는 이름의 변수는 하나밖에 없고 모든 함수 내에서 공유된다.

전역 변수가 왜 이렇게 헷갈리는 방식으로 동작하는지 궁금할 것이다. 함수는 전역 변수를 읽을 수 있지만 전역 변수에 값을 저장하기 위해서는 특별한 키워드인 global을 사용해야 한다. 이는 파이썬 언어 설계자가 함수 내의 지역 변수가 우연히 전역 변수와 동일한 이름을 가지는 경우에 발생하는 문제점을 해결하길 간절히 원했기 때문이다. 함수가 전역 변수의 값을 변경할 수 있는 경우 예상치 못한 전역값의 변경으로 인해 프로그램의 나머지 부분이 영향 받을 것이다.

프로그래머는 함수를 전역 변수와 연관 짓기 위해서는 global 키워드를 반드시 사용해야 한다. 따라서 프로그래머가 명시적으로 전역 변수에 값을 저장하겠다고 선택한 경우에만 함수 내에서 전역 변수에 값을 저장할 수 있다.

> **프로그래머를 위한 조언**
> **전역 자료 사용 시 주의하라**
>
> 전역 자료는 매우 유용하다. 하지만 전역 자료로 인해 프로그램에 원인 파악이 어려운 문제가 발생할 수도 있다. 변수를 변경하는 함수가 많은 경우 한 함수의 실수로 인해 다른 함수들이 올바로 동작하지 않을 수도 있다. 전역 변수를 사용하기로 결정했다면 변수가 어떤 식으로 사용되는지 분명히 하기 위해 주석을 많이 달 것을 권장한다.

재사용 가능한 함수 만들기

사용자에게 텍스트 입력을 요구하는 것은 위험한 일이다. 사용자는 잘못된 것을 입력함으로써 프로그램에 오류를 일으킬 수 있고 Ctrl+C 키보드 중지 명령어를 사용해 프로그램을 완전히 중지시킬 수도 있다. 사용자 입력을 요청하는 프로그램들이 많기 때문에 입력 절차를 관리하는 파이썬 함수들을 만들어두는 것이 좋다. 그리고 나서 해당 함수들을 향후에 다양한 프로그램에서 사용할 수 있다.

텍스트 입력 함수 만들기

우리가 만들 첫 번째 함수는 사용자로부터 텍스트 문자열을 입력 받는 함수다. 파이썬의 input 함수를 사용할 수도 있지만 사용자가 Ctrl+C를 입력함으로써 프로그램에 예외를 일으켜 프로그램을 중단시킬 수 있다. 여러분은 어떤 식으로 예외를 처리할 수 있는지 배웠다. 따라서 이제 예외 처리를 함수에 포함시킬 것이다. 우리가 만들 함수의 이름을 read_text라고 해보자. 함수를 설계할 때 가장 먼저 결정해야 하는 것은 해당 함수가 받아들이는 매개변수와 반환하는 값이다.

```
def read_text(prompt):
```

위 정의를 통해 read_text 함수에 prompt라는 매개변수가 하나 존재한다는 사실을 알 수 있다. 프로그램은 위의 함수를 다음과 같이 사용할 수 있다.

```
name = read_text(prompt='Please enter your name: ')
```

위 코드는 name 변수에 함수 호출의 결과를 설정할 것이다. 사용자는 다음 결과를 볼 것이다.

```
Please enter your name: Rob
```

위의 read_text 함수에는 표시할 메시지를 해당 함수의 인자로 공급해야 한다. 함수에 표시 메시지를 입력하지 않아도 되도록 다음과 같이 수정할 수 있다.

```
def read_text(prompt='Please enter some text: '):
```

이제 프로그램은 인자를 입력하지 않고도 read_text 함수를 사용할 수 있다.

```
name=read_text( )
```

인자 없이 read_text를 실행하면 prompt 매개변수는 기본값으로 설정된다.

```
Please enter some text: Rob
```

위 함수가 기본 메시지를 제공하는 게 맞는지에 관해 열띤 토론을 진행할 수도 있다. read_text 함수가 프로그래머들이 항상 표시 메시지를 입력하도록 요청하는 것이 나을 것이다. 그로 인해 read_text 함수를 사용하는 프로그래머들이 사용자에게 표시할 알맞은 메시지를 입력하도록 강제할 수 있기 때문이다. read_text 함수를 어떤 식으로 사용해야 하는지 정의했으니 이제 함수 내에 실제 실행될 코드를 추가해보자.

```
1. def read_text(prompt):
2.     while True: # 영원히 반복한다.
3.         try:
4.             result=input(prompt) # 입력을 읽는다.
5.             # 여기에 도달했다는 것은 예외가 일어나지 않은 것이다.
6.             # 루프를 빠져나간다.
7.             break
8.         except KeyboardInterrupt:
9.             # 여기에 도달했다는 것은 사용자가 Ctrl+C를 누른 것이다.
```

```
10.         print('Please enter text')
11.     return result
```

위 함수는 사용자로부터 텍스트를 한 줄 읽는다. 이때 사용자가 키보드 중지 명령을 시도하는 경우 이를 무시한다.

코드 분석

read_text 함수 분석하기

read_text 함수가 어떤 식으로 동작하는지 살펴보자.

질문: result 변수의 목적은 무엇인가?

답: result 변수는 read_text 함수가 함수를 호출한 코드에 반환할 텍스트를 저장한다. result 변수는 지역 변수다. 따라서 read_text 함수 내에서만 존재한다.

질문: 함수의 끊임없는 반복을 중단하는 것은 무엇인가?

답: 일곱 번째 줄의 break문은 루프를 종료하고 프로그램이 루프 외부의 첫 번째 문장부터 계속되도록 만든다. read_text 함수에서 while 시작 아래에 있는 들여쓰기된 코드가 반복된다. return문이 while 구조 아래에 있는 들여쓰기되지 않은 문장들 중 첫 번째 문장이다. 따라서 파이썬은 루프에 속하지 않는 첫 번째 문장을 만나는 순간 루프의 처음으로 돌아간다. 루프가 종료될 때 return문이 수행되고 함수가 종료된다.

함수에 도움말 정보 추가하기

코드가 어떤 식으로 동작하는지 설명하는 주석을 파이썬 프로그램에 추가하는 법을 배웠다. 파이썬에서 우리가 만든 함수에 주석을 달 때 따라야 할 일반적으로 통용되는 규칙이 존재한다. 파이썬 함수의 첫 번째 문장은 해당 함수가 무엇을 수행하는지를 기술한 파이썬 문자열이 될 수 있다. 이런 문자열은 파이썬 소스 코드를 읽는 프로그램에 의해 식별된 다음, 해당 문자열을 기반으로 문서가 만들어진다.

```
def read_text(prompt):
    'Displays a prompt and reads in a string of text'
```

위 문자열은 read_text 함수에 관한 설명 정보를 제공한다. 더 자세한 정보를 제공하고 싶다면 다음과 같이 여러 줄로 된 문자열을 포함할 수 있다.

```
def read_text(prompt):
    '''
    Displays a prompt and reads in a string of text.
    Keyboard interrupts (Ctrl+C) are ignored
    returns a string containing the string input by the user
    '''
```

파이썬 프로그램에서 삼중 따옴표를 사용해 여러 줄로 된 문자열을 만들 수 있다. 이때 삼중 따옴표가 문자열의 시작과 끝을 나타낸다(더 자세한 정보는 3장 참고). 위의 설명 문자열은 모범적인 설명 문자열로 실제 전문적인 프로그램에 사용될 수 있는 수준이다. 위의 문자열은 해당 함수가 무엇을 수행하는지 폭넓게 기술하고 '흥미로운' 동작 방식에 대해 언급하며 해당 함수가 무엇을 반환하는지 설명한다.

파이독 사용하기

파이독pydoc 라이브러리를 사용해 프로그램의 특정 함수에 대한 설명 문자열을 검색할 수 있다.

```
>>> import pydoc
>>> pydoc.help(read_text)
Help on function read_text in module __main__:

read_text(prompt)
    Displays a prompt and reads in a string of text.
    Keyboard interrupts (Ctrl+C) are ignored
    returns a string containing the string input by the user
```

위의 코드에서 파이독 라이브러리가 어떤 식으로 사용되는지 확인할 수 있다. 파이독 라이브러리를 임포트한 다음, pydoc.help 함수를 사용해 특정 함수(이번 예의 경우 read_text 함수)의 도움말 정보를 표시할 수 있다. 또한 파이독을 사용해 내장된 함수의 도움말을 얻을 수도 있다. 12장에서는 예제로 만든 프로그램을 기술하는 문서를 생성하기 위해 파이독을 사용할 것이다.

```
>>> pydoc.help(print)
Help on built-in function print in module builtins:

print(...)
    print(value, ..., sep=' ', end='\n', file=sys.stdout, flush=False)

    Prints the values to a stream, or to sys.stdout by default.
    Optional keyword arguments:
    file: a file-like object (stream); defaults to the current sys.stdout.
    sep:  string inserted between values, default a space.
    end:  string appended after the last value, default a newline.
    flush: whether to forcibly flush the stream.
```

프로그래머를 위한 조언
코드를 문서화하는 습관을 들이자

예전에는 프로그래머가 프로그램이 어떤 식으로 동작하고 내부 동작 방식이 어떤지 기술하는 긴 문서를 작성해야 했다. 요즘에는 문서화가 프로그램 텍스트의 일부가 되었다. 함수를 작성할 때 문서화를 위한 텍스트를 추가하는 것을 잊어서는 안 된다. 직접 만든 프로그램이 어떤 식으로 동작하는지 금세 잊어버릴 것이기 때문이다.

숫자 입력 함수 만들기

문자열을 읽을 수 있는 함수를 만들었으니 해당 함수를 활용해 사용자로부터 숫자를 읽는 함수를 만들어보자. 숫자 입력 함수는 숫자를 포함하지 않은 입력을 거부해야 한다. 숫자 입력 함수는 사용자 입력이 숫자로 변환될 때 발생할 수 있는 어떤 예외도 처리할 수 있어야 한다.

```
def read_float(prompt):
    '''
    메시지를 표시하고 숫자를 읽는다.
    키보드 중지 명령어(Ctrl+C)는 무시된다.
    유효하지 않은 숫자는 거부된다.
    사용자가 입력한 값을 담고 있는 부동 소수점값이 반환된다.
    '''
    while True:  # 영원히 반복한다.
```

```
    try:
        number_text = read_text(prompt)
        result = float(number_text) # 입력을 읽는다.
        # 여기에 도달했다는 것은 예외가 일어나지 않은 것이다.
        # 루프를 빠져나간다.
        break
    except ValueError:
        # 여기에 도달했다는 것은 사용자가 Ctrl+C를 누른 것이다.
        print('Please enter a number')

    # 결과를 반환한다.
    return result
```

read_float 함수는 문자열을 입력 받은 다음, 해당 문자열을 부동 소수점값으로 변환한다. read_float 함수는 다음과 같이 사용된다.

```
age=read_float('Please enter your age: ')
```

변환 과정이 예외를 발생하는 경우 읽기 루프는 반복된다. read_float 함수가 read_text 함수와 매우 닮았다는 사실에 주목하자. 이는 별로 놀랄 만한 일은 아니다. 두 함수가 해결하고자 하는 문제가 동일하기 때문이다(기본적으로 두 함수 모두 제대로 동작할 때까지 무언가를 반복하는 방식으로 동작한다). 프로그래머들은 이런 종류를 '패턴'이라고 부른다. 이런 패턴을 다음 함수를 생성할 때도 보게 될 것이다. 해당 함수는 숫자를 읽어들일 일뿐 아니라 해당 숫자가 주어진 범위를 벗어나는 경우 해당 값을 거부한다.

```
def read_float_ranged(prompt, min_value, max_value):
    '''
    메시지를 표시하고 숫자를 읽는다.
    min_value는 범위 내에 포함되는 최솟값이다.
    max_value는 범위 내에 포함되는 최댓값이다.
    키보드 중지 명령어(Ctrl+C)는 무시된다.
    유효하지 않은 숫자는 거부된다.
    사용자가 입력한 값을 담고 있는 부동 소수점값이 반환된다.
    '''
    while True: # 영원히 반복한다.
        result = read_float(prompt)
        if result < min_value:
```

```
            # 입력된 값이 너무 작다.
            print('That number is too low')
            print('Minimum value is:', min_value)
            # 숫자 읽기 루프를 반복한다.
            continue
        if result > max_value:
            # 입력된 값이 너무 크다.
            print('That number is too high')
            print('Maximum value is:', max_value)
            # 숫자 읽기 루프를 반복한다.
            continue
        # 여기에 도달했다면 숫자가 유효한 것이다.
        # 루프를 빠져 나간다.
        break
    # 결과를 반환한다.
    return result
```

read_float_ranged 함수를 다음과 같이 사용한다.

```
age=read_float_ranged('Please enter your age: ', min_value=5, max_value=90)
```

매개변수의 의미를 분명히 하기 위해 키워드 인자를 사용했다는 점에 주목하자.

코드 분석

read_float_ranged 함수 분석하기

read_float_ranged 함수는 이전 함수들과 동일한 패턴을 사용한다. 하지만 해당 함수의 일부 코드는 심층적으로 분석해볼 필요가 있다.

질문: read_float_ranged 함수에 예외를 탐지하기 위한 코드가 없는 이유는?

답: read_float_ranged 함수는 예외를 탐지할 필요가 없다. 사용자가 Ctrl+C를 사용해 프로그램을 중단시키려 하면 해당 예외는 read_text 함수에 의해 탐지될 것이다. read_text 함수는 read_float 함수에 의해 호출된다. 그리고 read_float 함수는 사용자가 숫자가 아닌 텍스트를 입력했을 때 발생하는 예외를 탐지할 것이다.

질문: 위와 같이 함수가 함수를 호출하는 방식으로 인해 프로그램이 느려질까?

답: 텍스트를 가져오는 저수준 함수부터 특정 범위의 숫자값을 가져오는 고수준 함수까지 라이브러리를 단계적으로 작성했다. 다른 함수를 호출하지 않는 자신만의 코드로만 동작하는 read_float_ranged 함수를 작성할 수도 있다. 이 경우 함수 호출을 처리하는 시간이 필요하지 않기 때문에 프로그램 실행이 약간 더 빠를 수는 있다. 하지만 나는 현재 작성한 방식을 선호한다. 지금 방식이 코드를 이해하고 관리하기에 더 쉽기 때문이다.

질문: 프로그래머가 최댓값과 최솟값을 반대로 입력하면 어떻게 될까?

```
age=read_float_ranged('Enter your age:', min_value=90, max_value=5)
```

답: 이는 심각한 오류다. read_float_ranged 함수에게 90보다 크면서 5보다 작은 값만을 입력받으라고 명령하는 것이다. 그런 숫자는 존재하지 않는다. 입력되는 모든 값이 거부될 것이기 때문에 read_float_ranged 함수는 영원히 종료되지 않을 것이다. 이는 해당 프로그램 사용자 입장에서 매우 화나는 일이다.

키워드 인자를 사용하고 있기 때문에 이런 실수를 저지르기는 쉽지 않다. 하지만 실수는 여전히 일어날 수 있다. 이런 실수를 저지르는 프로그래머가 만든 프로그램에서 나쁜 일이 일어나는 것은 어쩔 수 없지만, 해당 함수가 그런 오류를 감지하지 못한다는 사실을 프로그래머에게 알려야 한다. 메소드의 설명 문자열에 이 내용을 기록할 수 있다.

```
>>> pydoc.help(read_float_ranged)
Help on function read_float_ranged in module __main__:

read_float_ranged(prompt, min_value, max_value)
    메시지를 표시하고 숫자를 읽는다.
    min_value는 범위 내에 포함되는 최솟값이다.
    max_value는 범위 내에 포함되는 최댓값이다.
    ** 최댓값과 최솟값이 바뀌어도 감지하지 못한다. **
    키보드 중지 명령어(Ctrl+C)는 무시된다.
    유효하지 않은 숫자는 거부된다.
    사용자가 입력한 값을 담고 있는 부동 소수점값이 반환된다.
```

운이 좋은 경우 다른 프로그래머들이 read_float_ranged 함수가 최댓값과 최솟값이 바뀌어도 감지하지 못한다는 사실을 눈치챌 수도 있다. 이 경우 해당 프로그래머는 read_float_ranged 함수를 재대로 사용할 것이다. 하지만 눈치 채지 못한 경우 숫자 검증 코드가 계속해서 값을 거부한다는 사실을 발견할 것이다. read_float_ranged 함수 사용자를 좀 더 배려한다면 최댓값과 최솟값이 바뀌었을 때 이를 감지하는 기능을 함수에 추가할 수 있다.

```
if min_value > max_value:
    # 여기에 도달했다면
    # 최솟값과 최댓값이 바뀐 것이다.
```

프로그래머가 부주의하게 최솟값과 최댓값을 바꿔 입력했을 때 이를 단순히 다시 뒤집어 입력하는 것은 아주 좋지 못한 방식이다. 이게 아주 좋지 못한 방식인 이유는 최솟값과 최댓값이 바뀌었다고 해서 해당 프로그래머가 최솟값과 최댓값을 바꿔 입력하는 실수를 저질렀다고 단정해서는 안 되기 때문이다. 단순히 타이핑 실수일 수도 있기 때문이다.

```
age = read_float_ranged('Enter your age:',min_value=5,max_value=.90)
```

위의 코드에서 프로그래머는 최대 나이를 입력하다가 실수로 점(소수점) 키를 입력했다. 프로그램이 단순히 최솟값과 최댓값을 바꿔 입력하는 경우 숫자 검증의 범위가 0.9부터 5까지가 되는 것이다. 이는 잘못된 것이다. 이러한 상황에 함수가 할 수 있는 최선은 예외를 일으키는 것이다.

```
if min_value > max_value:
    # 여기에 도달했다는 것은 최솟값과 최댓값이
    # 어딘가 잘못됐다는 것이다.
    raise Exception('Min value is greater than max value')
```

예외를 일으킴으로써 프로그램은 중단되고 해당 오류는 프로그래머의 주목을 끈다. 이는 함수가 해당 실수가 왜 일어났는지 추정한 다음, 알아서 해결하는 것보다 훨씬 나은 방식이다. 함수가 이런 식으로 예외를 던지는 경우 해당 함수의 문서에 이러한 내용을 상세하게 기록하는 것이 좋다.

함수를 파이썬 모듈로 변환하기

지금까지 만든 함수들은 해당 함수를 사용할 프로그램 파일의 시작부에 정의했다. 하지만 방금 전에 만든 숫자 입력 함수의 경우 우리가 지금부터 작성할 모든 프로그램에서 사용할 수 있다면 좋을 것이다. 파이썬에서는 이게 매우 쉽다. 모듈module을 만들 수 있기 때문이다. 모듈은 다양한 프로그램에서 사용하고자 하는 파이썬 코드를 담고 있는 프로그램 파일이다. 어떤 프로그램 언어들은 모듈을 라이브러리library라고 부른다. 하지만 파이썬에서 정확한 명칭은 모듈이다.

모듈을 만들기 위해 함수 코드를 파이썬 소스 파일에 위치시킨 다음, 해당 소스 파일의 함수를 해당 함수를 사용하고자 하는 프로그램에서 임포트하면 된다. 한 가지 지켜야 할 사항은 모듈 파일과 해당 모듈 파일을 사용하는 프로그램 파일이 같은 폴더에 있어야 한다는 점이다. 12장에서 파이썬 모듈을 포함하는 폴더를 만드는 법에 관해 자세히 알아볼 것이다.

나는 숫자 입력 함수들을 BTCInput.py라는 소스 파일에 집어넣었다. 이 함수들을 사용하길 원하는 프로그램 시작부에 BTCInput.py 파일로부터 해당 함수들을 임포트하기만 하면 된다.

```
import BTCInput
```

다른 모듈에서 함수를 호출하는 것과 같은 방식으로 BTCInput 모듈로부터 함수를 호출할 수 있다.

```
age = BTCInput.read_float_ranged('Enter your age:', min_value=5, max_value=90)
```

파이썬에는 프로그램을 좀 더 간단하게 만들어주는 모듈 임포트 방식이 있다. 모듈 이름 없이 바로 함수를 호출할 수 있도록 다음과 같이 함수를 임포트할 수 있다.

```
from BTCInput import read_float_ranged
age = read_float_ranged('Enter your age:', min_value=5, max_value=90)
```

from...import 구조를 사용해 함수를 명시적으로 임포트한 다음에는 앞에 모듈 이름을 붙이지 않고도 함수를 사용할 수 있다. 어떤 모듈의 모든 함수를 명시적으로 임포트하길 원하는 경우 * 문자를 와일드카드로 사용할 수 있다.

```
from BTCInput import *
age = read_float_ranged('Enter your age:', min_value=5, max_value=90)
```

이런 임포트 방식 덕분에 모듈의 함수를 더 쉽게 사용할 수 있다. 하지만 함수 이름이 충돌할 가능성이 있다. 두 개의 모듈이 동일한 이름의 함수를 포함한 경우, 두 함수 모두를 * 와일드카드를 사용해 가져온다면 둘 중 하나는 덮어쓰기된다. 이 문제가 왜 발생하는지 이해하기 위해 모듈을 가져올 때 어떤 일이 일어나는지 알아둘 필요가 있다.

알다시피 파이썬은 프로그램이 실행될 때 함수를 정의한다. 파이썬 엔진이 def라는 단어로 시작하는 문장을 마주쳤을 때 해당 문장을 실행시키지 않고 해당 함수를 나중에 사용할 수 있도록 저장한다.

파이썬 프로그램이 import문을 포함하는 경우 파이썬은 가져오기 대상 파일의 내용을 읽는다. 파이썬 엔진은 임포트 대상 파일의 파이썬 코드를 읽은 다음, 해당 파일에 정의된 모든 함수를 저장한다. 파이썬에서는 이미 생성된 무언가를 다시 생성하는 경우 이전에 생성된 것이 이후에 생성된 것으로 대체된다. 따라서 두 개의 파일이 동일한 함수를 정의하는 경우 두 번째 파일의 정의는 첫 번째 파일의 정의를 대체한다. 물론 이로 인해 프로그램이 이상하게 동작할 수 있다.

 직접 해보기

모든 프로그램에 숫자 입력 함수 추가하기

7장의 샘플 프로그램 폴더의 BTCInput.py 모듈 파일에 숫자 입력 함수들이 있다. BTCInput.py 파일에는 정수값을 읽는 데 사용할 수 있는 함수들도 포함돼 있다. 샘플 프로그램인 EG7-15 입력 모듈 사용하기는 이러한 함수들을 사용하는 법을 나타낸다. 지금까지 작성한 모든 프로그램에 이러한 숫자 입력 루틴을 추가할 수 있다.

IDLE 디버거 사용하기

직접 프로그램 코드를 하나씩 따져보면서 프로그램이 제대로 동작하는지 확인해볼 수 있다. 하지만 IDLE를 사용해도 프로그램이 실행됨에 따라 프로그램이 어떤 동작을 수행하는지 확인할 수 있다. 이를 위해 IDLE 디버거debugger를 사용한다. 이름에서 알 수 있듯이 디버거는 프로그램의 버그bug를 제거하는 데 도움이 되는 도구다. 디버거를 사용하면 예상하는 프로그램 실행 경로가 아닌 실제 프로그램이 실행되는 경로를 추적할 수 있다. 또한 IDLE 디버거를 사용해 파이썬 구조가 어떤 식으로 동작하는지 확인할 수도 있다.

우선 프로그램에 중단점breakpoint을 추가할 것이다. 중단점은 프로그램을 중단하는 것이 아니다. 중단점은 프로그램으로 하여금 '잠시 쉬도록' 만든다. 프로그램이 중단점이 지정된 코드에 도달하면 프로그램은 멈추고 파이썬 엔진은 프로그래머에게 제어를 넘긴다. 이때 프로그래머는 각 변수가 적절한 값을 포함하는지 검증할 수 있다. 프로그램에 중단점을 많이 추가할 수 있다. 프로그램이 첫 번째 중단점에 도달하는 순간 프로그램은 멈춘다.

디버거를 사용해 프로그램 들여다보기

디버거를 사용해 간단한 프로그램을 들여다볼 것이다. **"EG7-16 디버거 알아보기"** 파일을 연다. 7장의
샘플 코드에서 해당 파일을 찾을 수 있다. IDLE 편집기를 사용해 해당 샘플 프로그램을 연다.

```
# EG7-16 Investigating the debugger


def increment_function(input_value):
    result = input_value + 1
    return result


x = 99
y = increment_function(x)
print('The answer is:',y)
```

x의 값으로 99를 설정하는 코드에 중단점을 설정한다. 해당 코드의 문자 중 하나를 우클릭하면 콘텍스
트 메뉴가 열린다.

Set Breakpoint를 선택하면 해당 중단점을 포함하는 줄이 강조 표시된다.

```
# EG7-16 Investigating the debugger


def increment_function(input_value):
    result = input_value + 1
    return result


x = 99
y = increment_function(x)
print('The answer is:',y)
```

실수로 엉뚱한 코드를 강조 표시한 경우 걱정할 필요 없다. 원하는 코드에 중단점을 설정한 다음, 중단점이 잘못 설정된 코드를 우클릭한 후 **Clear Breakpoint** 옵션을 선택해 중단점을 제거할 수 있다.

IDLE의 파이썬 쉘은 디버그 모드인 경우에만 중단점에 반응한다. 따라서 **Debug > Debugger**를 선택함으로써 파이썬 쉘의 디버그 모드를 활성화한다.

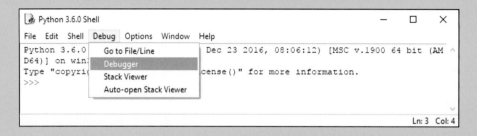

디버거를 활성화하면 두 가지를 확인할 수 있다. 우선 파이썬 쉘이 디버깅이 활성화됐음을 나타내는 메시지를 표시한다.

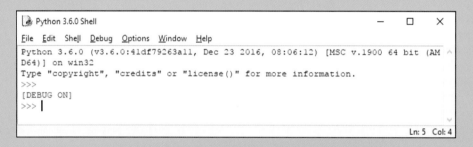

두 번째로 디버그 컨트롤(Debug Control) 창이 열린다.

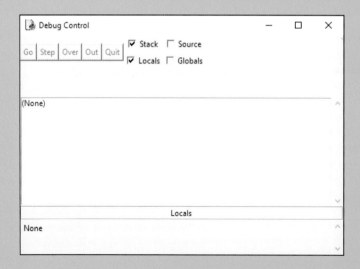

디버그 컨트롤 창에는 프로그램을 시작하거나 중단시킬 수 있는 버튼들이 있고 프로그램의 변수 내용을 확인할 수 있는 표시 영역이 있다.

디버그 콘트롤 창은 프로그램이 디버깅 중인 경우에만 어떤 내용이 표시된다. 디버깅 세션을 시작하기 위해 프로그램 파일로 돌아간 다음 **Run ⟩ Run Module** 메뉴 옵션을 사용하거나 **F5**를 눌러서 프로그램을 시작한다. 디버그 콘트롤 창에 무언가가 표시될 것이다.

디버그 콘트롤 창을 실행 중인 프로그램에 대한 "대시보드"라고 생각해도 좋다. 상단에는 콘트롤들이 위치하고 중간에는 프로그램이 도달한 현재 위치를 나타낸다. 그리고 하단에는 프로그램 변수 확인 화면이 위치한다. 다음 화면에서 강조 표시된 줄은 현재 프로그램이 제일 처음 시작 위치에 있음을 나타낸다. 이는 increment_function을 정의한 def문이다.

디버그 콘트롤 창의 왼쪽 상단의 프로그램 콘트롤 버튼들인 Go, Step, Over, Out, Quit가 이제 활성화됐기 때문에 이 버튼들을 사용해 프로그램이 실행되는 방식을 제어할 수 있다.

Go를 클릭해 프로그램을 실행한다. Go를 클릭하면 프로그램이 중단점에 도달할 때까지 실행된다. 할당 문인 x = 99에 중단점을 설정했다. 디버그 콘트롤 창의 중앙에 있는 표시 영역에서 현재 x = 99 할당 문에 도달했음을 알 수 있다.

```
'bdb'.run(), line 431: exec(cmd, globals, locals)
> '__main__'.<module>(), line 9: x = 99
```

Step 버튼을 클릭하면 프로그램이 다음 실행될 문장으로 이동한다. 디버그 콘트롤 창의 중앙에서 프로그램이 다음 문장으로 이동했음을 확인할 수 있다.

```
'bdb'.run(), line 431: exec(cmd, globals, locals)
> '__main__'.<module>(), line 10: y = increment_function(x)
```

소스 코드에서 현재 어디에 도달했는지 확인할 수 있다면 도움이 될 것이다. 디버그 콘트롤 창에서 Source 체크박스를 설정하면 실행 중인 파이썬 코드를 확인할 수 있다.

위와 같이 Source 체크박스를 설정한 경우 파이선 디버거는 현재 디버깅 중인 파이썬 코드를 포함하는 파일을 찾아서 강조 표시한다.

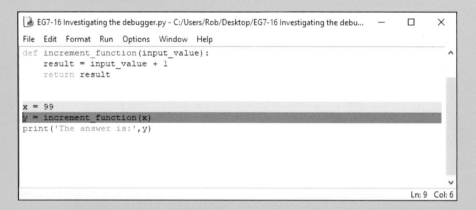

또한 디버그 콘트롤 창은 변수의 값을 표시한다. 디버그 콘트롤 창의 하단부에서 x의 값이 표시된 것을 확인할 수 있다.

Step 버튼을 클릭하면 프로그램이 increment_function으로 이동하는 것을 확인할 수 있다. Step 버튼을 네 번 클릭하면 프로그램은 increment_function를 종료하고 print 함수를 호출한다. print 함수는 위 프로그램의 마지막 문장이다. print 함수는 파이썬의 일부이다. 디버거는 해당 코드를 포함하는 파일을 연 다음 해당 코드를 여러분에게 보여준다.

```
run.py - C:\Program Files\Python36\lib\idlelib\run.py (3.6.0)          —    □    ×

File  Edit  Format  Run  Options  Window  Help

class PseudoOutputFile(PseudoFile):

    def writable(self):
        return True

    def write(self, s):
        if self.closed:
            raise ValueError("write to closed file")
        if type(s) is not str:
            if not isinstance(s, str):
                raise TypeError('must be str, not ' + type(s).__name__)
            # See issue #19481
            s = str.__str__(s)
        return self.shell.write(s, self.tags)

                                                                Ln: 1  Col: 0
```

위 코드는 결과물을 출력한다. 위의 코드를 알아볼 수 있다는 점은 기쁜 일이지만 현재 위 코드의 내용을 확인하지는 않을 것이다. 디버그 콘트롤 창의 Out 버튼은 디버거에게 현재 활성화된 함수를 종료하고 제어권을 해당 함수를 호출한 코드로 넘기라고 명령하는 데 사용된다. Out 버튼을 클릭해 출력 동작을 마치고 프로그램을 종료한다.

함수를 호출하지만 함수의 내부 코드는 확인하고 싶지 않은 경우(print나 input과 같은 함수들의 경우 대부분 내부 코드를 확인할 필요가 없음) **Over** 버튼을 클릭하면 된다.

더 많은 정보를 얻기 위해 위의 프로그램에 중단점을 더 추가한 다음 실행시켜보자. 또한 디버거를 사용해 이전에 만든 프로그램을 실행한 다음 해당 프로그램들이 어떤 경로를 따라 실행되는지 확인해보자.

요약

7장에서 코드 블록을 프로그램의 다른 부분에서 사용 가능한 함수로 변환하는 법에 대해 배웠다. 함수는 해당 함수를 기술하는 헤더와 함수의 몸체에 해당하는 코드 블록을 포함한다. 함수 헤더는 함수의 이름과 해당 함수가 허용하는 매개변수를 제공한다. 함수를 호출할 때 프로그래머는 각 매개변수에 맞는 인자를 제공해야 한다.

매개변수는 함수가 작업할 대상 항목들이다. 매개변수는 값으로 전달된다. 즉, 함수 호출 시 입력하는 인자의 복사본이 만들어진다. 함수 몸체가 매개변수의 값을 변경하는 코드를 포함하는 경우 이러한 변경은 해당 함수 몸체 내에서만 유효하다. 함수 호출 시 인자가 없더라도 어떤 값이 기본값으로 주어지도록 할 수 있다. 또한 함수 호출 시 프로그래머는 키워드를 추가해 해당 값이 함수의 어떤 매개변수에 해당하는지 지정할 수 있다.

함수는 하나의 값을 반환할 수 있다. return문이 값을 반환한다. return 다음에 반환할 값이 온다. 아무 값도 반환하지 않거나 함수가 return문을 실행하지 않는 경우 함수는 파이썬 특수값인 None을 반환한다. None은 값이 없음을 나타내는 데 사용된다.

함수 몸체 내에서 생성된 변수는 해당 함수 내에서만 유효하고 함수 밖의 코드는 해당 변수를 사용할 수 없다. 함수 바깥에서 선언된 변수를 전역 변수라고 한다. 함수는 전역 변수로부터 값을 읽을 수 있지만 전역 변수에 값을 저장하기 위해서는 global문을 명시적으로 사용해 해당 변수가 전역 변수임을 식별해야 한다. 함수가 전역 변수와 동일한 이름을 지닌 지역 변수에 값을 저장하는 경우 전역 변수가 '쉐도우'됐다고 하며, 해당 함수 내에서는 해당 전역 변수를 사용할 수 없다. 이러한 복잡성이 발생하는 이유는 이름이 같은 전역 변수와 지역 변수가 존재하는 경우 프로그램에 문제를 일으킬 가능성을 줄이기 위함이다.

함수는 함수 내 첫 번째 코드로 문자열을 포함할 수 있다. 이 문자열은 해당 함수에 대한 문서를 제공하며, 해당 함수가 무엇을 수행하는지 입력값이 무엇인지 반환값이 있는 경우 무엇인지 등을 설명한다.

함수를 파이썬 소스 파일 내에 포함시킴으로써 파이썬 프로그램이 함수를 사용할 수 있다. 다른 프로그램에서 해당 함수를 사용하기 위해서는 해당 파일을 임포트하면 된다.

다음 질문들은 프로그램에서의 함수 사용과 관련하여 고민해볼 만하다.

프로그램에서 함수를 사용하면 프로그램이 느려 질까?

일반적으로 그렇지 않다. 함수를 호출한 다음, 해당 함수로부터 돌아오기 위해 필요한 일정량의 작업이 있다. 하지만 이는 보통 문제가 되지 않는다. 함수를 사용함으로써 얻는 혜택이 성능 문제보다 훨씬 크다.

함수를 사용해 프로그램들에게 일을 분배할 수 있을까?

실제로 가능하다. 이는 함수를 사용하는 이유에 있어 매우 큰 부분을 차지한다. 함수를 사용해 일을 나누는 여러 방법이 있다. 가장 널리 사용되는 방법이 함수 선언만을 작성한 다음, 해당 함수 선언들을 활용해 애플리케이션을 만드는 방법이다. 함수 선언 시 올바른 매개변수와 반환값을 지녀야 한다. 함수의 몸체는 실제 최소한으로 구현한다. 프로그램 개발이 진행됨에 따라 프로그래머들은 각 함수의 몸체를 차례대로 구현하면서 테스트한다.

함수 이름을 어떻게 정해야 할까?

좋은 함수들은 동사_명사 형태의 이름을 지닌다. read_string이 대표적인 예다. 이름의 첫 번째 부분은 해당 함수가 무엇을 하는지 나타내고 두 번째 부분은 해당 함수가 무엇을 결과로 전달하는지 나타낸다. 나도 함수 이름(마찬가지로 변수 이름)을 짓는 일이 어려울 때가 있다.

라이브러리의 함수가 전역 변수를 사용할 수 있는가?

파이썬 소스 파일의 함수는 해당 파일 내에 선언된 '전역' 변수에 접근할 수 있다. 전역 변수는 함수 내에 선언되지 않은 변수다. 파이썬 라이브러리 파일은 해당 라이브러리 내에서 사용 가능한 전역 변수들을 포함할 수 있다. 하지만 다른 파이썬 소스 파일에서 선언한 전역 변수를 사용할 수는 없다. 즉, 어떤 프로그램이 "status"라는 전역 변수를 포함하는 경우 해당 변수는 해당 프로그램이 임포트한 어떤 라이브러리 내에서도 사용할 수 없다.

모든 함수를 모듈/라이브러리로 만들어야 할까?

라이브러리는 매우 유용하다. 하지만 모든 함수를 모듈 파일에 넣어서는 안 될 것이다. read_text와 같은 유틸리티 함수를 라이브러리에 넣은 것은 좋다. 하지만 특정 애플리케이션에서 사용할 함수를 만드는 경우 이러한 함수는 해당 함수는 사용할 파일에 정의하는 것이 더 나을 수 있다. 특히나 함수 간에 공유해야 할 값을 저장할 전역 변수를 사용하는 경우는 더욱 그렇다.

8

자료 모음 저장하기

학습 목표

아직 자료 모음을 저장하기 전에 배워야 할 것이 남았다고 생각할 수도 있다. 이미 컴퓨터에게 어떤 작업을 수행하라고 명령하기 위해 알아야 할 내용 대부분을 배웠다. 이제 자료 항목들을 저장하고, 자료값에 따라 결정을 내리고, 특정 조건이 참인 동안 동작을 반복하는 프로그램을 작성할 수 있다. 또한 자료를 받아들이고 해당 자료에 대해 작업을 수행한 다음, 결과를 반환하는 함수도 작성할 수 있다. 이 과정이 프로그래밍 기초이며 모든 프로그램은 이러한 핵심 기능을 기반으로 만들어진다.

하지만 어떤 프로그램이든 프로그램을 작성하기 전에 알아야 할 사실이 한 가지 더 있다. 바로 많은 양의 자료를 프로그램에서 관리하는 법을 이해해야 한다. 이번 장에서는 리스트를 사용해 자료 모음을 다루는 법을 배우고, 루프를 사용해 이러한 리스트의 항목들을 처리하는 법을 배울 것이다. 또한 이름이 다소 이상하게 들리긴 하지만 '튜플'에 대해서도 배운다. 추가적으로 자료를 컴퓨터의 파일에 저장하는 법도 알아본다.

리스트와 매출 추적

여러 아이스크림 가판대를 운영 중인 아이스크림 가판대 사장이 매출 결과를 검토하기 위한 프로그램을 작성하라고 여러분에게 요청했다고 가정해보자. 아이스크림 가판대 사장은 도시 도처에 열 개의 가판대를 보유하고 있으며 각 가판대에서는 다양한 아이스크림을 판매 중이다. 사장은 각 가판대의 매출액을 입력한 다음, 해당 자료를 다양한 방식으로 확인하길 원한다.

- 가장 낮은 매출부터 가장 높은 매출 순으로 정렬

- 가장 높은 매출부터 가장 낮은 매출 순으로 정렬

- 가장 높은 매출과 가장 낮은 매출만을 표시

- 전체 매출을 표시

- 평균 매출을 표시

아이스크림 가판대 사장은 이러한 정보를 사용해 가판대의 위치를 선정하고 가장 많은 아이스크림을 판매한 직원에게 보상을 줄 수 있다. 이 프로그램을 제대로 만든다면 공짜 아이스크림을 먹을 수 있다. 따라서 여러분은 아이스크림 가판대 사장을 돕기로 했다.

프로그래머를 위한 조언
프로그램 사양을 제대로 결정하기: 스토리보드 작성하기

고객과 프로그램 사양을 합의하는 것은 중요하다. 사양을 개발하기 위한 여러 가지 방법이 있다. 내가 가장 좋아하는 방법은 사용자와 같이 앉아서 큰 종이를 꺼내서 최대한 컴퓨터로부터 멀리 떨어진 다음 "스토리보드"를 그려보는 것이다. 스토리보드는 영화가 스토리를 어떤 식으로 전개할지를 다른 사람들에게 보여주기 위해 영화 제작 시 많이 사용되는 방식이다. 프로그램 역시 스토리보드를 가질 수 있다.

영화 스토리보드에는 영화의 스토리 전개에 따른 흐름이 하나 밖에 없지만 컴퓨터 프로그램의 스토리보드에는 사용자 입력값 등에 따라 여러 가지가 존재한다. 아이스크림 판매 매출 관리 프로그램은 사용자가 자료 출력 형태를 선택할 수 있는 메뉴를 포함할 것이다(매출 올림차순 표시, 매출 내림차순 표시 등). 사용자가 선택할 수 있는 각 동작에 대해 개별적인 스토리보드를 만들어야 할 것이다.

스토리보드에서 프로그램이 어떤 식으로 동작할 것인지 그리고 사용자가 프로그램 내에서 화면 간의 이동을 어떤 식으로 할지를 표현할 수 있다. 이 뿐만 아니라 어떤 색상 조합을 사용할지 결정할수도 있다. 사용자가 프로그램이 어떤 식으로 동작하는지에 대해서 별 의견이 없어서 여러분이 원하는 대로 구현하라고 말하더라도 이를 그대로 받아들여서는 안 된다. 대부분의 사용자들은 여러분이 프로그램을 실제 구현하고 나면 프로그램의 동작 방식에 대해 의견을 내기 시작한다. 따라서 구현할 프로그램이 고객이 원하는 사양과 정확히 일치하는지 확실히 하기 위해서는 프로그램 설계 시고객과 직접 일해야 한다. 스토리보드는 프로그램이 어떤 식으로 동작할지를 정확하게 보여주고 여러분은 스토리보드에 따라 프로그램을 작성하면 된다. 고객이 미처 고려하지 못했던 사항들은 대부분 스토리보드 작성 단계에서 나타난다. 프로그램이 어떤 식으로 조합돼 동작하는지를 이해하면 실제 프로그램을 작성하는 단계에 이르렀을 때 엄청난 도움이 된다. 이러한 활동을 '종이 프로토타이핑(paper prototyping)' 혹은 '와이어프레이밍(wireframing)'이라고 부르기도 한다.

수집한 정보를 바탕으로 지금 여러분이 해야 할 일은 실제 프로그램을 작성하는 것이다. 매출 관리 프로그램은 다음의 기능을 수행할 것이다.

- 프로그램은 사용자가 입력한 매출값을 담을 변수를 사용할 것이다.

- 프로그램은 논리 표현식을 사용해 두 개의 매출값을 비교한 다음, 둘 중 더 큰 매출값을 선택할 것이다(이러한 방식으로 값을 정렬해 가장 높은 매출을 찾아낼 수 있다).

- 프로그램은 print문을 사용해 사용자에게 결과를 표시할 것이고 7장에서 새롭게 만든 BTCInput 함수들을 사용해 자료를 입력 받을 것이다.

- 프로그램의 각 기능은 개별적인 함수에 의해 수행될 것이며 대상 자료는 함수 간에 공유 가능한 전역 변수에 저장된 자료다.

또한 프로그램은 다음 사용자 인터페이스를 지닐 것이다.

```
Ice-Cream Sales ─────────────────────────────────  메뉴를 출력한다.

1: Print the sales
2: Sort Low to High
3: Sort High to Low
4: Highest and Lowest
5: Total Sales
6: Average sales
7: Enter Figures

Enter your command: 3 ───────────────────────────  사용자의 명령어를 읽는다.
```

매출 관리 프로그램은 우선 매출 수치를 저장한다. 그러고 나서 사용자가 원하는 번호를 입력함으로써 보기 옵션을 선택할 수 있다. 이러한 방식이 친숙하게 느껴지는 게 당연하다. 이는 5장의 놀이기구 선택 프로그램에서 사용했던 방식과 매우 유사하기 때문이다.

개별적인 변수의 단점

프로그램이 어떤 식으로 사용될 것인지 결정했으니 사용자가 원하는 동작을 제공하는 코드를 만들어야 한다. 프로그램이 가장 먼저 해야 할 것은 사용자로부터 매출 수치를 입력받는 것이다. 이제부터 사용자로부터 매출 수치를 입력 받는 코드를 작성해보자.

프로그램은 열 개의 매출 수치를 저장해야 한다. 따라서 매출 수치 값마다 하나의 변수를 만들어 총 열 개의 변수를 만들 수 있다. 7장에서 만들었던 숫자 읽기 함수들을 사용할 수 있다. 이런 함수들을 기반으로 입력 함수 라이브러리를 만들었다. 해당 라이브러리는 BTCInput 파일 내에 있으며 프로그램 시작 시 가져와야 한다. read_int 메소드는 사용자로부터 정수를 입력 받는다.

```
from BTCInput import *                                    숫자 읽기 함수들을 가져온다.

sales1=read_int('Enter the sales for stand 1: ')          첫 번째 값을 읽는다.
sales2=read_int('Enter the sales for stand 2: ')          두 번째 값을 읽는다.
sales3=read_int('Enter the sales for stand 3: ')
sales4=read_int('Enter the sales for stand 4: ')
sales5=read_int('Enter the sales for stand 5: ')
sales6=read_int('Enter the sales for stand 6: ')
sales7=read_int('Enter the sales for stand 7: ')
sales8=read_int('Enter the sales for stand 8: ')
sales9=read_int('Enter the sales for stand 9: ')
sales10=read_int('Enter the sales for stand 10: ')
```

이제 프로그램에 자료가 입력됐으니 해당 자료를 처리할 수 있다. 우선 if 조건을 생성해 가판대 1[stand 1]의 매출이 가장 높은지 확인할 수 있다. 5장에서 조건을 조합해 복잡한 논리 표현식을 만드는 법을 확인했다. 다음 조건의 경우 sales1이 다른 모든 매출값보다 큰 경우에만 참이다. 파이썬의 문장들은 줄 끝에 백슬래시(\)를 사용해 연결할 수 있다는 점에 유의하자.

```
# EG8-01 가장 높은 매출 찾기
if sales1>sales2 and sales1>sales3 and sales1>sales4 \
    and sales1>sales5 and sales1>sales6 and sales1>sales7 \
    and sales1>sales8 and sales1>sales9 and sales1>sales10:
    print('Stand 1 had the best sales')
```

위의 코드는 잘 동작한다. 문제는 이미 눈치챘겠지만 어떤 가판대의 매출이 가장 높은지 표시하기 위해서는 위와 같은 조건을 10번 반복해야 한다는 점이다. 만약 고객이 20개의 가판대를 추가한다면 문제는 더 심각해질 것이다. 이 경우 20개의 변수가 추가로 필요하고 20개의 입력 코드가 추가로 필요하고 20개의 복잡한 조건이 추가로 필요하기 때문이다. 이 정도 규모의 자료를 관리하기 위해서는 그러한 방식은 적합하지 않다.

파이썬 리스트

대용량 자료를 저장하고 처리하는 것은 실제 간단하다. 하지만 개별적인 변수를 사용하는 것만으로는 힘들다. 컬렉션collection을 생성해야 한다. 가장 간단한 형태의 컬렉션으로 파이썬 리스트list가 있다. 지금부터 리스트에 대해 알아보자.

리스트는 여러분이 예상했듯이 항목들의 목록을 의미한다. 나는 쇼핑을 갈 때 상점으로 출발하기 전에 구매할 물품들의 목록을 만들려고 노력한다. 해야 할 것이 많을 때는 해야 할 일 목록을 만들곤 한다(그리고 나서 주로 해당 목록을 어딘가 던져 놓거나 잃어버리거나 한다. 하지만 어쨌든 목록을 만들려고 노력은 한다).

매출 문제의 경우 빈 목록을 만든 다음, 매출이 입력될 때마다 해당 매출을 목록에 추가해야 한다.

직접 해보기

리스트 만들기

파이썬 쉘을 사용해 리스트가 어떤 식으로 만들어지는지 알아볼 수 있다. IDLE 명령어 쉘을 연 다음, 다음 코드를 입력한다. 해당 코드는 sales라는 이름의 빈 리스트를 생성한다. 코드 안에 네모 괄호가 매우 중요하다. 물결 괄호 {}나 원 괄호 ()를 사용해서는 안 된다. 리스트는 순서대로 저장된 항목들의 모음이다.

```
>>> sales=[]
```

리스트를 생성한 다음 리스트의 끝에 항목들을 추가할 수 있다.

```
>>> sales.append(99)
```

위 코드는 정수값 99를 포함하는 항목을 생성한 다음, 해당 항목을 sales라는 리스트에 추가한다. 리스트 변수에는 append라는 메소드가 있는데, 해당 메소드는 항목을 리스트의 맨 뒤에 추가할 때 사용할 수 있다. 위의 예와 같이 리스트가 비어 있는 경우 새로운 값 99는 해당 리스트의 첫 번째 항목이 된다. 다음과 같이 append를 사용해 다른 항목을 리스트에 추가할 수 있다.

```
>>> sales.append(100)
```

이제 sales 리스트는 두 개의 항목을 포함한다. 파이썬 쉘에 리스트의 이름을 입력함으로써 리스트의 내용을 확인할 수 있다.

```
>>> sales
[99, 100]
```

append 메소드를 추가적으로 호출함으로써 원하는 만큼의 항목을 추가할 수 있다. 이제 리스트의 개별 항목을 사용하는 법을 알아볼 차례다.

이를 위해 인덱싱(indexing)이라는 과정을 사용한다. 인덱스값을 사용해 리스트의 특정 항목을 식별할 수 있다. 리스트의 맨 앞에 있는 항목의 인덱스는 0이다. 일상 생활에서는 무언가를 셀 때 0부터 시작하지 않기 때문에 시작 인덱스가 0인 점은 다소 헷갈린다. "메뉴의 0번째 음식을 먹겠어요" 혹은 "도로 끝에 있는 0번지에 살아요"라고 하지는 않을 것이다. 인간은 목록의 첫 번째 항목을 생각할 때 자연스럽게 숫자 1을 연상한다. 인덱스를 어떤 항목에 도달하기 위해 리스트의 시작으로부터 이동해야 하는 거리라고 생각하는 편이 낫다.

리스트의 항목을 접근하기 위해서는 사각 괄호로 인덱스값을 감싸야 한다.

```
>>> sales[0]
99
```

위 코드는 리스트의 맨 앞에 있는 항목을 표시한다. 인덱스를 사용해 리스트의 항목의 값을 변경할 수도 있다.

```
>>> sales[1]=101
```

위 코드는 리스트의 끝에 있는 항목의 값을 변경한다(현재 sales 리스트에는 단 두 개의 항목만 있다는 점을 기억하자). 리스트를 출력해보면 변경 사항을 확인할 수 있다.

```
>>> sales
[99, 101]
```

프로그램이 리스트의 범위를 넘어서는 인덱스를 사용하는 경우 파이썬은 예외를 발생한다. 예를 들어 다음과 같이 인덱스 2의 항목을 접근하는 경우가 이에 해당한다.

```
>>> sales[2]
```

현재 리스트에 있는 항목들의 인덱스값은 0과 1이다. 인덱스값이 2인 항목은 없다. 따라서 파이썬은 다음과 같이 오류를 표시한다.

```
Traceback (most recent call last):
  File "<pyshell#57>", line 1, in <module>
    sales[2]
IndexError: list index out of range
```

리스트는 항목들의 모음을 담는다. 이러한 항목들은 모두 동일한 형일 수도 있지만(sales 리스트의 경우 항목들이 전부 정수값이어야 함), 파이썬에서는 꼭 그래야 하는 것은 아니다. 문자열을 매출 리스트의 끝에 추가해보자.

```
>>> sales.append('Rob')
```

위의 코드는 완벽하게 동작한다. sales 리스트의 앞의 두 항목은 숫자이고 마지막 항목은 문자열이다. 또한 리스트의 항목을 언제든 완전히 다른 형의 항목으로 대체할 수 있다.

```
>>> sales[0]='Python'
```

위 코드는 리스트의 맨 앞에 있는 정수값 99를 "Python"이라는 단어를 담고 있는 문자열로 대체한다.

```
>>> sales
['Python', 101, 'Rob']
```

리스트가 다양한 형의 자료를 담을 수는 있지만 그렇다고 리스트에 다양한 형의 자료를 담는 것이 좋은 것은 아니다. 우리가 만들고 있는 매출 관리 프로그램은 매출 리스트의 모든 항목이 숫자값이라고 가정한다. 매출 리스트 항목 중 어느 하나라도 문자열이라면 매출 관리 프로그램은 오류를 발생할 것이다. 파이썬에서 어떤 동작을 할 수 있도록 허용한다고 해서 여러분이 해당 동작을 해야 하는 것은 아니다.

리스트 입력 받기

이제 리스트를 사용하는 법을 알았으니 리스트값을 읽는 코드를 작성해보자. 가장 좋은 방법은 반복적으로 값을 읽는 루프를 생성하는 것이다.

```
# EG8-02 리스트 항목을 입력 받은 다음 출력하기

from BTCInput import *                                         숫자 읽기 함수를 가져온다.

sales = []                                                    매출 리스트를 생성한다.

for count in range(1,11):                                     가판대 1부터 10까지 중 각 가판대에 대해
    prompt = 'Enter the sales for stand ' + str(count) + ': '     prompt 문자열을 만든다.
    sales.append(read_int(prompt))                            해당 가판대에 대한 매출값을 입력 받는다.

print(sales)                                                  매출 리스트를 출력한다.
```

위 코드는 10개의 매출값을 입력 받은 다음, sales라는 리스트에 저장한다. 1부터 10까지 세는 for 루프를 사용한다. 매 루프마다 prompt 문자열이 만들어지며 해당 문자열은 read_int 호출 시 사용된다. read_int 함수는 sales 리스트에 추가된 값을 반환한다.

코드 분석

리스트 입력 루프

위 코드와 관련해 생각해볼 만한 몇 가지 질문이 있다.

질문: count 변수의 목적은 무엇인가?

답: for 루프는 count 변수를 설정된 범위 내에 각 값으로 설정한다. count는 사용자에게 표시할 메시지를 만들 때 사용된다. count는 "가판대 1의 매출을 입력하세요" 메시지에서 숫자 1을 표현하기 위해 사용된다. 루프가 반복됨에 따라 숫자는 계속 증가한다.

질문: 10개의 값만 읽으면 되는데 count값의 범위가 1부터 11까지 진행되는 이유는 무엇인가?

답: 파이썬에서 범위의 상한값은 포함되지 않는다. 루프는 count의 값이 상한값에 도달하거나 초과하는 경우 중단된다.

질문: 리스트의 어떤 항목이 가판대 1의 매출을 저장하는가?

답: 가판대 1의 매출은 첫 번째 항목에 저장된다. 첫 번째 항목의 인덱스는 0이다.

질문: 100개의 가판대의 매출을 입력 받으려면 프로그램의 어떤 부분을 변경해야 할까?

답: 이번 질문은 루프와 리스트가 얼마나 유용한지를 잘 나타낸다. 범위의 상한값을 11(가판대 10개)에서 101(가판대 100개)로 바꾸기만 하면 된다.

```
for count in range(1, 101):
    prompt = 'Enter the sales for stand ' + str(count) + ': '
    sales.append(read_int(prompt))
```

이번 입력 코드는 100개의 가판대의 매출값을 입력 받아 저장한다. 입력 받고자 하는 가판대의 개수를 변경하기 위해서는 100을 원하는 숫자로 변경하면 된다. 이 뿐만 아니라 사용자에게 몇 개의 가판대를 보유하고 있는지 물어볼 수도 있다.

```
no_of_stands = read_int('Enter the number of stands: ')
for count in range(1, no_of_stands+1):
    prompt='Enter the sales for stand ' + str(count) + ': '
    sales.append(read_int(prompt))
```

범위의 상한값이 루프 반복 시에 포함되지 않으므로 고객이 입력한 가판대 숫자에 1을 더해야 한다.

이러한 종류의 유연성을 제공하는 것은 좋다. 하지만 주의할 점이 있다. 첫째, 사용자가 유연성을 원하지 않을 수도 있다. 고객이 언제나 10개의 가판대만을 가지고 있고 절대 변하지 않을 가판대 개수를 매번 입력하기 싫을 수 있다. 둘째, 새로운 기능을 추가할 때마다 새로운 오류가 발생할 가능성이 생긴다. 고객이 1,000,000개의 가판대의 매출을 저장하고자 하면 프로그램이 이를 어떻게 처리해야 할지 고민해봐야 한다.

질문: 매출값 하나를 잘못 입력한 경우 리스트를 편집하여 올바른 값을 입력할 수 있을까?

답: 이를 수행하는 파이썬 코드를 작성해야 한다. 하지만 원칙적으로 프로그램은 다른 항목을 변경하지 않고도 리스트의 어떤 항목이든 새로운 값으로 대체할 수 있다.

for 루프를 사용해 리스트 표시하기

파이썬에서 for 루프는 항목들을 하나씩 처리한다. 앞에서 봤듯이 루프는 범위 내에 항목 들을 하나씩 처리한다. 루프는 또한 문자열의 문자들을 하나씩 처리할 수 있다. 이 뿐만 아니라 for 루프를 사용해 리스트의 항목들을 하나씩 처리할 수 있다.

```python
# EG8-03 루프를 사용한 입력 및 출력

# 입력 함수들을 가져온다.
from BTCInput import *

# 빈 매출 리스트를 생성한다.
sales = []

# 10개의 매출값을 입력 받는다.
for count in range(1, 11):
    # 사용자에게 표시할 문자열을 만든다.
    prompt='Enter the sales for stand ' + str(count) + ': '
    # 값을 입력 받은 다음 매출 리스트에 추가한다.
    sales.append(read_int(prompt))

# 제목을 출력한다.
print('Sales figures')
# 가판대 카운트를 초기화한다.
count = 1
# 매출값을 하나씩 출력한다.
for sales_value in sales:
    # 항목을 출력한다.
    print('Sales for stand', count,'are',sales_value)
    # 가판대 카운트를 증가시킨다.
    count = count + 1
```

위의 완성된 프로그램은 10개의 가판대 매출을 입력 받은 다음, sales 리스트의 항목들을 하나씩 방문하면서 매출이 입력된 순서대로 매출을 출력한다. 어떤 데이터를 입력 받은 다음, 출력해야 하는 경우 이와 같은 패턴을 사용할 수 있다.

```
Enter the sales for stand 1: 50
Enter the sales for stand 2: 54
Enter the sales for stand 3: 29
Enter the sales for stand 4: 33
Enter the sales for stand 5: 22
Enter the sales for stand 6: 100
Enter the sales for stand 7: 45
Enter the sales for stand 8: 54
Enter the sales for stand 9: 89
Enter the sales for stand 10: 75
Sales figures
Sales for stand 1 are 50
Sales for stand 2 are 54
Sales for stand 3 are 29
Sales for stand 4 are 33
Sales for stand 5 are 22
Sales for stand 6 are 100
Sales for stand 7 are 45
Sales for stand 8 are 54
Sales for stand 9 are 89
Sales for stand 10 are 75
```

 직접 해보기

파티 참석자의 이름 입력 받기

리스트는 문자열과 같이 여러분이 저장하고자 하는 어떤 종류의 자료든 저장할 수 있다. 아이스크림 매출 프로그램을 변경해 여러분이 계획 중인 파티나 이벤트의 참석자 이름을 입력 받은 다음 저장할 수 있다.

아이스크림 매출 프로그램을 수정하여 참석자의 이름을 입력 받고 저장한 다음, 출력해보자. 프로그램이 5명에서 15명까지의 참석자를 처리할 수 있도록 만들어보자.

프로그램을 함수로 리팩토링하기

현재 우리가 만든 프로그램은 코드가 길게 나열돼 있다. 첫 번째 부분은 자료를 입력 받아 리스트에 저장하고 두 번째 부분은 자료를 출력한다. 하지만 이러한 방식은 코드를 정렬하는 데 있어 그렇게 좋은 방법은 아니다. 또 다른 자료를 입력 받거나 매출 리스트를 한 번 이상 출력해야 하는 경우가 발생할 수 있다. 이러한 경우를 대비해 프로그램의 두 부분이 함수에 의해 수행되도록 프로그램을 리팩토링refactoring해보자.

프로그램 리팩토링은 코드의 구성요소들이 어떤 식으로 조합되는지를 변경하는 과정이다. 시작하기 전에는 뭐가 최선인지 결정하기 어려운 경우가 많기 때문에 프로그램을 리팩토링해야 한다. 대개 나는 프로그램을 절반 정도 작성한 이후에야 해당 프로그램이 어떤 식으로 구성돼야 할지를 깨닫고 변경하기 시작한다. 내가 깨달은 바는 프로그램을 작성하기 전에 계획에 아무리 많은 시간을 쏟더라도 결국 리팩토링이 필요하다는 것이다. 이는 나에게만 해당하는 것은 아니다. 많은 다른 프로그래머들 역시 비슷한 경험을 했다고 말했다. 리팩토링이 꼭 전체 코드를 분해해서 새롭게 시작해야 하는 것은 아니다. 리팩토링은 여러분이 해결하고자 하는 문제를 더 잘 나타낼 수 있도록 구성 요소들을 재배열하는 것이다.

아이스크림 프로그램이 함수를 사용하도록 변경하는 것은 그다지 어렵지 않다. IDLE 편집기에서 Format과 Indent Region 명령어를 사용하면 함수 코드가 자동으로 들여쓰기된다.

```
# EG8-04 함수

# 입력 함수들을 가져온다.
from BTCInput import *

# 프로그램이 사용할 매출 리스트
sales=[]

def read_sales(no_of_sales):                    ─── 매출을 입력 받기 위한 함수
    '''
    매출값을 입력 받은 다음 이를 매출 리스트에 저장한다.
    no_of_sales는 저장할 매출값의 개수를 나타낸다.
    '''
    # 이전 매출값을 모두 제거한다.
    sales.clear()                               ─── 이전 값을 제거하기 위해 매출 리스트를 비운다.
```

```
        # 매출값을 입력 받는다.
        for count in range(1, no_of_sales+1):
            # 사용자에게 표시할 메시지를 만든다.
            prompt = 'Enter the sales for stand ' + str(count) + ': '
            # 값을 입력 받은 다음 매출 리스트에 추가한다.
            sales.append(read_int(prompt))


def print_sales():                                              매출값을 출력하기 위한 함수
    '''
    제목과 매출값을 화면에 표시한다.
    각 매출은 순서대로 표시된다.
    '''
    # 제목을 출력한다.
    print('Sales figures')
    # 가판대 계수를 초기화한다.
    count = 1
    sales[0] = 99

    # 매출값을 하나씩 처리한다.
    for sales_value in sales:
        # 항목을 출력한다.
        print('Sales for stand', count, 'are', sales_value)
        # 가판대 계수를 증가시킨다.
        count = count + 1

# 프로그램은 여기서 실행된다.
read_sales(10)                        프로그램의 시작 코드. 10개의 매출을 입력 받는다.
print_sales()                         프로그램의 두 번째 코드. 결과를 출력한다.
```

코드 분석

매출 분석 프로그램의 함수

이제 프로그램은 두 개의 함수로 구성된다. 하나는 read_sales이고 다른 하나는 print_sales이다.

질문: read_sales 함수의 매개변수가 하는 역할은?

> **답**: 향후에 프로그램이 지원하는 아이스크림 가판대의 개수를 변경해야 할 수도 있다. 이런 변경
> 을 쉽게 하기 위해 read_sales 함수에는 해당 함수가 입력 받는 매출값의 개수를 설정하는 매개
> 변수가 있다.

질문: clear가 하는 역할은?

답: 다른 사용자로부터 값을 입력 받는 경우 이전 사용자가 입력한 값을 확실히 지워야 한다. 리스트는 기존 모든 값을 비울 수 있는 비움 동작을 제공한다.

질문: print_sales 함수에게 출력하고자 하는 매출값이 몇 개인지 알려주지 않아도 되는 이유는?

답: print_sales 함수의 for 루프는 리스트의 모든 항목을 하나씩 처리하기 때문에 몇 개의 항목이 포함되었는지 알려주지 않아도 된다.

질문: read_sales 함수에서 sales 리스트를 전역으로 만들지 않은 이유는? 함수는 전역 변수를 수정하는 경우 해당 변수가 전역임을 명시적으로 표현해야 하는 것으로 배웠다. read_sales 함수는 매출 리스트에 항목을 추가한다. 이는 sales의 값에 변경을 하는 것이다. 그런데도 위의 코드가 동작하는 이유는?

답: 매우 좋은 질문이다. 이에 대한 답을 이해하기 위해 파이썬 변수가 무엇을 수행하는지 고려해야 한다. 파이썬 프로그램에 저장된 항목들은 참조(reference)를 통해 참조할 수 있는 객체(object)들이다. 이름이 있는 변수를 생성할 때 실제 객체를 생성한 다음, 해당 객체를 참조하는 이름이 있는 참조를 생성하는 것이다.

```
age = 6
happy = True
```

위의 파이썬 코드는 두 개의 객체를 생성한다. 하나는 정수값을 저장할 수 있는 객체이고 다른 하나는 불리언 값을 저장할 수 있는 객체다. age 참조는 정수에 부착되고 happy 참조는 불리언 값에 부착된다.

```
age = 7
```

파이썬이 위의 코드를 실행할 때 age 참조는 이제 값 7을 담고 있는 정수 객체에 결합된다. 일부 프로그래밍 언어의 경우 "age라는 상자가 안에 값 7을 담고 있다"고 말할 수 있다. 하지만 파이썬의 경우 이런 식으로 생각하는 것보다는 "age 참조가 값 7을 담고 있는 상자에 부착됐다"고 말하는 편이 낫다. 할당은 참조가 다른 객체를 참조하도록 변경할 뿐이다.

```
sales=[]
```

위 파이썬 코드는 sales라는 참조를 만든 해당 참조를 다음 빈 리스트에 부착한다. 프로그램이 append와 같은 것을 사용해 sales 리스트를 변경하는 경우 sales 참조가 가리키는 객체가 다른 객체로 변경되는 것은 아니다. 대신에 객체의 내용이 변경된다.

```
sales.append(99)
```

위 코드는 sales 리스트의 맨 끝에 값 99를 추가한다. 하지만 위의 코드로 인해 sales 참조가 가리키는 객체가 다른 객체로 변경되는 것은 아니다.

지금까지 설명한 내용이 잘 이해하지 못해도 걱정할 필요가 없다. 이후 장에서 객체를 설계할 때 이에 관해 다시 다룰 것이다.

플레이스홀더 함수 생성하기

개발을 하는 동안 프로그램에 필요한 동작을 미리 정의한 '플레이스홀더placeholder' 함수들을 생성할 수 있다. 플레이스홀더 함수를 스텁stub 함수라고도 부른다. 해당 함수들의 실제 구현이 나중에 이루어지기 때문이다. 나는 이 책을 집필할 때 담고자 하는 내용의 제목들을 먼저 정한 다음, 나중에 각 제목 내에 내용을 채워 넣었다. 스텁 함수는 비슷한 방식으로 사용된다.

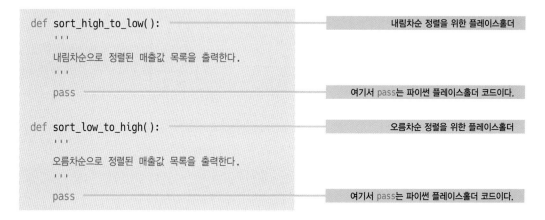

위 함수들은 이후에 구현할 두 함수의 플레이홀더다. 각 함수는 함수에 대한 설명만을 포함하며 이전에 보지 못한 pass라는 파이썬 키워드만을 포함한다.

pass 키워드를 플레이스홀더 코드라고 생각해도 좋다. 파이썬이 코드가 있을 것이라고 생각하는 어느 곳에나 pass문을 입력할 수 있다. pass문은 프로그램이 실행될 때 실제로 아무것도 하지 않는다. 위 함수들의 경우 이후에 함수 내용을 채울 것이다.

사용자 메뉴 생성하기

개발 초기에 프로그램의 사용자 메뉴 설계에 대해 고객과 협의했다. 다음 메소드는 협의한 메뉴를 출력한 다음, 원하는 함수를 선택하도록 해준다.

```
# EG8-05 함수와 메뉴

menu='''Ice-cream Sales

1: Print the Sales
2: Sort High to Low
3: Sort Low to High
4: Highest and Lowest
5: Total Sales
6: Average Sales
7: Enter Figures


Enter your command: '''                          메뉴 문자열을 생성한다.

command=read_int_ranged(menu,1,7)                명령어 번호를 읽는다.
if command==1:                                    입력된 명령어 번호가 1인지 확인한다.
    print_sales()
else:
    if command==2:
        sort_high_to_low()
    else:
        if command==3:
            sort_low_to_high()
        else:
            if command==4:
                highest_and_lowest()
            else:
                if command==5:
                    total_sales()
                else:
                    if command==6:
                        average_sales()
                    else:
                        if command==7:
                            read_sales()
```

위 코드는 메뉴 문자열을 생성한 다음, 사용자로부터 원하는 메뉴의 번호를 입력 받는다. 메뉴의 번호는 정수로 1부터 7까지다. 메뉴 번호의 값은 특정 작업을 수행하는 함수를 선택하기 위해 조건문에서 사용된다.

위 코드는 if...else 구조를 사용해 입력된 값과 함수를 연결한다. 보이는 바와 같이 코드가 점점 오른쪽으로 치우치는 모양을 지닌다. 입력된 값이 특정 값과 일치하는지 확인하기 위해 else부에 조건을 추가할 때마다 해당 조건에 속하는 코드를 들여쓰기 해야 한다. 들여쓰기를 통해 파이썬에게 해당 조건의 코드가 그 위의 조건에 의해 제어됨을 알리는 것이다.

elif 키워드를 활용해 조건 단순화하기

다행히도 파이썬은 이러한 형태의 조건을 단순화할 수 있는 방법을 제공한다. else if문은 elif라는 하나의 키워드로 대체할 수 있다.

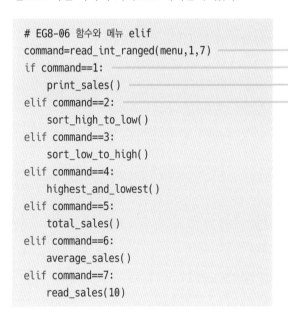

```
# EG8-06 함수와 메뉴 elif
command=read_int_ranged(menu,1,7)          사용자로부터 입력을 받는다.
if command==1:                             사용자가 입력한 값이 숫자 1인지 확인한다.
    print_sales()                          숫자 1을 입력한 경우 print_sales 함수를 수행한다.
elif command==2:                           사용자가 입력한 값이 숫자 2인지 확인한다.
    sort_high_to_low()
elif command==3:
    sort_low_to_high()
elif command==4:
    highest_and_lowest()
elif command==5:
    total_sales()
elif command==6:
    average_sales()
elif command==7:
    read_sales(10)
```

거품 정렬을 사용해 정렬하기

이제 정렬을 수행하는 코드를 작성할 차례다. 많은 컴퓨터 프로그램이 정렬 작업을 수행하느라 시간을 많이 투자한다. 하지만 다른 연산과 마찬가지로 정렬을 어떤 식으로 수행할지 컴퓨터에게 정확히 알려줘야 한다. 컴퓨터는 전체 목록을 한번에 정렬할 수는 없다. 대신 한 번에 하나의 항목만을 처리할 수 있다. 정렬 프로그램을 살펴봄으로써 복잡한 문제를 여러 작은 단계로 나누는 방법에 대해 이해할 수 있다.

컴퓨터 공학도들은 알고리즘algorithm에 관해 많이 이야기한다. 알고리즘은 특정 문제를 해결하기 위해 수행해야 할 일련의 동작들을 표현한다. 프로그래밍은 알고리즘을 가지고 이를 컴퓨터에게 무엇을 할지를 명령하는 일련의 명령문들로 변경하는 것이다. 이 사실은 프로그래밍의 가장 중요한 점을 상기시켜준다. 바로 알고리즘 없이는 프로그램을 작성할 수 없다는 것이다. 즉, 어떤 문제를 해결하기 위한 일련의 단계들을 알지 못한다면 해당 문제를 해결하기 위한 프로그램을 만들 수 없다.

자료의 모음을 정렬하는 경우 거품 정렬bubble sort을 포함해 여러 다양한 알고리즘들이 존재한다. 거품 정렬은 한 항목을 인접한 항목들과 비교한 다음, 순서가 잘못된 경우 해당 항목들을 교환함으로써 한 번에 하나씩 목록을 점진적으로 정렬한다.

다음으로 거품 정렬이 어떤 식으로 동작하는지 자세히 살펴본 다음, 해당 알고리즘을 파이썬 코드로 변환할 것이다(거품 정렬은 작은 규모의 자료에 대해 잘 동작하지만 대규모의 자료를 정렬하는 경우 좋지 않을 수도 있다. 컴퓨터가 어떤 식으로 정렬을 수행하는지 관심이 있다면 인터넷에서 다양한 자료들을 찾을 수 있다).

리스트를 테스트 자료로 초기화하기

정렬 프로그램을 만드는 동안 테스트 매출값이 있다면 유용하게 사용될 것이다. 매번 손으로 직접 매출값을 입력할 수도 있지만 다소 피곤한 일이다. 파이썬에서는 리스트를 다음과 같이 매우 쉽게 만들 수 있다.

```
sales=[50,54,29,33,22,100,45,54,89,75]
```

위 코드는 위에서 직접 입력한 값들을 담고 있는 매출 리스트를 생성한다. 프로그램은 해당 리스트의 끝에 새로운 값을 추가할 수도 있다.

리스트를 내림차순으로 정렬하기

그림 8-1은 사용 중인 테스트 자료인 리스트 항목들을 나타낸다. 가장 큰 값을 인덱스 0의 항목에 위치시키고 가장 작은 값을 인덱스 9의 항목에 위치시키는 sort_high_to_low라는 함수를 구현한다고 가정해보자.

0	1	2	3	4	5	6	7	8	9
50	54	29	33	22	100	45	54	89	75

그림 8-1 리스트 항목

파이썬 프로그램은 한 번에 하나의 비교만을 수행할 수 있다. 값들을 정렬하기 위해 프로그램은 리스트의 항목들이 최종적으로 올바른 순서가 될 때까지 계속해서 리스트를 '덜 정렬된' 상태로 만든다. 우선 리스트의 맨 앞에 있는 항목들을 비교해보자.

```python
def sort_high_to_low():
    '''
    내림차순으로 정렬된 매출값 리스트를 출력한다.
    '''
    if sales[0]<sales[1]:
        # 이 두 항목의 순서가 잘못되었다.
        # 프로그램은 이 두 항목을 교환해야 한다.
```

위의 if 구조는 sales[0]을 sales[1]과 비교하는 논리 표현식에 의해 제어된다. sales[0]이 sales[1]보다 작은 경우 순서가 잘못된 것이다(리스트의 맨 앞에 가장 큰 수가 있어야한다). 현재 내림차순으로 정렬하고 있기 때문에 두 항목은 교환돼야 한다.

두 변수의 값 교환하기

두 변수의 값을 교환하는 것은 생각보다 더 복잡하다.

```
if sales[0]<sales[1]:
    # 이 두 항목의 순서가 잘못됐다.
    # 프로그램은 이 두 항목을 교환해야 한다.
    sales[0]=sales[1]
    sales[1]=sales[0]
```

질문: 위 코드는 잘 동작할 것 같아 보이지만 사실 그렇지 않다. 왜 그럴까?

답: 위의 코드가 실제로 하는 일은 sales[1]의 복사본을 sales[0]에 집어 넣는 것이다. 이유는 다음과 같다.

- 첫 번째 코드는 sales[1]의 값을 sales[0]에 집어 넣는다. 이제 두 리스트 항목은 모두 sales[1]을 담는다(54).

- 두 번째 코드는 sales[0]의 값(54)을 sales[1]에 집어 넣는다.

- 따라서 두 항목 모두 동일한 값을 갖는다. 이는 잘못됐다.

이를 수정하기 위한 방법은 sales[1]을 sales[0]에 집어 넣을 때 sales[0]의 값이 사라지지 않도록 sales[0]의 값을 임시로 저장해두는 것이다.

```
if sales[0]<sales[1]:
    # 이 두 항목의 순서가 잘못됐다.
    # 프로그램은 이 두 항목을 교환해야 한다.
    temp=sales[0]
    sales[0]=sales[1]
    sales[1]=temp
```

임시 값을 저장하기 위해 변수 temp가 사용된다.

잘못된 순서의 두 항목을 교환함으로써 리스트가 덜 잘못된 순서가 되도록 만든다. 프로그램은 이제 다음 숫자 쌍으로 이동한 다음, 리스트를 좀 더 정렬하기 위해 앞의 과정을 반복한다.

```python
if sales[1]<sales[2]:
    # 이 두 항목의 순서가 잘못됐다.
    # 프로그램은 이 두 항목을 교환해야 한다.
    temp=sales[1]
    sales[1]=sales[2]
    sales[2]=temp
```

위 구조를 리스트가 끝날 때까지 반복할 수 있다. 하지만 이 방식으로는 프로그램을 작성하는 데 시간이 많이 소비된다. 또한 아이스크림 가판대의 고객이 여러분에게 와서 50개의 가판대가 있다고 하는 경우 코드를 작성할 생각에 눈물이 흐를 것이다.

하지만 항목 교환에 사용된 코드를 자세히 살펴본다면 흥미로운 점을 발견할 수 있다. 위의 코드가 수행하는 동작이 각 숫자 쌍에 대해 동일하다. 다음 비교를 위해 리스트의 위치를 하나 옮긴 것일 뿐이다. 이는 루프와 단일 if 구조만을 사용해 리스트의 항목들을 비교할 수 있다는 뜻이다.

```python
1. for count in range(0,len(sales)-1):
2.     if sales[count]<sales[count+1]:
3.         temp=sales[count]
4.         sales[count]=sales[count+1]
5.         sales[count+1]=temp
```

 코드 분석

루프를 사용한 리스트 항목 접근하기

이번 코드는 파이썬의 새로운 기능을 사용하기 때문에 주의 깊게 학습할 필요가 있다.

질문: while 루프 대신에 for 루프를 사용하는 이유는?

　답: while 루프를 사용하든 for 루프를 사용하든 결과는 동일하다. 하지만 for 루프를 사용하는 경우 코드가 더 간단하다. 범위를 여러분이 요청할 때마다 일련의 숫자들 중 숫자를 하나 꺼내서 제공하는 "숫자 생성기"라고 생각해도 좋다.

질문: 첫 번째 줄의 len 함수가 하는 역할은?

답: len 함수는 리스트와 같은 컬렉션의 길이를 측정한 다음, 리스트의 항목 개수를 반환한다. 리스트의 항목 개수가 변경되더라도 코드를 수정하지 않도록 하기 위해 len 함수를 사용했다. 위 코드는 어떤 크기의 리스트가 오더라도 해당 리스트를 정렬할 수 있다. 루프가 정렬 대상 리스트의 길이에 의해 제어되기 때문이다.

질문: count의 최대 값이 리스트의 길이에서 1을 뺀 수치와 같은 이유는? 프로그램의 첫 번째 줄에서 이를 확인할 수 있다.

답: 프로그램에서 사용한 거품 정렬은 리스트의 항목을 자신의 다음 항목과 비교하기 때문이다. 만약 리스트의 길이에서 1을 빼지 않는 경우 프로그램은 리스트의 마지막 항목을 존재하지 않는 마지막 항목 다음 항목과 비교하려 할 것이다.

루프를 첫 번째 순회할 때 count 변수의 값은 0이다. 따라서 if문은 sales[0]과 sales[1]을 비교하려 한다. 다음 루프에서 count의 값은 1이 되고 if문은 sales[1]과 sales[2]를 비교하려 한다. 이런 식으로 루프는 루프의 끝에 도달할 때까지 리스트의 항목들을 순회한다.

```
# EG8-07 거품 정렬 첫 번째 순회
def sort_high_to_low():
    '''
    내림차순으로 정렬된 매출액 리스트를 출력한다.
    '''
    for count in range(0,len(sales)-1):
        if sales[count]<sales[count+1]:
            temp=sales[count]
            sales[count]=sales[count+1]
            sales[count+1]=temp
```

위의 코드에서 정렬 함수는 리스트의 항목을 한 번 순회한다. 위 함수는 리스트를 완전히 정렬하지는 않지만 리스트를 원래보다는 조금 더 정렬된 상태로 만든다. 그림 8-2는 정렬 함수가 1회 순회한 다음, 리스트가 담고 있는 내용을 나타낸다.

0	1	2	3	4	5	6	7	8	9
54	50	33	29	100	45	54	89	75	22

그림 8-2 부분적으로 정렬된 리스트

그림 8-2로부터 알 수 있듯이 어떤 값들은 조금만 이동했고 어떤 값들은 많이 이동했다. 일반적으로 높은 숫자들은 왼쪽(리스트의 상단)으로 '섞이고' 낮은 숫자들은 오른쪽으로 이동했다. 리스트에서 가장 작은 값인 22는 리스트의 가장 우측(리스트의 하단)으로 이동했다. 리스트에서 가장 큰 값인 100은 리스트의 상단 쪽으로 한 칸 이동했다. 탄산음료에서 거품이 위로 올라가고 내려가는 것과 동일한 방식으로 숫자들이 올바른 위치를 향해 "섞인다". 이것이 거품 정렬 기법의 이름 거품 정렬인 이유다.

순서가 맞지 않은 값들을 교환하면서 자료를 여러 번 순회하면 정렬이 완료된다. 리스트를 한 번 순회할 때마다 더 큰 값은 더 작은 값들과 교환되면서 위쪽으로 이동한다. 반면 더 작은 값들은 아래쪽으로 이동한다. 첫 번째 리스트 순회 이후에 가장 작은 값은 리스트의 가장 아래쪽에 위치한다고 확신해도 좋다. 이제 다음 순회를 통해 두 번째로 가장 작은 값을 올바른 위치에 보낼 수 있다. 가장 큰 값이 리스트 맨 아래에 있는 최악의 경우 해당 값을 맨 위로 올리기 위해서는 순회를 9번(길이 − 1)해야 한다.

다음 코드는 정렬을 반복하기 위해 루프를 사용해 다중 순회를 순회한다.

```
# EG8-08 거품 정렬 다중 순회
def sort_high_to_low():
    '''
    내림차순으로 정렬된 매출액 리스트를 출력한다.
    '''
    for sort_pass in range(0,len(sales)):
        for count in range(0,len(sales)-1):
            if sales[count]<sales[count+1]:
                temp=sales[count]
                sales[count]=sales[count+1]
                sales[count+1]=temp
    print_sales()
```

외부 루프가 정렬 작업(내부 루프)을 다중 순회하는 역할을 한다. sort_pass 변수는 리스트의 다중 순회 횟수를 센다. 루프가 종료되면 숫자들은 전부 내림차순으로 정렬된다.

```
Sales figures
Sales for stand 1 are 100
Sales for stand 2 are 89
Sales for stand 3 are 75
Sales for stand 4 are 54
Sales for stand 5 are 54
Sales for stand 6 are 50
Sales for stand 7 are 45
Sales for stand 8 are 33
Sales for stand 9 are 29
Sales for stand 10 are 22
```

코드 분석

성능 향상

정렬 과정은 올바르게 작동한다. 하지만 프로그램의 효율성을 개선할 여지가 있다.

질문: 프로그램이 필요 이상의 비교를 수행하지 않는가?

답: 필요 이상의 비교를 수행한다. 프로그램이 리스트를 1회 순회하고 나면 가장 작은 숫자가 리스트의 맨 밑에 위치한다는 것이 보장된다. 해당 값이 다른 값과 교환될 필요가 있는지 비교하는 과정은 불필요하다. 가장 작은 값이기 때문에 교환될 가능성이 없기 때문이다. 순회 카운터를 사용하면 리스트의 뒤쪽 항목들은 비교할 필요가 없기 때문에 매 순회 시 항목 간에 비교 횟수를 줄일 수 있다.

```python
for sort_pass in range(0,len(sales)):
    for count in range(0,len(sales)-1-sort_pass):
        if sales[count]<sales[count+1]:
            temp=sales[count]
            sales[count]=sales[count+1]
            sales[count+1]=temp
```

위의 코드를 자세히 살펴보자. 위의 코드에서 중요한 부분은 내부 루프를 제어하는 코드다.

```
for count in range(0,len(sales)-1-sort_pass):
```

위 코드는 sort_pass의 값을 사용해 매 순회가 이동해야 하는 거리를 줄인다. 위와 같은 간단한 수정만으로 프로그램이 수행해야 할 비교 횟수가 대략 절반으로 줄어든다.

질문: 프로그램이 필요 이상의 순회를 수행하지 않는가?

답: 아마도 그럴 것이다. 외부 루프는 최악의 경우를 처리하도록 작성됐다. 최악의 경우는 가장 큰 값이 리스트의 가장 아래에 위치해 있어서 해당 값이 리스트의 맨 위까지 이동하기 위해 여러 번 순회해야 한다. 가장 큰 값이 리스트의 맨 아래가 아닌 다른 곳에 있는 경우 프로그램은 리스트가 이미 정렬됐음에도 순회를 한다. 이는 컴퓨팅 시간 낭비다. 리스트가 올바른 순서가 되는 순간 정렬이 멈춘다면 가장 좋을 것이다. 하지만 프로그램이 정렬이 완료됐는지 어떻게 알 수 있을까?

프로그램이 자료를 순회하지만 어떤 교환도 하지 않는 경우 리스트는 올바른 순서다. 프로그램에 항목 교환 시 설정되는 플래그를 추가할 수 있다. 해당 플래그가 순회가 완료된 이후에도 설정되지 않았다면 이는 해당 리스트가 정렬됐음을 의미한다.

```
# EG-09 효율적인 거품 정렬
for sort_pass in range(0,len(sales)):
    done_swap=False
    for count in range(0,len(sales)-1-sort_pass):
        if sales[count]<sales[count+1]:
            temp=sales[count]
            sales[count]=sales[count+1]
            sales[count+1]=temp
            done_swap=True
    if done_swap==False:
        break
```

위 프로그램은 doneSwap이라는 불리언 변수를 사용한다. 해당 변수는 자료를 순회하기 전에 False로 설정된다. 순회가 완료된 이후에 해당 변수를 확인하여 여전히 False이면 프로그램은 리스트의 순회를 제어하는 루프를 빠져 나온다.

알파벳 순으로 정렬하기

거품 정렬 알고리즘은 정수뿐만 아니라 문자열에도 동작한다. 그리고 5장에서 확인했듯이 파이썬 관계 연산자는 문자열 간에 동작한다. 이제 파티 손님 프로그램이 파티에 온 손님의 이름을 알파벳 순으로 표시하도록 만들어보자. 단어를 순서대로 정렬해야 하는 어디에나 거품 정렬 프로그램을 활용할 수 있다.

리스트를 오름차순으로 정렬하기

작성 중인 매출 관리 프로그램은 매출 자료를 오름차순으로 표시할 필요도 있다. 이러한 요청을 구현하는 것은 꽤 간단하다. 내부 루프의 값을 비교하는 코드 부분만 연산자(<)를 초과 연산자(>)로 변경하기만 하면 된다.

```
# EG8-10 오름차순으로 정렬하기
if sales[count]>sales[count+1]:
    temp=sales[count]
    sales[count]=sales[count+1]
    sales[count+1]=temp
```

가장 큰 매출과 가장 작은 매출 찾기

결과로부터 가장 높은 매출과 가장 낮은 매출을 찾길 원할 수 있다. 이를 수행하는 코드를 작성하기 전에 어떤 알고리즘이 가장 적합할지 고민해봐야 한다. 이 경우 사람이 취했을 법한 접근법을 프로그램이 구현할 수 있다. 여러분에게 숫자를 몇 개 준 다음, 가장 큰 값을 찾으라고 요청한다면 각 숫자를 지금까지 찾은 가장 큰 값과 비교한 다음, 더 큰 숫자를 발견한 경우 가장 큰 값을 해당 숫자로 변경할 것이다. 이를 프로그래밍으로 표현하면 해당 알고리즘은 다음과 비슷할 것이다(다음 코드는 파이썬이 아니고 의사코드pseudocode라고 부르는 기술이다. 프로그램처럼 보이지만 단지 알고리즘을 표현한 것이다. 이를 실제 프로그램에 포함시킬 수는 없다).

```
if(신규값 > 지금까지 최고값)
    지금까지 최고값 = 신규값
```

프로그램 시작 시 "지금까지 최고값"의 값을 리스트의 맨 앞에 있는 항목의 값으로 설정할 수 있다. 실제 리스트의 맨 앞에 있는 항목의 값이 우리가 지금까지 발견한 최고값이다. 그러고 나서 for 루프를 사용해 항목들을 순회하면서 각 항목의 값이 지금까지 최고값보다 큰지 비교한다.

```python
highest=sales[0]
for sales_value in sales:
    if sales_value>highest:
        highest=sales_value
```

가장 작은 값을 찾기 위해서도 위와 동일한 접근법을 사용할 수 있다. 이번에는 지금까지 찾은 가장 작은 값보다 더 작은 값을 찾는다.

```python
lowest=sales[0]
for sales_value in sales:
    if sales_value<lowest:
        lowest=sales_value
```

하지만 우리가 이미 가장 큰 값을 찾기 위해 리스트를 순회하고 있기 때문에 동일한 루프를 사용해 한번의 순회로 가장 작은 값과 가장 큰 값을 찾을 수 있도록 함으로써 프로그램을 좀 더 효율적으로 만들 수 있다(루프를 시작할 때 리스트의 첫 번째 항목이 최고값이면서 최저값이 된다는 점을 알아두자).

```python
def highest_and_lowest():
    '''
    가장 큰 매출과 가장 작은 매출을 출력한다.
    '''
    highest=sales[0]
    lowest=sales[0]
    for sales_value in sales:
        if sales_value>highest:
            highest=sales_value
        if sales_value<lowest:
            lowest=sales_value
    print('The highest is:', highest)
    print('The lowest is:', lowest)
```

매출 총합과 평균 계산하기

매출 총합을 계산하기 위해 프로그램은 리스트의 모든 항목의 값을 합해야 한다. 또 다른 for 루프를 사용하거나 최저값과 최고값을 찾기 위해 이미 사용 중인 루프에 코드를 추가할 수도 있다.

```
# EG8-12 매출 총합
def total_sales():
    '''
    매출 총합을 출력한다.
    '''
    total=0
    for sales_value in sales:
        total = total+sales_value
    print('Total sales are:', total)
```

매출 총합을 구하고 나면 매출 평균을 계산할 수 있다. 물론 숫자들의 평균은 합을 숫자 개수로 나눈 것이다. 예를 들어 리스트에 4, 6, 10, 12 네 개의 항목이 있는 경우 평균을 구하기 위해서는 우선 4 + 6 + 10 + 12 = 32를 통해 합을 구한 다음, 합을 리스트의 항목 개수인 4로 나눈다. 따라서 평균은 32/4 = 8이 된다. 매출 총합을 구한 다음에는 평균을 구하는 것은 매우 간단하다.

```
# EG8-13 매출 평균
def average_sales():
    '''
    평균 매출을 출력한다.
    '''
    total=0
    for sales_value in sales:
        total = total+sales_value
    average_sales=total/len(sales)
    print('Average sales are:', average_sales)
```

위의 총합을 계산하는 코드는 앞에서 확인한 코드와 동일하다. average_sales의 값은 매출 총합을 매출 개수로 나눈 결과로 설정된다. 매출 개수는 매출 리스트의 길이로부터 얻을 수 있다.

프로그램 완성하기

이제 완성된 애플리케이션을 만들기 위한 모든 기능을 갖추었다. 하지만 아직 논리를 완성해야 한다. 이 시점에서 우리가 고객과 만든 스토리보드를 다시 확인할 수 있다. 스토리보드는 우리가 원하는 애플리케이션의 흐름을 담고 있다. 필수적으로 프로그램은 외부 루프와 내부 루프 이렇게 두 개의 루프로 나누어진다. 외부 루프는 계속해서 실행된다. 외부 루프가 실행되기 시작할 때 사용자로부터 자료를 입력 받는다. 프로그램에 처리할 자료가 입력된 이후에 내부 루프가 시작된다. 내부 루프는 반복적으로 명령어를 읽은 다음, 해당 명령어를 처리한다. 다음 코드는 중첩 루프 구조를 나타낸다.

```
# EG8-14 완성된 프로그램

# 우선 매출을 입력 받는다.
read_sales(10)

# 사용자로부터 명령어를 입력 받는다.

menu='''Ice-cream Sales

1: Print the sales
2: Sort High to Low
3: Sort Low to High
4: Highest and Lowest
5: Total Sales
6: Average sales
7: Enter Figures
Enter your command: '''

# 반복적으로 명령어를 입력 받은 다음, 해당 명령어에 대한 작업을 수행한다.
while True:
    command=read_int_ranged(menu,1,7)
    if command==1:
        print_sales()
    elif command==2:
        sort_high_to_low()
    elif command==3:
        sort_low_to_high()
    elif command==4:
        highest_and_lowest()
```

```
    elif command==5:
        total_sales()
    elif command==6:
        average_sales()
    elif command==7:
        read_sales(10)
```

파일에 자료 저장하기

고객이 매번 매출값을 입력할 필요가 없도록 프로그램이 매출값을 저장하고 나중에 조회하기를 원한다면 어떻게 해야 할까? 매출 저장^{Save Sales}과 매출 불러오기^{Load Sales} 두 가지 신규 메뉴 항목을 추가해보겠다.

```
Ice-cream Sales

1: Print the Sales
2: Sort High to Low
3: Sort Low to High
4: Highest and Lowest
5: Total Sales
6: Average Sales
7: Enter Figures
8: Save Sales
9: Load Sales
```

위 화면은 신규 메뉴 항목을 포함해 표시된 메뉴 화면이다. 신규 명령어는 8번과 9번에 해당한다. 명령어 자체는 두 개의 함수에 의해 구현된다.

```python
# EG8-15 저장과 불러오기
def save_sales(file_path):
    '''
    매출 리스트의 내용을 파일에 저장한다.
    file_path는 저장할 파일의 경로다.
    저장 실패 시 파일 예외가 발생한다.
    '''
    print('Save the sales in:', file_path)
```

```
def load_sales(file_path):
    '''
    파일로부터 매출 리스트를 불러온다.
    file path는 불러올 파일의 경로다.
    파일 불러오기 실패 시 파일 예외가 발생한다.
    '''
    print('Load the sales from:', file_path)
```

위 코드는 매출 저장 및 불러오기 함수의 '스텁' 버전이다. 각 함수에는 하나의 매개변수가 있으며, 해당 매개변수는 매출값을 저장하는 데 사용될 파일의 경로다. 프로그램 사용자가 해당 함수를 제대로 선택했는지 확인할 수 있도록 함수에 print 명령어를 추가했다. 위 예제 프로그램을 실행하면 메뉴에서 해당 함수들을 선택해 실행할 수 있음을 확인할 수 있다. 이제 각 함수의 실제 내용을 구현해야 한다.

파일에 저장하기

프로그램이 파일을 다룰 때 파이썬은 해당 파일에 대한 연결을 나타내는 객체를 생성한다. open 함수는 이러한 객체 중 하나를 생성한다. 여러분이 개인 비서를 둘 정도로 운이 좋다면 비서에게 "마이크로소프트의 사장에게 편지를 작성해라"라고 지시하면 비서는 여러분이 말한 내용을 받아 적은 다음, 편지 봉투에 집어 넣은 다음, 해당 편지 봉투를 발송할 것이다. 개인 비서는 "편지를 작성하라"와 "보고서를 나한테 읽어봐라"와 같은 명령어를 이해할 것이다. open 함수는 이와 매우 유사하다.

open 함수는 두 개의 인자를 받는다. 첫 번째 인자는 열기 대상 파일의 경로를 담고 있는 문자열이다. 파일 경로는 전체 경로를 포함할 수도 있지만 가장 간단하게 표현하면 파일 이름만을 포함할 수도 있다. 위 코드는 test.txt라는 파일을 연다. 두 번째 인자는 해당 파일의 연결 모드mode를 담고 있는 문자열이다. 모드 문자열 'w'는 "쓰기"를 의미한다. 위 코드는 쓰기용 파일을 준비한다. 해당 파일이 이미 존재하는 경우 open 함수는 해당 파일에 새로운 내용을 쓰기 전에 기존 파일을 삭제한다.

기존 파일을 덮어쓰기는 매우 쉽다

대부분의 프로그램은 사용자가 중요한 파일을 덮어쓰지 않도록 매우 주의한다. 사용자가 기존 파일에 신규 파일을 저장하려 시도하면 "계속할까요?"와 같은 메시지를 표시한다. 하지만 파이썬의 open 함수는 이러한 주의 기능을 제공하지 않는다. 프로그램이 사용자가 파일을 덮어씌우지 못하도록 하길 원한다면 해당 기능을 직접 추가해야 한다. 파이썬이 제공하는 os 라이브러리는 path 라이브러리를 포함한다(라이브러리가 다른 라이브러리를 포함할 수 있다). path 라이브러리를 사용해 다음과 같이 덮어쓰기 방지 기능을 구현할 수 있다.

```python
import os.path
if os.path.isfile('text.txt'):
    print('The file exists')
```

isfile 메소드는 인자로 파일 경로를 입력 받으며, 해당 파일이 존재하는 경우 True를 반환한다.

파일을 열었으니 텍스트를 파일에 저장할 수 있다. 프로그램은 해당 파일 객체가 제공하는 write 메소드를 사용해 이를 수행할 수 있다.

```python
output_file.write('First line\n')
output_file.write('Second line\n')
output_file.close()
```

프로그램이 파일에 쓰기를 완료하면 해당 파일에 대해 close 메소드를 호출해야 한다. close 메소드는 완료되지 않은 쓰기 작업을 완료한 다음, 해당 파일의 점유를 해제한다. 닫기가 중요한 데는 두 가지 이유가 있다. 첫째, 파일 닫기는 모든 자료가 저장됐음을 보장한다. 둘째, 파일 닫기는 다른 프로그램이 해당 파일을 사용할 수 있도록 만든다. 쓰기를 위해 열린 파일은 '잠금' 상태이며 쓰기 작업이 완료되기 전까지 다른 프로그램이 접근할 수 없다. 이미 닫힌 파일에 쓰기 작업을 시도하면 오류가 발생한다.

```
# EG8-16 파일 쓰기

output_file=open('test.txt','w')
output_file.write('line 1\n')
output_file.write('line 2\n')
output_file.close()
```

위 프로그램은 test.txt 파일을 생성한 다음, 해당 파일에 두 줄의 텍스트를 쓴다. 해당 파일은 프로그램을 실행한 폴더와 동일한 폴더에 생성된다.

코드 분석

파일 쓰기

질문: write 동작을 메소드라고 부르는 이유는? 함수가 아닌가?

답: 파이썬에서 메소드는 객체의 일부로서 생성된다는 점을 제외하고는 함수와 매우 비슷하다. 함수는 객체 외부에 존재하는 코드이다. print 함수와 input 함수는 객체의 일부가 아니다. 프로그램은 함수를 직접 사용할 수 있다. 하지만 write 메소드는 파일 쓰기 객체의 일부다. write 동작을 사용하고 싶다면 파일 객체가 있어야 한다. 함수를 "프로그램이 수행할 수 있는 것"이라고 생각하면 되고 메소드를 "객체가 우리를 위해 수행하는 것"이라고 생각하면 된다. write 동작이 함수라면 프로그램은 어떤 파일에 기록할 것인지를 알아야 한다. write 메소드를 파일 객체의 일부로 만듦으로써 동시에 하나 이상의 파일을 처리하기가 매우 쉬워진다. 다양한 파일 객체에 대해 write 메소드를 사용하면 된다. 객체와 메소드에 관해서는 이 책의 뒤에서 더 자세히 알아볼 것이다.

질문: \n이 문자열의 끝에서 의미하는 바는?

답: \n를 이전에도 본 적 있다. "줄 바꿈"을 의미하는 이스케이프 시퀀스(escape sequence)이다. write 함수는 쓰기 끝에 자동으로 줄 바꿈을 붙이지는 않는다. 파일에 줄 바꿈을 기록하고 싶다면 이를 명시적으로 수행해야 한다. 이러한 동작 방식은 앞에서 살펴봤던 print 함수의 동작 방식과 다르다. print 함수는 모든 출력의 끝에 자동으로 줄 바꿈을 추가한다. 하지만 write 메소드의 경우 이를 명시적으로 추가해야 한다.

질문: text.txt가 실제로 생성되는 위치는?

답: 해당 파일은 실행 중인 파이썬 프로그램이 위치한 폴더와 동일한 폴더에 생성된다. 즉, My Programs라는 폴더가 있고 해당 폴더에 MakeFiles라는 파이썬 프로그램이 있다면 MakeFiles 프로그램을 실행했을 때 해당 프로그램이 생성하는 모든 파일은 My Programs 폴더에 저장된다.

폴더(또는 디렉토리)는 컴퓨터에 저장되는 정보를 정리하는 데 사용된다. 여러분이 생성하는 각 파일은 특정 폴더에 저장된다. 윈도우의 경우 "문서", "사진", "동영상"과 같이 여러 폴더가 자동으로 생성된다. 이러한 폴더 내에 원하는 폴더를 맘대로 생성할 수 있다.

경로 혹은 파일 경로는 C:/Documents/Finances/MyFinances.xls와 같이 파일이 저장되는 위치를 나타낸다. MyFinances.xls 파일은 Finances 폴더에 저장된다. Finances 폴더는 Documents 폴더 내에 위치하고, Documents 폴더는 C 드라이브에 위치한다. 파일 경로는 폴더의 위치와 파일 이름 이렇게 두 부분으로 나눌 수 있다. 앞에서 text.txt 파일을 열 때와 마찬가지로 파일을 열 때 폴더 위치를 주지 않는 경우 파이썬은 해당 파일이 실행 중인 파이썬 프로그램과 같은 폴더에 있다고 가정한다.

파일을 다른 폴더에 저장하는 경우 경로 정보를 파일 이름 앞에 추가할 수 있다(파일을 다른 폴더에 저장하는 것은 좋은 생각이다. 자료 파일이 해당 파일을 여는 프로그램과 같은 폴더에 저장되는 경우는 거의 없기 때문이다).

```
path = 'c:/data/2017/June/sales.txt'
```

위의 코드는 sales.txt라는 파일의 경로를 포함하는 문자열 변수를 생성한다. 해당 파일은 June이라는 폴더에 위치하고 June 폴더는 2017 폴더에 내에 저장되며 2017 폴더는 C 드라이브의 data 폴더에 저장된다.

문자열 내의 슬래시(/) 문자는 파일 경로 내에서 폴더를 구분하는 역할을 한다. 여러분이 윈도우 PC를 사용 중이라면 경로 내 항목들을 구분하기 위해 백슬래시(\) 문자를 사용하는 데 익숙할 것이다. 파이썬에서는 위와 같이 슬래시(/) 문자를 사용해야 한다.

질문: 다른 프로그램이 파이썬 프로그램이 작성한 파일을 사용할 수 있는가?

답: 사용할 수 있다. test.txt 파일을 여러분 PC의 아무 애플리케이션이나 사용해 열 수 있다. 파이썬 파일 처리는 기반이 되는 운영체제의 파일 기능에 항상 기반한다.

질문: 기존 파일 뒤에 텍스트 줄을 추가할 수 있나?

답: 추가할 수 있다. 파일 모드 인자에 문자열 'a'를 전달해 파일을 append(추가) 모드로 열면 파일 쓰기 내용이 기존 파일의 끝에 추가된다. append 모드로 파일을 열 때 해당 파일이 존재하지 않으면 파일이 자동으로 생성된다. 이는 'w' 파일 모드로 파일을 열 때와 동일한 방식이다.

매출 수치 파일에 기록하기

이제 save_sales 함수를 구현해보자. 해당 함수를 EG8-17 매출 저장하기 예제 파일에서 찾을 수 있다.

```python
1. def save_sales(file_path):
2.     '''
3.     매출 리스트의 내용을 파일에 저장한다.
4.     file_path는 저장할 파일의 경로다.
5.     저장 실패 시 파일 예외가 발생한다.
6.     '''
7.     print('Save the sales in:', file_path)
8.     # 출력 파일을 연다.
9.     output_file=open(file_path,'w')
10.    # 리스트의 매출값을 순회한다.
11.    for sale in sales:
12.        # 매출을 문자열로 기록한다.
13.        output_file.write(str(sale)+'\n')
14.    # 출력 파일을 닫는다.
15.    output_file.close()
```

코드 분석

save_sales 함수

save_sales 함수는 지금까지 확인한 함수 중 가장 복잡하기 때문에 자세히 살펴볼 필요가 있다. 하지만 구체적인 질문을 던지기 전에 save_sales 함수의 목적에 대해 생각해봐야 한다. 매출 관리 프로그램은 매출 수치 리스트를 저장한다. 우리는 매출 수치를 텍스트 파일에 저장하길 원한다. write 메소드를 사용해 문자열을 파일에 기록할 수 있다. 따라서 save_sales 함수는 각 매출 수치를 입력 받아 이를 파일에 기록해야 한다.

질문: str 함수가 무엇을 수행하는가? 왜 str 함수를 사용해야 하는가?

　　답: 13번째 줄에 str 함수가 사용된 것을 확인할 수 있다. str 함수는 숫자(매출값)를 받아서 이를 문자열로 변환한다. write 메소드와 달리 print 함수를 사용할 때는 출력 대상을 문자열로 변환할 필요가 없다. print 함수는 어떤 종류의 값이든 받아서 이를 문자열로 출력할 수 있다. write 메소드는 문자열만을 파일에 기록할 수 있다. 이는 우리 프로그램이 매출 수치를 write 메소드에 전달하기 전에 반드시 텍스트로 변환해야 함을 의미한다. str 함수는 이러한 변환을 수행한다.

질문: 매출 리스트를 하나의 객체로 작성할 수는 없나?

답: 리스트는 컨테이너이다. 따라서 리스트에 무언가를 추가할 때 사용할 수 있는 append와 같은 메소드를 제공한다. 하지만 리스트는 리스트의 내용을 파일에 작성할 때 사용할 수 있는 코드는 제공하지 않는다. 우리가 만든 매출 관리 프로그램은 리스트로부터 각 항목을 꺼내서 이를 파일에 기록한다. 프로그램이 리스트를 다시 파일로부터 읽을 때 파일의 항목들로부터 리스트를 채워 나간다.

파일로부터 읽기

파일로부터 무언가를 읽는 것은 무언가를 파일에 작성하는 것과 매우 유사하다. 프로그램은 파일에 대한 연결을 제공하는 객체를 생성한 다음, 필요한 동작을 수행하기 위해 해당 객체의 메소드를 호출하면 된다. 프로그램은 파일 모드 문자열 'r'을 사용해 파일을 읽기 용으로 열 수 있다.

```
input_file=open('test.txt','r')
```

위 코드는 파일로부터 항목들을 읽는 데 사용할 수 있는 객체를 생성한다. 매출 관리 프로그램은 해당 파일 객체를 for 루프 구조를 사용해 제어할 수 있는 텍스트 줄 모음으로 간주할 수 있다.

```
for line in input_file:          파일의 각 줄을 순회한다.
    print(line)                  해당 줄을 출력한다.
```

위의 for 구조는 파일 내 텍스트 줄들을 순회하면서 각 줄을 출력한다. 루프는 파일로부터 마지막 줄을 읽었을 때 종료된다.

```
input_file.close()
```

파일을 읽은 다음에 반드시 닫아야 한다.

```
# EG8-18 파일 입력

input_file=open('test.txt','r')
```

```
for line in input_file:
    print(line)
input_file.close()
```

위 코드는 완성된 파일 출력기 프로그램이다. 위 프로그램은 파일을 읽기 용도로 연 다음, 각 줄을 출력한 뒤 파일을 닫는다. 우리가 이전에 생성한 텍스트 파일에 대해 위의 프로그램을 실행하면 파일의 내용이 출력되는 것을 확인할 수 있다.

 코드 분석

파일로부터 읽기

질문: 다음 결과를 보면 텍스트 각 줄 사이에 빈 줄이 있다는 것을 알 수 있다. 왜 그럴까?

```
line 1

line 2
```

답: 파일로부터 읽은 각 줄의 끝에 줄 바꿈 문자('\n')가 있기 때문이다. 이전에 파일에 텍스트를 쓸 때 줄 바꿈 문자를 추가했다. 파이썬이 파일을 읽을 때 텍스트 줄 끝에 있는 줄 바꿈 문자도 읽는다. print 함수는 줄을 출력할 때 각 줄의 끝에 줄 바꿈 문자를 추가한다. 따라서 텍스트가 출력되면서 각 줄의 끝에 두 개의 줄 바꿈 문자가 존재하게 된다.

이 문제를 해결하기 위한 두 가지 방법이 있다. 첫 번째 방법은 print 함수에게 텍스트를 출력할 때 줄 바꿈 문자를 추가하지 말라고 명령하는 것이다.

```
print(line, end='')
```

print 함수의 end 매개변수는 각 줄의 끝에 출력될 문자를 지정한다. end 매개변수의 기본값은 줄 바꿈 문자('\n')다. 하지만 print 함수를 호출할 때 줄의 끝에 사용할 값을 인자를 통해 지정할 수 있다. 위의 코드는 줄의 끝에 추가할 문자를 빈 문자열로 설정한다. 따라서 입력된 문자열만이 출력된다.

이 문제를 해결하기 위한 더 나은 방법으로 파일에서 읽어 들인 텍스트 줄의 줄 바꿈 문자를 제거할 수 있다. strip 메소드는 해당 문자열에서 모든 "화이트스페이스(whitespace)" 문자가 제거된 문자열을 반환한다. 화이트스페이스 문자는 스페이스와 탭 등의 출력 시 보이지 않는 모든 공간을 의미하며 문자열의 맨 앞과 맨 뒤에 존재한다.

```
line = line.strip()
```

위 코드는 line에서 모든 화이트스페이스 문자를 제거한 문자열을 생성한다. 단어 사이의 빈칸과 같은 문자열 내의 화이스페이스는 제거되지 않고 유지된다. 오직 문자열의 시작과 끝에 있는 화이트스페이스만이 영향을 받는다.

소프트웨어 개발자는 텍스트 내에 예기치 못한 항목이 없도록 입력값을 '정제'하는 것에 관심이 많다. strip 메소드는 읽어 들인 텍스트의 시작과 끝에 출력 불가능한 문자가 없도록 하는 데 유용하다. 문자열의 왼쪽 끝에 있는 화이트스페이스만을 제거하고자 하는 경우 lstrip 메소드를 사용할 수 있고, 오른쪽 끝에 있는 화이트스페이스만을 제거하고자 하는 경우 rstrip 메소드를 사용할 수 있다.

질문: 파일을 읽은 다음 해당 파일을 닫아야 하는 이유는?

답: 파일을 읽는 것은 파일의 내용을 변경하지 않는다. 따라서 파일을 닫는 것을 잊어버린다고 해서 파일 내 자료에 영향을 주지는 않는다. 그렇다고 하더라도 다른 프로그램이 해당 파일을 사용할 수 있도록 하기 위해서는 파일을 사용한 다음 닫아야 한다. 또한 파일이 열려 있는 경우 운영체제 종료 시 종료되지 않을 수도 있다.

질문: 읽기용으로 연 파일에 쓰기를 시도하면 어떻게 될까?

답: 읽기용으로 연 파일에 쓰기를 시도하면 예외가 발생한다. 하지만 'r+' 모드 문자열을 사용해 파일을 읽기와 쓰기용으로 열 수 있다. 동일한 프로그램이 파일을 읽고 쓰는 것은 꽤나 어려운 일이다. 파일에 쓰기를 할 때 이미 존재하는 자료를 손상시키지 않도록 주의해야 한다. 프로그램이 파일에 존재하는 줄보다 긴 줄을 쓰는 경우 다음 줄의 정보가 손상된다. 보통 프로그램은 파일에 있는 자료를 변경하지 않는다. 대신에 파일로부터 모든 자료를 로딩한 다음, 자료를 갱신한 다음, 해당 모든 자료를 파일에 다시 쓴다.

질문: 프로그램이 하나의 전체 파일을 한번에 읽을 수 있는가?

답: 가능하다. 입력 파일 객체는 파일의 전체 내용을 한번에 읽을 수 있는 read 메소드를 제공한다. 파이썬 문자열은 매우 큰 양의 텍스트를 담을 수 있다. 따라서 이런 식으로 큰 파일을 읽을 수 있다. 줄 끝 문자는 문자열을 읽을 때 보존된다. read 메소드를 사용해 매우 간단한 파일 출력 프로그램을 만들 수 있다.

```
input_file=open('test.txt','r')
total_file=input_file.read()
print(total_file)
input_file.close()
```

파일 복사 프로그램을 만들 때에도 위 코드를 활용할 수 있다.

매출 수치 읽기

이제 load_sales 함수를 구현해보자.

```python
1. def load_sales(file_path):
2.     '''
3.     파일로부터 매출 리스트를 불러온다.
4.     file_path에 불러올 파일의 경로를 설정한다.
5.     파일 불러오기에 실패한 경우 파일 예외가 발생한다.
6.     '''
7.     print('Load the sales from:', file_path)
8.     # 매출 리스트 초기화
9.     sales.clear()
10.    # 입력용 파일 열기
11.    input_file=open(file_path,'r')
12.    for line in input_file:
13.        line=line.strip()
14.        sales.append(int(line))
15.    input_file.close()
```

코드 분석

load_sales 함수

load_sales 함수는 매출 리스트를 순회하면서 매출 수치를 파일에 추가하는 save_sales 함수를 반대로 하면 된다. load_sales 함수는 입력 파일을 순회하면서 빈 매출 리스트에 매출 수치를 추가한다.

질문: int 함수는 무엇을 수행하는가?

답: int 함수는 14번째 줄에서 사용된다. int 함수를 save_sales 함수에서 사용했던 str 함수를 반대로 한 것이라고 생각하면 된다. str 함수는 숫자를 문자열로 변환한다. int 함수는 문자열을 숫자로 변환한다. 사용자가 입력한 문자열을 숫자로 변환할 때 int 함수를 사용한 적 있다.

질문: 입력 파일이 빈 경우 어떻게 되는가?

답: 입력 파일이 빈 경우에도 프로그램은 잘 동작한다. for 루프의 코드가 아무것도 수행하지 않을 것이다. 따라서 빈 매출 리스트가 생성된다.

파일 오류 처리하기

파일을 처리하는 프로그램은 무언가 잘못됐을 가능성에 대비해야 한다. 파일이 존재하지 않을 수도 있고 사용자가 USB 드라이브를 컴퓨터에서 뺏을 수도 있고 잘못된 파일 이름을 입력했을 수도 있다. 오류가 발생했을 때 두 가지 사항이 매우 중요하다.

1. 어떤 파일도 열린 채 두어서는 안 된다.
2. 사용자가 무언가 잘못되었다는 것을 인지해야 한다.

파일과 관련된 프로그램 동작이 실패했을 때 예외가 발생한다. int 함수를 사용해 문자열을 숫자로 변환할 때 예외가 발생한 것을 봤다. 문자열이 숫자를 구성하는 숫자 문자를 포함하지 않은 경우 int 함수는 실패하고 예외가 발생한다. 동일한 방식으로 파일 사용 시 실패가 발생했을 때 경고를 알릴 수 있다. 프로그램은 try...except 구조를 사용해 예외를 처리할 수 있다. 따라서 매출 관리 프로그램의 파일 저장 코드를 활용해 다음과 같이 코드를 작성할 수 있다. 프로그램은 매출 리스트를 순회하면서 각 항목을 저장한다. 파일을 사용하는 동안 발생한 모든 예외가 감지되며 예외 발생 시 메시지가 출력된다.

```
1. try:                                              try...except 구조의 시작
2.     output_file=open(file_path,'w')                예외 발생 가능성이 있는 코드
3.     for sale in sales:
4.         output_file.write(str(sale)+'\n')
5.     output_file.close()
6.     print('File written successfully')             어떤 예외도 발생하지 않은 경우에만
                                                       이 코드에 도달할 수 있다.
7. except:
8.     print('Something went wrong writing the file')  예외를 처리하는 코드
```

코드 분석

파일 처리 예외 처리하기

위의 프로그램에서 파일 쓰기를 수행하는 코드는 try...except 구조에 의해 둘러싸여 있다. 파일 동작이 예외를 발생시킨 경우 try 구조의 except 부분이 수행된다. 이는 마치 문제를 해결할 수 있는 것처럼 보인다. 하지만 자세히 살펴볼 필요가 있다.

질문: 어떤 경우에 예외 부의 코드가 실행되는가?

> **답**: 두 번째, 네 번째, 다섯 번째 줄의 코드가 예외를 발생시키는 경우 except부의 코드가 실행된다. 따라서 오류가 발생한 경우만 오류 메시지를 본다.

질문: 어떤 경우에 "File written successfully" 메시지가 출력되는가?

답: 해당 메시지는 파일 닫기를 포함하여 파일 쓰기의 모든 단계가 성공적으로 완료된 경우에만 출력된다.

질문: 이제 파일 오류가 발생하면 오류 메시지가 항상 출력된다는 사실은 알았다. 하지만 오류 발생 시 출력 파일이 항상 닫히는가?

답: 그렇지 않다. 그게 바로 위의 코드의 문제점이다. 쓰기 동작이 실패한 경우 파일을 열린 채로 놔두고 실행은 곧바로 except 부분으로 이동한다. 이는 문제다. 이를 처리하기 위한 한 가지 방법은 예외 처리부에서도 파일을 닫는 것이다. 하지만 더 좋은 방법은 예외 처리 구조에 finally 부분을 추가하는 것이다.

```python
try:
    output_file=open(file_name,'w')
    for sale in sales:
        output_file.write(str(sale)+'\n')
except:
    print('Something went wrong writing the file')
finally:  ──────────────────────────  finally 부분의 코드는 항상 실행된다.
    output_file.close()
```

finally 부분은 try 구조에 추가해도 되고 추가하지 않아도 되는 선택적인 항목이다. finally 부분의 코드는 무슨 일이 일어나든지 항상 실행된다. 위의 코드는 try 부분에서 예외가 발생하든 발생하지 않든 출력 파일이 닫힐 것을 보장한다.

with 구조를 사용해 파일 접근을 깔끔하게 정리하기

try...except...finally 구조는 파일 오류를 처리하는 방법 중 하나다. 하지만 파일 처리가 끝났을 때 프로그램이 파일을 닫아야 한다는 사실을 기억하고 있어야 하기 때문에 위의 코드는 완벽하지는 않다. 프로그램이 파일을 닫지 않은 채로 열어둔 경우에도 파이썬은 결국엔 파일을 닫는다. 하지만 파일 닫기가 언제 일어나는지 확실히 알 수는 없다.

프로그램이 파일 닫기를 수행하지 않았다면 해당 프로그램은 최악의 형태의 실수를 저지른 것이다. 파일 닫기를 수행하지 않아서 프로그램이 실패할 수도 있지만 어쩌다 한 번씩 실패할 뿐이다. 프로그램이 막 작성을 마친 파일을 다시 열려고 했을 때 실패할 것이다. 하지만 또 어떤 경우에는 프로그램이 문제 없이 동작할 것이다.

가끔씩 발생하는 오류는 수정하기 가장 어렵다

내가 작성한 프로그램이 언제나 오류를 일으킨다고 누군가가 얘기한다면 해당 문제를 해결하는 데 그렇게 긴 시간이 걸리지는 않을 것이다. 그러한 종류의 실수는 보통 놀랍도록 수정하기 쉽다. 하지만 내 프로그램이 가끔 오류를 일으킨다고 얘기한다면 이는 무서운 얘기다. 오류를 수정할 수 있기 전에 해당 오류가 다시 발생하도록 만들어야 한다. 나는 이러한 간헐적인 오류가 발생할 가능성을 제거하기 위해 엄청난 노력을 설계 단계에 기울인다.

파이썬 설계자들은 이러한 실수에 대해 염려했다. 파이썬 설계자들은 프로그램이 리소스를 획득하고 해제할 때 신뢰할 만한 방식으로 동작하길 원했다. 이를 위해 파이썬 설계자들은 파이썬에 with 구조를 추가했다.

그림 8-3의 with 구조는 리소스를 획득하고 해제하기 위한 프로토콜을 제공한다. 어떤 서비스를 with 구조와 함께 사용하면 프로그래머가 별도로 무언가를 수행하지 않아도 리소스를 해제하는 명령어가 자동으로 실행된다. 현재로서는 with 구조에 의해 관리될 수 있는 서비스를 만든 법에 대해서는 알 필요가 없다. 파일을 처리할 때 with 구조를 어떻게 사용해야 하는지에 대해서만 이해하면 된다.

with	expression	as	name	:	suite
(with 구조 시작)	(사용될 리소스를 생성하는 표현식)		(사용될 리소스를 나타내는 이름)	콜론	(해당 리소스를 사용하는 코드)

그림 8-3 with 구조

프로그램은 서비스를 제공할 객체를 얻기 위해 with 구조를 사용한다. 다음 코드 예의 경우 획득될 객체의 이름은 output_file이다. with 구조는 리소스를 획득했을 때 처리 대상 객체에 대한 "들어가기" 동작을 활성화한다. 파일 객체의 경우 "들어가기" 동작은 해당 파일을 여는 역할을 한다.

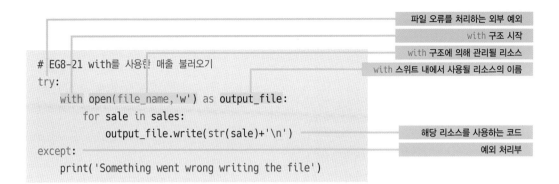

```
# EG8-21 with를 사용한 매출 불러오기
try:
    with open(file_name,'w') as output_file:
        for sale in sales:
            output_file.write(str(sale)+'\n')
except:
    print('Something went wrong writing the file')
```

	설명
파일 오류를 처리하는 외부 예외	
with 구조 시작	
with 구조에 의해 관리될 리소스	
with 스위트 내에서 사용될 리소스의 이름	
해당 리소스를 사용하는 코드	
예외 처리부	

프로그램을 빠져 나갈 때 with 구조 내의 코드가 자동으로 with 구조가 관리 중인 리소스에 대한 "나가기" 동작을 활성화한다. 이는 파일 객체가 사용 중인 파일을 닫기 위해 해당 파일 객체에 의해 사용된다. with 구조는 나가기 동작이 항상 실행됨을 보장한다. 이는 프로그래머가 파일 닫기를 기억하지 않아도 됨을 의미한다. 파일은 자동으로 닫힌다.

위의 코드 예에서 전체 with 구조는 try...except 구조에 의해 둘러싸여 있다. 이는 with가 발생된 예외를 처리하지 않기 때문이다. with는 객체를 관리할 뿐이다. 파일 쓰기가 예외를 발생한 경우 with 구조는 우선 나가기 동작(파일을 닫음)을 수행한 다음, 해당 예외를 오류 처리 코드가 수행하도록 전달한다.

 직접 해보기

save 함수를 사용해 리스트 기록하기

파티 손님 프로그램에 save 함수를 추가해 파티에 참석한 사람들의 목록을 기록해보자.

자료를 표 형태로 저장하기

리스트는 일차원 자료 구조다. 즉, 리스트는 길이만을 갖는다. 하지만 때때로 프로그램은 일차원 자료 이상을 저장해야 한다. 예를 들어 아이스크림 판매 분석 프로그램의 고객이 여러분의 프로그램에 너무 만족해서 몇 가지 사항을 개선했으면 한다고 해보자. 해당 고객은 날짜별로 매출을 저장하길 원한다. 고객이 어떤 식으로 자료가 저장됐음을 나타내기 위해 다음과 같은 표를 그려왔다.

	월요일	화요일	수요일	...
가판대 1	50	80	10	
가판대 2	54	98	7	
가판대 3	29	40	80	
...				

지금까지 사용한 매출 리스트는 표에서 한 열에 해당한다고 생각해도 좋다(예를 들어, 월요일에 대한 매출). 프로그램 사용자는 그저 해당 날짜에 대한 매출만을 입력하면 된다. 하지만 이제 고객이 원하는 것은 프로그램이 요일별로 매출을 연속된 열로 저장하는 것이다.

이를 달성하기 위한 방법 중 하나는 월요일, 화요일, 수요일 등의 이름을 지닌 여러 리스트를 사용하는 것이다. 하지만 이러한 방식은 각 매출에 대한 개별적인 변수를 사용하는 것처럼 보인다. 이는 이전에 우리가 리스트를 사용함으로써 해결하고자 했던 문제가 다시 발생하는 것이다. 개별적으로 저장된 자료를 처리하는 것은 까다롭다. 예를 들어 프로그램이 어떤 주의 가장 높은 매출을 찾는 것은 매우 어렵다. 프로그램이 각 리스트를 개별적으로 고려해야 하기 때문이다.

이 문제를 해결하기 위해 다른 리스트를 포함하는 리스트를 생성할 수 있다.

```
mon_sales=[50,54,29,33,22,100,45,54,89,75]
tue_sales=[80,98,40,43,43,80,50,60,79,30]
wed_sales=[10,7,80,43,48,82,33,55,83,80]
thu_sales=[15,20,38,10,36,50,20,26,45,20]
fri_sales=[20,25,47,18,56,70,30,36,65,28]
sat_sales=[122,140,245,128,156,163,90,140,150,128]
sun_sales=[100,130,234,114,138,156,107,132,134,148]
```
요일별 리스트

위의 파이썬 코드는 일곱 개의 매출 리스트를 생성한다. 각 매출 리스트는 각 요일을 담당한다. 이 해결책이 어떤 식으로 동작하는지 보여주기 위해 각 주에 대한 샘플 자료를 만들었다.

요일별 매출을 저장한 리스트

```
week_sales=[mon_sales,tue_sales,wed_sales,thu_sales,fri_sales,sat_sales,sun_sales]
```

위의 코드는 다른 리스트들을 포함하는 week_sales라는 이름의 리스트를 생성한다. 각 개별적인 리스트를 행이라고 생각해도 좋다. 다른 리스트들을 담고 있는 리스트를 행의 모음이라고 생각해도 된다. 프로그램이 개별적인 매출값을 참조하길 원하는 경우 먼저 행을 지정해야 하고, 그 다음에는 해당 행에서의 위치를 지정해야 한다.

```
print(week_sales[1][0])
```

위 코드는 80을 출력한다. 이는 가판대 1의 화요일 매출이다(리스트 인덱스값은 0부터 시작한다는 사실을 기억하자).

위의 코드에서 코드 한 줄로 week_sales 리스트를 만들고 해당 리스트에 요일별 매출값을 한번에 추가했다. 매출 리스트를 리스트에 추가하는 방식으로도 "리스트의 리스트"를 만들 수 있다.

코드 분석

불충분한 인덱스값

질문: 프로그램 실행 시 다음 코드의 어느 부분이 실패하는가?

```
코드 1: week_sales[0][0] = 50
```

```
코드 2: week_sales[8][7] = 88;
```

```
코드 3: week_sales[7][10] = 100;
```

답: 코드 1은 완전히 올바르다(위의 프로그램 코드에서 사용됐으니 당연히 그럴 것이다). 코드 2는 첫 번째 인덱스(요일)의 값이 8이기 때문에 실패할 것이다. 하지만 week_sales 리스트는 요일별로 일곱 개의 항목을 가지고 있다. 따라서 코드 2는 존재하지 않는 항목에 접근하는 것이다. 코드 3 역시 잘못됐다. 항목들의 인덱스가 0부터 시작하기 때문에 코드 3은 두 리스트 모두의 범위를 초과한다. 결과적으로 프로그램은 실패할 것이다. 매출 표의 가장 우측 아래에 있는 항목을 사용하길 원한다면 항목 week_sales[6][9]을 사용하면 된다.

루프를 사용해 표 처리하기

파이썬의 for 루프 구조는 개별적인 값을 담고 있는 리스트를 순회하는 것만큼이나 쉽게 리스트의 리스트를 순회할 수 있다. 특정 주의 전체 매출을 계산하는 프로그램을 만드는 경우 다음과 같이 구현할 수 있다.

```
# EG8-22 매출 자료 표
total_sales=0                                    전체 매출을 0으로 설정한다.
for day_sales in week_sales:                     각 요일을 순회한다.
    for sales_value in day_sales:                각 아이스크림 가판대를 순회한다.
        total_sales=total_sales+sales_value      전체 매출에 각 가판대의 매출을 더한다.
```

외부 루프는 전체 주를 순회하면서 각 요일에 대한 리스트를 꺼낸다. 내부 루프는 해당 요 일의 리스트를 순회한다. 이때 얻은 매출값은 전체 매출에 더해진다.

루프를 이런 식으로 사용하는 것을 중첩 루프^{nesting}라고 한다(이전에도 다른 루프 내부에 루프를 넣은 적이 있다. 이를 통해 프로그램은 반복적으로 명령어를 읽고 수행했다). 여기서 외부 루프는 일곱 번 순회한다(요일별로 한 번). 그리고 내부 루프는 10번 수행된다(아이스크림 가판대별로 한번). 루프가 완료되었을 때 프로그램은 모든 매출값을 전체 매출값에 더한 것이다.

루프 세기

질문: 두 개의 루프 내에 있는 코드는 몇 번 실행될까?

답: 해당 코드는 70번 실행된다. 외부 루프는 7번 실행되고 내부 루프는 10번 실행된다. 루프의 전체 실행 횟수를 구하기 위해서는 외부 루프의 실행 횟수와 내부 루프의 실행 횟수를 곱하면 된다. 따라서 70번이라는 결과를 얻는다.

질문: 한 주 이상의 매출을 처리하기 위해서는 프로그램을 어떻게 수정해야 할까?

답: 리스트에 더 많은 날을 추가할 수 있다. 표의 관점에서 보면 더 많은 행을 추가하는 것과 같다.

질문: 하루치의 매출을 주 리스트에 추가하려면 어떻게 되는가?

답: 이를 위해서는 각 가판대의 매출값을 입력 받아 리스트 형태로 저장한 다음, 해당 리스트를 주 리스트에 추가하면 된다.

```
# 각 가판대의 매출을 읽는다.
read_sales(10)
# 일별 매출값 리스트를 주 리스트에 추가한다.
week_sales.append(sales)
```

단일 리스트에 7일치의 매출 대신에 1년치의 매출값을 저장할 수 있다. 또한 별도의 루프를 사용해 파일에 자료를 저장하거나 파일로부터 자료를 불러오기 위해 save 함수와 load 함수를 구현할 수 있다.

다차원 리스트 처리

많은 수의 표를 표현해야 하는 경우 리스트의 리스트를 포함하는 리스트를 고민해볼 필요가 있다. 이러한 종류의 리스트를 시각화하는 가장 좋은 방법이 있다. 한 페이지가 일주일치를 표현한다고 가정하고 이러한 페이지가 쌓여 있는 모습을 생각해보자. 세 번째 차원은 한 주의 결과를 포함하는 페이지의 번호가 될 것이다.

다음 코드는 일주일 간의 매출을 리스트에 어떤 식으로 추가하는지를 나타낸다. 따라서 리스트의 각 항목은 각 주에 대한 매출을 나타낸다.

```
annual_sales.append(week_sales)
```

리스트를 찾아보기 표로 사용하기

이제 여러분은 프로그램에 자료를 어떤 식으로 저장해야 하는지 안다. 따라서 프로그램이 어떤 식으로 사용돼야 하는지에 대해 고객과 다시 한번 논의해보자. 고객은 여러분의 자료 저장 계획에 대해 꽤나 만족한다. 하지만 고객은 이제 흥미로운 문제를 제기한다. 바로 사용자가 매출 수치를 입력할 때 프로그램이 어떤 요일에 대한 매출 수치를 입력해야 하는지 표시하지 않는다는 점이다. 고객은 이 점을 걱정하고 있다. 프로그램은 완벽하게 올바르게 동작하지만 사용하기에는 헷갈릴 수도 있다. 고객이 원하는 것은 프로그램이 매출 수치를 입력해야 할 요일을 표시하는 것이다.

```
Enter the Monday sales figures for stand 2:
```

이를 위해서는 프로그램은 요일을 식별하는 메시지를 표시해야 한다. 프로그램은 자료 입력 시 day_number라는 변수를 사용해 요일을 계산할 수 있다. day_number 변수는 0부터 시작해서 6까지 셀 수 있으며 0은 월요일을 나타내고 6은 일요일을 나타낸다. 여러 if 조건을 사용해 요일 숫자를 문자열로 변환할 수 있다.

```python
# EG8-23 요일 이름 확인용 if
if day_number==0:
    day_name='Monday'
elif day_number==1:
    day_name='Tuesday'
elif day_number==2:
    day_name='Wednesday'
elif day_number==3:
    day_name='Thursday'
elif day_number==4:
    day_name='Friday'
elif day_number==5:
    day_name='Saturday'
elif day_number==6:
    day_name='Sunday'
```

위 코드는 잘 동작하지만 입력하기에 너무 길고 실수를 저지를 가능성이 높다. 파이썬은 이를 위한 훨씬 더 쉬운 방법을 제공한다. 미리 정해진 리스트를 생성한 다음 이를 찾아보기 표로 사용할 수 있다.

```python
# EG8-24 요일 이름 리스트
day_names=['Monday','Tuesday','Wednesday','Thursday','Friday','Saturday','Sunday']

day_name=day_names[day_number]
```

프로그램을 실행하면 미리 정해진 내용으로 리스트가 생성된다. 주의 각 요일에 대해 하나의 항목이 있다. 이제 프로그램은 0부터 6까지의 범위의 요일 값을 해당 요일로 바로 변환할 수 있다.

찾아보기 표는 매우 유용하다. 찾아보기 표는 자료 중심(data-driven) 애플리케이션을 만드는 데 사용할 수 있다. 자료 중심 애플리케이션은 정해진 논리를 사용하는 대신에 내장된 자료를 사용해 동작한다.

튜플

리스트는 매우 강력하다. 리스트는 프로그램이 새로운 항목을 리스트에 추가하고 리스트의 내용을 변경하기 위한 전체 기능을 제공한다. 하지만 요일 숫자를 요일 이름으로 변환하기 위해서는 리스트처럼 강력한 기능을 제공하는 자료 구조가 필요한 것은 아니다. 사실 요일 이름 리스트를 변경할 수 없도록 만든다면 매우 유용할 것이다. 악의적인 의도를 지닌 프로그래머가 요일 이름을 맘대로 바꿔버릴 수도 있기 때문이다.

```
# EG8-25 요일 이름 튜플
day_names[5]='Splatterday'
```

위의 코드로 인해 프로그램은 "Saturday" 대신에 "Splatterday"를 참조할 것이다. 어떤 사람들은 이러한 변화가 재미있다고 느낄 수도 있지만 고객은 싫어할 것이다. 파이썬 프로그램은 생성된 이후에 변경이 불가능한 자료 모음을 담을 수 있다.

6장에서 '튜플tuple'이라는 자료 모음에 대해 알아봤다. 튜플은 리스트와 매우 유사하지만 한 가지 큰 차이가 있다. 튜플의 내용은 변경 불가다. 파이썬에서 이러한 변경 불가 동작 방식을 '불변immutable'이라고 부른다. 따라서 우리는 '튜플은 불변이다'라고 말할 수 있다.

요일 이름 변환 프로그램의 경우 요일 변환 리스트가 변경돼서는 안 된다. day_names를 담고 있는 튜플의 내용을 변경하려 하면 프로그램은 실패할 것이다.

```
Traceback (most recent call last):
    File "C:/Ch 08 Collections/code/samples/EB8-26 Day Name Tuple.py", line 9, in <module>
        day_names[5]='Splatterday'
TypeError: 'tuple' object does not support item assignment
```

튜플은 괄호로 둘러싸인 항목들의 목록 형태로 생성된다.

```
day_names=('Monday','Tuesday','Wednesday','Thursday','Friday','Saturday','Sunday')
```

프로그램은 for 루프를 사용해 튜플로부터 값을 읽고 순회할 수 있다. 이는 이전에 for 루프를 사용해 리스트로부터 값을 읽고 순회한 것과 같은 방식이다. 하지만 튜플의 내용은 변경할 수 없다.

튜플은 프로그램이 단순한 정수나 부동 소수점값보다 복잡한 값을 처리해야 하는 경우에 매우 유용하다. 예를 들어 프로그램에 보물이 어디에 묻혔는지 여러분에게 알려주기 위해 해적이 사용할 수 있는 함수가 있다고 해보자. 해당 함수는 대표 지형지물의 이름과 그 지형지물로부터 북쪽으로 몇 걸음, 동쪽으로 몇 걸음 이동한 다음 땅을 파야 할지에 관한 정보를 반환해야 할 수도 있다. 지금까지 우리가 본 함수는 단지 하나의 값만을 반환했지만 함수는 튜플을 반환할 수도 있다.

```
def get_treasure_location():
    # 해적으로부터 보물이 묻힌 장소를 얻는다.
    return ('The old oak tree',20,30)
```

함수 get_treasure_location은 세 개의 값을 담고 있는 튜플을 반환한다. 첫 번째는 문자열이고, 다음 두 개는 정수이다. 프로그램은 해당 함수의 반환값을 사용해 구멍을 파야 할 위치를 표시할 수 있다.

```
location=get_treasure_location()
print ('Start at',location[0], 'walk',location[1],'paces north and',
location[2],'paces east')
```

인덱스값은 튜플에서 특정 항목을 식별한다. 인덱스가 0인 항목은 튜플의 첫 번째 항목이다. 위 예의 경우 첫 번째 항목은 지형지물의 이름인 'The old oak tree'에 해당한다. 두 번째 항목과 세 번째 항목은 북쪽으로 이동해야 할 걸음 수와 동쪽으로 이동해야 할 걸음 수를 나타내며, 이들의 인덱스값은 1과 2이다. 튜플은 이런 식으로 자료를 반환하는 데 있어 매우 좋은 방법이다. 특히나 튜플을 사용하면 프로그램이 해당 반환 자료 중 어떤 항목도 변경할 수 없기 때문에 더욱 유용하다.

몇 개의 항목으로 구성된 값을 생성하기 위한 간편한 방법이 필요한 경우가 많다(예를 들어 x와 y의 좌표 값 혹은 빨강, 초록, 파랑의 양을 저장하는 색상값). 튜플은 이러한 경우에 매우 유용하다.

튜플 인덱스 사용 시 주의해야 한다

파이썬 프로그램은 get_treasure_location의 결과를 올바르게 사용해야 한다. 함수와 해당 함수를 호출하는 코드 사이에는 일종의 '계약'이 존재한다. get_treasure_location 함수의 계약에 따르면 "튜플의 첫 번째 항목은 설명이고, 두 번째 항목은 북쪽으로의 걸음 수이고, 세 번째 항목은 동쪽으로의 걸음 수다". get_treasure_location 함수를 호출하는 프로그램이 잘못된 인덱스값을 사용하면 잘못된 명령어를 표시할 것이다.

```python
# EG8-26 Pirate Treasure Tuple
def get_treasure_location():
    '''
    보물의 위치를 얻는다.
    다음과 같은 튜플을 반환한다.
    [0]은 시작할 지형지물의 이름을 나타내는 문자열이다.
    [1]은 북쪽으로 이동해야 할 걸음 수이다.
    [2]은 동쪽으로 이동해야 할 걸음 수이다.
    '''
    # 해적으로부터 위치를 얻는다.
    return ('The old oak tree',20,30)
```

위의 코드에서 보듯이 해당 함수의 설명에 매개변수의 세부사항을 추가했다. 나는 몇 가지 항목보다 복잡한 값들을 반환하는 경우에는 튜플을 잘 사용하지 않는다. 이 책의 후반부에서 더 잘 정의된 구조를 지니는 객체를 반환하는 법에 대해 알아볼 것이다.

함수가 튜플이나 리스트를 반환한다면 다른 형태로 함수를 호출할 수 있다. 이는 해당 함수가 반환하는 결과를 사용하기에 좀 더 쉽다.

```python
# EG8-27 해적 보물 튜플 함수
landmark, north, east = get_treasure_location()
print ('Start at',landmark,'walk',north,'paces north and',east,'paces east')
```

get_treasure_location을 호출하면 튜플 형태로 반환되는 세 개의 값이 변수 landmark 와 north, east에 각각 저장된다.

요약

8장에서는 리스트를 사용해 대용량 자료를 파이썬 프로그램에 저장하는 법을 배웠다. 리스트는 여러 다른 값들을 저장할 수 있다. 리스트의 각 값을 항목이라고 부른다. 프로그램은 append 메소드를 사용해 항목들을 리스트에 추가하거나 항목들을 포함하는 리스트를 생성할 수 있다. len 함수를 사용해 리스트의 항목 개수를 구할 수 있으며 for 루프를 사용해 리스트의 항목들을 순회할 수 있다. 리스트의 항목들은 같은 종류의 자료이거나 여러 다른 종류의 자료일 수도 있다.

프로그램은 인덱스값과 사각 괄호를 사용해 리스트의 항목의 위치를 지정할 수 있다. 리스트의 시작 위치에 있는 항목의 인덱스는 0이고 그 이후의 항목들의 인덱스는 순차적으로 증가한다. 예를 들어 다섯 개의 항목으로 구성된 리스트의 항목들의 인덱스는 0, 1, 2, 3, 4이다. 리스트 항목의 인덱스는 고정된 값으로 표현하거나 변수의 값을 사용해 표현할 수 있다. 프로그램이 항목이 존재하지 않는 위치에 대한 인덱스값을 사용하는 경우 프로그램은 예외를 일으키며 실패한다. 예를 들어 다섯 개의 항목으로 구성된 리스트에서 인덱스값 5를 사용해 항목을 접근하는 경우 예외가 발생한다.

리스트는 일차원 저장 장치다. 이차원 자료를 저장하기 위해서는(예를 들어 숫자로 구성된 표) 다른 리스트를 포함하는 리스트를 생성할 수 있다.

리스트와 다른 항목들은 파일에 기록할 수 있다. open 함수는 읽기 또는 쓰기용 파일에 대한 연결을 나타내는 객체를 생성하는 데 사용할 수 있다. 해당 객체는 해당 파일을 읽거나 조작하는 데 사용할 수 있는 메소드들을 노출한다. 이 뿐만 아니라 해당 객체는 파일의 각 줄을 순회하기 위해 for 구조와 함께 사용할 수도 있다.

파일에 기록을 하는 경우 프로그램은 명시적으로 줄 바꿈('\n') 문자를 파일의 각 줄의 끝에 추가해야 한다. 파일의 줄을 다시 읽을 때 프로그램은 strip 함수를 사용해 파일로부터 읽은 줄에서 줄 바꿈 문자를 제거할 수 있다. 프로그램이 파일을 다 사용한 다음에는 해당 파일 객체에 대해 close 메소드를 사용해서 해당 파일에 대한 모든 남아있는 동작을 종료해 다른 프로그램이 해당 파일을 사용할 수 있도록 만들어야 한다.

파일을 사용하는 프로그램은 예외를 일으킬 수 있다. 이러한 예외는 사용자가 무언가 실패했다는 것을 알아차릴 수 있는 방식으로 처리돼야 한다. 또한 예외 처리기는 모든 열린 파일이 오류 발생 시 닫힌다는 것을 보장해야 한다. with 구조는 오류 발생 시 파일이 닫힌다는 것을 보장하는 코드를 쉽게 만들 수 있도록 해준다.

파이썬 언어는 튜플이라는 자료 모음 저장 메커니즘을 제공한다. 튜플은 여러 항목들을 저장할 수 있으며 불변이다. 이는 주어진 튜플의 항목들을 변경할 수 없다는 의미이다. 튜플은 찾아보기 표를 생성하는데 사용될 수 있으며 둘 이상의 값을 반환하는 함수에 의해 사용될 수도 있다.

다음 질문들은 리스트에 관해 생각해볼 만한 질문들이다.

꼭 리스트가 있어야 하는가?

그렇다. 리스트가 없다면 프로그램을 만드는 것이 불가능한 상황이 많이 있다. 매우 간단한 프로그램은 단일 변수들을 사용할 수 있지만 대용량 자료를 처리하기 위해서는 리스트가 필요하다.

꼭 튜플이 있어야 하는가?

그렇지 않다. 튜플은 매우 유용하고 변경되지 말아야 하는 자료 항목이 변경되는 것을 방지할 수 있다. 하지만 튜플이 없더라도 프로그램을 작성할 수 있다.

리스트가 실제로 어떻게 동작하는가?

프로그램이 리스트를 생성하면 메모리 블록이 몇 개의 리스트 항목들을 충분히 담을 만큼 예약된다. 메모리 블록은 또한 리스트의 활성화된 항목들의 현재 개수를 저장한다(활성화된 항목들은 실제 무언가를 저장한 항목들을 의미한다). 어떤 항목이 리스트에 추가될 때 항목들 중 하나가 추가되는 항목으로 채워진다. 리스트에 다른 항목을 위한 공간이 없는 경우 리스트는 자동으로 확장된다. 프로그램이 리스트 항목에 접근할 때 프로그램은 먼저 요청된 항목이 존재하는지 확인한다(즉, 인덱스값이 존재하지 않는 항목을 참조하지는 않는지 확인한다). 해당 항목을 찾을 수 없는 경우 프로그램은 예외를 일으키며 종료된다. 해당 항목이 리스트 범위 내에 있는 경우 프로그램은 리스트에서 해당 항목을 찾아서 반환한다.

튜플의 이름이 튜플인 이유는?

튜플은 "정렬된 항목 리스트"라는 의미의 수학 용어다. 파이썬의 튜플은 수학에서 유래했을 것이다.

매출 관리 프로그램이 매출을 저장하기 위해 리스트를 사용해야 하는가? 튜플을 사용해야 하는가?

이는 매우 복잡한 질문이다. 질문에 대한 답은 우리가 매출을 가지고 무엇을 하길 원하는지에 달려있다. 한편으로는 매출은 튜플에 저장돼야 할 것 같다. 튜플의 값은 변경할 수 없기 때문이다. 보안적인 관점에서 보면 이는 매우 좋은 점이다. 프로그래머가 변경하지 말아야 할 매출을 변경할 수 없어야 한다.

하지만 튜플을 사용하면 프로그램이 더 복잡해진다. 항목들을 읽으면서 튜플의 항목들을 채워나가는 것이 어렵기 때문이다. 앞에서 언급했듯이 튜플을 한 번 생성하고 나면 변경할 수 없기 때문이다. 이는 프로그램이 새로운 값을 읽을 때마다 새로운 튜플을 생성해야한다는 것을 의미한다.

프로그램 사용자가 잘못 입력한 매출값을 수정하기 위해 "편집" 함수를 추가하길 원할 수도 있다. 값을 저장하기 위해 튜플을 사용했다면 편집 함수를 추가하는 것은 쉽지 않을 것이다.

함수가 튜플 대신에 리스트를 반환할 수도 있는가?

가능하다. 함수의 결과를 변경할 수 없는 것으로 간주하는 것이 좋다. 이는 함수로부터 튜플을 반환하는 것이 좋은 생각이라는 의미이다. 하지만 튜플 대신에 리스트를 반환하는 것도 가능하다.

모든 자료를 저장하기 위해 튜플을 사용한다면 프로그램 실행이 더 빨라질까?

그렇다. 프로그램 실행 시 튜플 자체는 구현하기 더 간단하기 때문이다. 하지만 속도 개선은 감지하기에 매우 어렵다. 따라서 추가적인 노력을 할 필요가 없다.

with 구조가 객체가 예외를 일으키는 것을 방지하는가?

그렇지 않다. with 구조의 원칙은 객체가 예외를 던지더라도 관리되는 객체가 올바르게 닫힌다는 것을 보장한다는 것이다. 즉, 파일 객체를 관리하기 위해 with 구조를 사용하는 것은 해당 객체가 생성할 수 있는 예외를 숨기지 않는다. 대신에 파일이 예외를 던졌을 때 파일 닫기 동작이 수행됨을 보장한다.

2부

고급 프로그래밍

2부에서는 파이썬 언어의 고급 기능에 대해 살펴볼 것이다. 고급 기능은 1부에서 배운 기본 프로그램 기능을 기반으로 한다. 고급 기능은 대규모 프로그램을 만들고 해당 프로그램을 문제에 대입하는 것을 쉽게 해주는 역할을 한다. 또한 재사용 가능한 코드 라이브러리를 만드는 법과 다른 사람이 만든 라이브러리를 다운로드하고 설치하는 법도 알아볼 것이다.

9

클래스를 사용한
자료 저장

학습 목표

컴퓨터 프로그램이 자료를 입력 받아서 해당 자료를 가지고 무언가를 한 다음, 결과를 생성하는 것이라는 점을 알고 있다. 프로그래밍은 컴퓨터에게 입력된 자료를 가지고 무엇을 수행해야 할지 지시하기 위한 명령어를 생성하는 것이다. 자료는 단일 값 형태로 저장될 수도 있고 자료 모음 형태로 저장될 수도 있다. 9장에서는 프로그래머로 하여금 특정 프로그램의 필요에 부합하는 자료 저장소를 설계할 수 있도록 하는 파이썬 프로그래밍 언어의 기능들에 대해 알아보겠다. 복잡한 자료 모음을 단일 객체(object)로 취급하는 데 사용할 수 있는 클래스(class)를 생성하는 법을 배울 것이다. 또한 프로그램의 작성과 이해가 쉽도록 하기 위해 객체를 사용하는 법도 살펴본다. 마지막으로 파이썬 딕셔너리에 대해 알아볼 것이다.

간단한 연락처 앱 만들기

한 변호사가 여러분에게 개인적이고 비밀 보장이 되는 연락처 앱을 만들어달라고 요청했다고 가정해보자. 변호사는 자신의 고객들의 연락처 세부 정보(이름, 주소, 전화번호)를 저장할 수 있는 간편한 방법을 제공하는 간단하면서도 '경량인' 애플리케이션을 원한다. 여러분은 우선 애플리케이션을 만들기 위한 스토리보드를 그리기 시작한다. 다음은 프로그램의 첫 메뉴다.

```
Tiny Contacts

1. New Contact
2. Find Contact
3. Exit program

Enter your command:
```

사용자는 원하는 번호를 입력한 다음 **엔터**를 누른다. 사용자가 1을 입력한 경우 프로그램은 해당 연락처의 이름, 주소, 전화번호를 물어본 다음 해당 이름으로 신규 연락처를 만들 것이다.

```
Create new contact
Enter the contact name: Rob Miles
Enter the contact address: 18 Pussycat Mews, London, NE1 410S
Enter the contact phone: +44(1234) 56789
Contact record stored for Rob Miles
```

사용자가 2를 입력한 경우 프로그램은 이름을 물어본 다음, 해당 이름에 해당하는 연락처 세부 정보를 출력한다.

```
Find contact
Enter the contact name: Rob Miles
Name: Rob Miles
Address: 18 Pussycat Mews, London, NE1 410S
Phone: +44(1234) 56789
```

해당 이름이 존재하지 않는 경우 프로그램은 메시지를 출력한다.

```
Find contact
Enter the contact name: Fred Bloggs
This name was not found.
```

사용자가 3을 입력한 경우 프로그램은 종료된다.

프로토타입 만들기

변호사에게 연락처 프로그램이 어떤 식으로 동작하는지 보여주기 위한 가장 좋은 방법은 완성된 프로그램과 같은 방식으로 동작하는 프로토타입 프로그램을 만드는 것이다. 간단한 연락처 프로그램의 경우 메시지를 출력하고 입력을 받아들이는 간단한 코드를 사용해 프로토타입 프로그램을 만들 수 있다. 다음 프로그램은 7장의 마지막 부분에서 만들었던 Begin to Code 입력 모듈의 함수들을 사용한다. 파이썬 파일 BTCInput.py가 실행하는 프로그램과 같은 폴더에 있어야 한다.

```python
# EG9-01 간단한 연락처 프로토타입

from BTCInput import *                                  BTC 입력 함수들을 사용한다.

def new_contact():                                      신규 연락처를 생성하고 저장할 때 호출한다.
    print('Create new contact')
    read_text('Enter the contact name: ')               값을 입력 받았을 때
    read_text('Enter the contact address: ')            실제 값을 저장하지 않는다.
    read_text('Enter the contact phone: ')

def find_contact():                                     연락처를 찾을 때 호출한다.
    print('Find contact')
    name = read_text('Enter the contact name: ')
    if name=='Rob Miles':                               Rob Miles라는 연락처만을 인식한다.
        print('Name: Rob Miles')
        print('Address: 18 Pussycat Mews, London, NE1 410S')
        print('Phone: +44(1234) 56789')
    else:                                               이름이 Rob Miles가 아닌 경우 오류를 출력한다.
        print('This name was not found.')
```

```
menu='''Tiny Contacts

1. New Contact
2. Find Contact
3. Exit program

Enter your command: '''
while True:                                                    명령어를 입력 받는 메인 루프
    command=read_int_ranged(prompt=menu,min_value=1,max_value=3)
    if command==1:
        new_contact()
    elif command==2:
        find_contact()
    elif command==3:
        break
```

위 프로그램을 사용해 연락처 정보를 입력하고 검색할 수 있다. 하지만 Rob Miles라는 연락처를 검색할 경우에만 검색 결과를 출력하고 입력된 자료는 전혀 저장하지 않는다. 하지만 프로그램이 어떤 식으로 동작하는지 보여주는 용도로는 위의 프로그램은 매우 유용하다. 고객이 위의 프로그램의 동작 방식에 동의하는 경우 여러분은 실제 프로그램 구현을 시작할 수 있다.

 코드 분석

연락처 애플리케이션 프로토타입

위의 코드에 대해 생각해볼 만한 몇 가지 질문들이 있다.

질문: 코드가 어디서 본 것처럼 익숙하다.

　답: 그렇다. 위의 프로그램의 동작 방식 중 많은 부분은 8장에서 작성했던 아이스크림 매출 관리 프로그램의 일부를 그대로 가져왔다. 다양한 기능을 선택하는 데 사용된 메뉴 구조는 동일하다. 위 구조는 모든 메뉴 주도 프로그램에 사용할 수 있는 좋은 템플릿이다.

질문: 프로그램은 read_text 함수가 반환한 값을 무시한다. 문제가 없는가?

　답: 문제 없다. read_text 함수는 7장에서 만든 BTCInput 라이브러리에 속한다. read_text 함수는 사용자에게 문자열을 입력하라고 요청한 다음, 해당 문자열을 반환한다. 이 점이 다소 의외일 수도 있지만 파이썬 프로그램이 read_text가 반환한 값을 반드시 사용해야 하는 것은 아니

다. 이번 경우 자료를 어떤 식으로 저장할지 아직 결정하지 못했다. 따라서 자료를 실제 저장하는 것은 무의미하다.

질문: 프로그램을 중단하려면 어떻게 해야 하나?

답: 메인 명령어 루프는 반복적으로 사용자로부터 숫자를 입력 받은 다음 해당 숫자에 해당하는 기능을 수행한다. 사용자가 숫자 3을 입력한 경우 프로그램은 루프를 빠져나오면서 중단된다.

질문: 위의 프로토타입이 너무 기본적인 것 아닌가? 자료를 저장하도록 만들지 않은 이유는 무엇인가?

답: 위의 프로토타입은 일부러 간단하게 만든 것이다. 여기에는 두 가지 이유가 있다. 첫째, 고객이 프로토타입을 살펴본 다음, 해당 프로토타입이 고객이 원하는 프로그램이 아니라고 결정할 가능성이 있다. 이 경우 프로토타입을 만들기 위해 들인 모든 노력이 시간 낭비가 된다. 따라서 프로토타입을 위해서는 최소한의 작업만을 한다.

둘째, 프로토타입이 매우 잘 동작하는 경우 고객이 프로그램이 완성되기를 기다리는 대신 해당 프로토타입을 그냥 쓰겠다고 결정해버릴 위험이 있다. 프로토타입의 코드 수준이 떨어지고 실전에서는 잘 동작하지 않을 수도 있기 때문에 프로토타입을 그대로 사용하는 것은 위험할 수 있다.

질문: 전화번호는 어떻게 저장해야 하는가?

답: 전화번호는 문자열로 저장될 것이다. 이것이 전화번호가 일반적으로 저장되는 방식이다. 비록 우리가 전화번호를 번호라고 부르지만 전화번호는 국가 코드를 나타내기 위해 + 문자와 지역 코드를 나타내기 위해 괄호 문자 등을 포함하기 때문이다.

연락처 세부 정보를 별도 리스트에 저장하기

우선 연락처 세부 정보를 입력 받는 부분을 작성해야 한다. 이는 이전 프로그램에서 new_contact 함수의 내용을 채워 넣는 것에 해당한다. new_contact 함수는 연락처의 이름, 주소, 전화번호를 요청한 다음, 해당 자료를 어딘가에 저장한다. 아이스크림 매출을 저장하는 프로그램을 작성했을 때 매출값들을 저장하기 위해 리스트를 사용했다.

```
sales=[]
```

아이스크림 매출 분석 프로그램은 각 매출값을 입력 받을 때마다 매출 리스트에 추가했다.

```
sales.append(read_int(prompt))
```

연락처 프로그램은 전화번호부와 비슷하다. 세 개의 개별적인 리스트를 만들 수도 있다.
각 리스트는 우리가 프로그램에 저장하고자 하는 각 연락처 항목을 저장한다.

```
# 연락처 정보를 저장할 리스트를 생성한다.
names=[]
addresses=[]
telephones=[]
```

그리고 나서 new_contact 함수는 정보를 입력 받은 다음, 각 리스트에 저장할 수 있다.

```
def new_contact():
    '''
    새로운 연락처를 입력 받은 다음 이를 저장한다.
    '''
    print('Create new contact')
    names.append(read_text('Enter the contact name: '))
    addresses.append(read_text('Enter the contact address: '))
    telephones.append(read_text('Enter the contact phone: '))
```

그리고 나서 특정 사람에 대한 연락처 정보를 찾고자 할 때 이름 목록에서 해당 사람의 인
덱스를 찾은 다음, 해당 인덱스를 사용해 나머지 연락처 정보를 얻을 수 있다.

```
# EG9-02간단한 연락처를 저장할 세 개의 리스트
def find_contact():
    '''
    찾고자 하는 이름을 입력 받은 다음
    해당 이름에 해당하는 연락처 정보를 표시하거나
    해당 이름이 존재하지 않는다는 메시지를 표시한다.
    '''
    print('Find contact')
    search_name = read_text('Enter the contact name: ')      ──── 검색할 이름을 입력 받는다.
    search_name = search_name.strip()
    search_name = search_name.lower()      ──── 대문자를 모두 소문자로 변환한다.
    name_position=0      ──── 이름의 개수를 센다.
    for name in names:      ──── 이름 리스트를 순회한다.
        name=name.strip()
        name = name.lower()      ──── 비교하고자 하는 이름을 소문자로 변환한다.
```

```
        if name==search_name:                    이름이 일치하는지 비교한다.
            break                                 루프를 빠져나온다.
        name_position=name_position+1             다음 연락처 위치를 가리키도록
                                                  인덱스를 증가시킨다.

    if name_position < len(names):                이름 리스트의 끝까지 도달하지 않는다면
        print('Name: ',names[name_position])      일치하는 이름을 찾은 것이다.
        print('Address: ',addresses[name_position])
        print('Telephone: ',telephones[name_position])
    else:
        print('This name was not found.')
```

find_contact 함수

위의 코드에 대해 생각해볼 만한 몇 가지 질문들이 있다.

질문: find_contact 함수의 코드가 동작하는 방식은?

답: 짝이 맞는 양말을 찾기 위해 서랍을 뒤져본 경험이 있다면 find_contact 함수와 동일한 알고리즘을 사용한 것이다. 양말을 찾기 위해서는 여러분이 손에 들고 있는 양말과 짝이 맞는 양말을 찾기 위해 서랍 속 양말들을 하나씩 확인해야 한다. 짝이 맞는 양말을 찾는 순간 여러분은 더 이상 서랍 뒤지기를 멈춘 다음, 양말을 신고 아침식사를 하러 나간다(혹은 시간대에 따라 점심이나 저녁식사가 될 수도 있다).

find_contact 함수의 경우 사용자는 검색 이름(첫 번째 양말)을 입력하고 해당 함수는 for 루프를 사용해 이름 리스트의 모든 이름들(다른 양말들)을 순회하면서 입력된 이름과 일치하는 이름을 찾는다.

질문: name_position 변수의 목적은?

답: name_position 변수는 입력된 이름과 일치하는 이름을 찾는 동안 for 루프 내에서 지금까지 확인한 이름의 개수를 세는 데 사용된다. for 루프는 리스트의 각 이름을 한 번씩 방문한다. find_contact 함수는 입력된 이름과 일치하는 이름의 위치를 알아야 한다. 해당 위치값을 사용해 주소와 전화번호를 저장한 리스트들로부터 해당 연락처의 주소와 전화번호를 얻을 수 있기 때문이다.

우리가 찾고자 하는 이름이 이름 리스트에서 두 번째에 위치한다고 가정해보자. 루프를 처음 순회할 때는 name_position의 값은 0이다. 첫 번째 순회 시에는 일치하는 이름이 없어서 name_position의 값이 1만큼 증가할 것이고 루프는 다시 시작될 것이다. 두 번째 순회 시에 일치하는 이름이 발견되고 프로그램은 루프로부터 빠져나와서 name_position의 값은 1이 된다. 값 1을 인덱스로 사용해 해당 연락처에 대한 주소와 전화번호를 얻을 수 있다.

질문: find_contact 함수는 이름이 발견됐는지 여부를 어떻게 알 수 있나?

답: 일치하는 양말을 찾을 때 서랍의 모든 양말을 살펴봤는데도 일치하는 양말을 찾지 못한 경우 서랍에는 일치하는 양말이 없다는 것을 알 수 있다. find_contact 함수도 동일한 방식으로 동작한다. for 루프가 리스트의 모든 이름을 살펴봤는데도 일치하는 이름을 찾지 못한 경우 찾고자 하는 이름이 존재하지 않는 것이다. 이 경우 name_position 변수는 리스트의 이름 개수만큼 증가한다. 즉, name_position 변수의 값은 이름 리스트의 길이와 동일할 것이다. for 루프 이후에 있는 if 구조가 name_position 변수의 값과 리스트의 길이가 같은지 확인한 다음, 적절한 메시지를 출력한다.

질문: strip과 lower 호출이 하는 역할은?

답: 사용자가 "Rob" 대신에 "rob"을 입력하거나 실수로 이름 앞에 빈칸을 입력했을 때 프로그램이 이름을 찾지 못한다면 사용자는 실망할 것이다. 프로그램은 검색하고자 하는 이름 앞 또는 뒤에 존재하는 "화이트스페이스"를 제거한 다음 이름을 전부 소문자로 변환함으로써 입력된 이름을 전처리해야 한다. 리스트 내의 이름들도 검색하고자 하는 이름과 비교하기 전에 동일한 전처리를 한다.

질문: 사용자가 검색할 때 이름을 꼭 다 입력하지 않아도 되도록 만들 수 있나?

답: 가능하다. 현재 검색 과정은 검색 이름이 저장된 전체 이름과 일치하는지 비교한다. 문자열 자료형이 제공하는 startswith 함수는 문자열이 주어진 문자열로 시작하는 경우 True를 반환한다. 검색 문자열로 시작하는 이름을 찾은 경우 검색을 종료할 수 있다.

```
# EG9-03 간단한 연락처의 빠른 검색
if name.startswith(search_name):
    # 이름이 일치하는 경우 루프를 종료한다.
    break
```

이제 "Rob"만 입력해도 "Rob Miles"를 찾을 수 있다. 하지만 이러한 접근법에는 문제점도 있다. 사용자가 "Rob"을 검색했고 이름 리스트에 "Rob"과 "Robin"이 존재하는 경우 프로그램은 첫 번째로 찾은 이름만 표시할 것이다. 사용자가 "Robin"을 찾길 원한 경우 이름을 더 길게 입력해야 한다. 하지만 일치하는 이름을 찾기 위해 startswith를 사용함으로써 사용자가 입력해야 하는 글자 수를 줄일 수 있다.

클래스를 사용해 연락처 세부 정보 저장하기

지금까지 살펴봤듯이 연락처에 저장하고자 하는 각 정보에 대해 리스트를 사용함으로써 완벽하게 동작하는 간단한 연락처 애플리케이션을 만들 수 있다. 하지만 이런 식으로 저장된 자료를 처리하는 것은 그렇게 간단하지 않다. 고객이 연락처 목록을 이름순으로 출력하길 원하는 경우 이미 거품 정렬을 배웠기 때문에 정렬 함수를 작성할 수 있다. 하지만 잘못된 순서의 연락처 쌍을 발견할 때마다 모든 리스트의 항목들을 교환해야 하기 때문에 쉽지 않다.

연락처에 대한 새로운 자료 항목을 추가하는 경우(예를 들어 이메일 주소를 추가하는 경우) 새로운 리스트를 추가한 다음 해당 리스트의 항목들이 올바르게 관리되는지 확인해야 할 것이다. 그렇지 않으면 정렬된 연락처 리스트가 잘못된 이메일 주소를 포함할 수도 있다.

하나의 연락처에 대한 모든 정보를 담을 수 있는 방법이 필요하다. 일종의 "컨테이너"가 이름, 주소, 전화번호 그리고 우리가 저장하고자 하는 어떤 항목이든 저장할 수 있을 것이다. 한 가지 가능한 해결책은 각 고객에 대한 정보를 저장하는 리스트를 사용하는 것이다. 하지만 이 방법의 경우 특정 세부 항목에 접근하는 것이 쉽지 않을 것이다. 대신에 파이썬 클래스class를 사용하면 된다.

파이썬 클래스는 파이썬 언어의 근간이 되는 기초적인 구성요소이기 때문에 다음 여러 장에 걸쳐 파이썬 클래스에 대해 알아볼 것이다. "객체지향 프로그래밍"이라는 용어를 들어봤을 수도 있다. 클래스는 객체를 생성할 때 사용하는 프로그램 구성요소다. 또 다른 시각으로는 객체는 클래스의 인스턴스instance이다. 클래스는 나무집을 만들기 위한 계획이고 클래스의 인스턴스(객체)는 해당 계획을 가지고 만든 나무집이다.

9장에서 클래스를 사용해 자료를 저장하는 법에 대해 집중적으로 알아볼 것이다. 즉, 클래스를 선언하고 해당 클래스의 인스턴스를 생성하는 법에 대해 알아보겠다.

직접 해보기

클래스 생성하기

파이썬 쉘을 사용해 클래스가 어떤 식으로 생성되는지 알아볼 수 있다. IDLE 명령어 쉘을 연 다음 다음 코드를 입력한다.

```
>>> class Contact:
        pass

>>>
```

첫 번째 문장인 class Contact:는 Contact라는 파이썬 클래스의 정의를 시작한다는 의미다. 해당 문자의 끝에서 엔터를 입력하는 순간 IDLE가 자동으로 다음 줄을 들여쓰기하는 것을 확인할 수 있다. IDLE는 여러분이 해당 클래스의 구현부를 입력하길 기대하기 때문이다. 이러한 동작 방식을 7장에서 파이썬 함수를 명령어 쉘에 입력할 때 확인한 바 있다.

빈 클래스를 생성한 다음 프로그램이 실행되면서 해당 클래스에 속성들을 추가할 것이다. 따라서 클래스 내부에 pass라고만 입력한다. 그리고 나서 빈 줄을 입력해 명령어 쉘에게 해당 클래스의 정의가 완료됐음을 알린다.

질문: 클래스의 이름인 Contact가 대문자로 시작하는 이유는?

　답: 파이썬 변수와 함수 이름은 소문자로 시작했다. 하지만 관례적으로 파이썬 프로그램은 클래스 이름의 첫 글자에 대문자를 사용한다. 프로그램은 클래스의 이름을 어떻게 입력했든 동작할 것이다. 하지만 프로그램을 만들 때는 해당 언어의 관례를 따르는 것이 좋다.

질문: Contract 클래스가 pass문을 포함하는 이유는?

　답: 8장에서 빈 "플레이스홀더" 함수를 만들 때 pass문을 사용했다. 일단 빈 Contact 클래스를 만든 다음 추후에 Contact 클래스에 속성을 추가할 것이다. 클래스는 적어도 하나의 문장을 포함해야 하기 때문에 아무 역할도 하지 않는 pass문을 추가한 것이다.

이제 Contact 클래스의 인스턴스를 만들 수 있다. 다음과 같이 입력하자.

```
>>> x=Contact( )
>>>
```

질문: 위의 코드는 마치 함수 호출과 유사하다. 함수를 호출하는 것인가?

　답: 실제 함수를 호출하는 것은 아니다. 하지만 Contact( )를 Contact 클래스의 인스턴스를 생성한 다음, 해당 인스턴스를 반환하는 함수 호출이라고 생각해도 좋다. 클래스 이름이 대문자로 시작하는 이유 중 하나는 노련한 프로그래머는 위의 코드를 보고 함수를 호출하는 것이 아니라 클래스의 인스턴스를 생성하는 것이라는 것을 즉시 알아챌 수 있기 때문이다.

질문: 인스턴스는 무엇인가?

　답: 인스턴스는 클래스를 실체화(realization)한 것이다. 클래스는 설계와 비슷한 반면 인스턴스는 해당 설계로부터 만든 것이다. 프로그램은 다양한 종류의 클래스를 많이 포함할 수 있다. 이러한 인스턴스를 모두 객체라고 부른다. 즉, 객체는 클래스의 인스턴스다.

Contact의 클래스 설계는 현재 비어있다. 모든 클래스가 빈 채로 생성되는 것은 아니다. 10장에서 복잡한 클래스들에 대해 알아볼 것이다.

이제 인스턴스를 생성했으니 해당 인스턴스에 자료 속성(data attribute)을 추가해보자.

```
>>> x.name='Rob Miles'
```

파이썬 코드가 새로운 변수 이름에 값을 할당하면 해당 변수가 자동으로 생성된다는 사실을 알고 있다. 자료 속성도 마찬가지다. 인스턴스 x는 이제 name이라는 속성을 포함한다.

질문: 자료 속성은 무엇인가?

답: 자료 속성은 클래스 인스턴스에 대한 정보를 제공한다. 영어로 하면 "속성(attribute)"이라는 단어는 기술하고자 하는 것의 특성(quality)이나 특징(feature)을 가리킨다. 나는 많은 속성을 지니고 있다. 나는 키가 크고 엄청나게 잘 생겼으며 내 자신에 대해 거짓말을 하는 경향이 있다.

위의 Contact 인스턴스의 경우 해당 연락처를 기술하는 name, address, phone이라는 자료 속성이 있다.

또한 클래스는 메소드 속성(method attribute)를 포함한다. 메소드 속성은 인스턴스가 수행해야 할 동작들이다. 이번 장의 뒤에서 Contact 클래스의 __init__ 메소드를 생성할 때 메소드 속성을 만들어볼 것이다.

프로그램은 객체에게 속성값을 제공하라고 요청할 수 있다. 다음을 입력해보자.

```
>>> x.name
'Rob Miles'
>>> x.name = x.name + ' is a star'
>>> x.name
'Rob Miles is a star'
>>>
```

위의 코드는 name 속성의 값을 표시한 다음, 이름의 끝에 메시지를 추가함으로써 해당 속성을 갱신한다. 프로그램은 특정 유형의 변수를 사용할 수 있는 곳이라면 어디든 특정 유형의 속성을 사용할 수 있다(위 예의 경우 문자열).

간단한 연락처 프로그램에서 Contact 클래스 사용하기

Contact 클래스를 사용해 간단한 연락처 프로그램의 구조를 단순화할 수 있다. 프로그램은 이제 모든 연락처를 담기 위해 하나의 리스트만 있으면 된다.

```
contacts=[]
```

new_contact 함수는 Contact 인스턴스를 생성한 다음, 연락처 정보에 속성들을 설정한 다음, 해당 신규 연락처를 연락처 리스트에 추가한다.

```python
def new_contact():
    '''
    신규 연락처를 입력 받은 다음 이를 저장한다.
    '''
    print('Create new contact')
    # 신규 인스턴스를 생성한다.
    new_contact=Contact()                                        # 신규 연락처를 생성한다.
    # 자료 속성을 추가한다.
    new_contact.name=read_text('Enter the contact name: ')       # 자료 속성을 연락처에 추가한다.
    new_contact.address=read_text('Enter the contact address: ')
    new_contact.telephone=read_text('Enter the contact phone: ')
    # 신규 연락처를 연락처 리스트에 추가한다.
    contacts.append(new_contact)                                 # 연락처를 연락처 리스트에 추가한다.
```

위의 new_contact 함수는 개별 리스트에 연락처를 저장하는 이전 new_contact 함수와 유사하다. 신규 연락처에 대한 정보를 입력 받은 다음, Contact 인스턴스의 자료 속성에 할당한다. 그러고 나서 해당 인스턴스를 연락처 리스트에 추가한다.

```python
# EG9-04 간단한 연락처 클래스
def find_contact():
    '''
    검색할 이름을 입력 받은 다음 해당 이름의 연락처 정보를 표시하거나
    해당 이름이 존재하지 않는다는 메시지를 표시한다.
    '''
    print('Find contact')
    search_name = read_text('Enter the contact name: ')
    search_name = search_name.strip()
    search_name = search_name.lower()                       검색 이름을 소문자로 변환한다.
    # 아무것도 발견되지 않았음을 나타내도록 결과를 설정한다.
    result=None                                             아무것도 발견되지 않았음을
                                                            나타내도록 결과를 None으로 설정한다.
    for contact in contacts:                                연락처 목록을 순회한다.
        name=contact.name                                  비교를 위해 연락처로부터 이름을 얻는다.
        name=name.strip()
        name = name.lower()                                비교하고자 하는 이름을 소문자로 변환한다.
        # 이름이 일치하는지 검사한다.
        if name.startswith(search_name):                   일치하는 이름이 있는가?
            # 이름이 일치하는 경우 연락처를 결과로 설정한다.
            result = contact                               발견된 연락처를 기록한다.
            # 루프를 종료한다.
            break                                          검색을 중단한다.

    if result!=None:                                       결과에 연락처가 설정돼 있는지 확인한다.
        # 이름을 찾았다.
        print('Name: ',result.name)                        세부 정보를 표시한다.
        print('Address: ',result.address)
        print('Telephone: ',result.telephone)
    else:
        print('This name was not found.')                  일치하는 이름이 없다고 사용자에게 알린다.
```

클래스 기반 find_contact 함수

질문: 위 코드가 어떤 식으로 동작하는가?

답: find contact 함수는 검색 이름과 일치하는 연락처를 찾는다. 이 점은 이름 목록을 순회하는 find_contact 함수와 매우 유사하다. 하지만 변수 리스트에 결과 정보의 인덱스를 저장하기 위해 정수를 사용하는 대신에 find_contact 함수는 일치하는 이름을 지닌 Contact 인스턴스가 설정된 result라는 변수를 사용한다.

질문: 값 None은 무엇을 의미하는가?

답: find_contact 함수는 검색하고자 하는 이름이 발견되지 않는 상황을 처리할 방법이 필요하다. 파이썬은 아무것도 없음을 나타내는 값인 None을 제공한다. result 변수는 초기에 None으로 설정된다(처음에는 일치하는 연락처가 발견되지 않았기 때문이다). for 루프가 일치하는 Contact를 찾은 경우 result의 값을 None 대신에 해당 연락처로 설정한다. find_contact 함수가 일치하는 이름을 찾지 못한 채로 연락처 리스트의 끝에 도달하는 경우 result의 값은 여전히 None일 것이다. find_contact 함수는 result의 값이 None인지 확인한 다음, None이 아닌 경우 발견된 연락처를 표시하고 None인 경우 해당 연락처가 존재하지 않는다는 메시지를 표시한다.

중복 이름

우리가 만든 프로그램에는 심각한 버그가 하나 있다. 기존 이름과 동일한 이름의 연락처를 생성할 수 있다. 신규로 추가된 연락처는 기존 연락처보다 더 뒤에 위치하기 때문에 신규로 추가된 연락처를 영원히 사용할 수 없다. 프로그램은 언제나 기존 연락처를 먼저 찾을 것이다. 이는 신규로 추가된 연락처가 그저 공간만을 낭비하는 결과를 낳는다. 이 문제를 해결하기 위해 어떤 식으로 프로그램을 수정해야 할지 여러분 스스로 고민해보길 바란다.

간단한 연락처 애플리케이션에 관해 여러분의 고객인 변호사와 이야기할 때 중복 이름을 지닌 연락처와 같은 문제를 토의할 것이라는 보장은 없다. 프로그램이 잘못될 수 있는 가능성에 대해 생각해보고 이를 해결하기 위한 추가적인 조치를 취하는 것은 프로그래머로서 여러분이 해야 할 일이다. 중복 이름을 처리하기 위한 방법들이 있다. 하지만 고객이 원하는 방식이 무엇인지 우선 알아야 한다. 이러한 상황에서 발생할 수 있는 가장 최악의 선택은 여러분이 고객이 시스템이 어떤 식으로 동작하길 원하는지 안다고 생각하는 것이다. 무언가 잘못됐을 때 여러분의 프로그램이 고객이 원하는 대로 동작하지 않을 가능성이 매우 높기 때문이다.

연락처 편집하기

고객이 여러분이 만든 간단한 연락처 애플리케이션에 만족하고 해당 애플리케이션을 자주 사용하기 시작했다고 가정해보자. 하지만 이런 시스템의 경우 대부분 그렇듯이 고객은 곧 사양에 대해 합의할 때는 생각하지 못했던 한계점을 발견한다. 고객은 연락처 정보를 편집하길 원한다. 현재 연락처의 전화번호가 변경되면 해당 연락처의 전화번호 정보를 갱신할 방법이 없다. 일단 연락처 정보가 입력되면 변경할 수 없다. 이제 어떤 식으로 편집 기능에 대한 사양을 정해야 할지 알아보자.

```
Tiny Contacts

1. New Contact
2. Find Contact
3. Edit Contact
4. Exit program
```

위의 화면은 간단한 연락처 프로그램의 신규 메뉴다. 연락처 편집 메뉴 항목인 Edit Contact가 추가됐다. 사용자가 해당 항목을 선택한 경우 다음과 같은 방식으로 연락처를 검색한 다음 해당 연락처를 편집할 수 있다.

```
Edit contact
Enter the contact name:Rob
Name: Robert Miles
Enter new name or . to leave unchanged: .
Enter new address or . to leave unchanged: .
Enter new telephone or . to leave unchanged: +44 (1482) 465079
```

연락처를 찾은 다음, 사용자는 해당 연락처의 각 자료 항목에 대한 신규 값을 입력하거나 마침표(.)를 입력해 해당 자료 항목을 변경하지 않은 채 둘 수 있다. 위의 예의 경우 이름과 주소는 변경되지 않았고 새로운 전화번호가 입력됐다. 입력된 이름을 지닌 연락처가 발견되지 않은 경우 편집 함수는 적절한 메시지를 출력한다.

```
This name was not found.
```

간단한 연락처 프로그램 리팩토링하기

8장에서 아이스크림 매출 분석 프로그램을 재구성해 프로그램에서 재사용 가능한 함수들을 만들었다. 그 당시에 나는 프로그램에 대한 여러분의 이해도가 높아져서 코드를 구성하기 위한 더 나은 방법을 발견하게 되면 프로그램을 리팩토링해야 한다고 얘기한 적이 있다. 또한 프로그램의 사양이 변경됐을 때 프로그램을 리팩토링해야 할 수도 있다.

이제 프로그램에는 이름으로 연락처를 검색하는 두 가지 기능이 있다. 프로그램은 연락처를 표시하기 위해 연락처를 검색한다. 또한 프로그램은 연락처를 편집하기 위해 연락처를 검색한다. edit_contact 함수를 만드는 효과적인 방법으로 find_contact 함수를 복사해서 출력 동작을 편집 동작으로만 변경할 수 있다. 이는 잘 동작할 것이다. 하지만 좋은 생각은 아니다. 두 함수 모두 연락처 검색 동작을 포함하기 때문이다. 사용자가 검색 방식을 개선해달라고 요청한 경우 혹은 검색 기능에서 버그를 발견한 경우 두 함수 모두의 검색 코드를 변경해야 한다는 사실을 기억하고 있어야 한다. 그렇지 않으면 고객은 프로그램의 동작이 일관되지 않다고 불평할 것이다.

우리가 하고자 하는 리팩토링에는 find_contact이라는 새로운 함수 생성이 포함된다. 그러고 나서 원래의 find_contact 함수의 이름은 display_contact로 변경할 것이다. find_contact보다는 display_contact가 해당 함수가 실제 수행하는 기능을 더 잘 나타내기 때문이다.

검색하고자 하는 이름

```python
def find_contact(search_name):
    '''
    일치하는 이름을 지닌 연락처를 찾는다.
    주어진 이름을 지닌 연락처가 있는 경우에는 연락처 인스턴스를 반환하고
    없는 경우에는 None을 반환한다.
    '''
    search_name = search_name.strip()
    search_name = search_name.lower()            검색하고자 하는 이름을 소문자로 변환한다.
    for contact in contacts:                      검색을 위해 연락처 이름을 소문자로 변환한다.
        name=contact.name
        name=name.strip()
        name = name.lower()                       연락처를 순회한다.
        # 이름이 일치하는지 검사한다.
        if name.startswith(search_name):          일치하는 연락처가 있는지 검사한다.
            # 발견된 연락처를 반환한다.
            return contact                        일치하는 연락처를 반환한다.
    # 여기까지 왔다면 주어진 이름을 지닌
    # 연락처가 존재하지 않는 것이다.
    return None                                   일치하는 이름을 찾지 못한 경우 None을 반환한다.
```

 코드 분석

리팩토링된 find_contact 함수

리팩토링된 `find_contact` 함수를 자세히 살펴보면 이전 버전과 매우 유사하다는 것을 알 수 있다. 하지만 몇 가지가 다르다.

질문: `find_contact` 함수가 두 개의 `return`문을 지닌 이유는?

　답: `find_contact` 함수가 두 개의 `return`문을 지니고 있지만 주어진 이름 검색에 대해 둘 중 하나만 실행된다. `for` 루프 내의 코드는 주어진 이름과 일치하는 이름을 찾아서 해당 연락처를 반환하거나 주어진 이름을 이름 리스트에서 찾지 못한다. 이름을 찾지 못한 경우 `for` 루프가 완료되고 프로그램은 아무것도 발견되지 않았음을 나타내기 위해 None을 반환한다.

질문: 다른 프로그램이 `find_contact` 함수의 반환값을 사용하려 하는데 `find_contact` 함수가 None을 반환한 경우 어떻게 되는가?

답: `find_contact` 함수는 일치하는 이름을 찾지 못한 경우 None을 반환한다. 프로그램이 None을 사용하려 하면 예외가 발생된다.

```
c=find_contact('Mysterious X')
print(c.address)
```

위의 코드는 Mysterious X라는 연락처의 주소를 출력하려 한다. 해당 연락처가 존재하지 않는 경우 `find_contact`는 None을 반환한다. 두 번째 줄이 c의 `address` 속성을 출력하려 할 때 프로그램은 예외를 일으키며 실패한다.

```
print(c.address)
AttributeError: 'NoneType' object has no attribute 'address'
```

`find_contact` 함수를 사용할 때 해당 함수가 연락처를 반환했는지 확인하는 것이 중요하다.

연락처 객체와 참조

이제 `find_contact` 함수를 구현했으니 해당 함수가 해당 함수를 호출한 코드에게 무엇을 반환하는지 생각해보자. 즉, 다음 코드를 실행하면 무엇이 발생하는지 이해해야 한다.

```
rob=find_contact('Rob Miles')
```

위의 코드는 `find_contact`를 호출하고 해당 함수는 Rob Miles라는 이름의 연락처를 찾는다. 해당 이름을 지닌 연락처가 연락처 리스트에 존재하는 경우 해당 연락처가 반환된다. 하지만 `find_contact`에 의해 반환되는 것은 이름이 Rob Miles인 연락처의 참조 reference이다. 참조를 메모리의 특정 객체에 연결된 태그라고 생각해도 좋다. 그림 9-1은 참조가 어떤 식으로 동작하는지 보여준다.

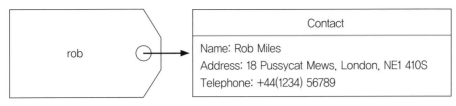

그림 9-1 Contact 클래스와 참조

메모리의 태그와 객체는 별개다. 태그는 할당을 통해 다른 객체에 연결될 수 있다. 또한 동일한 객체를 참조하는 다수의 태그(참조)를 생성할 수도 있다. 단순히 신규 변수를 해당 참조에 할당하기만 하면 된다. 그림 9-2는 test라는 새로운 변수를 생성한 다음, 해당 변수를 변수 rob에 할당하면 무슨 일이 일어나는지 보여준다.

```
test=rob
```

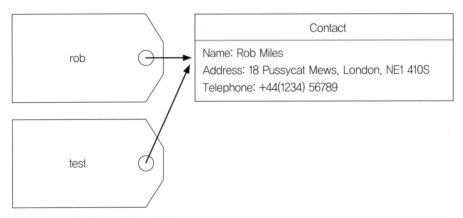

그림 9-2 동일한 연락처에 대한 두 개의 참조

이제 메모리의 동일한 객체를 참조하는 두 개의 참조가 있다. 이는 변수 test에 대한 변경이 변수 rob에도 영향을 미친다는 것을 의미한다. 두 변수 모두 같은 객체를 참조하기 때문이다. 그림 9-3은 다음 코드가 수행한 변화의 영향을 보여준다. 메모리에 저장된 연락처의 이름 변수는 새로운 이름으로 갱신된다.

```
test.name='Robert Miles Man of Mystery'
```

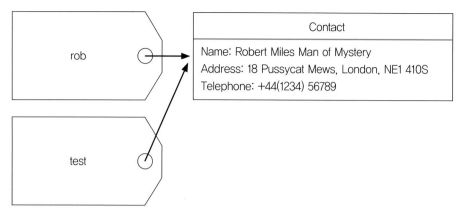

그림 9-3 객체의 내용 변경하기

참조가 어떤 식으로 동작하는지 이해했으니 리스트가 어떤 식으로 동작하는지 살펴볼 차례다. 항목이 리스트 내에 저장되는 것이 아니다. 대신에 리스트는 리스트 항목들에 대한 참조들의 모음을 저장한다.

 코드 분석

리스트와 참조 이해하기

그림 9-4는 리스트와 참조가 어떤 식으로 동작하는지 보여준다. 간단한 연락처 애플리케이션에 등록된 연락처는 세 개다. 연락처 리스트의 각 태그는 메모리 어딘가에 저장된 다른 연락처 인스턴스를 참조한다. 이러한 구성에 대한 몇 가지 질문에 대한 답을 고민해봄으로써 리스트와 참조에 대한 이해도를 높일 수 있다.

질문: 그림 9-4는 네 개의 참조를 포함한다. 그림이 포함하는 자료 객체의 개수는?

  답: "Rob Miles", "Joe Bloggs", "Fred Smith"라는 세 개의 자료 객체가 있다. 네 개의 참조가 존재하고 그중 두 개는 동일한 객체를 가리킨다.

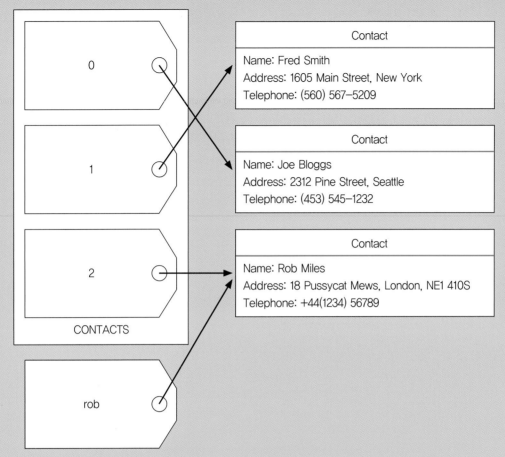

그림 9-4 리스트와 참조

질문: 리스트의 맨 앞에 있는 연락처의 이름은 무엇인가?

    답: 리스트의 맨 앞에 있는 연락처의 인덱스값은 0이다(0이 리스트의 맨 앞에 있는 항목의 인덱스이기 때문이다). 그림 9-4에서 리스트의 왼쪽 상단의 태그를 볼 때 해당 태그로부터의 화살표를 따라가보면 해당 태그가 참조하고 있는 "Joe Bloggs"를 찾을 수 있다. 해당 연락처가 컴퓨터의 메모리 어디에 저장되는지는 실제 알지 못한다. 연락처 리스트의 위치 0의 태그가 이름 속성이 "Joe Bloggs"인 연락처 객체를 참조한다는 사실은 알 수 있다.

질문: 프로그램이 다음 코드를 실행하면 무슨 일이 일어나는가?

```
contacts[0]=contacts[1]
```

답: 리스트 이름 뒤에 괄호 안의 숫자는 리스트 내 항목의 인덱스 번호다. 따라서 리스트의 맨 앞에 있는 항목(인덱스가 0이고 이름이 "Joe Bloggs"인 항목)을 인덱스가 1인 항목과 동일하게 만드는 것이다.

이제 이 두 항목 모두 이름이 "Fred Smith"인 연락처를 가리킨다. 프로그램이 for 루프를 사용해 연락처 리스트를 순회하는 경우 "Fred Smith" 연락처를 두 번 발견할 것이다.

하지만 이렇게 두 항목이 같은 연락처를 가리키도록 만들 이유가 전혀 없다. 이렇게 함으로써 리스트의 동일 항목이 두 번 등장할 뿐 아니라 이름이 "Joe Bloggs"인 연락처를 사용할 수 없게 만드는 결과를 초래한다. 해당 객체에 대한 참조가 더 이상 존재하지 않기 때문이다. 파이썬 시스템은 해당 객체에 대한 참조가 존재하지 않는다는 점을 알아채고 해당 객체를 자동으로 제거할 것이다. 이러한 과정을 가비지 컬렉션(Garbage Collection)이라 부른다.

참조 덕분에 대규모 자료 객체를 처리하는 것이 훨씬 쉽다. 연락처 이름을 기준으로 알파벳 순으로 정렬된 연락처 리스트를 생성하는 경우 프로그램은 메모리 내 어떤 객체도 이동시키지 않는다. 대신에 프로그램은 참조 리스트를 정렬할 뿐이다. 함수가 find_contact와 같이 해당 함수 호출자에게 객체를 반환하는 경우 대규모 자료를 복사할 필요가 없다. 대신에 해당 객체에 대한 참조를 반환하면 된다.

건강 주의: 다음 내용은 파이썬의 가장 이해하기 힘든 부분을 소개한다. 이해하기 위해 여러 번 반복해서 봐야 할 수도 있다. 해당 부분을 이해하기 어려운 것은 여러분만이 아니다. 점점 헷갈리기 시작한다면 잠시 물러서서 커피를 한잔 마시거나 잠을 좀 잔 다음, 다시 도전해보자.

 직접 해보기

'불변' 알아보기

파이썬의 모든 것은 객체다. 즉, 모든 것은 클래스의 인스턴스다. 값 30은 int 클래스의 인스턴스이다. IDLE를 연 다음, 불변(immutable)이 어떤 식으로 동작하는지 알아보자.

```
>>> age=30
>>>
```

위의 코드를 입력한 다음, 위의 코드가 무엇을 수행할지 고민해보자. 위의 코드는 age라는 변수를 생성한 다음, 해당 변수에 값 30을 설정한다. 이제 무엇이 일어나는지 시각화해 볼 수 있다.

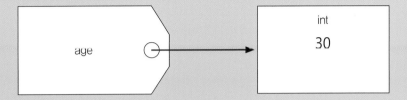

무언가 확실하지 않다면 언제나 파이썬에게 물어볼 수 있다.

```
>>> type(age)
<class 'int'>
>>>
```

내장된 함수인 type은 인자로 참조를 받아서 해당 참조가 가리키는 객체의 종류를 반환한다. 따라서 변수 age가 int형의 인스턴스를 가리키고 있는지 확인할 수 있다. 이제 몇 가지 실험을 더 해보자.

```
>>> temp=age
>>>
```

위의 코드는 age와 동일한 temp라는 신규 변수를 생성한다.

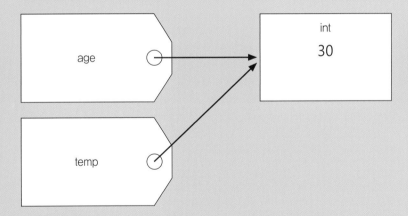

위의 도표를 통해 age 변수와 temp 변수가 둘 다 동일한 int의 인스턴스를 가리킨다는 것을 알 수 있다. 지금까지는 문제 없다. 하지만 temp 변수에 새로운 값을 할당하면 어떻게 될까?

```
>>> temp=99
>>>
```

새로운 값을 temp에 저장했다. temp와 age 모두 동일한 것을 가리키기 때문에 temp에 새로운 값을 저장하면 age의 값에도 변화가 생길 것이라고 생각할 수도 있다. 확인해보자.

```
>>> age
30
>>>
```

age의 값은 변하지 않았다. 하지만 int의 새로운 인스턴스가 생성되었고 temp가 해당 값을 가리킨다.

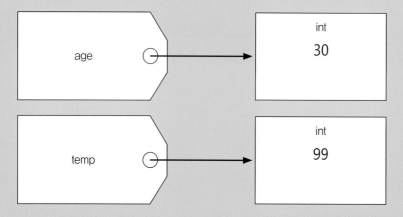

int 자료형이 불변(immutable)이기 때문에 위와 같이 동작한다. 불변 자료형의 인스턴스의 내용을 변경하는 대신에 파이썬은 변경된 값을 지니는 해당 형의 새로운 인스턴스를 생성한다. 파이썬 문자열 역시 불변이다. 문자열값을 변경하는 경우에도 위와 동일한 동작 방식을 확인할 수 있다.

```
>>> name='Rob'
>>> temp=name
>>> temp='Fred'
>>> name
'Rob'
>>>
```

위의 실행 결과는 문자열 'Fred'를 변수 temp에 할당하는 것이 name의 값에 영향을 주지 않는다는 것을 보여준다. 위의 변수들이 문자열 형이고, 문자열형은 불변이기 때문이다.

질문: 파이썬이 불변 자료형을 사용하는 이유는?

답: 간단한 숫자를 처리하는 것과 같은 일부 작업의 경우 값으로서 동작하는 변수가 가장 좋다. 다음 코드를 살펴보자.

```
pi=3.1415
x=pi
x=99.99
```

이제 위의 코드가 pi의 값을 변경하지 않을 것이라는 것을 알 수 있다. 부동 소수점 역시 불변이기 때문이다.

프로그래머를 위한 조언

프로그래밍 언어마다 값을 처리하는 방식은 다르다

다른 프로그래밍 언어들을 살펴보면 상당수가 이 문제를 어떤 방식으로 처리한다는 점을 알 수 있다. 참조를 사용하는 경우 대용량 자료 객체를 메모리 내에서 이동하지 않고도 쉽게 처리할 수 있기 때문에 프로그래머들은 참조를 즐겨 사용한다. 하지만 동시에 프로그래머들은 int, bool, float, string과 같은 단순 자료 조작을 수행하기를 원한다.

여러분이 C# 프로그래머라면 값형(value type)에 대해 알고 있을 것이다. 자바를 배운 적이 있다면 기초형(primitive type)에 대해 들어봤을 것이다. 파이썬 언어는 `int`, `bool`, `float`, `string`형을 불변으로 만들어서 마치 해당 형들이 단순 값인 것처럼 조작이 가능하도록 만들었다.

연락처 편집하기

참조와 불변형에 관해 알아봤으니 이제 연락처 정보를 편집하는 법에 대해 알아보자. 프로그램에 연락처 객체에 대한 참조가 있는 경우 프로그램은 해당 연락처의 모든 자료 속성을 읽거나 수정할 수 있다.

우리가 만든 프로그램은 사용자가 연락처의 항목을 하나씩 쉽게 변경할 수 있도록 설계됐다.

```
Edit contact
Enter the contact name: Rob
Name: Robert Miles
Enter new name or . to leave unchanged: .
Enter new address or . to leave unchanged: .
Enter new telephone or . to leave unchanged: 123-456-7890
```

프로그램은 사용자로부터 연락처의 각 항목에 대해 문자열을 입력 받아야 한다. 해당 문자열의 내용이 단일 마침표(.)가 아닌 경우 연락처의 해당 항목은 사용자가 입력한 텍스트로 변경된다(위의 예의 경우 123-456-7890). 위의 변경 작업에서 연락처의 전화번호만이 변경된다. 이름과 주소는 기존 그대로 남는다.

```python
# EG9-05 간단한 연락처 편집기
def edit_contact():
    '''
    검색하고자 하는 이름을 입력 받은 다음
    사용자가 해당 연락처의 세부 정보를 편집할 수 있도록 한다.
    연락처가 존재하지 않는 경우
    해당 이름이 존재하지 않는다는 메시지를 표시한다.
    '''
    print('Edit contact')
    search_name=read_text('Enter the contact name:')          # 검색할 이름을 입력 받는다.
    contact=find_contact(search_name)                         # 연락처에서 해당 이름을 검색한다.
    if contact!=None:                                         # find_contact는 해당 연락처가 발견되지
                                                              # 않는 경우 None을 반환한다.
        # 연락처를 찾았다.
        print('Name: ',contact.name)
        new_name=read_text('Enter new name or . to leave unchanged: ')
        if new_name!='.':                                     # 새로운 이름이 입력된 경우 이를 저장한다.
            contact.name=new_name
        new_address=read_text('Enter new address or . to leave unchanged: ')
        if new_address!='.':                                  # 새로운 주소가 입력된 경우 이를 저장한다.
            contact.address=new_address
        new_phone=read_text('Enter new telephone or . to leave unchanged: ')
        if new_phone!='.':                                    # 새로운 전화번호가 입력된 경우 이를 저장한다.
            contact.telephone=new_phone
    else:
        print('This name was not found.')                     # 여기에 도달했다면 find_contact는 None을
                                                              # 반환한 것이다.
```

위의 자료 편집 토론으로부터 얻을 수 있는 한 가지 중요한 사실은 편집이 리스트에서 연락처를 제거하지 않고 편집을 한 다음, "원래 자리에 되돌려 놓는다"는 것이다. find_contact 함수는 실제 자료 객체 자체에 대한 참조를 반환한다. 해당 객체에 대한 변경은 '실제' 자료에 대해 일어난다. 사용자가 변경 사항을 저장하기 전에 취소할 수 있는 '취소' 기능을 추가한 경우 사용자가 변경사항을 취소할 때 원래 연락처로 복원될 수 있도록 자료의 복사본에 대해 편집 작업을 수행해야 한다.

 주의 사항

속성이 없는 존재하지 않는 경우

edit_contact 함수는 find_contact 함수를 호출해 입력된 이름을 지닌 연락처를 찾는다. find_contact 함수는 해당 이름을 지닌 연락처를 찾지 못한 경우 None을 반환한다. 그렇다면 반환된 객체가 원하는 속성을 지니지 않은 경우에는 어떻게 될까? 예를 들어 find_contact는 name 속성을 지녔지만 address 속성을 지니지 않은 객체를 반환할 수도 있다. 이 경우 프로그램 실행 시 다음과 같은 오류가 발생한다.

```
AttributeError: 'Contact' object has no attribute 'address'
```

자바, C#, 비주얼베이직, C++과 같은 일부 프로그래밍 언어들은 프로그램 실행 전에 이러한 실수를 확인한다. 파이썬은 확인하지 않는다. 속성 이름을 잘못 입력한 경우(예를 들어 adress라는 속성을 사용하려 하는 경우) 프로그램 실행 시 잘못 입력된 속성을 사용하는 코드에서 오류가 발생한다.

피클을 사용해 파일에 연락처 저장하기

현재 간단한 연락처 프로그램은 연락처를 파일에 저장하지 않는다. 이는 프로그램이 중단됐을 때 모든 자료가 사라진다는 것을 의미한다. 8장에서 파일로부터 텍스트를 읽거나 파일에 텍스트를 저장하는 법에 대해 살펴봤고 아이스크림 매출을 불러오거나 저장하기 위해 load와 save 기능을 사용했다. 동일한 명령을 사용해 이름과 주소, 전화번호를 파일에 기록할 수 있다. 하지만 파이썬은 피클링pickling이라는 대규모 자료 구조를 저장하기 위한 더 나은 방법을 제공한다.

대량의 채소가 있다면 채소를 피클링(절임)을 통해 보존할 수 있다. 파이썬은 변수의 내용을 피클링할 수 있는 명령어를 제공한다. 피클링은 리스트와 같은 복잡한 구조도 처리할 수 있기 때문에 매우 편리하다. 피클링은 자료를 이진 파일에 저장하고 이진 파일은 해당 이진 파일을 만든 프로그램이 사용할 수 있는 값들을 담는다. 피클링과 피클링된 내용을 불러오는 기능을 수행하는 함수는 피클 라이브러리에 포함된다. 우선 프로그램은 피클 라이브러리를 포함해야 한다.

```
import pickle
```

피클링된 자료는 이진binary 파일에 저장된다. 우리가 컴퓨터를 사용하기 때문에 이미지는 JPEG, 음악은 MP3, 압축된 자료는 ZIP과 같은 다양한 종류의 파일을 처리하는 데 익숙하다. 컴퓨터의 운영체제는 파일 이름의 파일 확장자file extension 부분을 통해 파일의 종류를 식별한다. 파일 확장자는 파일 이름 끝에 위치하며 몇 개의 글자로 구성된다. 'mymouse. jpg'라는 그림이 있을 수 있고 'track1.mp3'라는 음악 파일이 있을 수 있다. 운영체제는 파일 확장자 목록과 특정 확장자와 연관된 프로그램 목록을 가지고 있다. 따라서 '.jpg' 파일 확장자를 지닌 파일을 선택한 경우 해당 파일은 그림 보기 프로그램에 의해 열릴 것이다.

파일 확장자 '.txt'는 텍스트 파일을 의미한다. '.py' 확장자 역시 텍스트를 의미하지만 해당 텍스트는 파이썬 프로그램이다. 텍스트 파일은 특정 문자에 대응되는 값들을 담을 수 있다. 2장의 '자료와 정보'에서 문자와 값이 어떤 식으로 대응되는지 살펴봤다. 파일에 대해 기억해야 할 중요한 사항 중 하나는 컴퓨터 운영체제에 있어 모든 파일은 비슷하게 처리된다는 것이다.

파일이 어떤 방식으로 열려야 하는지를 제어하는 파일 모드 문자열에 'b'를 추가함으로써 프로그램은 파이썬에게 파일을 이진 파일로 처리하라고 명령한다.

```
output_file = open('contacts.pickle','wb')
```

위의 코드는 contacts.pickle이라는 파일을 연다. 해당 파일은 이진 파일로서 열린다(파일 모드 문자열의 끝에 있는 b가 의미하는 것이 이진 파일이다). 피클링된 파이썬 자료를 지닌 파일을 식별하기 위해 파일 이름에 .pickle 확장자가 주어진다. 프로그램은 dump 함수를 사용해 연락처 리스트를 피클링한 다음, 파일에 저장할 수 있다.

피클링할 변수
피클링된 자료를 저장할 파일

```
pickle.dump(contacts,out_file)
```

위의 코드는 전체 연락처 리스트를 특정 파일 연결에 쓴다. 모든 이름과 주소, 전화번호가 저장되며 위의 코드는 연락처가 10개이든 100개이든 올바르게 동작할 것이다.

피클링된 파일을 텍스트 편집기로 열었을 때 피클링된 파일의 내용이 어떤 형태인지 궁금할 수 있다. 그림 9-5는 하나의 연락처를 담고 있는 피클 파일의 내용을 보여준다. 일부 항목은 인식 가능한 텍스인 반면 일부는 이상한 문자들로 구성된다. 피클링된 파일의 문자들 중 어느 하나라도 변경하면 이러한 변경사항이 감지되어 파이썬은 해당 파일 불러오기를 거부할 수 있다. 하지만 자료를 피클링한다고 해서 자료가 보안적으로 안전하게 저장되는 것은 아니다. 단순히 텍스트 파일에 자료를 작성하는 것 이상의 보안은 제공하지 않는다.

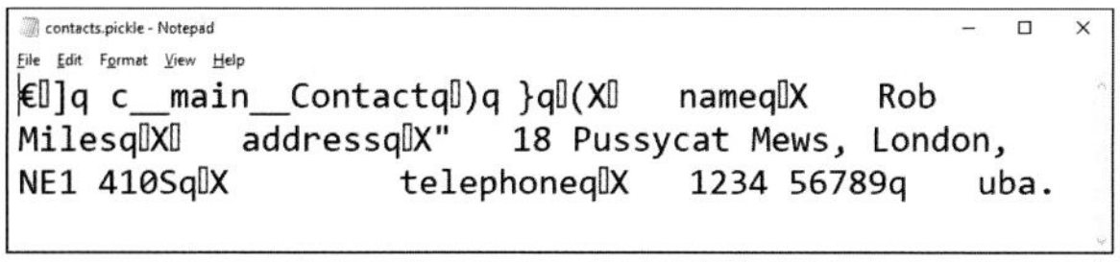

그림 9-5 피클링된 텍스트

save_contacts 함수는 연락처를 파일에 저장한다. 사용할 파일의 이름은 save_contacts 함수의 매개변수로 제공한다. save_contacts 함수는 우리가 8장에서 알아본 with 구조를 사용한다. 따라서 파일이 자동으로 닫히기 때문에 프로그램이 파일을 닫을 필요가 없다.

```python
def save_contacts(file_name):
    '''
    주어진 파일 이름에 연락처를 저장한다.
    연락처는 파클링된 파일 형태로 이진으로 저장된다.
    저장 실패 시 예외가 발생한다.
    '''
    print('save contacts')
    with open(file_name,'wb') as out_file:
        pickle.dump(contacts,out_file)
```

save_contacts 함수는 저장 과정이 실패했을 때 발생할 수 있는 예외를 처리하지 않는다. 하지만 이 방식이 나을 수 있다. 프로그램이 무언가를 저장하려다가 실패했을 때 오류를 일으키며 종료되는 것이 저장에 실패했음에도 성공한 것과 같이 동작하는 것보다는 낫다. save_contacts를 호출하는 코드는 save_contacts 함수가 일으킬 수 있는 예외를 처리해야 한다.

피클을 사용해 파일로부터 연락처 불러오기

피클 라이브러리는 load라는 함수를 제공한다. load 함수를 사용해 피클링된 자료를 읽을 수 있다. 불러오기 과정은 저장 과정을 역으로 수행하는 것이다. 이진 파일을 연 다음, 자료가 복원된다. 피클 라이브러리의 load 함수에는 열고자 하는 파일의 연결만 넘기면 된다.

```
def load_contacts(file_name):
    '''
    주어진 파일 이름으로부터 연락처를 불러온다.
    연락처는 피클링된 파일 형태로 이진으로 저장된다.
    불러오기에 실패한 경우 예외가 발생한다.
    '''
    global contacts ──────────────────────────── 연락처의 값에 변경을 하기 위한 변수
    print('Load contacts')
    with open(file_name,'rb') as input_file:
        contacts=pickle.load(input_file)
```

코드 분석

피클을 사용해 자료 불러오기

load_contacts 함수에 관해 두 가지 질문을 고민해볼 필요가 있다.

질문: "global contacts" 코드가 수행하는 것은? 해당 코드가 save 함수에서는 필요 없는데 load 함수에서는 필요한 이유는?

답: load_contacts 함수를 사용하는 이유는 contacts 변수의 값을 변경하기 위함이다. contacts 변수는 간단한 연락처 프로그램에 저장된 모든 연락처의 리스트를 가리킨다. save_contacts 함수는 해당 리스트에 대한 참조를 사용한다. 하지만 load_contacts 함수는 해당 리스트의 값을 변경할 것이다. 7장에서 봤듯이 함수는 항상 전역 변수를 읽을 수 있다. 하지만 전역 변수에 쓰기를 원하는 경우 해당 변수를 전역으로 선언함으로써 명시적으로 전역 변수임을 식별해야 한다.

질문: 피클의 load 함수가 자료를 불러올 때 어떤 종류의 자료를 구성해야 하는지 어떻게 아는가?

답: 그림 9.4의 피클링된 텍스트를 유심히 살펴보면 속성에 대한 자료('Rob Miles')도 포함되지만 해당 속성의 이름도 포함된다. 또한 텍스트에는 생성될 클래스의 이름도 포함된다. 피클링된 파일을 불러올 때 load 함수는 해당 클래스 이름과 일치하는 클래스를 해당 자료를 불러오는 프로그램에서 찾아서 해당 클래스를 신규 인스턴스를 생성하는 데 사용한다. 따라서 연락처 자료를 포함한 파일을 불러오기 위해 피클을 사용하기 전에 Contact 클래스가 반드시 정의돼야 한다.

버전 제어

프로그래머들은 피클과 같은 도구가 하는 작업을 직렬화(serialization)라고 부른다. 직렬화라고 부르는 이유는 자료 구조를 다른 컴퓨터로 전송 가능하거나 파일에 저장 가능한 직렬 스트림으로 변환하기 때문이다. 하지만 이 과정에서 반드시 명심해야 할 문제가 하나 있다. 바로 버전 제어이다. Contact 클래스의 설계를 변경하는 경우(예를 들어 각 연락처에 이메일 속성을 추가하는 경우) 이전에 저장한 피클링된 파일이 소용없게 될 수 있다. 이전 파일들은 이메일 속성을 포함하지 않기 때문이다. 이를 해결하기 위한 유일한 방법은 피클링된 자료와 함께 버전 숫자를 저장하는 것이다. 이로써 프로그램은 한 버전에서 다른 버전으로 자료를 변경할 수 있다.

간단한 연락처 프로그램에 save와 load 추가하기

이제 save와 load를 수행하는 함수들이 있으니 이 함수들을 간단한 연락처 프로그램에 추가해야 한다. 프로그램이 시작할 때 연락처 자료를 불러오고 사용자가 프로그램을 종료할 때 연락처 자료를 저장할 수 있다.

```
# EG9-06 불러오기와 저장 기능을 제공하는 간단한 연락처
file_name='contacts.pickle'                        연락처 파일의 이름이다.
try:
    load_contacts(file_name)                       연락처 불러오기를 시도한다.
except:
    print('Contacts file not found')               불러오기 실패 시 발생하는 예외를 처리한다.
    contacts=[]                                     빈 연락처 리스트를 생성한다.
while True:                                         명령어 루프
    command=read_int_ranged(prompt=menu,min_value=1,max_value=4)
    if command==1:
        new_contact()
    elif command==2:
        display_contact()
    elif command==3:
        edit_contact()
    elif command==4:
        save_contacts(file_name)       사용자가 종료 명령어를 입력한 경우 연락처를 저장한다.
        break
```

연락처의 저장과 불러오기

위의 코드에 관해 몇 가지 질문을 고민해볼 필요가 있다

질문: load_contacts 함수가 예외를 일으키면 어떻게 되나?

답: load_contacts 함수는 연락처 파일이 없거나 피클 라이브러리의 load 함수가 실패했을 때 예외가 발생한다. 예외가 발생하면 프로그램은 예외를 감지하고 메시지를 출력한 다음, 빈 연락처 리스트를 생성한다. 이는 프로그램이 처음 실행되어 연락처 파일이 없을 때 한 번만 일어난다.

질문: 프로그램이 save_contacts가 일으킨 예외를 처리하지 않는 이유는?

답: 처리해야 할 수도 있다. 내가 생각하기에는 프로그램이 오류를 일으키면 종료되면 사용자들은 연락처가 제대로 저장되지 않았음을 확실히 알 수 있다. 위 코드를 변경해 프로그램이 오류를 일으키며 종료되는 대신에 메시지를 출력하는 것이 나을 수도 있다.

질문: 피클링된 파일의 파일 이름을 위해 변수를 사용하는 이유는?

답: 연락처는 contacts.pickle이라는 파일에 저장된다. 파일 이름은 save_contacts와 load_contacts를 호출할 때 사용된다. 매 호출마다 'contacts.pickle'이라는 문자열 상수를 사용하는 것 대신에 file_name이라는 변수를 만들었다. 이유는 연락처를 저장하기 위해 다른 파일을 사용하길 원하는 경우 파일 이름 문자열이 사용된 곳을 찾아서 일일이 변경하는 대신에 file_name 변수만 변경하면 되기 때문이다.

클래스 인스턴스 설정하기

현재 간단한 연락처 프로그램은 인스턴스를 생성한 다음, 자료 속성들을 Contact 인스턴스에 추가한다.

```
new_contact=Contact( )                                          "빈" 연락처를 생성한다.
# 자료 속성 추가하기
new_contact.name=read_text('Enter the contact name: ')      연락처에 각 데이터 속성을 추가한다.
new_contact.address=read_text('Enter the contact address: ')
new_contact.telephone=read_text('Enter the contact phone: ')
```

위 코드는 new_contact 함수에서 새로운 Contact 인스턴스를 생성한 다음, 이름, 주소, 전화번호 속성을 해당 인스턴스에 추가한다. 위 코드는 잘 동작한다. 하지만 위의 속성들 중하나가 클래스에 추가되지 않거나 속성 이름을 잘못 입력한 경우 문제가 발생할 소지가있다. 프로그램은 제대로 동작하지 않을 Contact값들을 포함하게 될 것이다. Contact를생성하는 동시에 초기화할 수 있다면 좋을 것이다.

Contact 클래스에 초기화^{initializer} 메소드를 추가하면 가능하다. 클래스는 자료 속성뿐만아니라 메소드 속성도 포함할 수 있다. 메소드 속성을 클래스의 일부로 포함된 함수로 생각하면 된다. 이후에 메소드 속성을 사용해 객체가 우리를 위해 무언가를 하도록 할 것이다. 하지만 현재로서는 Contact 클래스에 초기화 메소드를 추가해 각 인스턴스를 설정하는 데 해당 메소드를 사용할 것이다.

파이썬 초기화 메소드

파이썬 초기화 메소드는 클래스 내에 포함되며 이름이 __init__이다. __init__은 클래스의 초기화 메소드에만 사용 가능한 특수 이름이다.

직접 해보기

초기화 메소드 만들기

초기화 메소드가 어떤 식으로 동작하는지 알아보기 위해 IDLE를 연 다음, 초기화 메소드를 포함하는 클래스를 생성해보자.

```
>>> class InitPrint:
        def __init__(self):
            print('you made an InitPrint instance')

>>>
```

위와 같이 클래스 정의를 입력해보자. 위의 코드는 메시지를 출력하는 초기화 메소드를 포함하는 InitPrint라는 클래스를 생성한다. 위의 코드와 완전히 동일하게 밑줄을 init 앞에 두 개, 뒤에 두 개 추가해야 하고 self라는 매개변수를 추가해야 한다. InitPrint 클래스의 마지막 줄은 빈 줄이다.

질문: 초기화 메소드는 함수와 매우 비슷하다. 왜 그런가?

답: 초기화 메소드를 클래스의 인스턴스가 생성될 때 호출되는 함수라고 생각해도 좋다.

```
>>> x=InitPrint( )
you made an InitPrint instance
>>>
```

위의 코드를 입력하면 InitPrint 클래스의 인스턴스가 생성된 다음, 변수 x가 해당 인스턴스를 참조하도록 설정된다. 인스턴스가 생성될 때 __init__ 메소드가 실행된다. 현재 해당 메소드는 메시지를 출력할 뿐이다.

질문: 어떤 식으로 __init__ 메소드가 실행되는가?

답: 나도 정확히 모른다. 확실한 것은 InitPrint 클래스의 새로운 인스턴스를 만들 때마다 __init__ 메소드가 실행된다는 것이다. 루프를 사용해 InitPrint의 인스턴스를 100개 생성하면 메시지가 100번 출력되는 것을 확인할 수 있다. 프로그램이 __init__ 메소드를 직접 호출하는 경우는 없다. 대신에 __init__은 객체 생성의 결과로써 실행된다. InitPrint 클래스의 또 다른 인스턴스를 생성한 경우 해당 메시지가 다시 출력되는 것을 확인할 수 있다.

이제 클래스의 인스턴스가 생성될 때 __init__ 메소드가 실행된다는 사실을 알았다. 이제 인스턴스를 생성할 때 인스턴스에 정보를 전달하는 방법을 파악해야 한다.

```
>>> class InitName:
        def __init__(self,new_name):
            self.name=new_name

>>>
```

InitName 클래스의 초기화 메소드에는 new_name이라는 추가적인 매개변수가 있다. 해당 초기화 메소드는 더 이상 메시지를 출력하지 않는다. 대신에 매개변수 self를 사용해 할당 작업을 수행하는 것처럼 보인다. 매개변수 self를 사용하는 이유는 할당의 대상을 식별하기 위함이다. self가 무엇을 의미하는지 이해하는 것이 클래스의 메소드들이 어떤 식으로 동작하는지 이해하는 데 있어 가장 중요하다.

self를 "해당 메소드를 실행 중인 객체에 대한 참조"라고 생각하면 된다. 즉, 초기화 메소드가 실행되기 시작할 때 self의 값은 생성 중인 인스턴스를 참조하도록 설정된다. 따라서 할당문은 new_name의 값을 가져다 name이라는 속성에 할당한다. 이때 name 속성이 인스턴스에 추가된다.

매개변수 self는 언제나 클래스의 메소드의 첫 번째 매개변수다. 매개변수 self를 우리가 직접 설정하지는 않는다. 대신에 메소드 내에서 self를 사용해 해당 메소드가 실행 중인 객체에 대한 참조를 얻을 수 있다. 초기화 메소드 내에서 self 외의 다른 매개변수들은 일반적인 함수의 매개변수와 동일한 방식으로 동작한다. InitName 클래스의 새로운 인스턴스를 생성할 때 이러한 매개변수의 동작 방식을 확인할 수 있다.

```
>>> x=InitName('fred')
>>>
```

InitName 클래스의 새로운 인스턴스를 생성할 때 인자를 전달할 수 있다. 위의 코드에서는 InitName 인스턴스에 할당할 이름을 인자로 전달한다. 해당 값은 새로운 Contact 인스턴스의 이름 속성을 설정하는 데 사용된다. 초기화 메소드가 실행된 다음, 변수 x에 name 속성이 존재하는 것을 확인할 수 있다 (변수 x는 InitName 클래스의 인스턴스를 참조한다).

```
>>> x.name
'fred'
>>>
```

클래스에 대한 초기화 메소드를 제공한 경우 해당 초기화 메소드를 사용해야만 클래스의 인스턴스를 생성할 수 있다. 이름 인자를 입력하지 않고 InitName 인스턴스를 생성하려고 하면 파이썬이 다음과 같은 오류를 발생시킨다.

```
>>> y=InitName()
Traceback (most recent call last):
    File "<pyshell#48>", line 1, in <module>
        y=InitName()
TypeError: __init__() missing 1 required positional argument: 'name'
```

이는 객체가 적합한 속성들을 포함한 경우에만 생성되도록 하는 좋은 방법이다.

self 외에 세 개의 매개변수를 입력 받는 Contact 클래스의 초기화 메소드를 생성해보자.

```
class Contact:
    def __init__(self, name, address, telephone):        ── 네 개의 매개변수로 초기화한다.
        self.name=name        ── 매개변수에 대한 속성을 생성한다.
        self.address=address
        self.telephone=telephone
```

매개변수와 __init__ 메소드

위의 코드 샘플을 제대로 확인했다면 관련해 한두 가지 질문이 떠오를 것이다.

질문: 초기화 메소드 내에 할당문을 작성해 값이 자기 자신에게 할당되도록 한 것처럼 보인다. 어떻게 된 것인가?

답: 다음 코드를 살펴보자.

```
self.telephone=telephone
```

telephone의 값을 자기 자신에게 할당하는 것처럼 보인다. 하지만 실제 그렇지 않다. 우측 항목은 매개변수(telelphone)이고 좌측 항목은 self가 참조하는 객체의 속성(self.telephone)이다. 이 둘은 다른 변수다.

이 둘이 왜 다른 변수인지 이해하기 위해서는 파이썬이 변수를 찾을 때 네임스페이스(namespace)를 사용한다는 점을 알아야 한다. 네임스페이스는 "이름이 유일한 의미를 지니는 공간"이다. 위 코드에는 두 개의 네임스페이스가 존재하는데 그중 하나는 __init__ 메소드에 대해 지역으로 존재하는 매개변수들과 변수들의 네임스페이스다. 또 다른 하나는 인스턴스의 속성들에 대한 네임스페이스다. 두 가지 다른 네임스페이스는 동일한 이름의 변수를 포함할 수 있다. 이는 두 권의 책이 각각 "목차"라는 페이지를 포함하는 것과 동일하다. 네임스페이스를 지정한 경우 파이썬은 해당 변수의 위치를 파악할 수 있다(마치 "'파이썬을 통한 프로그래밍 시작'의 목차 페이지"라고 지정하는 것과 같다). self.telephone은 self가 가리키는 객체의 telephone이라는 변수를 가리킨다. telephone이라는 이름은 __init__ 메소드 내에서 매개변수 telephone을 가리킨다.

위에서 처음 InitName 클래스를 생성했을 때 매개변수의 이름(new_name)과 인스턴스의 속성 이름(name)을 다르게 부여했다. 매개변수와 속성에 다른 이름을 부여하는 것보다는 동일한 이름을 부여하는 것이 좋다. 이에 대한 이유는 다음 절에서 알아볼 것이다.

질문: 사용자가 인스턴스를 생성할 때 잘못된 값을 인자로 제공하면 어떻게 되는가?

답: 현재로서는 초기화 메소드는 매개변수에 대한 검증을 전혀 수행하지 않는다. 즉, name 매개변수의 값이 빈 문자열이거나 숫자이거나 심지어 None이어도 Contact는 여전히 초기화된다. 원하는 경우 초기화 메소드에 자료 검증 기능을 추가하여 객체를 생성하는 데 사용할 매개변수를 검증해 잘못된 값이 전달된 경우 예외를 일으킬 수 있다.

특히나 매우 안전해야 하는 은행 애플리케이션을 만드는 경우 이러한 자료 검증이 반드시 필요할 것이다. 하지만 우리가 만들고 있는 간단한 연락처 프로그램의 경우 해당 클래스의 사용자가 알아서 제대로 된 자료를 입력할 것이라고 기대하는 것이 합리적이다. 프로그램 개발 시 오류 확인을 통해 얻을 수 있는 장점과 오류 확인 코드를 작성하는 데 드는 비용 간에 균형을 유지해야 한다. 은행 애플리케이션을 만드는 경우 매우 안전한 클래스를 작성하는 것이 좋지만 이러한 추가적인 보안을 위해 은행으로부터 비용을 받아야 한다.

이제 우리 프로그램은 새로운 연락처를 만드는 동시에 연락처의 값들을 설정할 수 있다.

```
rob=Contact(name='Rob Miles',address='18 Pussycat Mews, London, NE1 410S',
    telephone='+44(1234) 56789')
```

위의 코드는 새로운 Contact를 생성한 다음, 참조 rob이 해당 Contact를 가리키도록 설정한다. 클래스에서 설정 중인 값들을 명시적으로 식별하기 위해 키워드 인자를 사용했다. 각 키워드는 클래스의 속성에 직접 대응된다. 덕분에 어떤 값들이 설정되는지 이해하기 쉽다.

```
# EG9-07 초기화 메소드를 지닌 간단한 연락처 프로그램
def new_contact():
    '''
    새로운 연락처를 입력 받은 다음 저장한다.
    '''
    print('Create new contact')
    # 자료 속성을 추가한다.
    name=read_text('Enter the contact name: ')
    address=read_text('Enter the contact address: ')
    telephone=read_text('Enter the contact phone: ')
    # 새로운 인스턴스를 생성한다.
    new_contact=Contact(name=name,address=address,telephone=telephone)
    # 새로운 연락처를 연락처 목록에 추가한다.
    contacts.append(new_contact)
```

위 new_contact 함수는 이름과 주소, 전화번호 값을 사용자로부터 입력 받은 다음, 해당 값들을 신규 Contact를 생성하는 데 사용한다. 해당 신규 Contact는 간단한 연락처 애플리케이션의 연락처 리스트의 뒤에 추가된다.

초기화 메소드에서 기본 인자 사용하기

7장에서 텍스트 입력 함수를 만들 때 기본 인자에 대해 알아봤다. 함수 호출 시 별도의 메시지를 지정하지 않으면 "Please enter some text"라는 기본 메시지가 출력됐다. 비슷한 방식을 초기화 메소드에도 구현할 수 있다.

```python
class Contact:
    def __init__(self,name,address,telephone='No telephone'):
        self.name=name
        self.address=address
        self.telephone=telephone
```

이제 전화번호를 입력하지 않고도 Contact 인스턴스를 생성할 수 있다.

```python
rob=Contact(name='Rob Miles',address='18 Pussycat Mews, London, NE1 410S')
```

전화번호를 입력하지 않았기 때문에 해당 주소의 전화번호는 'No telephone'으로 설정된다.

딕셔너리

이전 장에서 리스트와 튜플을 사용해 값의 모음을 저장할 수 있는 변수를 생성하는 법에 대해 알아봤다. 파이썬에는 딕셔너리^{dictionary}라는 또 다른 모음 값 저장 방식이 있다. 프로그램은 자료 모음을 딕셔너리에 저장한 다음, 키^{key}를 사용해 딕셔너리의 특정한 항목을 쉽게 지정할 수 있다. 딕셔너리는 이전에 들어보지 못한 단어의 의미를 찾을 때 사용하는 사전(딕셔너리)과 동일한 방식으로 동작하기 때문에 딕셔너리라는 이름은 매우 적절하다. 이때 사전의 단어가 딕셔너리의 키에 해당하고 사전의 설명이 딕셔너리에서 우리가 찾고자 하는 항목에 해당한다.

파이썬 프로그래밍 관점에서 보면 딕셔너리를 문자나 숫자가 아닌 키^{key}에 의해 인덱싱된 리스트라고 생각할 수 있다. 딕셔너리의 항목에 접근하기 위해서는 "'rob'이라는 키를 지닌 항목을 주세요"라고 말할 수 있다. 파이썬 리스트의 항목에 접근하기 위해서는 "인덱스가 2인 항목을 주세요"라고 말해야 한다.

딕셔너리 생성하기

파이썬 쉘을 사용해 딕셔너리가 어떤 식으로 생성되는지 확인할 수 있다. IDLE 명령어 쉘을 연다. 커피숍의 가격표를 위한 딕셔너리를 생성할 수 있다. 키는 음료 이름이 되고 우리가 찾고자 하는 항목이 해당 음료의 가격이 된다.

```
>>> prices={}
>>>
```

위의 코드를 입력하자. 위의 코드는 prices라는 딕셔너리를 생성한다. 파이썬에게 딕셔너리를 생성하라고 명령하기 위해 {} 괄호를 사용해야 한다.

현재로서는 딕셔너리는 비어 있다. 저장할 키와 값을 제공함으로써 딕셔너리에 항목을 추가할 수 있다.

```
>>> prices['latte']=3.5
>>>
```

위의 코드는 prices 딕셔너리에 항목을 추가한다. 해당 항목의 키는 'latte'이고 값은 3.5이다. 프로그램은 키 'latte'를 사용해 해당 값을 찾을 수 있다.

```
>>> prices['latte']
3.5
>>>
```

위의 코드의 사각 괄호 사용은 리스트를 떠올리게 한다. 리스트를 사용할 때 원하는 항목을 식별하기 위해 인덱스값을 제공해야 한다. 딕셔너리의 경우 원하는 항목을 찾기 위해 키를 사용한다. 언제든지 딕셔너리의 값을 변경할 수 있다.

```
>>> prices['latte']=3.6
>>>
```

위의 코드는 라떼의 가격을 3.5에서 3.6으로 약간 증가시킨다.

키는 반드시 정확하게 제공돼야 한다. 키를 잘못 입력하면 어떤 일이 일어나는지 확인해보자.

```
>>> prices['Latte']
Traceback (most recent call last):
    File "<pyshell#3>", line 1, in <module>
        prices['Latte']
KeyError: 'Latte'
```

예상했듯이 예외가 발생한다. 딕셔너리가 어떤 키를 포함하는지 확인해볼 수 있다.

```
>>> 'latte' in prices
True
>>>
```

언제든 추가적인 항목들을 딕셔너리에 추가할 수 있고 전체 딕셔너리를 출력할 수도 있다.

```
>>> prices['espresso']=3.0
>>> prices['tea']=2.5
>>> prices
{'latte': 3.6, 'espresso': 3.0, 'tea': 2.5}
>>>
```

위의 첫 번째 두 줄은 딕셔너리에 음료를 두 개 추가한다. 세 번째 줄은 딕셔너리를 출력한다. 앞에서 딕셔너리에 항목들을 추가하는 법을 알아봤다. 그 외에도 다음과 같이 코드 한 줄로 딕셔너리를 생성하는 법도 있다.

```
>>> prices={'latte': 3.6, 'espresso': 3.0, 'tea': 2.5, 'americano':2.5}
>>>
```

위의 코드는 네 가지 종류의 음료를 지닌 prices 딕셔너리를 생성한다.

딕셔너리 관리

딕셔너리 항목의 형태는 '키:항목(key:item)'이다. 왼쪽 값이 키이며 해당 항목을 찾는 데 사용된다. 이 경우 키는 문자열이고 항목은 숫자이다. 이 뿐만 아니라 다른 자료형도 사용 가능하다.

```
access_control={1234:'complete', 1111:'limited', 4342:'limited'}
```

위 코드는 보안 알람 시스템에 대한 접근을 제어하기 위한 딕셔너리를 생성한다. 사용자는 접근 코드를 입력하고 프로그램은 해당 코드를 access_control 딕셔너리의 키로 사용한다. 해당 키와 일치하는 항목은 사용자가 완전한 접근 권한을 지녔는지 혹은 제한된 접근 권한을 지녔는지 결정한다. 접근 코드 1234는 사용자에게 완전한 접근 권한을 부여한다. 접근 코드 111과 4342는 사용자에게 제한된 접근 권한을 부여한다. 키가 access_control 딕셔너리에서 발견되지 않은 경우 사용자는 시스템에 전혀 접근할 수 없다.

```
# EG9-09 알람 접근 권한 제어
access_code=read_int('Enter your access code: ')          접근 코드를 읽는다.
if access_code in access_control:               딕셔너리가 해당 코드 값을 포함하는지 확인한다.
    print('You have', access_control[access_code], 'access')   접근 권한 레벨을 표시한다.
else:
    print('You are not allowed access')                 접근이 불가하다.
```

딕셔너리의 항목을 삭제해야 하는 경우 파이썬 del 명령어를 사용해 딕셔너리의 항목을 삭제할 수 있다(예를 들어 알람 코드를 다른 코드로 변경하여 알람 코드 값을 삭제해야 하는 경우).

```
del(access[1111])
```

위의 코드는 키가 1111인 접근 코드 항목을 삭제한다. del 명령어는 리스트의 항목을 지우는 데도 사용 가능하다. 삭제하고자 하는 항목이 발견되지 않는 경우 del 명령어는 예외를 일으킨다.

함수로부터 딕셔너리 반환하기

프로그램은 딕셔너리를 간단한 찾아보기 표로 사용할 수 있다. 하지만 딕셔너리는 다른 많은 상황에 있어서도 유용하다. 8장의 "해적 보물" 함수는 튜플을 결과로 반환하는 대신에 딕셔너리를 반환할 수 있다.

```python
# EG9-08 해적 보물 딕셔너리
def get_treasure_location():
    '''
    보물의 위치 찾기
    딕셔너리를 반환한다.
    ['start']는 시작 위치를 담은 문자열이다.
    ['n']은 북쪽으로 이동할 걸음 수다.
    ['e']는 동쪽으로 이동할 걸음 수다.
    '''
    # 해적으로부터 위치를 얻는다.
    return {'start':'The old oak tree','n':20,'e':30}

location=get_treasure_location()
print ('Start at',location['start'], 'walk',location['n'],'paces north',
    'and', location['e'],'paces east')
```

위의 get_treasure_location 함수는 세 가지 항목을 담은 딕셔너리를 반환한다. 딕셔너리를 사용하면 튜플을 사용하는 것보다 결과를 이해하기 쉽다. 딕셔너리의 각 항목이 인덱스값 대신에 이름(키 문자열값)을 갖고 있기 때문이다.

딕셔너리를 사용해 연락처 저장하기

딕셔너리를 사용해 간단한 연락처 프로그램에 연락처를 저장할 수 있다. 딕셔너리에 포함된 Contact를 찾는 데 사용되는 키는 Contact의 이름이다.

```
contact_dictionary = {}
rob = Contact(name='Rob Miles',address='18 Pussycat Mews',
telephone='+44(1234) 56789')
contact_dictionary[rob.name] = rob
```

빈 딕셔너리를 생성한다.

새로운 연락처를 생성한다.

이름을 키로 사용해 딕셔너리에 연락처를 추가한다.

위의 프로그램은 딕셔너리를 생성한 다음, 연락처를 해당 딕셔너리에 추가하는 법을 보여준다. 그리고 나서 프로그램은 연락처의 이름을 키로 사용해 딕셔너리에서 연락처를 찾을 수 있다. 다음 코드는 지금 막 저장된 연락처를 찾는다.

```
c = contact_dictionary['Rob Miles']
```

위 코드는 잘 동작한다. 하지만 사용자는 이름을 키로 사용하기 위해 연락처의 이름을 정확히 입력해야 한다. 반면에 앞에서 다룬 find_contact 함수는 startswith 메소드를 사용해 찾고자 하는 연락처의 이름 일부만 입력해도 된다. 사용자들은 전체 이름을 입력하기 보다는 이름의 앞부분만 입력해도 되는 방식을 선호한다. 사용자가 ro를 검색어로 입력하면 프로그램은 Rob Miles의 연락처 세부 정보를 반환할 것이다. 이러한 방식은 딕셔너리에서는 불가능하다.

반면 딕셔너리는 키가 유일한 값인 애플리케이션에서 유용하다. 예를 들어 계좌번호를 키로 사용하는 은행 애플리케이션의 경우 딕셔너리를 사용해 계좌 기록을 빠르게 찾을 수 있다.

직접 해보기

자료 저장 애플리케이션 생성하기

간단한 연락처 프로그램은 자료를 저장하고 사용자가 해당 자료를 처리할 수 있도록 하는 모든 프로그램에 사용할 수 있는 유용한 템플릿이다. 아이스크림 매출 관리 프로그램의 정렬과 자료 처리 기능을 추가해 애플리케이션이 자료를 저장할 뿐 아니라 좀 더 흥미로운 것들을 하도록 만들 수 있다.

트랙의 길이에 따라 트랙을 검색할 수 있는 음악 트랙 저장 프로그램을 만들 수 있다. 음악 트랙 저장 프로그램은 여러분이 원하는 시간만큼 재생 가능한 트랙 조합을 추천하거나 특정 재생 목록의 전체 재생 시간을 제공할 수 있다. 트랙 정보를 담을 수 있는 클래스를 생성한 다음, 리스트에 해당 정보를 저장하고 이러한 트랙 정보를 검색하고 처리할 수 있는 기능을 만들어야 한다.

또는 재료와 세부적인 준비사항을 저장하는 조리법 저장 프로그램을 만들 수 있다. 이때 클래스의 항목들 중 하나는 조리법을 준비하기 위해 수행해야 할 단계들을 기술한 문자열 리스트가 될 것이다.

요약

9장에서는 실제 유용한 간단한 연락처 애플리케이션을 만들었다. 간단한 연락처 애플리케이션은 연락처 정보를 저장할 수 있다. 또한 해당 애플리케이션을 수정해 어떤 종류의 자료든 저장하고 관리할 수 있는 애플리케이션을 만들 수 있다. 처음으로 클래스를 만들었으며, 해당 클래스는 연락처 정보를 저장하고 해당 클래스에 세부 정보를 담기 위한 속성들을 추가해봤다. 파이썬 변수가 메모리의 객체에 대한 참조이고 일부 객체는 불변이라는 점을 배웠다. 불변 객체의 내용은 변경할 수 없다. 대신에 변경된 내용을 지닌 새로운 객체가 생성된다. 이러한 불변 동작 방식은 int, float, string과 같은 간단한 자료 객체에도 적용된다. 따라서 프로그램이 해당 자료 객체들을 처리할 때 값으로 간주한다.

파이썬 피클 라이브러리를 사용해 연락처의 전체 모음을 저장했다. init 메소드를 추가해 연락처에 초기값을 설정함으로써 연락처의 초기화를 단순화했다. 마지막으로 파이썬 딕셔너리 방식을 알아봤다. 딕셔너리 방식을 사용하면 객체를 식별할 수 있는 고유 키값을 사용해 해당 객체를 얻을 수 있다.

다음은 클래스에 관해 고민해볼 만한 심화 질문이다.

어떤 객체에 이름, 주소, 전화번호 속성이 있는 경우 프로그램은 해당 객체를 Contact 인스턴스로 취급할 수 있는가?

가능하다. 이는 매우 좋은 질문이다. 파이썬에서 객체가 어떤 식으로 동작하는지에 대한 핵심을 알면 된다. 간단한 연락처 프로그램에서 우리는 Contact라는 클래스를 생성한 다음, name, address, telephone 속성을 해당 클래스의 인스턴스에 추가했다. 그러고 나서 간단한 연락처 프로그램은 해당 속성들을 출력하고 사용자로 하여금 해당 속성들을 편집할 수 있도록 해준다. 다른 프로그램이 동일한 속성들을 지니는 객체(예를 들어 Customer 라는 객체)를 만들었다면 간단한 연락처 프로그램은 Customer 객체 역시 처리할 수 있다. 자바, C++, C#과 같은 언어들은 "강 타입strong typing"이라는 특성을 지닌다. 강 타입 언어들의 경우 각 변수에 특정 형이 주어지고 해당 변수는 해당 형의 값만을 처리할 수 있다. 이 경우 Customer 객체를 Contact 객체로 취급하려 하면 실행하기도 전에 잘못된 구현으로 프로그램에 의해 거부당한다.

프로그래머들은 파이썬이 동작하는 방식을 "오리 타입duck typing"이라고 부른다. 파이썬이 취하는 방식이 "어떤 것이 오리처럼 걷고 오리처럼 운다면 그것은 오리이다"이기 때문이다. 즉, Contact처럼 동작하는 모든 것은 Contact 객체로 취급할 수 있다는 것이다. 예를 들어 프로그래머가 전화번호 속성이 없는 Customer 인스턴스를 생성한 경우 프로그램이 해당 속성을 사용하려 할 때 예외를 발생시킬 것이다. 이 책의 뒤에서 파이썬 프로그램이 어떤 식으로 실행 중에 객체의 형을 확인할 수 있는지 알아볼 것이다.

객체는 객체 자신에 대한 참조를 포함할 수 있는가?

좋은 생각은 아닐 수도 있지만 가능하다. 이보다 나은 방법으로는 "연결 리스트"와 같은 것을 생성하도록 객체들을 서로 연결하는 것이다. 연결 리스트의 경우 리스트의 객체가 해당 리스트의 다음 항목에 대한 참조를 포함한다. 객체에서 참조를 사용하여 "트리" 자료 구조와 같이 복잡한 자료 구조를 구현해볼 수도 있다.

객체가 메모리 어디에 정확히 저장되는지 알 수 있을까?

프로그램 내 모든 사항들은 컴퓨터의 메모리 어딘가에 저장된다. 컴퓨터의 각 메모리 위치는 고유의 숫자 주소를 지닌다. 메모리를 인덱스 값이 0부터 시작해서 수십억에 이르는 엄청나게 큰 바이트 값의 목록이라고 생각해도 된다. 파이썬이 객체를 생성할 때 파이썬은 해당 객체를 메모리 어딘가에 위치시킨다. 해당 위치가 어딘지 알아내는 것은 가능하다. 하지만 프로그램에 있어 메모리 주소를 알아내는 것은 별로 도움이 되지 않는다. 현재로서는 객체를 참조의 끝 어딘가에 위치하는 것이라고 여기는 편이 가장 낫다.

객체는 반드시 초기화 메소드를 지녀야 하는가?

그렇지 않다. 우리가 제일 처음 만든 Contact 클래스에는 초기화 메소드가 없었다. 대신에 Contact 객체를 생성한 다음 속성 값들을 추가했다. __init__ 메소드를 사용하면 초기 값들을 설정하기 더 쉽고 초기화 메소드를 사용함으로써 인스턴스가 생성될 때 해당 속성들이 설정되는 것을 보장할 수 있다. 하지만 항상 초기화 메소드를 만들어야 하는 것은 아니다.

프로그램이 객체에 신규 속성들을 추가하지 못하게 막을 수 있는가?

막을 수 없다. Contact 인스턴스에 신규 속성을 언제든 추가할 수 있다. 신규 속성을 추가함으로써 객체를 약간 변화시킬 수 있다. 이는 다른 Contact 인스턴스에는 없는 속성을 원하면 추가할 수 있기 때문이다. 이렇게 인스턴스에 신규 속성을 추가하는 것을 막는 방법은 존재하지 않는다.

객체로부터 속성을 제거할 수 있는가?

제거할 수 없다. 속성이 일단 추가되면 객체가 살아있는 동안 존재한다.

불변이 무엇인지 다시 한번 설명해달라.

불변은 변경 불가하다는 것을 의미한다. 불변 객체를 유리창이 있는 봉인된 상자에 저장된 것으로 생각해도 좋다. 상자 안에 무엇이 있는지 볼 수는 있지만 상자 안에 있는 것을 변경할 수는 없다. 프로그램이 불변 객체를 변경하려 할 때마다 파이썬 시스템은 새로운 내용물을 지닌 새로운 상자를 만들어서, 기존 상자 대신 새로운 상자를 사용한다. 일부 형type을 불변으로 만듦으로써 파이썬은 자료 저장을 단순화한다.

어떤 프로그램이 이야기를 단어 리스트 형태로 저장한다고 가정해보자. 해당 이야기의 각 단어는 불변인 문자열형string에 저장된다. 해당 단어 리스트의 각 항목은 이야기 내에서 다른 단어이다. 앞에서 배웠든시 리스트는 참조 형태로 구현된다. 따라서 리스트의 각 항목은 문자열 객체를 참조한다. "the"라는 단어는 이야기에서 자주 등장할 것이다. 따라서 "the"라는 단어를 담고 있는 문자열 인스턴스에 대한 참조가 많이 존재할 것이다. 이 경우 파이썬 관점에서 볼 때 "the"는 한 번만 저장되면 되기 때문에 "the"가 많이 등장하더라도 메모리가 낭비되지 않는다.

운영체제는 자신이 이진 파일을 저장 중이라는 것을 어떻게 알 수 있을까?

알지 못한다. 컴퓨터의 파일 시스템은 파일 시스템이 관리하는 파일 내에 무엇이 들어 있는지 상관하지 않는다. 이는 마치 도서관 사서가 여러분에게 대여해주는 책의 내용이 무엇인지 상관하지 않는 것과 마찬가지이다. 파일의 내용물에 의미를 부여하는 것은 해당 파일을 사용하는 프로그램이다. 파일 이름 내에는 "파일 확장자"가 존재한다. 따라서 운영체제는 해당 파일을 작업할 적절한 프로그램을 선택할 수 있다. 하지만 운영체제는 해당 파일이 이진 파일인지 텍스트 파일인지 전혀 알지 못한다.

딕셔너리의 두 항목들이 동일한 키를 지닐 수 있는가?

안 된다. 동일한 키를 지닌 두 번째 항목을 추가할 수 있다면 기존 항목을 찾을 방법이 없기 때문이다.

10

클래스를 사용한
활성 객체 생성

학습 목표

이제 파이썬 클래스를 자료 집합을 저장하는 객체를 설계하기 위한 방법 중 하나라는 점을 배웠다. 프로그램이 클래스 인스턴스에 자료 속성들을 추가해 관련 항목들을 모으는 것이 가능하다는 점도 배웠다. 이는 연락처 세부 정보를 저장하는 클래스 기반 애플리케이션 생성을 통해 확인했다. 그리고 어떤 관련 정보를 모으고자 하는 상황에서 클래스를 사용할 수 있다는 사실도 알아봤다.

10장에서는 또 다른 클래스 속성인 메소드에 관해 알아볼 것이다. 저장한 자료를 관리하고 해당 자료를 프로그램에서 사용할 수 있는 기능을 제공하는 활성 객체를 생성하는 법에 대해서도 알아보겠다. 객체의 무결성과 복원성을 보장하기 위한 기법들도 배울 것이다. 이를 위해 누군가가 유효하지 않은 동작을 시도했을 때 객체가 어떤 식으로 예외를 일으키고 프로그램이 이러한 예외를 어떤 식으로 처리하는지를 살펴볼 것이다. 또한 실수로 객체 내의 자료에 손상을 입히는 것을 방지하기 위해 객체 내의 자료를 보호하는 법과 보호된 자료에 쉽게 접근하기 위해 객체 속성을 사용하는 법에 대해서도 알아볼 것이다.

파이썬이 대용량 자료를 반복 순회하는 과정을 관리하는 법을 알아보고, 반복을 활용하는 강력한 함수들 중 일부에 대해서도 알아볼 것이다. 다뤄야 할 내용이 많다. 어서 출발해보자.

시간 관리 프로그램 만들기

프로그램은 점점 더 커지는 성향이 있다. 때때로 문제의 범위를 가소 평가했기 때문에 프로그램이 점점 커지기도 한다. 이는 좋지 못하다. 고객이 여러분이 만든 프로그램이 맘에 들어서 추가적인 기능을 요청하는 경우에도 프로그램이 커진다. 이는 좋은 이유로 프로그램이 커지는 것이다. 이번 장에서는 좋은 소식이 있다. 9장에서 만든 간단한 연락처 프로그램을 사용 중인 변호사 고객으로부터 소식을 들었는데, 변호사가 특정 고객을 위해 일한 시간을 측정해 해당 고객에게 일한 시간만큼 비용을 청구할 수 있는 기능을 원한다고 한다. 여러분은 다음과 같은 사용자 인터페이스를 고안했다.

```
Time Tracker

1. New Contact
2. Find Contact
3. Edit Contact
4. Add Session ─────────────────────────────  업무 시간 기록을 위한 새로운 명령어
5. Exit Program
```

4번 명령어는 어떤 계약에 대한 업무를 수행할 때마다 해당 업무를 수행하는 데 걸린 시간을 추가하는 데 사용한다. 사용자는 필수 연락처를 찾아서 해당 연락처의 세부 정보에 업무 수행 시간을 추가할 수 있다.

```
Enter your command: 4
add hours
Enter the contact name: Rob
Name: Rob Miles
Previous hours worked : 0
Session length : 3
Updated hours worked : 3.0
```

이제 2번 명령어를 선택하면 표시되는 정보는 지금까지 사용한 시간을 포함한다.

```
Find contact
Enter the contact name: Rob Miles
Name: Rob Miles
Address: 18 Pussycat Mews, London, NE1 410S
Telephone: 1234 5678
```

각 연락처의 고객을 위해 지금까지 근무한 시간이 다른 세부 정보와 함께 표시된다.

클래스에 자료 속성 추가하기

시간 관리 애플리케이션은 변호사가 각 고객을 위해 근무한 시간을 저장하는 방법이 필요할 것이다. 간단한 연락처 프로그램의 각 연락처는 Contact 객체에 의해 표현된다. Contact 객체는 해당 연락처의 이름, 주소, 전화번호를 저장하는 속성들을 담는다. 각 연락처의 고객을 위해 근무한 시간을 저장하는 시간 관리 애플리케이션을 만들기 위해 Contact 클래스에 추가적인 속성을 추가할 수 있다. 해당 추가적인 속성은 해당 연락처의 고객을 위해 변호사가 근무한 시간을 저장한다. 새로운 Contact를 추가할 때 해당 시간의 값을 0으로 설정해야 한다. 이를 설정하기 위한 최적의 장소는 __init__ 메소드이다. __init__ 메소드는 클래스의 인스턴스가 생성될 때 인스턴스를 설정하기 위해 호출된다.

```
class Contact:
    def __init__(self, name, address, telephone):        ────  Contact를 초기화하기 위해
        self.name = name                                        __init__이 호출된다.
        self.address = address
        self.telephone = telephone
        self.hours_worked = 0        ────────────────────  시간의 초기값을 0으로 설정한다.
```

이제 __init__ 메소드는 새로운 Contact가 생성될 때 hours_worked 속성을 생성한 다음, 해당 속성을 0으로 설정한다. 클래스 메소드 호출의 첫 번째 매개변수는 self라는 참조임을 기억하자. self는 해당 메소드의 객체에 대한 참조다. __init__ 메소드의 경우 self는 새롭게 생성된 Contact를 참조한다. __init__ 메소드는 self 참조를 사용해 새롭게 생성된 객체를 찾아서 해당 객체의 각 자료 속성을 설정한다.

이제 hours_worked 속성을 설정했으니 Contact 객체를 찾아서 해당 연락처를 위해 일한 시간을 증가시키는 add_session_to_contact 함수를 추가해보자. 이 기능을 사용하는 시점은 변호사가 고객을 위해 업무를 마친 다음이다. 업무를 마친 다음, 비용을 청구하기 위해 근무한 시간을 입력한다. add_session_to_contact 함수의 동작 방식은 edit_contact 함수와 매우 유사하다. 하지만 사용자가 연락처의 세부 사항을 편집하는 대신에 add_session_to_contact 함수는 hours_worked 속성의 값을 사용자가 지정한 양만큼 증가시킨다.

```
# EG10-01 시간 관리 애플리케이션

def add_session_to_contact():
    '''
    검색할 이름을 입력 받은 다음, 사용자가
    해당 연락처의 고객을 위해 근무한 시간을 추가할 수 있다.
    '''
    print('add session')
    search_name = read_text('Enter the contact name: ')
    contact = find_contact(search_name)                          연락처를 찾는다.
    if contact != None:
        # 연락처를 찾았다.                                         연락처를 찾았다.
        print('Name:', contact.name)
        print('Previous hours worked :', contact.hours_worked)
        session_length = read_float_ranged(prompt='Session length : ',
        min_value=0.5, max_value=3.5)
        contact.hours_worked = contact.hours_worked+session_length    근무한 시간을
        print('Updated hours worked:', contact.hours_worked)          추가한다.
    else:
        print('This name was not found.')                        연락처를 찾지 못했다.
```

위의 함수를 간단한 연락처 애플리케이션에 추가하면 애플리케이션은 연락처를 찾아서 지금까지 근무한 시간을 출력한 다음, 사용자에게 session_length값을 입력하라고 요청한다. 사용자가 입력한 값은 해당 연락처의 hours_worked 속성에 추가된다. 그리고 나서 갱신된 hour_worked 값이 출력되고 함수가 종료된다. 10장의 코드 샘플의 'EG10-01 시간 관리 예제 프로그램'을 통해 Contact 객체를 생성 및 저장하고 각 연락처를 위해 근무한 시간을 관리할 수 있다는 것을 확인할 수 있다.

잘 정리된 객체 생성하기

우리가 만든 시간 관리 애플리케이션의 구현에는 아무런 문제가 없다. 결국 잘 동작하고 고객이 원하는 것을 수행한다. 하지만 소프트웨어 설계 관점에서 보면 개선의 여지가 있다. 좋은 소프트웨어 설계가 중요하다. 소프트웨어 설계는 최대한 명료하고 단순해야 한다. 이는 다른 프로그래머들이 해당 설계를 쉽게 이해할 수 있도록 해준다.

집을 짓는다면 벽돌을 사용해 벽을 만들고 전선을 사용해 빌딩 전체에 전력을 공급할 것이다. 벽돌의 역할은 지붕을 버티는 것이다. 전선의 역할은 한 장소에서 다른 장소로 전력

을 전송하는 것이다. 집 짓는 사람들은 벽돌과 전선을 다룰 수 있으며 벽돌이 전선에 영향을 미치지 않고 전선이 벽돌에 영향을 미치지 않는다는 점을 알고 있다. 즉, 집의 전등이 동작하는지 여부는 해당 집을 짓는 데 사용한 벽돌의 색깔에 영향을 받지 않는다는 것이다.

객체지향 설계를 사용해 벽돌과 전선과 같이 개별적이고 스스로 역할을 수행하는 좋은 소프트웨어 객체를 만들 수 있다. 우리는 집 짓는 사람들이 벽돌을 사용해 집을 짓는 것과 동일한 방식으로 다른 프로그래머들이 자신의 애플리케이션에서 Contact 객체를 사용할 수 있기를 바란다. 소프트웨어 품질을 고려할 때 소프트웨어 개발자는 어떤 객체가 얼마나 잘 응집^{cohesion}되도록 설계 됐는지에 대해 이야기한다. 객체가 잘 응집됐다는 것은 좋은 일이다. 간단한 연락처 애플리케이션의 경우 잘 응집된 Contact 객체라면 연락처 정보를 처리하기 위해 필요한 모든 자료 및 메소드 속성들을 제공해야 한다.

현재로서는 우리가 설계한 Contact 객체는 그렇게 잘 응집되지는 않았다. 시간 관리 프로그램은 특정 Contact 객체에 저장된 자료 속성에 직접 접근한다. 변호사가 특정 사건에 사용할 수 있는 최소 시간이 30분이고 최대 시간이 3시간 30분이라고 얘기했다. 시간 관리 애플리케이션의 경우 이러한 제약이 add_session_to_contact 함수 내에 구현됐다. 이는 사용자가 입력하는 근무 시간 길이의 범위를 제한한다.

```
session_length = read_float_ranged(prompt='Session length : ', min_value=0.5,
max_value=3.5)
contact.hours_worked = contact.hours_worked+session_length
```

위의 코드는 특정 연락처의 hours_worked값을 갱신한다. 첫 번째 줄은 근무 시간을 입력 받고(0.5부터 3.5까지의 범위에 속하는 숫자) 두 번째 줄은 해당 근무 시간 값을 해당 연락처의 hours_worked 속성에 추가한다. 변호사가 근무 규칙이 바뀌어서 이제 한 번에 4시간까지 근무할 수 있다고 얘기한다면 근무 시간 길이를 입력 받는 코드를 찾아서 허용 가능한 최대 값을 변경해야 한다.

```
session_length = read_float_ranged(prompt='Session length : ', min_value=0.5,
max_value=4.0)
contact.hours_worked = contact.hours_worked+session_length
```

위의 코드는 잘 동작한다. 하지만 13장에서 그래픽 인터페이스를 사용하는 다른 버전의 시간 관리 애플리케이션을 만들 것이다. 해당 프로그램은 근무 시간 길이에 대한 자체 검증을 수행할 것이다. 변호사가 근무 시간의 최대 길이를 변경한 경우 그래픽 인터페이스 버전의 프로그램에서 근무 시간 길이 검증 역시 수정해야 한다. 그렇지 않으면 고객인 변호사는 그래픽 인터페이스를 사용하는 경우 근무 시간으로 4시간을 입력할 수 없어 짜증이 날 수 있다.

'업무 규칙' 중 일부가 '업무 객체' 범위 밖에 있기 때문에 이러한 문제가 발생한다. "업무 규칙"은 고객이 시스템이 수행하기를 원하는 것이고 "업무 객체"는 해당 시스템을 구현하기 위해 우리가 생성하는 것이다.

Contact 객체를 좀 더 응집력 있게 만들고 업무 규칙을 Contact 클래스 내에 구현함으로써 이 문제를 처리할 수 있다. Contact 객체에게 업무 시간 길이를 검증하는 역할을 맡기는 경우 새로운 업무 규칙을 반영하기 위해 Contact 객체를 변경해야 한다. Contact 객체를 변경하더라도 Contact 객체를 사용하는 시스템들은 계속해서 잘 동작할 것이다.

클래스의 메소드 속성 생성하기

현재 모든 파이썬 코드는 Contact 객체의 hours_worked 자료 속성에 직접 접근할 수 있다. 하지만 프로그램은 hours_worked 속성에 직접 접근하지 않아도 된다. 사실 Contact의 hours_worked값에 대해 두 가지 사항만 수행하면 된다.

- hours_worked값 얻기 (연락처의 고객을 위해 근무한 시간을 표시하기 위함)

- 근무 시간을 hours_worked값에 추가하기 (근무 시간을 기록하기 위함)

파이썬 객체는 메소드 속성을 포함할 수 있다. 사용자는 메소드 속성을 사용해 객체에게 무언가를 수행하라고 요청할 수 있다. 5장에서 파이썬 문자열 객체가 upper( )라는 메소드를 제공한다는 점을 확인할 때 메소드 속성을 처음 접했다. upper( ) 메소드를 사용해 문자열에게 해당 문자열 내의 모든 소문자를 대문자로 변환하라고 요청할 수 있다. 5장에서 upper( ) 메소드를 사용해 사용자가 입력한 이름이 소문자이든 대문자이든 어떤 경우에도 인식되도록 만들었다.

Contact 클래스용으로 두 개의 메소드 속성을 만들 것이다. 해당 메소드들은 연락처를 위해 근무한 시간을 관리하고 프로그램이 hours_worked 자료 속성에 직접 접근하지 않아도 되도록 해준다. 연락처의 근무 시간을 얻기 위한 메소드를 우선 살펴보자.

```python
class Contact:
    def __init__(self, name, address, telephone):
        self.name = name
        self.address = address
        self.telephone = telephone
```

```
        self.hours_worked = 0

    def get_hours_worked(self):
        '''
        해당 연락처의 근무 시간을 얻는다.
        '''
        return self.hours_worked
```

 코드 분석

get_hours_worked 메소드

위 코드에 관해 고려해볼 만한 몇 가지 질문이 있다.

질문: 매개변수 self를 사용하는 목적은?

답: 메소드는 객체의 일부인 함수다. 메소드가 알아야 할 첫 번째 사항은 어떤 객체의 일부인지 이다. self 참조는 get_hours_worked 메소드의 첫 번째 매개변수로 제공되고 해당 메소드가 실행 중인 객체를 참조한다. 9장에서 초기화 메소드(__init__)에 관해 알아볼 때 처음으로 self를 접했다. 초기화 메소드의 경우 self 매개변수의 값이 초기화 대상 객체에 대한 참조다. 초기화 메소드 내의 코드는 이름, 주소, 전화번호 속성을 초기화 중인 객체에 추가하기 위해 해당 참조를 사용한다.

get_hours_worked 메소드의 경우 self의 값이 해당 메소드가 실행 중인 Contact에 대한 참조다. 다음 파이썬 코드를 살펴보자.

```
rob_work = rob.get_hours_worked()
jim_work = jim.get_hours_worked()
if rob_work > jim_work:
    print('More work for rob')
else:
    print('More work for jim')
```

위 코드는 연락처 rob과 jim의 근무 시간을 비교한다. get_hours_worked가 처음 호출됐을 때 해당 메소드 호출 내의 self값은 rob이 참조하는 객체에 대한 참조다. get_hours_worked가 두 번째 호출됐을 때 해당 메소드 호출 내의 self값은 jim이 참조하는 객체에 대한 참조다.

질문: 파일에 연락처 정보를 저장할 때 get_hours_worked 메소드가 저장되는가?

답: 그렇지 않다. 피클(자세한 정보는 9장 참조)을 사용해 연락처 리스트를 저장하는 경우 클래스의 메소드 속성은 저장되지 않는다. 피클은 객체의 자료 속성만을 저장한다.

이는 피클을 사용해 Contact값들을 불러오기 전에 반드시 프로그램 내에 Contact 클래스가 정의돼 있어야 함을 의미한다. 이렇게 해야 프로그램에서 Contact 인스턴스에 대한 메소드 속성을 사용할 수 있다.

질문: 프로그램이 Contact 클래스의 hours_worked 속성을 여전히 접근할 수 있는가?

답: 접근할 수 있다. 메소드 속성을 사용해 클래스에 저장된 자료 속성을 얻는다고 해서 프로그램이 해당 자료 속성에 직접 접근하지 못하는 것은 아니다. 우리 목표는 프로그램이 자료 속성에 접근할 필요가 없도록 만드는 것이다. 이번 장의 뒤에서 hours_worked 속성을 Contact 클래스의 '비공개'로 표시하는 법을 알아볼 것이다.

특정 고객에 대한 근무 시간을 추가하기 위해 근무 시간 길이를 입력 받아서 해당 Contact 객체의 근무 시간에 추가하는 메소드 속성을 생성할 수 있다.

```
# EG10-02 메소드 속성을 지닌 시간 관리 애플리케이션

class Contact:

    def add_session(self, session_length):
        '''
        매개변수의 값을 연락처의 근무 시간에 추가한다.
        '''
        self.hours_worked = self.hours_worked + session_length
```

Contact 클래스의 add_session 메소드에는 두 개의 매개변수가 있다. 첫 번째는 갱신하고자 하는 Contact 객체를 가리키는 self이고, 두 번째는 추가하고자 하는 근무 시간 길이인 session_length이다. 이는 매우 간단한 형태의 add_session 메소드이다. 단지 매개변수의 값을 hours_worked 속성에 추가한다.

메소드에 검증 기능 추가하기

위에서 생성한 add_session 메소드는 좋은 출발점이다. 하지만 업무 시간 길이에 대한 검증 기능을 추가해야 한다. 다음 코드를 살펴보자.

```
rob.add_session(-10)
```

위 코드는 Contact형의 rob 변수에 대한 add_session을 호출하는 것으로 문법상 아무런 문제가 없다. 위의 코드는 근무 시간을 10만큼 감소시킨다. add_session 메소드가 자신의 매개변수값을 사용해 hours_worked 속성에 해당 값을 더하기 때문에 음수가 매개변수로 전달된 경우 값이 감소될 수도 있다. 인자에 음수를 허용하기 때문에 add_session 메소드는 할당된 근무 시간만큼 해당 연락처의 근무 시간을 감소시킬 것이다. 이는 해당 연락처의 고객에게는 좋은 소식이지만 변호사 입장에서는 수입이 줄어들기 때문에 안 좋다. 'EG10-02 메소드 속성을 지닌 시간 관리 애플리케이션' 예제를 실행하면 음수 근무 시간을 추가할 수 있다는 사실을 알 수 있다.

이를 수정하기 위해서는 add_session 메소드에 검증 기능을 추가해 유효하지 않은 근무 시간이 입력되는 경우를 거부할 수 있다. 프로그램 작성을 시작했을 때 우리의 고객인 변호사에 따르면 한 사건에 대해 최소 청구 가능한 시간이 30분(0.5시간)이고 최장 청구 가능한 시간이 3시간 30분(3.5시간)이었다. 이 범위 밖의 값을 입력하려는 모든 시도는 실패해야 한다.

0.5와 3.5는 해당 값들이 특별한 의미를 지닌다는 점에 있어 '마법의 숫자'다. 하지만 프로그램을 보는 것만으로는 해당 값들이 특별한 의미를 지녔다는 사실을 알기 어렵다. 프로그램을 살펴보는 누구나 해당 코드의 의도를 이해할 수 있도록 해당 값들에게 이름을 부여한다면 유용할 것이다. 파이썬의 경우 이를 위해 클래스 자료 변수를 사용하면 된다.

클래스 변수 생성하기

클래스 변수는 클래스의 자료 속성이며 해당 클래스의 특정 인스턴스에 속하지 않는다. 대신에 클래스 변수는 클래스 자체의 일부이다. 클래스 변수를 사용해 최대, 최소 근무 시간 길이를 저장할 수 있다.

```
class Contact:

    min_session_length = 0.5
    max_session_length = 3.5
```

변수 min_session_length와 max_session_length는 Contact 클래스의 일부로서 선언된다. 해당 변수들은 Contact 객체의 일부가 아니라 Contact 클래스의 일부다. 프로그램은 클래스 이름을 사용해 해당 변수들에 접근할 수 있다.

```
# EG10-03 클래스 변수를 지닌 시간 관리 애플리케이션

class Contact:

    min_session_length = 0.5
    max_session_length = 3.5

    def add_session(self, session_length):
        '''
        매개변수의 값을 해당 연락처의 근무 시간에 추가한다.
        유효하지 않은 근무 시간 값은 무시된다.
        '''
        if session_length < Contact.min_session_length:   ─── 최소 근무 시간보다 큰지 확인한다.
            return
        if session_length > Contact.max_session_length:   ─── 최대 근무 시간보다 작은지 확인한다.
            return
        self.hours_worked = self.hours_worked + session_length
```

위의 add_session 메소드는 유효하지 않은 session_length값을 무시한다. 주어진 근무 시간이 유효한 범위를 벗어나는 경우 함수를 반환한다. 샘플 프로그램 'EG10-03 클래스 변수를 지닌 시간 관리 애플리케이션'을 실행해보면 유효하지 않은 근무시간을 객체의 hours_worked값에 더할 수 없음을 확인할 수 있다.

파이썬이 클래스를 처음 마주칠 때 클래스 변수가 생성된다. 프로그램은 max_session_length와 min_session_length의 값을 사용하기 위해 Contact 클래스의 인스턴스를 생성할 필요가 없다. 해당 클래스 변수들은 Contact 클래스의 인스턴스인 객체에 속하는 것이 아니라 Contact 클래스에 속한다.

클래스 변수 사용하기

클래스 변수를 사용하기 적합한 경우를 고려해봄으로써 클래스 변수에 대한 이해도를 높일 수 있다.

질문: 연락처의 나이를 저장하기 위해 클래스 변수를 사용해야 할까?

답: 사용해서는 안 된다. 각 연락처는 다른 나이를 지닌다. 따라서 나이는 Contact 객체에 추가된 자료 속성이어야 한다. 이 속성을 __init__ 메소드에서 추가하는 방법이 있다.

질문: 연락처의 최대 나이를 저장하기 위해 클래스 변수를 사용해야 할까?

답: 그렇다. 최대 나이값을 각 연락처마다 저장할 이유가 없다. 해당 값은 클래스의 일부로서 저장될 수 있다.

질문: 변호사의 시간당 서비스 비용을 저장하기 위해 클래스 변수를 사용해야 할까?

답: 변호사가 모든 고객에게 동일한 서비스 비용을 부과하는 경우 해당 서비스 비용을 클래스 변수로 저장하는 것이 합리적이다. 클래스 변수로 저장하는 경우 해당 비용은 모든 연락처에 대해 한번만 저장되기 때문이다. 하지만 변호사가 고객별로 다른 서비스 비용을 청구하는 경우 서비스 비용은 각 Contact 객체의 속성으로 저장돼야 한다.

하지만 최대 서비스 비용과 최소 서비스 비용은 클래스 변수로 저장할 수 있다.

값을 검증하기 위한 정적 메소드 생성하기

10장의 앞에서 응집성에 관해 고려할 때 객체의 속성을 다른 프로그램이 사용하기 위해 노출하지 않아도 되도록 만드는 것이 최선이라고 결정했다. 이상적으로는 Contact 객체의 사용자들은 해당 객체와 상호작용하기 위해서는 해당 객체 내의 메소드들을 호출해야 한다. Contact 클래스의 사용자들이 hours_worked 자료 속성을 직접 접근하지 않아도 되게끔 get_hours_worked 메소드와 add_session 메소드를 생성했다.

이러한 자료 속성 접근 정책을 근무 시간 검증까지 확장할 수 있다. 사람들이 max_session_length와 min_session_length 값을 직접 접근하길 원치 않기 때문이다. 근무 시간 값을 입력 받아서 해당 시간이 유효한 경우 True를 반환하고 유효하지 않은 경우 False를 반환하는 validate_session_length라는 메소드를 생성할 수 있다.

검증 동작의 가장 좋은 위치는 주어진 Contact 객체의 일부보다는 Contact 클래스의 일부가 되는 것이다. 이는 어떤 프로그램이든 실제 Contact 객체를 생성하지 않아도 근무 시간 길이를 검증할 수 있다는 의미다. 이를 위해 파이썬에서 정적 메소드를 생성하면 된다. 정적 메소드를 클래스의 일부인 메소드로 생각해도 된다. 클래스가 존재하는 한 정적 메소드를 사용할 수 있다. 다음과 같이 근무 시간 길이를 검증하는 데 사용할 수 있는 정적 메소드를 생성해보자.

```
# EG10-04 정적 메소드를 지닌 시간 관리 애플리케이션

class Contact:

    min_session_length = 0.5
    max_session_length = 3.5

    @staticmethod                                          ──── 해당 장식자는 정적 메소드임을 나타낸다.
    def valid_session_length(session_length):              ──── 정적 메소드는 Contact 클래스의 일부다.
        '''
        근무 시간 길이를 검증한 다음 유효한 경우 True를 반환하고
        유효하지 않은 경우 False를 반환한다.
        '''
        if session_length < Contact.min_session_length:
            return False
        if session_length > Contact.max_session_length:
            return False
        return True

    def add_session(self, session_length):
        '''
        해당 연락처의 근무 시간에 매개변수의 값을 더한다.
        '''
        if not Contact.validate_session_length(session_length):   ──── 검증 메소드를 호출한다.
            return
        self.hours_worked = self.hours_worked + session_length
```

valid_session_length의 선언 앞에 장식자decorator를 붙임으로써 valid_session_length 함수가 정적 메소드임을 명시할 수 있다. 장식자는 함수를 감싸는 추가 코드로 함수가 동작하는 방식을 변경한다. @ 문자 뒤에 사용하고자 하는 장식자의 이름을 붙임으로써 파이썬 프로그램에 장식자를 추가할 수 있다. @staticmethod 장식자는 파이썬 언어에 내장돼

있다. @staticmethod 장식자는 메소드를 클래스의 인스턴스 없이도 존재할 수 있는 정적 메소드로 변환하기 위해 생성됐다. 정적 메소드는 Contact 클래스로부터 직접 호출할 수 있다.

```python
print(Contact.validate_session_length(5))
```

5는 유효한 근무 시간 길이가 아니기 때문에 위 코드는 False를 출력한다.

코드 분석

정적 검증 메소드 생성하기

입력 검증은 정적 메소드를 사용하기에 매우 좋다. 입력 검증에 관해 생각해볼 만한 몇 가지 질문들이 있다.

질문: valid_session_length 메소드에 self 매개변수가 없는 이유는?

답: 이는 매우 좋은 질문이다. self 참조는 해당 메소드가 실행되는 특정 객체를 참조하기 위해 메소드 내에서 사용된다. 정적 메소드의 경우 객체가 존재하지 않는다. 정적 메소드는 인스턴스의 일부가 아니라 클래스의 일부로서 실행된다. 정적 메소드가 참조할 수 있는 객체가 존재하지 않기 때문에 self 참조가 존재하지 않는다.

질문: valid_session_length가 근무 시간 길이가 유효하지 않다고 사용자에게 메시지를 출력하지 않는 이유는?

답: 프로그램의 사용자가 무언가가 잘못됐을 때 알 수 있어야 한다고 반복적으로 언급했다. 이번 경우 valid_session_length 메소드가 근무 시간이 유효하지 않은 경우 사용자가 자신이 잘못된 값을 입력했음을 알도록 메시지를 출력해야 한다고 생각할 수도 있다.

하지만 이는 좋은 생각이 아니다. 이유를 이해하기 위해서는 Contact 객체가 향후에 어떤 식으로 사용될 것인지를 고려해야 한다. 현재 파이썬 콘솔에서 사용하는 시간 측정 애플리케이션을 만들고 있다. 사용자들이 명령어를 입력하고 시간 측정 애플리케이션은 이러한 명령어에 대해 메시지를 출력한다.

13장에서 그래픽 사용자 인터페이스를 지닌 애플리케이션을 만드는 법에 관해 알아볼 것이다. 그래픽 버전에서도 Contact 클래스를 사용할 예정이다. Contact 클래스의 메소드가 메시지를 출력하는 경우 해당 메시지는 그래픽 버전에서는 표시되지 않을 것이다. 이러한 메시지를 표시하기 위해서는 파이썬 콘솔이 열려 있어야 하는데 그래픽 버전의 경우 파이썬 콘솔이 열려있지 않기 때문이다.

소프트웨어 개발자들 사이에서는 객체들 간의 '분리 문제'가 종종 언급된다. Contact 클래스가 연락처를 관리하는 모든 코드를 포함해야 한다고 말하곤 한다. 하지만 사용자와 상호작용하는 것은 연락처의 역할은 아니다.

1장에서 IDLE의 파이썬 명령어 쉘을 음식점의 웨이터와 비교했다. 쉘에 명령어를 입력하면 해당 명령어는 파이썬 엔진에 전달된다. 파이썬 엔진은 표시를 위해 파이썬 쉘에게 결과를 전달한다.

파이썬 엔진을 음식점의 요리사와 비교했다. 음식점의 요리사가 고객을 직접 소통하는 경우는 없다. 요리사에게는 어떤 요리를 준비하라는 지시가 주어진다. 요리가 준비된 다음에는 해당 요리가 어떤 식으로 사용되는지는 요리사의 관심사가 아니다. 웨이터가 음식점에서 '사용자 인터페이스'를 제공한다. 덕분에 요리사는 완전히 요리에 집중할 수 있고 웨이터는 고객을 접대하는데 완전히 집중할 수 있다.

Contact 클래스를 요리사라고 생각할 수 있다. 사용자 인터페이스를 제공하는 프로그램은 연락처에 대해 무언가(예를 들어 근무 시간 추가)를 수행하라고 명령하기 위해 해당 연락처에 대한 메소드를 호출한다. 각 메소드는 사용자에게 표시할 수 있는 결과를 반환한다. 하지만 결과가 어떤 식으로 표시되는지는 Contact 클래스의 책임이 아니다. 파이썬 명령어 쉘 버전의 시간 관리 애플리케이션의 경우 유효하지 않은 근무 시간 길이가 입력된 경우 명령어 쉘에 메시지가 출력될 것이다. 그래픽 버전의 시간 측정 애플리케이션의 경우 유효하지 않은 근무 시간 길이가 입력된 경우 화면의 창에 유효하지 않은 시간 길이가 표시될 것이다.

질문: 장식자의 역할은?

답: 실생활에서 장식자는 무언가에 다른 무언가를 추가하는 역할을 하는 사람을 의미한다. 예를 들어 그림의 장식된 버전은 그림 주위에 멋진 나무 프레임이 있을 수 있다. 파이썬 장식자를 다른 함수가 동작할 수 있는 환경을 설정한 다음, 해당 다른 함수를 실행하고 해당 다른 함수가 실행된 이후에 정리를 하는 함수라고 간주할 수 있다.

질문: 나만의 장식자를 생성할 수 있는가?

답: 가능하다. 하지만 장식자를 생성하는 것은 이 책의 범위를 약간 벗어난다.

질문: 언제 클래스에서 정적 메소드를 생성해야 할까?

답: 클래스의 인스턴스와 무관한 동작을 생성하고자 할 때 정적 메소드를 사용한다. validate_session_length 메소드는 전체 클래스를 대변하기 때문에 Contact 객체의 일부가 아니다.

검증 메소드로부터 상태 메시지 반환하기

위의 add_session 메소드는 유효하지 않은 근무 시간 길이가 Contact에 추가되는 것을 방지한다. 하지만 근무 시간 정보가 올바르게 저장 됐는지는 표시하지 않는다. 우리 고객인 변호사가 시간 값을 잘못 입력한 경우 값이 유효하지 않다는 사실을 눈치채지 못해 근무 시간이 누락될 수 있다. add_session 메소드가 Contact가 올바르게 갱신됐는지 나타낼 수 있는 방법을 추가해야 한다.

이를 위한 프로그래밍 기법으로 메소드가 동작이 수행됐는지 여부를 나타내는 값을 반환하는 방법이 있다. 지금까지 add_session 메소드는 아무것도 반환하지 않았다. 이제 add_session 메소드가 동작이 제대로 수행됐는지 나타내기 위해 불리언값을 반환하도록 만들어보자.

```python
def add_session(self, session_length):
    '''
    해당 연락처의 근무 시간에 매개변수의 값을 더한다.
    동작에 성공한 경우 True를 반환하고,
    근무 시간 길이가 유효하지 않은 경우 False를 반환한다.
    '''
    if not Contact.validate_session_length(session_length):
        return False
    self.hours_worked = self.hours_worked + session_length
    return True
```

위의 add_session 메소드가 호출되면 프로그램은 해당 메소드의 결과 값을 조사함으로써 해당 메소드가 제대로 수행됐는지 확인할 수 있다. 시간 관리 애플리케이션에서 add_session_to_contact 함수는 연락처를 찾아서 해당 연락처에 새로운 근무 시간 길이를 추가한다. 다음 코드는 해당 함수가 어떤 식으로 add_session 메소드의 결과를 확인하고 적절한 메시지를 표시하는지 보여준다.

```python
# EB10-05 상태 보고서 기능을 지닌 시간 관리 애플리케이션

session_length=read_float(prompt='Session length: ')
if contact.add_session(session_length):                          연락처에 근무 시간을 추가한다.
    print('Updated hours succeeded:', contact.get_hours_worked())   성공 메시지를 표시한다.
else:                                                            실패 메시지를 표시한다.
    print('Add hours failed')
```

위 코드는 연락처 객체의 add_session 호출 결과를 확인한다. add_session이 True를 반환한 경우 문제가 없다. 그렇지 않은 경우 사용자에게 갱신에 실패했다는 메시지가 출력된다.

위 코드는 잘 동작한다. 하지만 중대한 문제가 하나 있다. add_session의 호출자가 add_session이 반환한 결과를 꼭 처리해야 하는 것은 아니다. add_session이 반환한 값을 확인하지 않는 코드를 작성한 경우 시간 추가에 실패했음에도 사용자들이 실패했는지 모를 수 있다.

오류를 나타내기 위해 예외 일으키기

다른 프로그래머들이 add_session 메소드의 실패를 반드시 처리하도록 하고 싶다면 add_session 메소드가 False를 반환하는 대신에 예외를 일으키도록 만들 수 있다. 예외가 발생하는 경우 예외가 처리되지 않는 한 프로그램이 중단될 것이다. 프로그램은 무언가 잘못된 경우 예외를 일으킨다. 이때 프로그램이 더 이상 다른 코드를 수행하는 것이 무의미하다. 이전에 문자열을 숫자로 변환할 때 이를 확인한 바 있다. int 함수는 숫자가 포함되지 않은 문자열이 인자로 입력되지 않은 경우에 예외를 일으킨다.

```
>>> x=int('rob')
Traceback (most recent call last):
    File "<pyshell#5>", line 1, in <module>
        x=int('rob')
ValueError: invalid literal for int() with base 10: 'rob'
```

int 메소드는 숫자로 구성된 문자열을 숫자로 변환한다. 하지만 위와 같이 int 메소드에 텍스트를 입력하는 경우 int 메소드는 변환을 수행하지 못한다. 대신에 int 메소드는 무언가 잘못됐다는 것을 나타내기 위해 ValueError 예외를 일으킨다. 프로그램에서 이러한 예외가 발생하면 프로그램은 중단된다. 유효하지 않은 입력이 주어졌을 때 예외를 일으키는 add_session 메소드를 만들어보자.

```
# EG10-05 예외 기능을 제공하는 시간 관리 애플리케이션

def add_session(self, session_length):
    '''
    매개변수의 값을 해당 연락처의 근무 시간에 더한다.
    근무 시간 길이가 유효하지 않은 경우 예외를 일으킨다.
    '''
```

```
if not Contact.validate_session_length(session_length):
    raise Exception('Invalid session length')        유효하지 않으면 예외를 일으킨다.
    # 어떤 예외도 발생하지 않은 경우에만 여기에 도달할 수 있다.
    self.hours_worked = self.hours_worked+session_length    시간을 추가한다.
```

위의 add_session 메소드는 session_length 매개변수의 값이 유효하지 않은 경우에 예외를 일으킨다. 예외를 프로그램이 계속 진행할 수 없는 이유를 설명하기 위해 전송된 메시지라고 간주할 수 있다. 유효하지 않은 값이 입력된 경우 오류 내용을 설명하는 메시지 객체를 생성한 다음, 파이썬 시스템의 주목을 끌기 위해 해당 객체를 '발생시킨다raise'.

예외 객체를 발생시킨다. Exception 클래스는 예외에 대한 메시지를 전달하는 역할을 한다. Exception 클래스의 초기화 메소드는 무엇이 잘못됐는지 기술하기 위해 사용할 수 있는 문자열을 입력으로 받는다.

```
if not Contact.validate_session_length(session_length):
    raise Exception('Invalid session length')
```

add_session의 코드는 유효하지 않은 근무 시간 길이를 처리한다. 해당 예외가 발생하면 현재 진행 중인 프로그램 실행이 중단되고 프로그램은 오류를 일으키며 멈추거나 해당 코드가 try 구조 내에서 실행 중인 경우 프로그램 제어권이 except 처리기로 넘어간다. 위의 add_session 메소드의 경우 어떤 예외도 발생하지 않은 경우에만 hours_worked 값을 갱신하는 코드에 도달할 수 있다.

직접 해보기

코드로부터 예외 발생시키기

예제 프로그램을 사용해 예외가 어떤 식으로 발생하는지 자세히 알아볼 수 있다.

IDLE 편집기를 시작한 다음 데모 프로그램 'EG10-06 예외를 지닌 시간 관리 애플리케이션'을 실행한다.

1번 메뉴를 선택한 다음 새로운 연락처를 입력한다.

```
Time Tracker

1. New Contact
2. Find Contact
3. Edit Contact
4. Add Session
5. Exit Program

Enter your command: 1
Create new contact
Enter the contact name: Rob Miles
Enter the contact address: 18 Pussycat Mews, London, NE1 410S
Enter the contact phone: 1234 56789
```

4번 메뉴를 사용해 해당 연락처에 새로운 2시간짜리 근무 시간을 추가한다.

```
Enter your command: 4
add session
Enter the contact name: Rob Miles
Name: Rob Miles
Previous hours worked: 0
Session length: 2
Updated hours worked: 2.0
```

2는 유효한 근무 시간 길이이기 때문에 위의 예는 잘 동작한다. 이제 길이가 4인 근무 시간을 입력해보
자. 4는 근무 시간 길이의 범위를 벗어난다.

```
Enter your command: 4
add session
Enter the contact name: Rob Miles
Name: Rob Miles
Previous hours worked: 2.0
Session length: 4
Traceback (most recent call last):
  File "C:/Users/Rob/EG10-06 Time Tracker with exception.py", line 197, in <module>
    add_session_to_contact()
  File "C:/Users/Rob/EG10-06 Time Tracker with exception.py", line 145, in add_
session_to_contact
```

```
    if contact.add_session(session_length):
  File "C:/Users/Rob/EG10-06 Time Tracker with exception.py", line 45, in add_
session
    raise Exception('Invalid session length')
Exception: Invalid session length
```

add_session 메소드는 프로그램을 중단시키는 예외를 일으킨다.

예외 오류 메시지 추출하기

이제 예외를 처리하는 법과 예외로부터 오류 메시지를 추출하는 법을 살펴봐야 한다.

```
1. # EG10-07 예외 처리기를 포함한 시간 측정 애플리케이션
2. hours_worked = read_float(prompt='Enter hours spent : ')          시간을 입력 받는다.
3. try:
4.     contact.add_session(hours_worked)                            예외를 일으킬 수 있다.
5.     print('Updated hours succeeded:', contact.get_hours_worked())
6. except Exception as e:
7.     print('Add failed:', e)                                      add_session이 예외를 일으키지 않은
                                                                     경우에만 여기에 도달할 수 있다.
                                                                     실패 메시지를 표시한다.
```

위의 코드는 오류 발생 시 예외를 처리하는 법과 발생한 Exception 객체를 추출하는 법을 나타낸다. 위의 코드는 시간 관리 애플리케이션의 add_hours_to_contact 함수의 일부다. 이전에 예외를 처리하는 코드를 작성한 적이 있지만 이번 버전은 Exception 객체를 얻어서 Exception 객체로부터 메시지를 표시한다. 여기서 중요한 코드는 여섯 번째 줄이다. 여섯 번째 줄은 Exception 객체가 발생한 경우 실행할 코드를 정의한다. 발생한 Exception 객체를 참조할 참조 e를 설정한다. 일곱 번째 줄은 예외를 처리하는 코드다. 오류 메시지와 예외값 e를 출력한다. 즉, 오류 텍스트를 표시한다.

```
Enter the contact name: Rob Miles
Name: Rob Miles
Previous hours worked: 2.0
Session length : -1
Add failed: Invalid session length
```

위에서 유효하지 않은 근무 시간 길이를 추가하려 할 때 코드 실행 결과를 확인할 수 있다. 이 경우 근무 시간 길이가 너무 작다. 이는 출력된 메시지로 표현할 수 있다. 프로그램은 다양한 종류의 예외 객체를 발생시킬 수 있고 필요한 경우 사용자 정의 예외형을 생성할 수 있다.

직접 해보기

예외 처리하기

샘플 프로그램 '**EG10-07 예외 처리기를 지닌 시간 관리 애플리케이션**'을 가지고 위의 테스트를 반복해 볼 수 있다. 이제 프로그램이 올바르게 동작하고 유효하지 않은 근무 시간 길이를 입력했을 때 아무런 오류도 발생하지 않음을 알 수 있다.

코드 분석

예외 발생과 처리

프로그램이 예외를 처리하는 방식에 관해 생각해볼 만한 몇 가지 질문이 있다.

질문: 위의 프로그램이 add_session이 반환한 결과를 확인하지 않는 이유는?

　답: 이전 버전의 시간 관리 애플리케이션의 경우 add_session이 추가할 근무 시간 길이가 너무 길거나 짧은 경우 False를 반환했다. 이번 버전의 add_session은 근무 시간 길이가 유효하지 않은 경우에 False를 반환하는 대신 예외를 발생시킨다. 유효하지 않은 근무 시간 길이가 입력된 경우 프로그램이 중단될 것이기 때문에 add_session의 결과 값을 확인하지 않아도 된다.

질문: 무언가 잘못됐을 때 예외를 발생시키고 프로그램을 중단하는 것이 너무 가혹한 것 아닌가?

　답: 그렇지 않다. 이러한 상황에 가장 피해야 할 것은 '조용한' 오류가 발생하는 것이다. 프로그램이 무언가 제대로 동작하지 않았는데도 사용자에게 제대로 동작했다는 인상을 남겨서는 안 된다. 예외를 발생시킴으로써 이러한 가능성을 줄일 수 있다. 프로그래머가 add_session이 예외를 일으키는 상황을 피하고 싶다면 항상 validate_session_length를 사용해 근무 시간을 연락처에 추가하기 전에 근무 시간 길이를 확인할 수 있다. 즉, 근무 시간 길이를 검증할 수 있는 방법이 있기 때문에 add_session이 예외를 던져야 하는 상황이 발생하지 않아야 한다. 이러한 검증을 통해 add_session이 문제 없이 동작할 것이라는 것을 아는 경우에만 add_session을 호출하기 때문이다.

질문: 메소드가 예외를 일으킨 다음, 계속 실행될 수 있는가?

답: 그렇지 않다. 예외를 발생시키는 것은 코드 실행에서 빠져 나오는 편도 여행과 같다. add_hours_to_contact 메소드가 예외를 발생시킨 경우 add_hours_to_contact 메소드를 다시 실행하기 위해서는 add_hours_to_contact 메소드를 다시 호출해야 한다. 다시 호출할 때는 예외 발생을 피하기 위해 유효한 근무 시간 길이를 입력해야 할 것이다.

질문: 우리만의 예외를 생성해야 하는 경우는?

답: 실패할 가능성이 있는 코드를 작성하는 경우 무엇이 잘못됐는지 설명할 수 있는 우리만의 예외형을 만드는 것을 고려해봐야 한다. 예를 들어 프로그램이 파일을 읽는 경우 파일 이름을 기록한 다음, 파일 내 마지막 도달 위치를 기록한다면 유용할 것이다.

이러한 종류의 설계 사항들은 오류 관리 및 보고 전략을 만들기 위해 개발 초기에 결정돼야 한다. 여러분이 프로그래머로서 업무를 받은 경우 해당 내용을 구현하는 데 드는 시간 이상으로 잘못된 조건을 처리하느라 시간을 보낼 것이다.

질문: 무언가 잘못됐다는 것을 알리기 위해 언제나 예외를 사용해야 하는가?

답: 예외를 사용하면 오류가 반드시 처리되어야 하기 때문에 나는 예외를 사용하는 것을 선호한다. 하지만 예외를 사용한다고 해서 해당 오류가 특정한 방식으로 처리되는 것을 강제할 수는 없다. 지금까지 알아본 add_session 메소드의 경우 해당 메소드를 호출하는 프로그램은 예외가 발생했을 때 메시지를 출력하거나 대화상자를 표시하거나 로그 파일에 오류 내용을 기록할 수 있다.

질문: add_session의 동작 방식을 지금과 같이 변경한 이유는 무엇인가? 이전에 우리가 만든 시간 관리 프로그램은 입력된 시간 값이 유효한 범위 내에 있음을 보장했기 때문에 완벽하게 동작했다.

답: 매우 좋은 지적이다. 최초에는 없던 문제를 일부러 만들어서 해당 문제를 해결하기 위해 많은 노력을 기울인 것처럼 보인다. 하지만 나는 우리가 프로그램을 크게 향상했다고 생각한다. Contact 클래스 이전 버전의 경우 연락처가 어떤 식으로 동작해야 하는지(이번 경우, 근무 시간 길이의 유효한 범위)가 클래스 외부에 저장됐다. 즉, Contact 클래스의 사용자들은 0.5보다 작거나 3.5보다 큰 시간 값을 입력해서는 안 된다는 사실을 알고 있어야 했다.

연락처 클래스 사용 관련 모든 지침을 Contact 클래스 내에 위치하는 것이 매우 좋다고 생각한다. 이런 식으로 구현하는 경우 허용 가능한 근무 시간 길이를 변경하는 경우 어디를 수정해야 할지 명확히 알 수 있다. 프로그램 내에서 Contact 클래스를 사용하는 모든 코드를 찾아서 일일이 수정하는 것보다는 Contact 클래스 내의 한 가지 메소드만 변경하면 되기 때문이다.

자료 속성을 손상으로부터 보호하기

이제 프로그래머가 Contact 클래스의 hours_worked 속성을 직접 사용할 필요가 전혀 없어졌다. 하지만 hours_worked 속성에 여전히 쉽게 접근할 수 있다. 프로그래머가 실수로 혹은 악의적으로 해당 속성의 값을 변경해 어떤 연락처에 대한 근무 시간을 변경할 수도 있다(이 경우 변호사에게 비용이 더 청구되거나 덜 청구될 것이다). 따라서 이러한 중요한 정보를 보호하기 위한 방법을 어떤 식으로 제공할 수 있는지 살펴보자.

> **프로그래머를 위한 조언**
> ## 파이썬은 공격이 아닌 실수로부터 보호한다
>
> 지금부터 알아볼 기능들은 매우 유용하며 실수로 자료 속성에 손상을 입히는 것을 방지할 수 있다. 하지만 해당 기능들이 악의적인 코드에 대한 보호를 제공하지는 않는다. 즉, 다른 프로그래머가 시간 관리 애플리케이션에 Contact 객체의 hours_worked 정보를 변경하는 코드를 추가하기로 마음 먹은 경우 파이썬 언어에서 이를 막을 수 있는 방법은 없다. 그러한 공격을 감지하고 막는 유일한 방법은 실행 중인 파이썬 코드를 검사해 해당 코드가 의도대로 실행 중인지 확인하는 것 뿐이다.

파이썬의 코딩 규약 중 하나는 이름이 밑줄 문자(_)로 시작하는 속성은 해당 클래스 외부의 코드에 의해 사용되어서는 안 된다는 것이다. 즉, 클래스 내의 메소드들만이 이름이 밑줄 문자로 시작하는 속성들을 사용해야 한다. 속성 이름 앞에 밑줄을 추가함으로써 해당 속성을 Contact 클래스의 내부 속성으로 표시할 수 있다.

```
def get_hours_worked(self):
    '''
    해당 연락처를 위해 근무한 시간을 얻는다.
    '''
    return self._hours_worked
```

위 코드에서 get_hours_worked 메소드가 _hours_worked 속성의 값을 반환하는 것을 확인할 수 있다. 이러한 접근법의 문제점은 변수 _hours_worked에 대한 보호를 제공하지 않는다는 것이다. 악의적인 프로그래머가 Contact 클래스 외부에서 _hours_worked의 값을 조작하려 시도하는 경우 파이썬이 해당 프로그래머를 막을 수 없다.

더 높은 보안 수준을 달성하기 위한 방법으로 속성 이름 앞에 밑줄 문자를 두 개 붙여서 __hours_worked 변수를 생성할 수 있다. 이렇게 함으로써 파이썬에게 해당 속성 이름에

"이름 알아보기 어렵게 만들기name mangling"를 수행하도록 명령해 클래스 외부에서 접근하기 약간 더 어렵게 만들 수 있다. 몇 가지 실험을 통해 이름 알아보기 어렵게 만들기가 어떤 식으로 동작하는지 살펴보자.

 직접 해보기

클래스에서 자료 속성 보호하기

IDLE에서 파이썬 명령어 쉘을 사용해 이러한 이름 짓기 규약이 프로그램을 더욱 안전하게 만드는 데 어떻게 도움이 되는지 알아보자. 파이썬 명령어 쉘을 연 다음, 다음 코드를 입력하자.

```
>>> class Secret:
        def __init__(self):
            self._secret=99
            self.__top_secret=100

>>>
```

위의 코드는 두 개의 자료 속성을 생성하는 __init__ 메소드를 지닌 Secret이라는 클래스를 만든다. 한 속성의 이름은 _secret이고 해당 속성은 99로 설정된다. 다른 자료 속성의 이름은 __top_secret이고 해당 속성은 100으로 설정된다.

새로운 연락처의 이름, 주소, 전화번호 속성을 만드는 것과 동일한 기법을 사용했다.

이제 Secret 클래스의 인스턴스를 생성한 다음, 자료 속성에 접근해보자. 다음 코드를 입력하자.

```
>>> x=Secret()
```

위의 코드는 새로운 Secret 인스턴스를 생성한 다음, 변수 x가 해당 인스턴스를 참조하도록 설정한다. 이제 _secret 자료 속성에 접근해볼 수 있다. 다음 코드를 입력한 다음, 엔터를 입력한다.

```
>>> x._secret
```

위의 코드는 _secret 자료 속성에 접근한다. 해당 속성의 이름 앞에 밑줄이 하나이기 때문에 해당 자료 속성이 보호되지 않아 위의 코드는 잘 동작한다.

```
>>> x._secret
99
```

_secret 속성이 전혀 보호되지 않는 것처럼 보인다. __top_secret 속성은 어떨까? 다음 코드를 입력한 다음 엔터를 입력한다.

```
>>> x.__top_secret
```

위의 코드는 제대로 동작하지 않는다. __top_secret 자료 속성이 우리에게는 숨김 상태인 것처럼 보인다.

```
>>> x.__top_secret
Traceback (most recent call last):
  File "<pyshell#43>", line 1, in <module>
    x.__top_secret
AttributeError: 'Secret' object has no attribute '__top_secret'
```

파이썬은 __top_secret 속성에 일종의 "이름 알아보기 어렵게 만들기"를 수행했다. Secret 클래스 내에서 __top_secret은 __top_secret으로 참조될 수 있다. 하지만 클래스 외부에서는 변수 이름 앞에 해당 변수가 속한 클래스 이름이 붙는다. 즉, 외부 세계에서는 해당 속성의 이름은 _Secret__top_secret이다. 이를 증명하기 위해 해당 이름으로 속성에 접근해볼 수 있다. 다음 코드를 입력한 다음, 엔터를 입력한다.

```
>>> x._Secret__top_secret
```

이번에는 해당 속성에 접근할 수 있다.

```
>>> x._Secret__top_secret
100
```

'이름 알아보기 어렵게 만들기'는 클래스 내의 속성을 실수로 사용하는 것을 잘 방지해준다. 하지만 누군가 마음먹고 비공개여야 하는 자료값을 바꾸려 하는 것을 완전히 막을 수는 없다.

좋은 소식으로 이러한 종류의 규약을 따르지 않는 동작이 있는지 파이썬 소스 파일을 확인하는 프로그램들이 있다. 좋은 예로 무료로 다운로드할 수 있는 Pylint(www.pylint.org)가 있다. Pylint는 여러분의 코드가 파이썬의 레이아웃 규약을 준수하는지 확인할 수도 있다.

샘플 프로그램 EG10-08 보호 속성을 지닌 시간 관리 애플리케이션은 hours_worked 속성의 보호 버전을 포함하는 시간 관리 프로그램이다.

보호 메소드

지금까지 Contact 클래스에 추가한 모든 메소드는 클래스 밖의 코드가 사용하도록 의도됐다. add_session과 같은 메소드는 근무 시간 세부 정보를 저장할 때 호출된다. 우리가 만든 시간 관리 애플리케이션은 이러한 공개 메소드들을 호출해 사용자가 애플리케이션 메뉴에서 선택하는 옵션을 수행한다.

이러한 동작 방식을 사용해 클래스 내부의 메소드를 보호할 수도 있다. 메소드 이름 앞에 밑줄 두 개를 붙임으로써 해당 메소드가 비공개이고 클래스 외부의 코드용이 아님을 표시할 수 있다. __init__ 메소드는 Contact 클래스 외부용이 아님을 나타내기 위해 이미 밑줄이 이름 앞에 두 개 있다.

> **프로그래머를 위한 조언**
> **안전한 코드의 작성은 작업 흐름과 관련 있다**
>
> 안전한 프로그램을 만들기 위해 한 가지만 수행하면 되는 것이 아니다. 수준 높은 코드를 작성하기 위한 작업 흐름을 만들어야 한다. 프로그램 작성 과정은 자료 처리기와 비슷하다. 문제가 자료 처리기에 입력되고 효과적인 해결책이 반대편으로 나온다. 프로그램 작성 과정의 입력을 처리하기 위한 최선의 방법을 이미 살펴봤다. 프로토타입과 같은 것들을 사용해 우리가 고객이 원하는 것을 만드는 중이라는 점에 고객이 동의하는지 확인한다.
>
> 이제는 올바르게 프로그램을 만들기 위해 좋은 설계와 Pylint와 같은 도구를 사용해 고품질 코드를 만드는 법을 고민해봐야 한다. 고객을 위해 문제를 해결하는 것은 단순히 프로그램을 작성하는 것이 아니라 좋은 품질의 결과를 생성하는 과정을 만드는 것이다. 10장에서 배우는 내용은 고품질의 전문적인 애플리케이션을 만드는 데 있어 큰 역할을 할 것이다.

클래스 속성 만들기

Contact 클래스의 hours_spent 자료 속성을 보호하기 위해 많은 시간과 노력을 쏟았다. 하지만 다른 자료 속성을 보호하기 위해서는 아무것도 하지 않았다. 현재 연락처의 이름, 주소, 전화번호에 아무것이나 입력할 수 있다.

연락처 객체가 의미 있는 내용을 지닐 수 있도록 업무 규칙을 좀 더 추가해야 한다. 간단한 방법으로 이름, 주소, 전화번호 항목의 길이가 최소 4개의 문자가 되어야 한다고 제한할 수 있을 것이다. 물론 이러한 규칙에 고객이 동의하는지 고객과 먼저 이야기해봐야 한다. 그러고 나서 연락처에 입력되는 텍스트를 검증하는 정적 메소드를 만든 다음 해당 정적 메소드를 Contact 클래스에 추가할 수 있다.

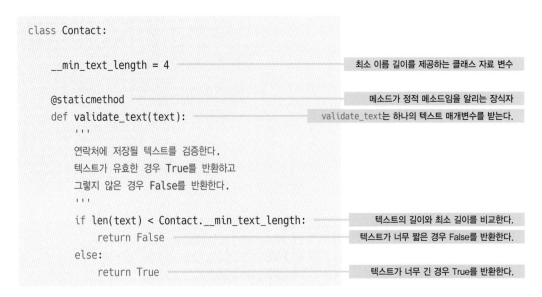

```
class Contact:

    __min_text_length = 4          ──── 최소 이름 길이를 제공하는 클래스 자료 변수

    @staticmethod                  ──── 메소드가 정적 메소드임을 알리는 장식자
    def validate_text(text):       ──── validate_text는 하나의 텍스트 매개변수를 받는다.
        '''
        연락처에 저장될 텍스트를 검증한다.
        텍스트가 유효한 경우 True를 반환하고
        그렇지 않은 경우 False를 반환한다.
        '''
        if len(text) < Contact.__min_text_length:   ──── 텍스트의 길이와 최소 길이를 비교한다.
            return False           ──── 텍스트가 너무 짧은 경우 False를 반환한다.
        else:
            return True            ──── 텍스트가 너무 긴 경우 True를 반환한다.
```

validate_text 메소드는 valid_session_length 메소드와 같은 방식으로 사용될 수 있다. validate_text 메소드는 프로그램에 저장될 텍스트를 검증할 때 호출할 수 있다. 이름, 주소, 전화번호 속성을 hour_spent 자료 속성과 같은 방식으로 관리할 수 있다. 또한 hours_spent를 관리하기 위해 get_hours_worked 메소드와 add_session 메소드를 제공한 것처럼 이름, 주소, 전화번호 속성을 관리하기 위해 읽기와 쓰기 메소드를 제공할 수 있다. 각 연락처의 이름을 관리하기 위해 set_name과 get_name이라는 메소드를 생성할 수 있다. set_name 메소드는 위의 validate_text 메소드를 사용해 연락처의 이름의 길이가 최소한 네 개의 문자 이상임을 보장할 수 있다.

하지만 파이썬에는 클래스 내의 보호 자료에 대한 간단한 읽기 쓰기 접근을 제공하는 더 나은 방법이 있다. 이를 요소property라고 부른다. 요소를 사용하면 객체에 저장된 자료 속성에 간단하게 접근할 수 있을 뿐 아니라 자료 속성에 대해 수행되는 동작들을 검증할 수 있다.

클래스의 요소

```
class Contact:

    @property                              ─── 요소임을 선언하는 장식자
    def name(self):                        ─── 이름을 얻기 위한 이름 요소 함수
        return self.__name                 ─── 이름을 저장하는 비공개 속성을 반환한다.


    @name.setter                           ─── 이름 요소를 setter하기 위한 메소드를 식별하는 장식자
    def name(self,name):                   ─── setter 메소드
        if not Contact.validate_text(name):  ─── 설정 중인 이름을 검증한다.
            raise Exception('Invalid name')  ─── 텍스트가 유효하지 않은 경우 예외를 일으킨다.
        self.__name = name                 ─── 입력된 텍스트를 비공개 이름 요소에 설정한다.
```

위의 코드는 Contact 클래스에서 이름값에 대한 요소를 구현하는 법을 보여준다. name 요소는 검증을
수행하고 이름에 4개 미만의 문자로 구성된 문자열을 설정하려는 시도를 거부한다.

질문: name 요소에 설정 중인 값이 어떻게 setter에 전달되는가?

답: setter 메소드에는 두 개의 매개변수가 있다. 첫 번째는 setter가 실행 중인 객체에 대한
참조인 self이다. 두 번째는 해당 요소에 설정될 값이다. 위의 setter의 경우 설정 중인 값은
Contact의 name 속성이다.

질문: 프로그램이 특정 요소에 대해 어떤 setter 메소드를 호출해야 할지 어떻게 아는가?

답: setter에 대한 장식자에 설정 중인 요소의 이름이 포함된다.

질문: 설정 중인 값이 유효하지 않은 경우 setter 메소드는 예외를 일으켜야 하는가?

답: 그렇지 않다. 예외를 일으킬 필요가 없다. setter는 유효하지 않은 값을 무시하거나 기본값을
설정할 수 있다. 하지만 설정 작업이 실패하는 경우 해당 객체의 사용자가 이를 알아야 한다. 따라
서 입력된 텍스트가 유효하지 않은 경우에 예외를 일으키도록 구현했다.

질문: 클래스의 모든 요소에 대해 동일한 검증을 수행해야 하는가?

답: 그렇지 않다. 전화번호에 대한 검증은 설정 중인 값이 텍스트를 포함하지 않는지 검사할 수 있
고 주소에 대한 검증은 주소가 올바른 형태의 주소인지 검사할 수 있다. 위의 코드는 코드를 간결
하게 유지하기 위해 기존의 검증 메소드를 사용했다.

질문: 요소에는 반드시 setter가 있어야 하는가?

답: 그렇지 않다. setter 메소드를 생략하는 경우 해당 요소는 '읽기 전용' 요소가 된다. 이러한
점을 활용해 get_hours_worked 메소드를 생략할 수 있다. 값을 반환하는 hours_worked라는
이름의 요소를 생성하면 된다.

요소 알아보기

IDLE의 파이썬 명령어 쉘을 사용해 요소가 어떤 식으로 동작하는지 알아볼 수 있다. 파이썬 명령어 쉘을 연 다음, 다음 코드를 입력하자. 빈 줄을 입력해서 클래스 정의를 종료하자.

```
>>> class Prop:
    @property
    def x(self):
        print('property x get')
        return self.__x
    @x.setter
    def x(self,x):
        print('property x set:', x)
        self.__x = x

>>>
```

위의 코드는 x라는 요소를 포함하는 Prop이라는 새로운 클래스를 생성한다. 이제 다음 코드를 입력해서 해당 클래스의 인스턴스를 생성하자.

```
>>> test = Prop()
```

이제 test 클래스의 x 요소에 값을 입력할 수 있다. 다음 코드를 입력해 x에 99를 설정한다.

```
>>> test.x=99
```

파이썬이 위의 코드를 수행할 때 x 요소에 대한 setter 메소드를 실행한다. setter 메소드는 자신이 호출됐음을 알리기 위해 메시지를 출력한다.

```
>>> test.x=99
property x set: 99
```

setter 메소드는 x에 설정 중인 값을 출력한다. 이 경우 값은 99이다. 이제 해당 요소를 읽어보자. 다음 코드를 입력하면 해당 요소의 값이 출력된다.

```
>>> print(test.x)
```

파이썬이 요소를 읽을 때 값을 얻기 위한 요소 메소드를 실행한다. 다음 메소드는 콘솔에 메시지를 출력한다.

```
>>> print(test.x)
property x get
```

다음과 같이 요소를 처리할 때 읽기와 설정 동작이 수행되는 것을 확인할 수 있다.

```
>>> test.x = test.x + 1
property x get
property x set: 100
```

위의 코드는 x 요소의 값에 1을 더한다. 파이썬이 우선 x 요소의 값을 가져온 다음, 해당 값에 1을 더한 다음, 결과를 저장하는 것을 확인할 수 있다.

요소가 어떤 식으로 호출되는지 확인하기 위해 x 요소에 print문을 추가했다는 점에 주목하자. 요소를 읽는 경우 보통 print문을 추가하지 않는다.

연락처의 이름, 주소, 전화번호에 요소를 사용할 수 있다. 각 요소는 해당 요소의 값을 읽고 쓰기 위한 메소드 쌍을 지닌다.

```
# EG10-09 요소를 지닌 시간 관리 애플리케이션

class Contact:

    @property
    def name(self):
        return self.__name

    @name.setter                              setter 장식자에는 요소의 이름이 포함된다.
    def name(self, name):
        if not Contact.validate_text(name):
            raise Exception('Invalid name')
```

```
        self.__name = name

    @property
    def address(self):
        return self.__address

    @address.setter ──────────────────────────────── setter 장식자에는 요소의 이름이 포함된다.
    def address(self,address):
        if not Contact.validate_text(address):
            raise Exception('Invalid address')
        self.__address = address
```

 주의 사항

요소 코드에서 발생하는 실패는 헷갈릴 수 있다

예제 프로그램 **EG10-09 요소를 지닌 시간 관리 애플리케이션**은 연락처의 이름, 주소, 전화번호 항목을 요소로서 구현한다. 요소에 유효하지 않은 값을 설정하려 하면 예외가 발생한다. 해당 예제의 Contact 의 초기화 메소드는 다음과 같다.

```
def __init__(self, name, address, telephone):
    self.name = name
    self.address = address
    self.telephone = telephone
    self.__hours_worked = 0
```

위의 코드 중 프로그램에 오류를 일으킬 만한 코드는 없는 것처럼 보인다. __init__ 메소드는 매개변수의 값을 사용해 해당 객체의 자료 속성의 값을 설정한다. 하지만 다음 코드는 오류를 일으킨다.

```
rob = Contact(name='Rob', address='18 Pussycat Mews, London, NE1 410S',
telephone='1234 56789')
```

이름이 Rob인 Contact를 구성하려는 시도는 예외를 일으킨다. 이름 Rob의 길이가 세 글자밖에 안되기 때문이다. __init__ 메소드는 이름 요소를 'Rob'으로 설정하려 시도할 것이고 요소 코드가 예외를 일으킬 것이다. 프로그래머가 이 문제를 조사해보면 위의 코드에 의해 오류가 발생했음을 알 수 있다.

프로그래머들은 메소드나 함수가 예외를 던지는 것은 충분히 예상할 만한 일이라고 생각하면서도 간단한 요소 할당이 프로그램에 오류를 일으킬 수 있다는 것은 예상하지 못할 수도 있다. 요소를 구현할 경우 해당 요소들이 어떤 식으로 동작하고 해당 요소들이 실패하는 경우 무슨 일이 벌어질지 매우 분명히 해야 한다. 예제 프로그램 **EG10-10 속성과 예외 처리기를 지닌 시간 관리 애플리케이션**은 잘못된 요소 할당을 적절히 처리하는 예외 처리기를 포함한다.

클래스 설계 개선하기

우리의 고객인 변호사는 프로그램을 개선할 만한 새로운 아이디어를 가지고 있다. 프로그램을 비용 청구에 사용하길 원한다. 프로그램을 통해 고객의 사건에 사용한 근무 시간을 관리할 뿐 아니라 각 연락처에 얼마를 청구해야 할지 관리하길 원한다. 청구 비용을 계산하는 방법은 간단하다. 사건 착수금으로 $30를 청구하고 시간당 $50를 청구한다. 예를 들어 어떤 사건에 한 시간을 소비했다면 청구할 비용은 $80이다(착수금이 $30이고 한 시간에 대한 비용이 $50이다).

변호사는 Add Session(근무시간 추가) 메뉴 항목의 동작 방식을 수정해 근무 시간을 추가할 때마다 프로그램이 해당 연락처에 대한 청구 비용도 갱신하길 원한다. 그러고 나서 변호사가 고객 세부사항을 출력할 때 프로그램이 근무 시간과 청구 비용을 함께 표시하길 원한다.

```
Name: Rob Miles
Address: 18 Pussycat Mews, London, NE1 410S
Telephone: 1234 56789
Hours on the case: 2.0
Billing amount: 130.0
```

위의 결과가 변호사가 원하는 것이다. 변호사는 Rob Miles의 사건을 위해 두 시간 근무했고 청구 비용은 $130이다(착수금이 $30이고 두 시간에 대한 비용이 $100이다).

청구 비용 관리하기

이번 코드 분석은 약간 다르다. 이미 작성한 프로그램 코드를 분석하는 것이 아니라 코드를 어떤 식으로 설계할지 고민해야 하기 때문이다.

질문: 연락처에 대한 청구 비용을 어떤 식으로 저장할 것인가?

답: 청구 비용은 Contact 클래스의 자료 속성으로 저장된다. 청구 비용 값을 __hours_worked 값과 매우 비슷한 방식으로 저장하고 관리해야 한다. 각 Contact는 근무한 시간을 저장하기 위한 자료 속성과 청구 비용을 저장하기 위한 자료 속성을 포함해야 한다.

어떤 속성이 필요하다고 결정했다면 해당 속성에 대한 이름을 결정해야 한다. 비용 청구 속성의 이름으로 __billing_amount가 적당할 것이다.

질문: __billing_amount 이름 앞에 밑줄이 두 개 있어야 하는 이유는?

답: 이름 앞에 밑줄이 두 개인 클래스 속성은 해당 클래스 내에서 비공개이고 해당 클래스 외부 코드에서 직접 사용해서는 안 된다. 즉, Contact 클래스 내의 메소드들만이 __billing_amount의 값을 사용해야 하고 이름 앞의 밑줄은 이러한 특성을 나타내기 위해 존재한다. __hours_worked는 Contact 클래스 외부에서 변경할 수 없고 __billing_amount 역시 같은 식으로 관리돼야 한다. 읽기 전용 요소를 생성함으로써 Contact 클래스의 __billing_amount값에 대한 접근 방법을 제공할 것이다.

```python
@property
def billing_amount(self):
    return self.__billing_amount
```

읽기 전용 요소를 생성하는 것은 쉽다. 단지 setter 메소드를 생략하면 된다. 이제 Contact 클래스 사용자들은 청구 비용을 읽을 수 있지만 변경할 수는 없다.

```python
print('Rob owes:', rob.billing_amount)
```

위의 코드는 변수 rob이 참조되는 Contact의 청구 비용을 출력할 것이다.

질문: 근무 시간의 청구 비용을 계산하는 코드는 어떤 모양인가?

답: 청구 가능한 비용을 계산하는 파이썬 코드는 다음과 같다.

```python
amount_to_bill = 30 + (50 * session_length)
```

session_length 값에 50(시간 당 비용)을 곱한 다음, 30(착수금)을 더한다. 그러고 나서 해당 고객의 청구 비용에 계산 결과를 더한다.

```
self.__billing_amount = self._billing_amount+amount_to_bill
```

질문: 위의 코드에서 값 30과 50을 직접 사용하는 것이 좋은 방법인가?

답: 그렇지 않다. 프로그램은 동작한다. 하지만 어떤 값이 착수금이고 어떤 값이 시간당 청구 금액인지 기억하기 어려울 것이다. 해당 값들을 저장하는 클래스 변수를 사용해 프로그램을 크게 개선할 수 있다. session_length의 값으로 maximum과 minimum 변수를 사용했던 것과 마찬가지다. 착수금과 시간당 청구 금액을 Contact 클래스의 일부로서 선언한다. 변호사가 모든 고객에게 동일한 비용을 청구한다고 했기 때문에 해당 값들이 각 연락처별로 다르지 않기 때문이다.

```
class Contact:

    __open_fee = 30
    __hourly_fee = 50
```

위의 두 속성을 클래스 외부에서 바꿀 수 없게 하기 위해 비공개로 설정했다는 점에 주목하자(비공개로 설정하기 위해 속성 이름 앞에 밑줄 두 개를 붙였다).

그러고 나서 해당 클래스 속성들을 사용해 청구할 비용을 계산할 수 있다.

```
amount_to_bill = Contact.__open_fee + (Contact.__hourly_fee * session_length)
```

질문: 위의 코드가 프로그램에서 어디에 위치해야 하는가?

답: 매우 좋은 질문이다. 위의 코드의 가장 좋은 위치는 Contact 인스턴스에 근무 시간을 추가하는 곳과 동일한 장소다. 즉, Contact 클래스 내의 add_session 메소드다.

```
def add_session(self, session_length):
    '''
    매개변수의 값을 해당 연락처의 근무 시간에 더한다.
    근무 시간 길이가 유효하지 않은 경우 예외를 일으킨다.
    '''
    if not Contact.validate_session_length(session_length):
        raise Exception('Invalid session length')
    self.__hours_worked = self.__hours_worked + session_length
    amount_to_bill = Contact.__open_fee + (Contact.__hourly_fee * session_length)
    self.__billing_amount = self.__billing_amount + amount_to_bill
    return
```

hours_worked 값이 갱신된 다음, add_session 메소드는 금번 근무 시간에 대한 청구 비용을 계산한 다음, 해당 연락처의 청구 비용에 계산 값을 더한다.

이제 display_contact 메소드를 변경해 청구 비용이 출력되도록 한다. 이제 신규 기능이 완성됐다.

```python
def display_contact():
    '''
    검색할 이름을 입력한 다음, 해당 이름의 세부 정보를 표시하거나
    해당 이름이 존재하지 않는다는 메시지를 표시한다.
    '''
    print('Find contact')
    search_name = read_text('Enter the contact name: ')
    contact = find_contact(search_name)
    if contact != None:
        # 연락처를 찾았다.
        print('Name:', contact.name)
        print('Address:', contact.address)
        print('Telephone:', contact.telephone)
        print('Hours on the case:', contact.hours_worked)
        print('Amount to bill:', contact.billing_amount)
    else:
        print('This name was not found.')
```

display_contact 메소드는 연락처를 찾아서 해당 연락처 상세 정보를 표시한다. 이제 근무 시간과 청구 비용 정보가 요소로서 제공된다는 점에 주목하자. 수정된 프로그램을 샘플 예제 EG10-11 청구 비용을 지닌 시간 관리 애플리케이션에서 확인할 수 있다.

클래스 버전 관리하기

지금까지 아무 문제 없이 새로운 자료를 추가한 것처럼 보인다. 하지만 우리가 새로 만든 프로그램에는 문제점이 있으며 고객인 변호사가 이를 아주 쉽게 찾을 수 있다. 새로운 프로그램에서 기존 연락처 자료를 사용할 수 없다. 프로그램은 시작이 되지만 새로운 근무 시간을 추가하거나 연락처를 검색할 때마다 프로그램은 실패할 것이고 다음 오류 메시지가 표시될 것이다.

```
Traceback (most recent call last):
  File "C:/Users/Rob/EG10-11 Time Tracker with Billing Amount.py", line 257,
  in <module>
    display_contact()
  File "C:/Users/Rob/EG10-11 Time Tracker with Billing Amount.py", line 160,
  in display_contact
    print('Amount to bill:', contact.billing_amount)
  File "C:/Users/Rob/ EG10-11 Time Tracker with Billing Amount.py", line 79,
  in billing_amount
    return self.__billing_amount
AttributeError: 'Contact' object has no attribute '_Contact__billing_amount'
```

새로운 프로그램의 경우 Contact 클래스에 연락처의 청구 금액을 반환하는 읽기 전용 요
소가 있다. 안타깝게도 요소가 __billing_amount 속성을 사용하려 시도할 때 프로그램은
실패한다. 예전 파일에서 로딩된 연락처에는 해당 속성이 없기 때문이다.

클래스에 버전 속성 추가하기

이러한 문제를 해결하기 위한 가장 좋은 방법은 각 연락처에 버전 속성을 추가하는 것이
다. 애플리케이션이 예전 버전의 연락처를 불러오는 경우 해당 연락처가 예전 버전이라는
것을 감지해 예전 연락처를 신규 연락처로 업그레이드할 수 있다. 버전은 클래스에 저장
되고 클래스 생성 시 설정되는 일반적인 자료 속성이다.

```
def __init__(self, name, address, telephone):
    '''
    버전 1 연락처를 초기화한다.
    '''
    self.name = name
    self.address = address
    self.telephone = telephone
    self.__hours_worked = 0
    self.__version = 1                        ──────────── 버전을 1로 설정한다.
```

위의 __init__ 메소드는 근무 시간 금액 청구 기능이 없는 "버전 관리" Contact를 위
한 초기화 메소드다. 이름, 주소, 전화번호를 입력된 매개변수로 설정한 다음 __hours_
worked 속성을 0으로 설정한다. 또한 __version 속성을 1로 설정해 해당 연락처가 버전 1
Contact 객체임을 나타낸다.

버전 확인하기

이제 연락처의 버전을 확인하는 메소드를 생성해보자. 해당 메소드는 Contact를 불러온 다음 호출되며 연락처가 최신인지 확인한다.

```python
def check_version(self):
    '''
    Contact의 인스턴스의 버전을 확인한 다음,
    필요한 경우 해당 객체를 업그레이드한다.
    '''
    pass
```

현재 check_version 메소드는 아무런 일도 하지 않는다. 버전 1은 Contact의 첫 번째 버전이기 때문이다. 하지만 check_version 메소드를 현 시점에서 추가해야 한다. 연락처를 불러올 때마다 해당 메소드가 사용될 것이기 때문이다.

```python
def load_contacts(file_name):
    '''
    주어진 파일 이름으로부터 연락처를 불러온다.
    연락처는 피클 파일 형태로 이진으로 저장된다.
    불러오기에 실패하는 경우 예외가 발생한다.
    '''
    global contacts
    print('Load contacts')
    with open(file_name, 'rb') as input_file:
        contacts = pickle.load(input_file)
    # 불러온 연락처의 버전을 갱신한다.
    for contact in contacts:                    불러온 연락처를 모두 순회하고 버전을 확인한다.
        contact.check_version()                 이 연락처의 버전을 확인하라고 요청한다.
```

연락처를 불러올 때 load_contacts 함수의 끝에 있는 for 루프는 연락처를 순회하면서 각 연락처의 버전을 확인하기 위해 check_version을 호출한다. check_version 메소드는 각 연락처가 최신인지 확인 후 최신이 아닌 경우 최신으로 업그레이드한다.

클래스 업그레이드

이제 애플리케이션을 변경해 __billing_amount 속성을 애플리케이션에 추가해보자. 이를 위해 추가적인 자료값을 포함하는 새로운 버전의 Contact를 생성해야 한다. 새로운 버전의 초기화 메소드는 신규 연락처의 청구 금액을 0으로 설정하고 버전을 2로 설정한다.

```python
def __init__(self, name, address, telephone, email):
    '''
    버전 2 연락처를 초기화한다.
    '''
    self.name = name
    self.address = address
    self.telephone = telephone
    self.__hours_worked=0
    self.__billing_amount=0          ───── 청구 금액 속성
    self.__version = 2               ───── 버전을 2로 설정한다.
```

업그레이드된 프로그램이 이전 연락처 파일을 사용하는 경우 이전 파일에는 __billing_amount 속성이 없기 때문에 프로그램은 실패한다. 이것이 바로 앞에서 수정된 애플리케이션으로 이전 파일을 열려고 했을 때 오류가 발생한 원인이다. 하지만 이제 프로그램이 자료의 버전을 관리하기 때문에 이 문제를 수정하기 위해 check_version에 코드를 추가할 수 있다.

```python
def check_version(self):
    '''
    Contact의 인스턴스의 버전을 확인한 다음
    필요한 경우 해당 객체를 업그레이드한다.
    '''
    if self.__version == 1:          ───── 해당 Contact 인스턴스의 버전을 확인한다.
        # 버전 1 클래스에는 청구 금액 속성이 없다.
        # 값이 0인 청구 금액 속성을 생성한다.
        self.__billing__amount = 0   ───── 청구 금액을 0으로 설정한다.
        # 연락처 버전을 2로 업그레이드한다.
        self.__version = 2           ───── 버전을 업그레이드한다.
```

연락처를 불러온 다음, check_version 메소드를 호출한다. check_version 메소드는 해당 연락처의 버전을 확인한다. 버전이 1인 경우 0으로 설정된 __billing_amount 자료 속성이 해당 객체에 추가된다. __billing_amount 자료 속성을 추가한 다음, 클래스는 버전 2 연락처와 호환된다. 따라서 이를 반영하기 위해 버전을 증가시킨다. 클래스를 저장할 때 갱신된 버전과 청구 금액이 해당 연락처에 저장될 것이다.

직접 해보기

버전 관리 알아보기

지금까지 한 내용에 대한 이해도를 높이기 위해 두 가지 샘플 프로그램을 사용할 수 있다.

IDLE를 시작한 다음 프로그램 **EG10-12 버전 관리를 지닌 시간 관리 애플리케이션**과 **EG10-13 버전 관리 청구를 지닌 시간 관리 애플리케이션**을 불러온다.

EG10-12 버전 관리를 지닌 시간 관리 애플리케이션을 실행한 다음, 신규 연락처를 만들기 위해 메뉴 항목 **1**을 선택한다.

```
Enter your command: 1
Create new contact
Enter the contact name: Rob Miles
Enter the contact address: 18 Pussycat Mews, London, NE1 410S
Enter the contact phone: 1234 56789
```

그리고 나서 메뉴 항목 **2**를 선택해 해당 연락처를 찾아서 표시한다.

```
Enter your command: 2
Find contact
Enter the contact name: Rob
Version: 1
Name: Rob Miles
Address: 18 Pussycat Mews, London, NE1 410S
Telephone: 1234 56789
Hours on the case: 0
```

위 프로그램은 연락처 버전과 기타 연락처 정보를 함께 출력한다. 해당 연락처의 버전이 1임을 알 수 있다. 이제 프로그램을 멈춘 다음, 메뉴 항목 **5**를 선택해 자료를 저장한다.

```
Enter your command: 5
save contacts
```

이제 **EG10-13 버전 관리 청구를 지닌 시간 관리 애플리케이션**을 실행한다. 해당 프로그램은 연락처 리스트를 불러온 다음, 해당 리스트를 업그레이드한다. 연락처를 표시하는 메뉴 항목 2를 선택해 방금 생성한 연락처를 확인한다.

```
Enter your command: 2
Find contact
Enter the contact name: Rob
Version: 2
Name: Rob Miles
Address: 18 Pussycat Mews, London, NE1 410S
Telephone: 1234 56789
Hours on the case: 0
Billing amount: 0
```

위에서 보듯이 이제 연락처의 버전은 2이고 연락처를 불러올 때 check_version 메소드에 의해 청구 금액이 설정됐다.

프로그래머를 위한 조언
자료 저장소를 설계할 때 버전 관리를 추가하라

나는 고객을 위한 프로젝트를 시작할 때 저장하고자 하는 항목 중 어떤 항목이 버전 관리를 필요로 하는지 고려한다. 시간 관리 애플리케이션의 경우 고객이 추가적인 기능을 원할 가능성이 높기 때문에 프로젝트 초기부터 버전 관리를 고려해야 한다.

새로운 버전의 애플리케이션이 설치될 때마다 위와 같은 과정을 따른다. 신규 기능들은 대개 근간이 되는 자료에 변경을 필요로 한다. 따라서 애플리케이션 제작사는 이를 위한 매우 잘 개발된 프로세스를 갖추어야 한다.

고객을 위한 프로그램을 작성하는데 어느 정도의 시간이 걸릴지 계산할 때 자료 갱신을 처리하기 위한 코드를 작성하는 시간도 반드시 포함해야 한다. 이것이 바로 사소해 보이는 프로그램이 사실상 아주 많은 작업을 필요로 하는 이유다.

클래스의 __str__ 메소드

한 가지 눈에 띄는 점은 Contact 객체에 새로운 속성을 추가할 때마다 display_contact 메소드를 수정해야 한다. 또한 해당 메소드가 새로운 속성의 값을 출력하는지 확인해야 한다. 각 자료 속성을 차례대로 출력하는 대신에 간단하게 연락처를 출력할 수 있다면 좋을 것이다.

```python
def display_contact():
    '''
    검색할 이름을 입력한 다음, 해당 이름의 세부 정보를 표시하거나
    해당 이름이 존재하지 않는다는 메시지를 표시한다.
    '''
    print('Find contact')
    search_name = read_text('Enter the contact name: ')
    contact=find_contact(search_name)
    if contact!=None:
        # 연락처를 찾았다.
        print(contact) ─────────────────────── 단순히 연락처를 출력한다.
    else:
        print('This name was not found.')
```

위의 display_contact는 연락처의 각 자료 속성을 출력하는 대신에 연락처를 출력한다. 안타깝게도 단순히 연락처를 출력한다고 해서 원하는 결과가 나오는 건 아니다.

```
Time Tracker

1. New Contact
2. Find Contact
3. Edit Contact
4. Add Session
5. Exit Program

Enter your command: 2
Find contact
Enter the contact name: Rob
<__main__.Contact object at 0x0000018E5E9EBB70> ──── 기본 객체 출력 메소드 호출 결과
```

위에서 새로운 display_contact 메소드 사용 결과를 확인할 수 있다. 객체의 기본 출력 동작 방식은 해당 객체의 종류와 메모리의 물리적인 주소를 출력한다. 하지만 Contact 클래스에 새로운 메소드를 추가함으로써 이러한 출력 방식을 원하는 대로 변경할 수 있다.

```
class Contact:

    def __str__(self):                                         ─── 신규 __str__ 메소드
        return 'Name: ' + self.name + '\n' + \              ─── 다음 줄 연결 문자
               'Address: ' + self.address + '\n' + \
               'Telephone: ' + self.telephone + '\n' + \
               'Hours on the case: ' + str(self.hours_worked) + '\n' + \
               'Amount to bill: ' + str(self.billing_amount)
                                                  근무 시간에 저장된 숫자를
                                                  문자열로 변환한다.
```

파이썬에서 객체의 문자열 버전이 호출될 때마다 파이썬은 해당 객체가 제공하는 __str__ 메소드를 호출한다. int와 float와 같은 숫자 객체를 나타내는 클래스들은 자신의 값을 문자열로 표현하는 __str__ 메소드를 지닌다. __str__ 메소드를 통해 숫자값을 프로그램에서 출력하는 것이다. 우리가 생성하는 클래스는 해당 클래스가 기반한 객체로부터 __str__ 동작 방식을 상속한다. 상속에 관해서는 다음 장에서 자세히 알아볼 것이다.

기본 __str__ 동작 방식은 위에서 살펴본 것처럼 간단한 설명을 반환한다. 객체에 객체의 내용을 기술하는 문자열을 반환하기 위한 해당 객체만의 __str__ 메소드를 추가할 수도 있다. 위의 예로부터 __str__ 메소드가 문자열을 만들어서 해당 문자열을 반환하는 것을 확인할 수 있다.

__str__ 메소드는 이전에 보지 못했던 것을 사용한다. 객체에 대한 설명을 반환하기 위해 다양한 문자열 항목들을 조합하는 표현식은 매우 길다. 해당 표현식의 각 줄의 끝에 "계속 문자"를 사용해 파이썬에게 표현식이 아직 끝나지 않았고 다음 줄로 이어진다는 것을 알린다. 위에서 보듯이 계속 문자는 단일 역슬래시 문자(\)이다.

위의 __str__ 메소드를 Contact 클래스에 추가하면 출력 동작이 다음과 같이 올바르게 동작한다.

```
Name: Rob Miles
Address: 18 Pussycat Mews, London, NE1 410S
Telephone: 1234 56789
Hours on the case: 3.0
Amount to bill: 180
```

파이썬 문자열 서식화

`__str__` 메소드가 반환할 문자열을 만드는 표현식은 매우 길고 직접 생성하기에 다소 불편하다. 표시할 문자열을 만들 때 근무 시간과 청구 금액에 저장된 모든 숫자값을 문자열로 변경해야 한다. 파이썬은 이러한 과정을 훨씬 쉽게 만드는 방법을 제공한다. `format()` 메소드를 사용해 서식이 있는 문자열을 생성할 수 있다. 문자열이 `upper()`와 같은 문자열을 어떤 식으로 제공하는지 이미 확인했다. `upper()`는 텍스트 내 문자를 전부 대문자로 변환한 문자열을 반환한다. `format()` 메소드의 경우 값들을 인자로 입력 받아 문자열 내에 값들을 삽입하며 출력의 템플릿 역할을 한다. 값들의 삽입 위치는 플레이스홀더로 채운다.

```python
# EG10-15 서식 문자열을 지닌 시간 관리 애플리케이션
class Contact:

    def __str__(self):
        template = '''Name: {0}              문자열을 서식화한다.
Address: {1}                                주소용 플레이스홀더
Telephone: {2}
Hours on the case: {3}
Amount to bill: {4} '''
        return template.format(self.name, self.address, self.telephone,
                            self.hours_worked, self.billing_amount)     서식화 메소드
```

위에서 연락처 객체를 기술하는 문자열을 `format` 메소드를 사용해 서식화하는 방법을 확인할 수 있다. `format` 메소드 호출 시 사용하는 값들은 각 값의 플레이스홀더 위치에 삽입된다. 플레이스홀더는 {n} 형태로 표현하며 n은 `format` 메소드 호출 시 인자의 위치를 나타낸다. 값 목록의 시작 위치에 있는 인자의 위치는 0이다.

직접 해보기

문자열 서식화 알아보기

IDLE에서 파이썬 명령어 쉘을 사용해 문자열 서식화가 어떤 식으로 동작하는지 알아볼 수 있다. 파이썬 명령어 쉘을 연 다음 다음 코드를 입력한다.

```
>>> name = 'Rob Miles'
>>> age = 21
```

위의 코드는 이름과 나이를 저장하는 두 개의 변수를 생성한다. 이제 서석화할 템플릿 문자열을 생성해 보자.

```
>>> template = 'My name is {0} and my age is {1}'
```

위의 코드는 `template`이라는 새로운 문자열값을 생성한다. 그리고 나서 해당 문자열에 대해 `format` 메소드를 호출할 수 있다. 다음 코드를 입력한 다음, 엔터를 누른다.

```
>>> template.format(name,age)
```

`format` 메소드는 매개변수값이 삽입된 문자열을 반환한다.

```
'My name is Rob Miles and my age is 21'
```

`format` 메소드는 항목들을 출력하기 전에 문자열로 변환한다. 하지만 원하는 경우 서식화 정보를 추가할 수 있다(템플릿에 따라 출력 결과가 변하는 것을 확인할 수 있다).

```
template = 'My name is {0:20} and my age is {1:10}'
'My name is           Rob Miles and my age is         21'
```

위의 예와 같이 플레이스홀더 뒤에 폭 값을 입력할 수 있다. 항목은 입력된 폭 내에서 출력된다. 필요한 경우 공백이 추가된다. 이는 표 형태로 무언가를 출력할 때 열을 맞출 수 있기 때문에 매우 유용하다.

문자열 출력 시 보통 왼쪽에서 시작하고 숫자는 오른쪽으로 정렬된다. 다음과 같이 > 문자 또는 < 문자를 추가해 어떤 정렬을 사용할 것인지 선택할 수 있다.

```
template = 'My name is {0:20} and my age is {1:10}'
'My name is           Rob Miles and my age is 21          '
```

부동 소수점 숫자를 출력하는 경우 소수 자릿수를 결정할 수 있다.

```
template = 'My name is {0:20} and my age is {1:10}'
'My name is           Rob Miles and my age is      21.00'
```

위의 템플릿은 나이를 소수 자릿수가 두 개인 부동 소수점값 형태로 폭 10칸에 출력한다. 텍스트를 중앙에 위치하거나 숫자를 어떤 식으로 표시할지 제어하는 등의 다른 서식화 옵션들이 존재한다. 해당 옵션들은 다음 파이썬 문서에서 확인할 수 있다.
https://docs.python.org/3.6/library/string.html

시간 관리 애플리케이션에서 근무 관리하기

이제 시간 관리 애플리케이션은 다소 복잡해졌다. 우리의 고객인 변호사는 프로그램을 매우 열심히 사용하기 시작했고 계속해서 새로운 아이디어를 내고 있다. 덕분에 우리가 바빠지기 때문에 이는 좋은 소식이다. 최근에 변호사가 낸 아이디어는 매우 좋은 아이디어였다. 변호사가 고객을 위해 일한 날짜를 정확하게 기록하는 기능이 있다면 매우 유용할 것이라는 것이다. 변호사는 다음과 같은 화면을 확인할 수 있길 원한다.

```
Time Tracker

1. New Contact
2. Find Contact
3. Edit Contact
4. Add Session
5. Exit Program

Enter your command: 2
Enter the contact name: Rob
Name: Rob Miles
Address: 18 Pussycat Mews, London, NE1 410S
Telephone: 1234 56789
Hours on the case: 10.0
Amount to bill: 470.0
Sessions
Date: Mon Jul 10 11:30:00 2017 Length: 1.0
Date: Tue Jul 12 11:30:00 2017 Length: 2.0
Date: Wed Jul 19 11:30:00 2017 Length: 2.5
Date: Wed Jul 26 10:30:20 2017 Length: 2.5
Date: Mon Jul 31 16:51:45 2017 Length: 1.0
Date: Mon Aug 14 16:51:45 2017 Length: 1.0
```

이제 Find Contact 명령어는 근무 목록과 언제 근무를 했는지 몇 시간이나 근무를 했는지 보여준다. 이러한 기능을 시간 관리 애플리케이션에 추가하기는 어려워 보일 수도 있다. 하지만 덕분에 우리는 클래스 설계에 대해 더 깊게 이해할 수 있고 파이썬 언어가 제공하는 몇몇 흥미로운 기능들을 배울 수 있다.

근무 클래스 생성하기

이번 코드 분석에서는 코드를 설계한 다음, 해당 코드가 어떤 식으로 동작하는지 살펴볼 것이다.

질문: 근무에 대한 정보를 어떤 식으로 저장하는가?

답: 일련의 관련된 정보를 저장해야 할 때 이러한 정보를 담기 위한 클래스를 생성하는 것에 대해 고려해봐야 한다. 클래스에 이름을 붙인 다음(이번 클래스의 경우 Session) 해당 클래스가 포함해야 할 자료 속성들을 식별해야 한다. 이번 경우 두 개의 항목을 저장해야 하는데, 근무 시간 길이와 근무가 끝난 날짜 및 시간을 저장해야 한다. Session 클래스의 __init__ 메소드에서 이러한 값들을 초기화할 수 있다.

```python
class Session:

    __min_session_length = 0.5
    __max_session_length = 3.5

    @staticmethod
    def validate_session_length(session_length):
        '''
        근무 시간 길이를 검증한 다음, 유효한 경우 True를 반환하고
        유효하지 않은 경우 False를 반환한다.
        '''
        if session_length < Session.__min_session_length:
            return False
        if session_length > Session.__max_session_length:
            return False
        return True

    def __init__(self, session_length):
        if not Session.validate_session_length:
            raise Exception('Invalid session length')
        self.__session_length = session_length
        self.__session_end_time = time.localtime()
        self.__version = 1
```

이제 시간 관리 애플리케이션은 특정 근무를 기술하는 객체를 생성할 수 있다.

```
session_record = Session(session_length)
```

위의 코드는 Session 객체를 생성하며 근무 시간 길이는 매개변수로 제공된다. validate_session_length 메소드가 Session 클래스 내로 이동했다. 해당 메소드는 새로운 Session 객체가 생성될 때 근무 시간 길이를 검증하는 데 사용된다. 근무 시간 길이가 유효하지 않은 경우 __init__ 메소드가 예외를 일으킨다. __init__ 메소드는 time 라이브러리를 사용해 Session 객체가 생성될 때 지역 시간을 읽는다. 해당 시간은 Session 객체의 __session_end_time 속성에 저장된다.

질문: Session 클래스에 대해서도 버전 관리를 사용하는가?

답: 그렇다. 변호사가 Session 클래스에 새로운 정보를 저장하길 원하는 경우를 대비해 버전 관리를 사용하고 있다. 아마도 변호사는 근무한 곳의 위치를 저장하길 원하거나 미팅에 누가 있었는지 저장하길 원할 수도 있다. 버전 관리를 추가함으로써 기존에 저장된 자료를 망치지 않으면서도 근무 기록에 기능을 추가할 수 있다. 따라서 필요한 경우 근무 객체를 갱신하는 데 사용할 수 있는 check_version 메소드가 Session 클래스 내에 존재해야 한다.

```
def check_version(self):
    pass
```

현재 Session 클래스의 버전이 1이기 때문에 check_version 메소드는 아무것도 하지 않는다.

Session 객체의 구조에 대한 패턴을 살펴보면 Session 객체의 구조의 많은 부분이 Contact 객체의 구조를 기반으로 하는 것을 알 수 있다. 이는 우연이 아니다. 어떤 객체 설계에 특정 양식을 사용한 다음, 애플리케이션 전반에 걸쳐 이를 적용하는 것은 매우 상식적이다.

질문: Session 클래스 사용자가 Session 객체로부터 근무 시간 길이와 근무 종료 시간을 얻으려면 어떻게 해야 하는가?

답: 해당 정보를 Session 클래스의 요소 형태로 제공할 수 있다. 하지만 해당 요소들에 대한 설정 메소드는 제공하지 않을 것이다. 이렇게 함으로써 프로그램이 해당 요소값들을 읽을 수는 있지만 변경할 수는 없다. Contact 클래스의 청구 비용 값과 근무 시간 값에 대해 동일한 기법을 사용했다.

```
@property
def session_length(self):
    return self.__session_length

@property
def session_end_time(self):
    return self.__session_end_time
```

질문: Session 클래스에 __str__ 메소드가 필요한가?

답: 그렇다. 필요하다. __str__ 메소드는 Session의 내용을 기술하는 문자열을 반환할 것이다.

```python
def __str__(self):
    template = 'Date: {0} Length: {1}'
    date_string = time.asctime(self.__session_end_time)          시간을 문자열로 변환한다.
    return template.format(date_string, self.__session_length)
```

time 라이브러리에는 asctime()이라는 함수가 있는데 해당 함수는 localtime값을 인자로 받아서 지역 시간을 포함하는 문자열을 반환한다. 이는 날짜 문자열을 얻는 데 사용된다. 또한 날짜 문자열은 반환할 문자열을 생성하기 위한 템플릿에 사용된다.

이제 Session 클래스를 생성했으니 Session 클래스를 시간 관리 애플리케이션에 통합해 보자. 각 Contact 객체에는 근무 리스트가 있다. 해당 리스트는 Contact가 초기화될 때 생성된다.

```python
class Contact:

    def __init__(self, name, address, telephone):
        self.name = name
        self.address = address
        self.telephone = telephone
        self.__hours_worked = 0
        self.__billing_amount = 0
        self.__sessions = []          해당 연락처에 대한 근무 정보를 저장하는 리스트를 생성한다.
        self.__version = 3          이번 Contact 객체의 버전은 3이다.
```

위의 __init__ 메소드는 해당 연락처의 근무 리스트를 생성한다. 이제 Contact 클래스의 버전은 3이라는 점에 주목하자. 버전 1은 최초 버전이었다. 버전 2에는 각 연락처에 청구 비용이 추가됐다. 버전 3에는 근무 관리가 추가됐다. 버전 3의 check_version 메소드는 이전 버전 Contact 객체에 근무 리스트를 추가한다.

```
class Contact:

    def check_version(self):
        '''
        Contact의 인스턴스의 버전을 확인한 다음
        필요한 경우 해당 객체를 업그레이드한다.
        '''
        if self.__version == 1:                          ──── 연락처 버전이 1인지 확인한다.
            # 버전 1에는 청구 비용이 없다.
            # 값이 0인 청구 비용 속성을 생성한다.
            self.__billing_amount = 0                    ──── 연락처 버전 1에 청구 비용을 추가한다.
            # 연락처의 버전을 2로 업그레이드한다.
            self.__version = 2                           ──── 연락처의 버전을 2로 업그레이드한다.

        if self.__version == 2:                          ──── 연락처 버전이 2인지 확인한다.
            # 버전 2에는 근무 리스트가 없다.
            # 빈 근무 리스트를 추가한다.
            self.__sessions = []                         ──── 연락처 버전 2에 빈 근무 리스트를 추가한다.
            # 연락처의 버전을 3으로 업그레이드한다.
            self.__version = 3                           ──── 연락처의 버전을 3으로 업그레이드한다.

        # 각 근무 객체의 버전을 확인한다.
        for session in self.__sessions:                  ──── 해당 연락처의 모든 근무 객체를 업그레이드한다.
            session.check_version()
```

시간 관리 애플리케이션이 버전 1인 연락처가 저장된 예전 파일을 여는 경우 해당 연락처는 우선 버전 2로 업그레이드된 다음, 바로 버전 3으로 업그레이드된다. check_version 메소드는 for 루프를 사용해 해당 연락처의 각 Session 객체에 대해 check_version 메소드를 호출한다는 사실에 주목하자.

add_session 메소드를 통해 Contact에 새로운 근무 기록을 추가한다. 해당 메소드는 Contact 클래스에 속한다. 이전에 add_session 메소드는 근무 시간 속성과 청구 금액 속성의 값을 갱신하는 역할만 했다. 이제 add_session 메소드는 새로운 Session 기록을 생성한 다음, 이를 Contact에 저장된 근무 리스트에 추가한다.

```
class Contact:

    def add_session(self, session_length):
        '''
        매개변수의 값을 해당 연락처의 근무 시간에 추가한다.
        근무 시간 길이가 유효하지 않은 경우 예외가 발생한다.
        '''
        if not Session.validate_session_length(session_length):
            raise Exception('Invalid session length')
        self.__hours_worked = self.__hours_worked + session_length
        amount_to_bill = Contact.__open_fee + (Contact.__hourly_fee *
        session_length)
        self.__billing_amount = self.__billing_amount + amount_to_bill
        session_record = Session(session_length)          근무 기록을 생성한다.
        self.__sessions.append(session_record)       생성된 근무 기록을 근무 리스트에 추가한다.
```

마지막으로 고려해야 할 사항은 Contact 객체로부터 근무 리스트를 얻는 방법이다. 각 근무에 대한 정보를 한 줄에 담은 문자열을 생성해야 한다. 변호사가 근무 관리 기능을 제안했을 때 근무 정보를 출력하는 서식을 지정했다. 우선 해당 문자열에 포함해야 할 사항은 Contact 객체에 포함된 Session 객체 목록이다. Session 객체 목록을 보고서에서 출력하기 위해 문자열로 변환해야 한다.

```
@property
def session_report(self):
    # 근무 리스트를 문자열 리스트로 변환한다.
    report_strings = map(str, self.__sessions)      map을 사용해 리스트에 있는 근무 시간을
                                                         문자열로 변환한다.
    # 문자열 리스트를 줄 바꿈 문자로 구분된 하나의 문자열로 변환한다.
    result = '\n'.join(report_strings)               join을 사용해 문자열 목록을
                                                         단일 목록으로 변환한다.
    return result
```

위의 session_report 메소드는 잘 작성됐다. 해당 메소드는 근무 리스트를 포함하는 문자열을 반환한다. 파이썬의 map과 join 함수를 사용했다. 두 함수는 유용한 함수로 알아둘 필요가 있다. 하지만 다소 낯설어 보인다면 걱정하지 않아도 된다. 해당 함수들을 사용해 근무 리스트를 보고서를 포함하는 긴 문자열로 변환하는 법에 대해 자세히 다룰 것이기 때문이다.

파이썬 map 함수

Session 객체 리스트를 문자열 리스트로 변환하길 원한다. Session 객체를 문자열로 표현하기 위해 str 함수를 Session 객체에 적용할 수 있다. 또한 map 함수를 __sessions 리스트의 모든 Session 객체에 적용할 수 있다.

map 함수는 파이썬이 지닌 강력함을 보여주는 좋은 예다. map 함수는 호출 시 두 개의 인자를 받는다. 첫 번째 인자는 하나의 매개변수를 받아서 결과를 반환하는 함수의 이름이다. 두 번째 인자는 해당 함수의 작업 대상인 항목들의 목록이다. 파이썬의 경우 프로그램에서 함수 이름을 값처럼 사용할 수 있다. 함수는 변수에 저장될 수 있고 메소드 호출 시 인자로 전달될 수 있다. 이를 수행하는 법에 대해서는 11장에서 자세히 알아볼 것이다. 현재로서는 map 함수 호출 시 첫 번째 인자가 리스트의 각 항목에 적용하고자 하는 함수의 이름이라는 점만 알아두자.

 직접 해보기

map 함수와 반복에 대해 알아보기

미리 말해두지만 이번 "직접 해보기"는 중요하면서도 꽤 길다. "직접 해보기"가 끝날 무렵이면 map 함수를 어떤 식으로 사용해야 할지 뿐만 아니라 파이썬이 동작하는 방식에 대한 근간이 되는 것들을 알게 될 것이다.

IDLE에서 파이썬 명령어 쉘을 사용해 map 함수에 대해 알아볼 수 있다. map을 사용해 텍스트 문자열 리스트의 들여쓰기를 할 것이다. 들여쓰기는 파이썬 프로그램이 구조화되는 방식에 있어 큰 부분을 차지한다. 심지어 IDLE 프로그램 편집기는 텍스트 블록을 들여쓰기 하기 위해 사용할 수 있는 명령어(Format, Indent)를 포함한다. map 함수를 사용해 들여쓰기 기능을 구현할 것이다. IDLE 명령어 쉘을 연 다음, 다음 코드를 입력한다.

```
>>> code = ['line1', 'line2', 'line3']
>>>
```

위의 코드는 세 개의 문자열값을 포함하는 리스트를 생성한다. 리스트의 이름을 입력하면 파이썬은 해당 리스트의 내용물을 표시한다.

```
>>> code
```

파이썬 명령어 쉘은 입력된 표현식의 값을 표시한다. 따라서 code 리스트의 내용물이 표시된다.

```
>>> code
['line1', 'line2', 'line3']
>>>
```

다음으로 문자열을 들여쓰기하는 함수를 만들어야 한다. 문자열의 시작 부분에 네 개의 빈칸을 추가함으로써 문자열을 들여쓰기할 수 있다. 다음 파이썬 코드를 입력해 문자열을 매개변수로 제공하는 함수를 생성해보자. 함수 정의를 마치기 위해 return문 다음에 빈 줄을 입력해야 한다는 사실을 기억하자.

```
>>> def indent(x):
    return '    '+x

>>>
```

indent 함수에 문자열을 제공한 다음, 해당 함수가 무엇을 반환하는지 확인함으로써 indent 함수를 테스트해볼 수 있다.

```
>>> indent('Rob')
```

위의 코드는 indent 함수를 호출하고 인자 'Rob'을 함수에 전달한다. indent 함수 호출 결과가 표시된다.

```
>>> indent('Rob')
'    Rob'
>>>
```

indent 함수를 code 리스트의 모든 문자열에 적용해 들여쓰기된 코드를 생성할 수 있다. 이를 위해 for 루프를 사용할 수 있지만 이번에는 map 함수를 사용해 indent 함수를 코드의 각 항목에 적용할 것이다. 다음 코드를 입력한다.

```
>>> indented_code = map(indent, code)
>>>
```

위의 코드를 입력해 변수 indented_code를 map 함수의 결과로 설정한다. 여러분은 indented_code를 출력할 때 들여쓰기된 code 리스트가 표시될 것이라고 기대할 수도 있다. indented_code의 이름을 입력해 내용물을 확인한다.

```
>>> indented_code
```

엔터를 누르면 파이썬은 indented_code 변수의 내용물을 표시한다.

```
>>> indented_code
<map object at 0x00000211E6FCBA58>
>>>
```

위의 결과는 매우 헷갈린다. 문자열 리스트 대신에 map object라는 것이 출력됐다. 무슨 일이 일어나고 있는 것인가?

위의 결과는 파이썬의 영리함을 잘 보여주는 예이다. 가공된 객체 리스트를 표시하는 대신 map 함수는 반복자라는 것을 반환한다. 프로그램은 반복자를 통해 리스트의 항목들을 한 번에 하나씩 처리할 수 있다.

일반적으로 반복자를 사용하기 위해 for 루프를 사용할 수 있다. 리스트 객체 역시 반복자이기 때문에 for 루프 내에서 리스트를 사용해 리스트의 항목들을 순회할 수 있다. range 함수 역시 결과로 반복자를 반환한다. 덕분에 for 루프 내에서 해당 반복자를 사용해 원하는 범위의 항목들에 접근할 수 있다.

다음과 같이 for 루프를 사용해 indented_code 반복자가 반환하는 값들을 순회하면서 각 항목을 출력해보자.

```
>>> for s in indented_code:
        print(s)
```

위의 for 루프와 print문을 입력한다. print 문 다음에 빈 줄을 입력해 루프가 실행되도록 한다.

```
>>> for s in indented_code:
        print(s)

    line1
    line2
    line3
```

위의 결과가 우리가 원했던 결과다. 루프를 돌 때마다 s의 값은 반복자가 반환한 다음 항목이 된다. 각 줄이 네 칸만큼 들여쓰기된 점에 주목하자.

반복자를 사용하면 메모리를 아낄 수 있다. 파이썬 설계자는 "map 함수가 리스트를 생성할 필요가 없다. 대신에 map 함수는 우리가 요청할 때마다 각 리스트 항목을 순서대로 제공하는 반복자 객체를 제공하면 된다"라고 말했다.

맵(map) 반복자를 작은 공장이라고 생각해볼 수 있다. 맵을 순회하는 루프가 다음 항목을 요청할 때마다 맵 반복자에게 다음 항목을 요청하는 것이다. 맵 반복자는 원본으로부터 다음 값을 얻은 다음, 인자로 전달 받은 함수를 해당 값에 적용한 다음, 적용된 결과를 반환한다. 맵 반복자가 더 이상 반환할 값이 없는 경우 루프에게 더 이상 사용 가능한 항목이 없다는 것을 알리기 위해 'StopIteration' 예외를 발생시킨다. 이는 루프를 중단시킨다.

이를 더 자세히 알아보기 위해 반복 객체를 생성한 다음, 반복 객체를 사용해 for 루프가 수행했던 것을 수행해보자. 다음과 같이 맵을 생성하는 코드를 다시 실행해보자.

```
>>> indented_code = map(indent, code)
```

이제 반복 객체에 대해 __next__ 메소드를 호출해 indented_code 반복자에게 해당 반복 객체의 다음 항목을 달라고 요청할 수 있다. 다음 코드를 입력한 다음, 엔터를 눌러 실행해보자.

```
>>> indented_code.__next__()
```

이때 indent 메소드가 호출되어 반복 객체로부터 다음 값을 생성한다.

```
>>> indented_code.__next__()
'    line1'
>>>
```

위의 결과는 들여쓰기된 리스트의 첫 번째 줄이다. __next__ 메소드를 다시 호출해 다음 줄을 확인할 수 있다. __next__ 메소드를 세 번 더 호출해 결과를 확인한다.

```
>>> indented_code.__next__()
'    line2'
>>> indented_code.__next__()
'    line3'
>>> indented_code.__next__()
Traceback (most recent call last):
    File "<pyshell#67>", line 1, in <module>
      indented_code.__next__()
StopIteration
>>>
```

세 번째 __next__ 메소드 호출 이후에 반복 객체는 더 이상 반환할 항목이 없다. 따라서 해당 객체는 StopIteration 예외를 발생시켜 더 이상 항목이 없음을 알린다. 반복이 완료된 다음에는 해당 반복 객체를 다시 사용할 수 없다. 해당 반복 객체가 반환하는 자료를 다시 한번 순회하고 싶다면 새로운 반복 객체를 생성해야 한다. 새로운 반복 객체를 생성하기 위해 다음 코드를 입력해보자.

```
>>> indent_iterator = map(indent, code)
```

위의 코드는 indent_iterator라는 새로운 반복자를 생성한다. 해당 반복자는 code 리스트를 반복하면서 각 항목에 indent 함수를 적용한다.

파이썬 함수 list를 사용해 반복자로부터 새로운 리스트를 생성할 수 있다. list 함수는 빈 리스트를 생성한 다음, 반복자를 반복한 결과를 리스트에 추가한다. 이를 확인하기 위해 다음 코드를 입력해보자.

```
>>> indented_code = list(indent_iterator)
>>>
```

이제 indented_code 리스트의 내용을 확인해보고 해당 리스트가 문자열 리스트인지 확인한다. 리스트의 이름을 입력한 다음, 엔터를 입력한다.

```
>>> indented_code
```

이제 파이썬 쉘은 indented_code 리스트의 내용물을 표시한다.

```
>>> indented_code
['    line1', '    line2', '    line3']
>>>
```

위의 결과를 통해 indented_code가 들여쓰기된 code 리스트임을 확인할 수 있다.

한 가지 헷갈리는 점은 map 함수의 입력이 실제 반복자라는 점이다. 이를 확인하기 위해 다음 코드를 입력해보자.

```
>>> i1 = map(indent, code)
>>> i2 = map(indent, i1)
```

첫 번째 줄은 code 리스트의 모든 항목에 indent 함수를 적용하는 i1이라는 반복 객체를 생성한다. 반복 결과 code 리스트의 각 항목이 네 개의 문자만큼 들여쓰기된 문자열이 생성된다.

두 번째 줄은 i1 반복의 모든 항목에 indent 함수를 적용하는 i2라는 반복 객체를 생성한다. 그러고 나서 list 함수를 사용해 i2 반복 객체를 리스트로 변환할 수 있다.

```
>>> list(i2)
```

list 함수는 i2 반복자에 의해 생성된 항목들의 리스트를 생성한다. 그러고 나서 해당 항목들은 파이썬 명령어 쉘에 의해 화면에 표시된다.

```
>>> list(i2)
['        line1', '        line2', '        line3']
```

예상대로 각 줄은 두 번 들여쓰기됐다. i1 반복에 의해 한 번 들여쓰기 되고 i2 반복에 의해 다시 들여쓰기 됐다. 파이썬에서 자료를 순회하기 위해 반복자들을 연결하는 것은 매우 쉽다. 맵에 의해 반환된 반복자를 순회하지 않는 경우 해당 반복자 내의 항목들이 하나도 생성되지 않는다는 점을 유념하자.

이제 map이 무엇을 수행하는지 그리고 파이썬이 자료를 처리하는 방식에 관한 많은 유용한 것들을 알았으니 session_report 메소드 내의 보고서 문자열 리스트를 생성하는 코드를 다시 살펴보자.

```
report_strings = map(str, self.__sessions)
```

보고서의 시작점이 self.__sessions 변수에 담긴 Session 객체 리스트라는 점을 떠올려보자. Session 객체들을 보고서에서 사용할 수 있도록 문자열로 변환해야 한다. map 함수는 str 함수를 self.__sessions 리스트의 각 항목에 적용하기 위한 반복자를 생성한다. str 함수는 객체에 대해 동작하며 해당 객체에 대한 설명 문자열을 반환한다. 즉, str 함수는 객체의 __str__ 메소드를 호출한다. Session 클래스는 __str__ 메소드를 포함하는데 이는 "코드 분석"에 있는 "근무 클래식 생성하기"에서 다룬 내용이다. __str__ 메소드는 변호사가 원하는 형태로 근무(Session 객체)에 대한 설명을 생성한다.

위의 코드에 의해 report_strings 반복자가 생성된 다음에는 report_strings 반복자를 순회하면서 출력할 문자열을 생성해야 한다.

파이썬 join 메소드

지금쯤이면 우리가 사용 중인 파이썬 항목들이 메소드 속성을 지닌 객체라는 점을 이해하기 시작했을 것이다. Contact 객체가 add_session과 같은 메소드를 제공하는 것과 마찬가지로 문자열 객체는 lower( )와 같은 메소드를 제공한다(lower( )는 문자열의 소문자 버전을 반환한다). 프로그램에서 텍스트 문자열에 대해 직접적으로 문자열 메소드를 호출할 수 있다.

```
'FRED'.lower()
```

위의 코드는 정상적인 코드이며 'fred'라는 문자열을 생성한다. 위의 코드는 문자열 'FRED'를 문자열 형의 객체로 변환한 다음, 해당 객체에 대해 lower( ) 메소드를 호출한다.

문자열 객체가 제공하는 또 다른 메소드로 join(반복자)이 있다. lower( ) 함수에는 인자가 없지만 join 함수는 순회할 대상을 인자로 받는다. join 함수가 무엇을 하는지는 함수의 이름으로부터 알 수 있다. 반복자의 순회를 통해 반환되는 각 항목의 값을 문자열에 추가해 항목들의 값을 연결한다.

```
report_result = '\n'.join(report_strings)
```

위의 코드는 report_result라는 문자열을 생성하는데 해당 문자열은 report_strings 반복자가 반환하는 항목들로 구성되며 각 항목은 줄 바꿈 문자로 연결된다. 결과 우리가 원하는 보고서 형태가 된다.

직접 해보기

join 함수 알아보기

이번 직접 해보기는 이전 직접 해보기보다는 짧다. IDLE 명령어 쉘을 사용해 join 함수에 대해 알아볼 것이다. IDLE 명령어 쉘을 연 다음, 다음 코드를 입력한다.

```
>>> report_strings = ['report1', 'report2', 'report3', 'report4']
>>>
```

위의 코드는 report_strings라는 리스트를 생성하며 네 개의 문자열을 포함한다. 앞에서 살펴본 바와 같이 리스트를 반복자로 사용할 수 있다. 따라서 report_strings 리스트를 join 함수에서 사용할 수 있다.

```
>>> '**'.join(report_strings)
```

위의 코드는 report_strings의 각 항목을 순회하면서 항목들을 연결한다. 이때 항목 사이에 ** 문자를 삽입한다. 파이썬 명령어 쉘은 위의 표현식 결과를 보여준다.

```
>>> '**'.join(report_strings)
'report1**report2**report3**report4'
>>>
```

결과는 하나의 긴 문자열로 각 줄 사이에 두 개의 별표가 삽입되어 있다. \n(줄 바꿈)을 연결 문자로 사용하는 경우 보고서의 각 줄을 별도의 행에 표시할 수 있다.

```
>>> print('\n'.join(report_strings))
report1
report2
report3
report4
>>>
```

문자열 리스트의 항목들을 단지 연결하기만 하는 경우 빈 문자열에 대해 join을 사용하면 된다.

```
>>> ''.join(report_strings)
'report1report2report3report4'
>>>
```

예제 프로그램 EG10-16 근무 히스토리를 지닌 시간 관리 애플리케이션은 각 연락처의 개별적인 근무를 기록하는 완성된 시간 관리 애플리케이션을 담고 있다. 또한 Contact 클래스의 예전 버전을 자동으로 업그레이드한다.

해당 예제 프로그램은 정보를 저장하고 관리하는 프로그램 작성 시 활용 가능한 좋은 시작점이 될 것이다. 근무와 연락처를 앨범과 곡, 영업 사원과 영업실적, 예술가와 작품 등 관리하고자 하는 다른 무언가로 대체할 수 있다.

스냅스를 활용해 음악 재생하기

시간 관리 애플리케이션을 만드는 데 많은 시간을 소비했다. 이제 음악을 연주하며 좀 즐겨보자. 간단한 음악 재생기를 만든 다음, 파이썬 언어 기능들을 활용해 음악 재생을 더 쉽게 관리하기 위한 방법을 살펴보자.

스냅스 라이브러리에는 음표 샘플이 저장된 폴더가 있다. 해당 음표 샘플은 play_sound 스냅스 함수를 사용해 음을 재생하는 데 사용된다. 각 샘플의 이름은 특정 음표에 대응된다. play_note 스냅스 함수는 음표 하나를 재생하는 데 사용된다.

그림 10-1은 음표 번호가 피아노 건반과 어떤 식으로 대응되는지 보여준다.

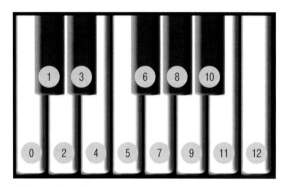

그림 10-1 음표 번호

'사운드 샘플'은 'MusicNotes'라는 폴더 안에 있다. 해당 파일이 스냅스 프레임워크와 반드시 같은 폴더에 존재해야 한다. 그렇지 않으면 프로그램은 사운드를 제대로 재생할 수 없다. 10장의 샘플 프로그램을 원래 폴더 위치에서 실행하면 사운드 샘플을 제대로 불러올 수 있다.

```
# EG10-17 음표 재생하기
import time
import snaps

for note in range(0,13):          모든 음표 값을 순회한다.
    snaps.play_note(note)         음표를 재생한다.
    time.sleep(0.5)               음표 재생 후 잠시 멈춘다.
```

예제 프로그램 EG10-17 음표 재생하기는 각 음표 간에 0.5초씩 멈추면서 모든 음표를 차례대로 재생한다. play_note 메소드를 사용해 프로그램이 음을 재생하도록 만들 수 있다.

```
# EG10-18 반짝 반짝 작은 별
import time
import snaps

snaps.play_note(0)
time.sleep(0.4)
snaps.play_note(0)
time.sleep(0.4)
snaps.play_note(7)
time.sleep(0.4)
snaps.play_note(7)
time.sleep(0.4)
snaps.play_note(9)
time.sleep(0.4)
snaps.play_note(9)
time.sleep(0.4)
snaps.play_note(7)
time.sleep(0.8)
```

위의 프로그램은 "반짝 반짝 작은 별"의 첫 부분을 출력한다. 예제 프로그램 EG10-18 반짝 반짝 작은 별은 EG10-17보다 약간 더 긴 곡을 출력한다. 이 프로그램은 하나의 음표를 재생하는 메소드를 연속적으로 호출해 노래를 재생한다. 더 긴 노래를 재생하고 싶다면 프로그램에 음표 재생 호출을 추가하면 된다.

음악을 재생하는 좋은 방법으로 프로그램을 자료 주도^{data driven}로 만드는 법이 있다. 메소드 호출 시 필요한 음표를 값 형태로 표현하기 보다는 음표와 재생 길이 값을 튜플로 표현할 수 있다.

```
# EG10-19 반짝 반짝 작은 별 튜플 버전

import time
import snaps

tune = [(0, 0.4), (0, 0.4), (7, 0.4), (7, 0.4),
```

```
            (9, 0.4), (9, 0.4), (7, 0.8), (5, 0.4),
            (5, 0.4), (4, 0.4), (4, 0.4), (2, 0.4),
            (2, 0.4), (0, 0.8)]                              선율을 담고 있는 튜플 리스트를 생성한다.

    for note in tune:                                       선율의 음표들을 순회한다.
        snaps.play_note(note[0])                            튜플의 첫 번째 항목은 음표 번호를 담고 있다.
        time.sleep(note[1])                                 튜플의 두 번째 항목은 음표 길이를 담고 있다.
```

튜플이 사각 괄호로 둘러싸인 값들의 집합임을 상기하자. 관련된 값들을 저장하는 튜플을 생성한다. 위의 tune 리스트의 경우 리스트의 각 튜플은 두 개의 값을 저장한다. 첫 번째 값은 재생될 음표를 지정하는 정수이고 두 번째 값은 해당 음표의 길이다. 우리가 만든 음악 재생기는 간단하며 더 긴 곡을 만들기 위해서는 음표 정보를 추가하기만 하면 된다. 하지만 다른 프로그래머들 입장에서는 튜플을 만드는 법과 해당 튜플을 재생하는 법을 알아야 하기 때문에 곡을 만드는 것이 약간 까다로울 수 있다.

따라서 음표 정보를 클래스에 저장함으로써 코드를 이해하기 더 쉽게 만들 수 있다.

```
# EG10-20 반짝 반짝 작은 별 클래스 버전

import time
import snaps

class Note:
    def __init__(self, note, duration):                    새로운 음표 인스턴스를 생성한다.
        self.__note = note                                 재생할 음표 인스턴스를 설정한다.
        self.__duration = duration                         음표 재생 길이를 설정한다.

    def play(self):                                        음표를 재생한다.
        snaps.play_note(self.__note)                       음표 사운드를 재생한다.
        time.sleep(self.__duration)                        음표가 재생되는 동안 프로그램을 멈춘다.

tune = [Note(note=0, duration=0.4), Note(note=0, duration=0.4),      음표 인스턴스 리스트를
        Note(note=7, duration=0.4), Note(note=7, duration=0.4),      생성한다.
        Note(note=9, duration=0.4), Note(note=9, duration=0.4),
        Note(note=7, duration=0.8), Note(note=5, duration=0.4),
        Note(note=5, duration=0.4), Note(note=4, duration=0.4),
        Note(note=4, duration=0.4), Note(note=2, duration=0.4),
        Note(note=2, duration=0.4), Note(note=0, duration=0.8)]
```

```
for note in tune:                          리스트의 음표들을 순회한다.
    note.play()                     각 음표 인스턴스가 스스로 재생하도록 한다.
```

위의 음악 재생기는 Note라는 클래스를 사용한다. Note 클래스는 음표 번호와 해당 음표의 길이를 저장한다. 이러한 정보는 __init__ 메소드에 의해 각 음표에 설정된다. 프로그램은 Note 인스턴스 리스트를 생성해 선율을 만든다. 프로그램은 키워드 인자를 사용해 각 음표를 생성하는 데 사용되는 두 가지 값의 용도를 식별한다.

코드 분석

Note 클래스

Note 클래스의 설계가 잘됐다고 생각한다. 하지만 Note 클래스 설계에 대해 좀 더 자세히 들여다볼 만한 몇 가지 측면이 있다.

질문: Note 클래스에 Play 메소드가 포함된 이유는?

답: 이는 모두 '응집성'을 위한 것이다. 음표를 재생하는 과정은 Note의 외부에 있는 것에 의해 관리되어서는 안 되고 Note 자체에 의해 관리돼야 한다. Note 클래스 외부의 코드가 음표를 재생할 수 있으려면 해당 외부 코드는 음표와 음표 길이 값에 대한 접근 권한을 지녀야 한다. 하지만 음표와 음표 길이 값은 Note 클래스에서 비공개여야 한다. 또한 프로그램의 구조를 현재 방식과 같이 구성하는 것은 다른 장점들이 있다. 음표가 재생되는 방식을 변경해야 하는 경우 Note 클래스의 Play 메소드만을 변경하면 된다. Note 클래스를 사용해 곡을 재생하는 프로그램은 음표가 재생되는 방식이 변경되더라도 영향을 받지 않는다.

질문: Note 클래스 내에 __str__ 메소드를 포함시킬 수 있는가?

답: __str__ 메소드를 포함시키는 것은 좋은 생각이다. 음표를 출력하는 것이 훨씬 쉬워질 것이다.

```
def __str__(self):
    template = 'Note: {0} Duration: {1}'
    return template.format(self.__note, self.__duration)
```

위의 __str__ 메소드를 Note 클래스에 추가하면 곡을 매우 쉽게 출력할 수 있다.

```
tune_strings = map(str,tune)
print('\n'.join(tune_strings))
```

위의 코드는 시간 관리 애플리케이션에서 근무를 출력할 때 사용했던 구조와 동일한 구조를 사용한다. **EG10-21 반짝 반짝 작은 별** 출력 버전 샘플 프로그램에서 위의 샘플 코드를 찾을 수 있다.

 직접 해보기

자신만의 음악을 만들어보자

샘플 프로그램을 수정해 여러분만의 곡을 만들 수 있다. 심지어 음표 샘플을 다른 WAV 파일로 교체해 각 음표를 재생하는 악기를 변경할 수 있다.

요약

10장에서는 많은 내용을 배웠다. 자료 속성을 포함하는 클래스를 생성하는 법을 배웠다. 클래스의 자료 속성에 자료값들을 저장할 수 있다. 클래스의 새로운 인스턴스를 생성했을 때 이러한 자료값들은 객체 내에 저장된다(객체는 클래스의 인스턴스임을 기억하자). 자료 속성은 클래스의 __init__ 메소드에 의해 초기화될 수 있다. __init__ 메소드에 매개변수값들을 전달할 수 있으며 해당 매개변수값들을 클래스의 자료 속성값을 설정하는 데 사용할 수 있다.

파이썬 클래스가 해당 클래스의 인스턴스와 연관된 메소드 속성을 포함하는 방식을 살펴봤다. 메소드 속성 덕분에 메소드 호출을 통해 객체에게 특정 동작을 수행하라고 요청할 수 있다. 클래스 메소드의 좋은 예로 시간 관리 애플리케이션의 Contact 클래스의 add_session 메소드가 있다. add_session 클래스 메소드는 Contact 객체에게 해당 Contact 객체의 새로운 근무에 관한 세부 정보를 저장하라고 요청할 수 있다.

클래스의 메소드는 파이썬 함수와 매우 비슷하다. 하지만 메소드에는 메소드의 첫 번째 매개변수로 참조(보통 self라고 부름)가 제공된다. self 매개변수는 메소드가 호출될 때 자동으로 설정되며 해당 메소드를 실행하는 객체를 참조한다. 그러고 나서 메소드 내 파이썬 코드는 self 참조를 사용해 해당 객체의 속성에 접근할 수 있다.

또한 메소드가 다른 클래스의 항목들을 사용하지 않아도 되는 '응집성' 있는 클래스를 만드는 데 근간이 된다는 사실을 배웠다. 응집성 있는 객체는 해당 객체가 필요로 하는 모든 자료 속성을 포함하고 해당 객체가 수행해야 할 작업을 수행할 수 있도록 일련의 메소드 속성들을 제공한다.

외부의 코드가 사용할 수 있는 동작들을 제공하는 자립적인 객체를 생성함으로써 관리와 갱신이 쉬운 솔루션을 만들 수 있다. 또한 자립적인 객체는 외부 코드에 의해 어떤 동작을 수행하라고 요청 받았을 때 해당 요청의 유효성을 검증한 다음, 유효하지 않은 요청은 거절할 수 있다. 이때 오류 메시지를 반환하거나 예외를 일으킬 수 있다. 객체의 메소드가 예외를 일으키면 프로그램은 해당 메소드의 호출자가 해당 예외를 받아서 처리하지 않는 경우 중단된다.

파이썬은 실수로 자료 속성을 손상하지 않도록 자료 속성을 보호하기 위한 기능들을 제공한다. 하지만 프로그래머가 작심하고 파이썬 객체의 자료 속성을 변경하는 것은 막을 수 없다. 그래도 Pylint(www.pylint.org)와 같은 소스 코드 분석 프로그램을 사용해 파이썬 프로그램을 감시해 보호된 자료값들을 변경하려는 시도를 감지할 수 있다.

클래스가 클래스 인스턴스를 생성하지 않고도 사용할 수 있는 '정적' 메소드를 포함할 수 있다는 점을 확인했다. 정적 메소드는 검증과 같은 작업에 유용하다. 정적 메소드를 사용하면 자료 속성값으로 사용할 값들이 프로그램이 클래스의 인스턴스를 생성하기 위해 해당 값들을 사용하기 전에 유효한지 확인할 수 있다. 또한 요소에 대해서도 살펴봤다. 요소를 사용하면 클래스의 자료 속성을 쉽게 사용할 수 있을 뿐 아니라 프로그래머들이 해당 속성에 대한 제어권을 갖고 변경 사항을 검증할 수 있다.

버전 관리의 중요성에 대해서도 살펴봤다. 새로운 버전의 클래스가 생성됐을 때 해당 클래스는 자동으로 해당 클래스 내에 저장하는 자료를 업그레이드하는 기능을 제공해야 한다. 클래스에 __str__ 메소드를 추가해 해당 클래스의 객체가 내용물을 기술하는 문자열을 반환하도록 만들어 봤다. 또한 파이썬 문자열 서식화가 변수의 값을 포함하는 문자열을 생성하기 위한 유용한 방법이라는 점도 살펴봤다.

마지막으로 파이썬의 매우 강력한 반복에 대해 자세히 살펴봤다. 반복을 사용하면 대규모 자료에 대해 어떤 동작을 수행하는 것이 쉬워진다. 반복자iterator는 반복 시 연속적인 항목들을 반환하는 객체다. 반복의 원본 자료는 항목 리스트 또는 다른 반복이 될 수 있다. 파이썬 map 함수를 사용해 반복의 모든 항목들에게 특정 함수를 적용하는 반복을 생성할 수 있다. map 함수를 사용해 텍스트 리스트의 문자열 맨 앞에 빈칸을 추가함으로써 텍스트 들여쓰기를 수행했다. 또한 맵에서 파이썬 str 함수를 사용해 리스트의 항목들을 문자열로 변환했다.

이 뿐만 아니라 join 함수에 대해 알아봤다. join 함수를 사용해 문자열을 문자열 리스트에 결합함으로써 더 큰 문자열을 만들 수 있다. join을 사용해 시간 관리 애플리케이션에서 근무 보고서를 포함하는 단일 문자열을 생성했다.

다음은 배운 내용에 대해 생각해볼 만한 몇 가지 심화 질문이다.

파이썬이 프로그래머가 객체의 자료 속성을 완전히 보호할 수 있는 방법을 제공하지 않는 이유는?

이는 흥미로운 질문이다. 여러분이 자바, C++, C#과 같은 다른 프로그래밍 언어 경험이 있다면 중요한 속성을 해당 클래스의 비공개로 설정할 수 있는 보호 방법이 있다는 것을 알고 있을 것이다. 해당 프로그래밍 언어들은 비공개가 정말 비공개를 의미한다. 클래스에 속하지 않는 코드는 비공개 속성에 접근할 수 없다. 파이썬은 비공개 속성에 대한 보호를 제공하긴 하지만 해당 보호는 어렵지 않게 피해갈 수 있다(피해가는 방법은 앞의 "이름 알아보기 어렵게 만들기"에서 살펴봤다). 파이썬이 비공개 클래스 속성을 제공하지 않는 이유는 파이썬 설계자들이 프로그래머들이 비공개 속성은 클래스 외부에서 접근할 수 없다고 생각하는 것을 방지하기 위해서인 것 같다. 하지만 비공개 속성이라 해도 프로그래머가 클래스의 내용물을 망치기 위해 마음먹고 클래스에 공개 메소드를 추가하거나 기존 메소드의 동작 방식을 변경하는 것은 막지 못할 것이다. 안전한 코드를 만들기 위한 핵심은 코드를 작성하는 것이 아니라 해당 코드가 안전한지 확인하기 위해 코드를 검사하는 리뷰 과정이다. 파이썬은 프로그래머가 무언가를 비공개로 설정하는 것이 프로그램을 안전하게 만든다고 가정하는 대신에 이러한 리뷰 과정에 참여하기를 원한다.

언제 프로그램에서 요소를 사용해야 할까?

요소property를 사용하면 클래스는 자신의 자료 속성에 대한 접근을 제어할 수 있다. 자료 속성에 대한 접근을 제어하는 한 가지 방법으로 해당 속성에 대한 읽기get 메소드와 설정set 메소드를 제공하는 것이 있다. 예를 들어 클래스의 name 속성을 관리하기 위해 get_name과 set_name 메소드를 포함시킬 수 있다. get_name 메소드는 이름을 반환하고 set_name 메소드는 새로운 이름값을 받아서 새로운 이름값이 유효한 경우 이름 속성을 해당 값으로 설정할 것이다.

위의 방식은 잘 동작한다. 하지만 name 속성에 접근하는 코드가 다소 길어질 것이다. 요소는 클래스 자료 속성의 읽기 동작과 설정 동작에 메소드를 묶은 것이다. 하지만 요소는 자료 속성과 같은 방식으로 사용할 수 있다. 코드가 값을 요소에 할당하면 설정 동작이 실행된다. 코드가 요소에 접근하는 경우 읽기 동작이 실행된다. 설정 동작을 제공하지 않는 '읽기 전용' 요소를 만들 수도 있다.

나는 클래스의 자료에 대한 접근을 관리하길 원하면서도 해당 클래스의 사용자들이 자료에 접근하기 위해 읽기와 쓰기 메소드를 계속해서 호출하길 원하지 않는 경우에 요소를 사용한다.

언제 정적 클래스 속성을 생성하는가?

정적static이라는 단어가 다소 헷갈릴 수 있다. 정적이라는 단어를 "항상 거기에 있다"라고 해석하는 편이 가장 낫다. 클래스의 인스턴스가 아닌 클래스에 관한 정보를 제공하는 값을 저장하길 원할 때 클래스에 정적 자료 속성을 만든다. 예를 들어 변호사의 최소 근무 길이는 개별적인 근무에 대한 요소가 아니다. 이는 근무 자체의 요소이기 때문에 클래스 속성으로 저장돼야 한다. 예를 들어 근무 길이 값의 유효성을 확인하는 메소드와 같은 검증 메소드 역시 정적 속성을 사용해야 한다. 이러한 메소드들은 특정 근무 객체에 적용되는 것이 아니라 모든 근무 객체가 생성되기 전에 사용돼야 하기 때문이다.

모든 객체는 높은 응집성을 지녀야 하는가?

반드시 그런 것은 아니다. 단일 자료 집합을 처리하는 프로그램을 만들고 해당 프로그램이 단 한번 그리고 나에 의해서만 사용될 것이라는 것을 알고 있는 경우 잘 설계되지 않은 방식으로 코드를 작성할 것이다. 모든 코드를 공개로 만든 다음, 최소한의 노력을 들여 프로그램이 동작하도록 만들 것이다. 하지만 변경될 가능성이 있고 관리를 해야 하고 다른 프로그래머들이 사용할 프로그램을 만드는 경우 코드를 이해하고 수정하기 쉽게 만들기 위해 많은 시간을 들일 것이다. 프로그램의 한 부분을 변경하는 것이 다른 부분의 동작에 영향을 미치지 않도록 프로그램을 설계할 것이고 프로그램을 쉽게 이해할 수 있도록 코드 사용과 변수나 메소드의 명명에 있어 패턴을 만들 것이다. 시간 관리 애플리케이션을 만들 때 사용했던 코드가 "전문적인" 수준에 가깝다고 생각한다. 따라서 여러분이 표준 방식을 찾고 있다면 이미 여러분은 해당 방식을 이번 장에서 경험한 것이다.

반복자가 무엇인지 다시 한번 설명해달라

반복자iterator는 메소드를 제공하는 객체인데 해당 메소드를 사용해 무언가를 우리를 위해 해달라고 요청할 수 있다. 반복자 객체에 대해 __next__ 메소드를 호출함으로써 반복자에게 다음 값을 달라고 요청할 수 있다. 리스트와 같은 일부 파이썬 객체는 반복자처럼 동작한다. 덕분에 우리는 리스트의 항목들을 순회할 수 있다. range와 map 객체와 같은 다른 객체들 역시 반복자처럼 동작한다.

반복자를 사용하는 파이썬 코드는 자료가 어디에서 오는지 알지 못한다는 사실을 기억해야 한다. 파이썬 for 루프는 해당 루프에 제공된 반복자를 그저 순회할 뿐이다. 루프가 아는 것이라곤 __next__를 호출할 때마다 해당 반복의 다음 객체가 반환되고 더 이상 순회할 항목이 없으면 예외가 발생한다는 사실이다.

11

객체 기반
해결책 설계

학습 목표

10장에서 실제 유용한 객체를 생성하는 법을 알아봤다. 파이썬을 사용해 자료값을 저장하고 관리할 수 있는 클래스를 생성하는 법과 프로그램이 클래스를 활용할 수 있도록 메소드를 제공하는 법에 관해 살펴봤다.

11장에서는 클래스에 관해 더 자세히 알아봄으로써 대규모의 다양하지만 관련된 자료 항목들을 처리하는 시스템을 만드는 법을 배울 것이다. 또한 객체들이 제공하는 메소드들을 통해 객체를 어떤 식으로 연결할 수 있는지 살펴볼 것이다. 이에 덧붙여 집합과 같은 더 많은 파이썬의 기능들과 함수들에 대해 알아보겠다.

의류 판매점 애플리케이션

여러분의 고객인 변호사는 시간 관리 애플리케이션에 매우 만족한다. 변호사는 해당 애플리케이션을 친구들에게 보여줬고 친구들은 매우 감명 받았다. 의류 판매점을 운영하면서 재고를 관리하기 위한 애플리케이션을 찾고 있던 친구가 특히나 감명 받았다. 의류 판매점 주인은 매우 다양한 의류를 판매하고 있으며 재고 관리에 도움을 필요로 한다. 공급 업체에서 재고가 도착하면 세부 정보를 시스템에 입력한 다음, 어떤 항목을 팔았을 때 해당 항목을 재고에서 삭제하고자 한다. 또한 각 항목의 재고 보유 개수를 나타내는 보고서를 생성하고 싶어한다. 의류 판매점 주인은 여러분의 도움을 바라고 있으며 대가로 옷값을 할인해주거나 무료로 제공할 예정이다.

옷을 공짜로 얻을 수 있다는 얘기는 솔깃하게 들린다. 따라서 여러분은 새로운 고객인 의류 판매점 주인과 상담을 통해 무엇을 원하는지 파악하고자 한다. 의류 판매점 주인은 그림 11-1과 같이 여러분에게 재고 관리 대장을 보여줬다.

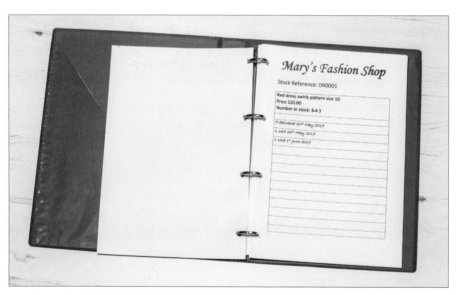

그림 11-1 의류 판매점 재고 관리 대장

의류 판매점 주인은 의류 공급업자에게서 받은 각 항목에 고유 재고 참조 번호가 있다고 말해줬다. 어떤 항목을 추적하기 위해 고유 재고 참조 번호를 사용한다. 현재 사용 중인 재고 관리 대장의 경우 한 페이지가 하나의 항목에 대한 재고 현황을 담고 있다. 새로운 스타일의 드레스와 같이 이전에 재고로 보유하고 있지 않은 새로운 항목을 받았을 때 해당 항목을 위해 새로운 페이지를 생성한 다음, 해당 페이지를 재고 관리 대장에 추가한다. 그러고 나서 재고를 배달 받았을 때 재고 참조 번호를 재고 관리 대장에서 찾아서 해당 항목에 대한 재고 수량을 갱신한다. 그림 11-2는 재고 관리 대장의 페이지를 나타낸다.

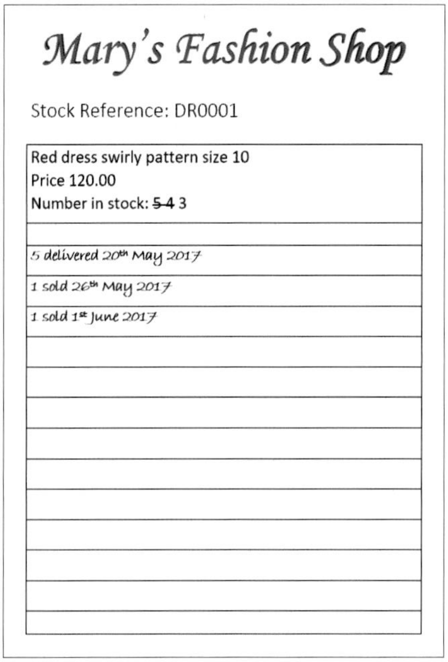

Mary's Fashion Shop

Stock Reference: DR0001

Red dress swirly pattern size 10
Price 120.00
Number in stock: ~~5~~ ~~4~~ 3

5 delivered 20ᵗʰ May 2017

1 sold 26ᵗʰ May 2017

1 sold 1ˢᵗ June 2017

그림 11-2 의류 판매점 재고 관리 페이지

위 페이지는 판매 중인 드레스의 상세 정보를 담고 있다. 재고 관리 대장에는 재고로 보유 중인 각 의류 항목에 대해 하나의 페이지가 할당돼 있으며 해당 항목이 공급업자로부터 배달되거나 판매됐을 때 해당 페이지를 갱신한다. 현재 의류 판매점 주인은 전체 재고 목록을 출력할 수 있는 기능만 있으면 된다고 말하지만, 이후에는 재고가 떨어지기 전에 미리 항목을 주문하기 위해 어떤 항목의 재고 수량이 가장 적은지 파악하는 기능을 원한다. 여러분은 의류 판매점 주인과 의류 판매점 애플리케이션의 메인 메뉴를 다음과 같이 구성하기로 협의했다.

```
Mary's Fashion Shop

1: Create new stock item
2: Add stock to existing item
3: Sell stock
4: Stock report
```

```
5: Exit

Enter your command:
```

다섯 가지 옵션이 있다. 첫 번째 메뉴 항목은 새로운 재고 품목을 생성하는 데 사용된다. 재고 관리 대장과 비교해보면 이는 의류 판매점에 새롭게 재고로 추가되는 항목을 기술하는 재고 관리 대장의 신규 페이지와 같다. 두 번째 메뉴 항목은 기존 항목에 재고를 추가할 때 사용된다. 해당 메뉴는 어떤 항목의 페이지를 갱신한 다음, 재고 숫자를 증가시킨다. 세 번째 메뉴 항목은 항목이 판매되었을 때 사용된다. 네 번째 메뉴 항목은 재고 보고서를 생성한다.

애플리케이션 자료 설계

의류 판매점은 다양한 종류의 의류 항목들을 판매하고 각 항목은 해당 항목을 기술하는 특정 정보 집합을 지닌다. 각 의류 항목에 대해 재고 참조 번호와 가격, 색상, 재고 보유 개수를 저장해야 한다. 드레스의 경우 사이즈, 스타일, 패턴을 저장하길 원한다. 바지의 경우 길이, 허리 사이즈, 스타일, 패턴을 저장하길 원한다. 모자의 경우 사이즈만 저장하길 원한다. 블라우스의 경우 사이즈, 스타일, 패턴을 저장하길 원한다. 의류 항목에 대한 기술은 다음과 같다.

```
Dress: stock reference: 'D0001' price: 100.0 color: red pattern: swirly size: 12
Pants: stock reference: 'TR12327' price:50 color: black pattern: plain length: 30
waist: 30
```

자료 설계^{data design}를 수행해 어떤 식으로 재고 자료를 저장할지 결정할 수 있다. 자료 설계는 애플리케이션 설계의 초기 단계에 수행된다. 자료 설계 단계 때 애플리케이션이 처리할 자료를 어떤 식으로 나타낼지 결정하고 구체화할 수 있다.

객체지향 설계

저장하고자 하는 각 종류의 자료를 담는 클래스를 만드는 것이 좋다. 프로그래머는 이를 객체지향 프로그래밍^{object-oriented programming}이라 부른다. 객체지향 프로그래밍의 개념은 솔루션의 항목들을 소프트웨어 "객체"들로 나타낼 수 있다는 것이다. 애플리케이션을 만드는 데 있어 첫 번째 단계는 이러한 객체들을 식별하는 것이다.

영어의 경우 물체를 식별하는 단어를 "명사noun"라고 부른다. 시스템에 어떤 클래스가 있어야 하는지 파악할 때 시스템에 대한 기술을 쭉 살펴본 다음, 모든 명사들을 찾는 것은 좋은 아이디어이다. 예를 들어 다음과 같은 패스트푸드 배달 애플리케이션에 대한 기술을 살펴보자.

"고객customer은 메뉴menu에서 음식dish을 고른 다음, 해당 음식을 주문order에 추가할 것이다."

위의 기술에서 명사를 네 개 찾았다. 각 명사는 애플리케이션에서 특정 클래스에 대응된다. 내가 패스트푸드 배달 회사에서 일했다면 위와 같이 명사들을 식별한 다음, 고객, 음식, 메뉴, 주문에 관해 어떤 자료를 저장하는지 물었을 것이다.

프로그래머를 위한 조언
자료 설계를 마치기 전에 어떤 코드도 작성해서는 안 된다

상용 프로젝트의 경우 코드를 작성하기 전에 시스템의 클래스 설계에 많은 시간을 쏟을 것이다. 설계 실수가 코드를 작성한 이후보다 프로젝트 초반에 수정하기에 훨씬 쉽기 때문이다.

위의 패스트푸드 관리 예의 경우 고객 클래스가 사업을 하는데 필요한 모든 정보를 저장하는지 확인해야 한다. '종이' 버전의 클래스를 만든 다음, 모든 사용 시나리오(주문하기, 조리하기, 배달하기)를 살펴봄으로써 클래스에 빠진 부분이 없는지 확인할 수 있다.

배달 기사가 필요한 경우 길을 물어보기 위해 애플리케이션이 고객 전화번호를 저장해야 한다면 전체 사용자 인터페이스를 만들기 전에 프로젝트 초반에 이러한 필요사항을 인지하는 것이 최선이다.

우리는 자료 설계와 파이썬 프로그래밍에 대해 배우는 중이기 때문에 코드를 작성하면서 자료 설계에 관해 논의할 것이다. 하지만 전문적인 솔루션을 만드는 경우라면 파이썬으로부터 벗어나서 클래스를 만들기 전에 설계에 많은 시간을 투자할 것이다.

의류 판매점 주인과 이야기할 때 의류 판매점 주인은 드레스, 바지, 모자, 블라우스 등 애플리케이션에서 관리하고자 하는 항목들에 대해 이야기 했다. 각 항목은 애플리케이션에서 객체가 될 수 있고 파이썬 클래스로 나타낼 수 있다. 각 클래스는 해당 의류 항목을 기술하는 자료 속성을 포함한다. 드레스와 바지에 관한 정보만을 우선 고민해보고 해당 객체들을 위한 클래스를 만들어보자.

```
# EG11-01 개별 클래스

class Dress:
    def __init__(self, stock_ref, price, color, pattern, size):
```

```python
        self.stock_ref = stock_ref
        self.__price = price
        self.__stock_level = 0
        self.color = color
        self.pattern = pattern
        self.size = size

    @property
    def price(self):
        return self.__price
    @property
    defstock_level(self):
        return self.__stock_level

class Pants:
    def __init__(self, stock_ref, price, color, pattern, length, waist):
        self.stock_ref = stock_ref
        self.__price = price
        self.__stock_level = 0
        self.color = color
        self.pattern = pattern
        self.length = length
        self.waist = waist

    @property
    def price(self):
        return self.__price

    @property
    def stock_level(self):
        return self.__stock_level

x = Dress(stock_ref='D0001', price=100, color='red', pattern='swirly', size=12)
y = Pants(stock_ref='TR12327', price=50, color='black', pattern='plain', length=30,
waist=25)
print(x.price)
print(y.stock_level)
```

위 코드는 Dress 클래스와 Pants 클래스를 정의한다. 각 클래스는 해당 클래스의 내용물을 설정하는 데 사용할 수 있는 __init__ 메소드를 포함한다. 코드 샘플의 끝 부분에 Dress와 Pants 인스턴스를 생성하는 코드가 있다. 가격 자료 속성과 재고 수량 자료 속성은 비공개로 설정했다. 항목들의 가격과 재고 수량은 애플리케이션에서 조심스럽게 관리해야 하기 때문이다. 해당 자료 속성들이 비공개임을 나타내기 위해 이름 앞에 밑줄을 두개 붙였다.

각 클래스는 price 속성과 stock_level 속성에 대한 접근을 제공하는 요소들을 포함한다. 10장에서 요소에 대해 알아봤고 연락처의 이름, 주소, 전화번호를 저장하기 위해 요소를 사용했다. 여기서는 재고 품목들의 price 속성과 stock_level 속성에 대한 접근을 제공하기 위해 요소를 사용할 것이다. 이를 위해 해당 속성들은 의류 항목이 생성될 때 설정되고 이후에 자료가 어떤 식으로 저장되어야 할지 결정한 다음, 가격과 재고 수량을 관리하기 위한 메소드를 추가적으로 생성할 것이다.

다른 자료 속성들(예: stock_ref, color, pattern)도 같은 방식으로 비공개로 만들 수도 있지만 의류 판매점 주인과 내가 생각하기에 이러한 자료 속성들을 클래스 외부에서 접근할 수 없도록 만들 이유가 없다.

위의 샘플 코드를 작성할 때 편집기의 블록 복사 명령어를 많이 사용했지만 좋은 방법은 아니다.

프로그래머를 위한 조언
블록 복사를 자제해야 한다

IDLE 편집기에서 파이썬 코드 블록을 선택한 다음, 다른 지점으로 해당 블록을 복사할 수 있다. 이러한 동작을 "블록 복사(block copy)"라 부른다. 그리고 블록 복사는 자제해야 한다.

Dress 클래스와 Pants 클래스의 코드를 작성할 때 반복되는 코드를 한 클래스에서 다른 클래스로 블록 복사하는 것이 효율적인 프로그래밍이라고 생각할 수도 있다. 이는 좋은 방법이 아니다. 프로그램의 한 부분의 코드를 다른 곳에 복사하는 것은 효율적으로 프로그래밍하는 것이 아니다. 훌륭한 프로그래머는 동일한 코드를 반복해서 작성하지 않으려 노력한다. 애플리케이션에서 코드가 한 번 이상 사용된다면 훌륭한 프로그래머는 해당 코드를 메소드나 함수로 변환한 다음, 해당 코드가 필요할 때마다 해당 메소드를 호출한다.

하지만 함수나 메소드를 만드는 이유는 프로그램을 가능한 작게 만들기 위함이 아니다. 여러분 자신을 보호하기 위함이다. 동일한 코드를 애플리케이션의 여러 곳에 블록 복사를 했다면 해당 코드에서 버그가 발견됐을 때 골치가 아플 것이다. 전체 애플리케이션을 뒤지면서 해당 복사된 코드를 찾아서 일일이 수정해야 한다. 반면에 메소드에서 버그를 발견한 경우 이를 한 번만 수정하면 되고 해당 메소드가 사용되는 모든 상황에 대해 수정이 된 것이다. 다행히도 동일한 코드를 여러 군데로 복사할 필요가 없도록 하는 방법이 있다. 지금부터 이 방법에 대해 알아볼 것이다.

프로그램 텍스트를 한 곳에서 다른 곳으로 복사해야 하는 경우를 만나면 나는 이를 문제로부터 한 걸음 물러나서 해결책을 구조화하기 위한 다른 다양한 방법을 고민해봐야 하는 계기로 삼는다.

상위클래스와 하위클래스 만들기

파이썬 클래스는 상속^{inheritance}이라는 방식을 지원한다. 이는 객체지향 설계의 측면 중 하나다. 상속을 사용하면 기존 상위클래스를 기반으로 클래스를 만들 수 있다. 이를 상위클래스 확장^{extending the superclass}이라고 한다. 사실 파이썬 프로그램에서 새로운 클래스를 생성할 때마다 상위클래스를 확장한 것이다. 상위클래스를 따로 지정하지 않으면 모든 파이썬 클래스는 object 클래스를 확장한다. object 클래스는 모든 파이썬 객체가 기반으로 하는 클래스이다. 이를 명시적으로 선언하는 방법은 다음과 같다. 이는 새로운 클래스를 생성할 때와 동일한 결과를 낳는다.

```
class Contact(object):
```

괄호 안에 확장하고자 하는 상위클래스의 형을 입력한다. 위의 Contact 클래스 정의는 명시적으로 object 클래스를 확장한다. 클래스 정의 시 상위클래스의 형을 생략하는 경우 파이썬은 해당 클래스가 object 클래스를 확장하는 것으로 추정한다.

StockItem이라는 상위클래스를 만들어 의류 판매점 프로그램의 클래스 설계를 매우 단순화할 수 있다.

StockItem 클래스는 의류 판매점의 모든 자료 항목들에 공통인 속성들 전체를 저장한다. 이러한 속성으로 재고 참조 번호, 가격, 색상, 재고 수량이 있다. Dress 클래스와 Pants 클래스는 StockItem 클래스를 확장한 다음, 드레스와 바지에만 존재하는 속성들을 추가한다. 그림 11-3은 생성하고자 하는 클래스들의 관계를 나타낸다. 소프트웨어 설계 용어로 이러한 그림을 클래스 다이어그램^{class diagram}이라 한다.

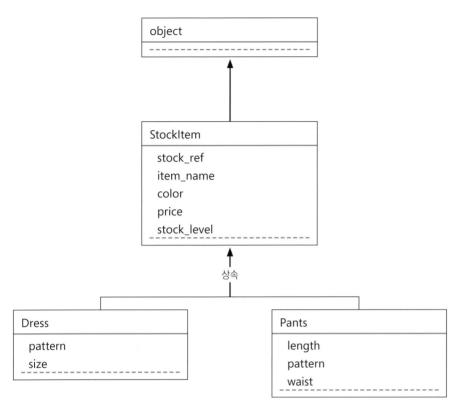

그림 11-3 의류 판매점 클래스 다이어그램

위의 클래스 다이어그램은 시스템의 클래스들 간에 관계를 나타낸다. 그림 11-3은 Pants 클래스와 Dress 클래스가 모두 StockItem 클래스의 하위클래스subclass임을 보여준다. 이는 Pants 클래스와 Dress 클래스가 StockItem 클래스를 기반으로 한다는 의미다. 또한 StockItem 클래스가 Dress 클래스와 Pants 클래스의 상위클래스superclass라고 할 수도 있다.

실제 세계에서 상속은 여러분의 부모로부터 물려받는 것들을 의미한다. 파이썬 용어로 상속inheritance은 하위클래스가 상위클래스로부터 물려받는 속성들을 의미한다. 어떤 프로그래머들은 상위클래스를 부모클래스라고 부르고 하위클래스를 자식클래스라고 부른다.

상속을 이해하는 데 있어 핵심은 상속을 통해 해결하고자 하는 문제에 집중하는 것이다. 우리는 관련된 자료 항목들의 모음을 처리한다. 관련된 항목들은 공통되는 속성들을 지닌다. 상위클래스에 공통된 속성들을 구현한 다음, 해당 상위클래스를 하위클래스의 기반으로 사용해야 한다. 하위클래스들은 추가로 자신만의 속성을 지닌다. 이런 식으로 공통되는 속성은 한번만 구현하면 되고 공통 속성에 오류가 있는 경우 해당 오류를 한번만 수정하면 된다.

이런 식의 작업 방식에는 또 다른 장점이 있다. 의류 판매점 주인이 판매 중인 항목들의 제조사 정보를 저장하길 원하는 경우 StockItem 클래스에 제조사 속성을 추가할 수 있고 이때 모든 하위클래스들은 해당 속성을 상속한다. 이는 각 클래스에 제조사 속성을 추가하는 것보다 훨씬 쉽다.

소프트웨어 설계에서의 추상화

상속을 바라보는 또 다른 방법으로 수행하고자 하는 것을 추상화 관점에서 고민해볼 수 있다. 추상화라는 용어는 객체지향 설계에 관해 이야기할 때 특별한 의미를 지닌다. 추상화는 애플리케이션의 객체들로부터 한 발짝 물러나서 좀 더 일반화된 혹은 추상적인 관점으로 해당 객체들을 바라본다는 의미다.

의류 판매점 주인과 논의를 할 때 의류 판매점 주인이 재고와 관련해 어떤 것들을 하고 싶은지에 관해 전반적인 관점에서 대화해야 할 것이다. 의류 판매점 주인은 재고 품목들을 추가하고 판매하고 어떤 재고 품목들이 있는지 조회하는 등의 일들을 수행하고자 할 것이다. 우선은 의류 판매점 주인과 재고에 관해 좀 더 전반적인 관점에서 이야기한 다음, 각 재고 유형에 관한 구체적인 세부사항을 채우고 각 재고 유형에 대해 어떤 적합한 동작을 수행할지 결정해야 한다.

프로그래머들은 추상화를 매우 자주 사용한다. 구체적인 세부사항 없이 재고 품목, 고객, 주문과 같은 것들에 관해 논의한다. 그리고 나서 나중에 세부사항들을 채우면서 애플리케이션이 처리할 재고 품목, 고객, 주문의 종류들을 결정한다. 의류 판매점 프로그램에서 다양한 종류의 재고 품목들을 생성할 것이다. 이때 StockItem 클래스는 모든 재고에 대한 기반이 되는 속성들을 포함하고 하위클래스들이 좀 더 구체적인 항목들을 나타낼 것이다.

그림 11-3의 다이어그램을 '클래스 계층 구조class hierarchy'라고 부른다. 클래스 계층 구조를 따라 내려갈 때 추상적인 클래스로부터 좀 더 구체화된 클래스로 내려가야 한다. 그림 11-3에서 가장 추상적인 클래스는 object 클래스다. object 클래스는 파이썬 프로그램의 모든 객체의 상위클래스다. 가장 덜 추상적인 클래스는 Pants와 Dress다. 해당 클래스들은 애플리케이션에서 실제 물리적인 대상을 나타내기 때문이다.

상속 이해하기

객체지향 설계와 상속에 관해 생각해볼 만한 질문들이 있다. 제공된 답을 읽기 선에 여러분만의 답을 떠올려보자.

질문: 하나의 클래스에 모든 자료 속성을 다 집어넣으면 하위클래스가 필요 없지 않을까?

> **답**: 매우 좋은 질문이다. `Dress` 클래스와 `Pants` 클래스 대신에 `StockItem` 클래스에 `length`, `pattern`, `size`, `waist` 자료 속성을 추가한 다음, 모든 것을 `StockItem` 클래스의 인스턴스에 저장할 수 있다. 새로운 종류의 재고 품목이 생길 때마다 해당 재고 품목을 기술하는 신규 자료 속성을 추가하면 된다.
>
> 하지만 이렇게 되면 관리가 매우 어렵다. 바지에 관한 세부 정보를 출력하길 원할 때 애플리케이션은 사이즈가 아닌 길이와 허리 자료 속성을 출력해야 한다는 사실을 알아야 한다. 이는 `StockItem` 클래스가 "재고 종류" 자료 속성을 가지고 있어서 어떤 동작을 요청 받았을 때 재고 종류 자료 속성을 사용해 무엇을 할지 결정해야 한다는 것을 의미한다. 이는 구현하기도 어렵고 관리하기도 어려울 것이다.
>
> 이번 장의 뒤에서 다형성(polymorphism)이라는 객체지향 설계의 특징에 관해 알아볼 것이다. 다형성 덕분에 객체는 해당 객체 종류에 적합한 동작을 제공할 수 있다. 현재로서는 모든 것을 하나의 클래스에 집어넣는 것은 좋지 못한 생각이라는 점만 염두에 두자.

질문: 상위클래스(superclass)를 상위(super)라고 부르는 이유는 무엇인가?

> **답**: 이 또한 좋은 질문이다. 나 역시 이에 관해 오랜 동안 헷갈렸다. 상위(super)라는 단어는 대개 무언가 더 좋거나 강력한 무언가를 의미한다. "슈퍼히어로(superhero)"는 일반인들이 갖지 못한 특별한 힘을 갖고 있다. 하지만 상위클래스의 경우 상위(super)가 다른 의미를 지닌다. 상위클래스는 해당 상위클래스를 확장하는 하위클래스보다 더 적은 힘(더 적은 속성)을 지닌다. 파이선의 최종 상위클래스는 `object` 클래스다. 정의에 따르면 object 클래스는 가장 적은 수의 속성을 지닌다. 나머지 모든 다른 객체들이 `object` 클래스에 속성을 추가하기 때문이다.
>
> 상위클래스를 계층 구조상 하위클래스의 위에 있는 것이라고 생각하는 것도 이치에 맞다. 상위 객체는 하위 객체 위에 있는 것이다. 마치 위 첨자가 아래 첨자 위에 있는 것과 같다. `object`는 모든 다른 클래스보다 위에 있기 때문에 항상 상위클래스다.

질문: 상위클래스와 하위클래스 중에 더 추상적인 것은?

> **답**: 이 질문에 대한 답을 스스로 찾을 수 있다면 스스로를 "객체지향 전문가"라고 생각해도 좋다. 시스템의 항목들로부터 한 발 물러서기 위한 방법으로써 추상화를 사용한다는 점을 기억하자. 추상화를 통해 "현금 영수증" 대신에 "영수증"이라고 말하거나 "바지" 대신에 "재고 품목"이라고 말할 것이다.

그림 11-3의 클래스 다이어그램을 보면 다이어그램의 상위로 올라갈수록 클래스들이 더욱 추상화됨을 알 수 있다. 모든 클래스 중 가장 추상화된 클래스인 object에 도달할 때까지 클래스들은 점점 추상화된다. object는 모든 클래스의 상위클래스이며 가장 추상화된 클래스다(하위클래스보다 더 추상화된 클래스다).

질문: 하위클래스를 확장할 수 있는가?

답: 그렇다. 하위클래스를 확장할 수 있다. 사실 이미 하위클래스를 확장해봤다. 그림 11-3에서 Dress 클래스가 StockItem 클래스를 확장하는 것을 볼 수 있다. StockItem 클래스 자체는 object 클래스를 확장한다. 파이썬에서 클래스를 확장하는 횟수에는 제한이 없다. 하지만 내 경우 클래스 다이어그램에서 하위클래스가 두 단계 혹은 세 단계 이상 되지 않도록 클래스 다이어그램의 단계가 깊어지지 않게끔 노력한다.

질문: pattern 속성이 StockItem 클래스에 포함되지 않은 이유는?

답: 이를 알아채다니 매우 훌륭하다. pattern 속성은 Dress 클래스와 Pants 클래스 모두에 존재한다. pattern 속성을 color, stock_level, price 속성을 지닌 StockItem 클래스로 옮기는 것도 괜찮아 보였을 것이다.

이렇게 한 이유는 의류 가게가 패턴이 없는 재고 품목들도 팔 수 있을 것이라 생각했기 때문이다. 예를 들어 보석류의 경우 패턴이 없을 것이다. 클래스가 특정 항목 종류와 무관한 자료 속성을 포함하는 경우를 피하고 싶었기 때문에 패턴 속성을 Dress 클래스와 Pants 클래스에 추가했다.

패턴 속성을 Dress 클래스와 Pants 클래스에 추가한 것이 완전히 맘에 드는 것은 아니다. 이상적으로 보면 속성은 하나의 클래스에 한 번만 존재해야 하기 때문이다. 하지만 실제 클래스를 설계하는 데 있어 이 문제를 꽤나 자주 마주치게 될 것이다. 이 문제를 해결하는 한 가지 방법은 Dress 클래스와 Pants 클래스의 상위클래스인 "PatternedStock"이라는 StockItem의 하위클래스를 만드는 것이다. 하지만 이는 너무 헷갈릴 수도 있다.

질문: 의류 판매점 애플리케이션이 StockItem 객체를 생성하는 경우가 생길까?

답: 파이썬 시스템은 StockItem 객체(StockItem 클래스의 인스턴스)를 생성하는 것을 허용한다. 하지만 실제로 StockItem 자체를 생성할 가능성은 거의 없다.

C++, 자바, C#과 같은 일부 프로그래밍 언어의 경우 클래스 정의 시 해당 클래스가 추상abstract이라고 지정할 수 있다. 어떤 클래스가 추상으로 지정된 경우 해당 클래스의 인스턴스를 생성할 수 없다. 이러한 프로그래밍 언어들의 경우 추상 클래스는 하위클래스들의 상위클래스로서만 존재한다. 하지만 파이썬은 이러한 기능을 제공하지 않는다.

질문: 의류 판매점 주인은 어떤 고객이 어떤 항목을 구입했는지 관리할 수 있길 원한다. 그렇게 되면 고객의 과거 구입 내역을 보고 향후 구입에 대한 추천을 해줄 수 있다. 이를 위한 세 가지 방법이 존재한다. 어떤 방법이 가장 좋을까?

1. StockItem 클래스를 확장해 고객 세부 정보를 포함하는 Customer 하위클래스를 만든다. 고객이 StockItem을 구매하기 때문이다.

2. 각 StockItem에 Customer 세부 정보를 추가한다.

3. Customer가 구매한 StockItem들의 리스트를 포함하는 새로운 Customer 클래스를 만든다.

답: 1번은 좋지 못한 생각이다. 하위클래스는 상위클래스와 같은 "군(family)"인 항목들을 포함해야 하기 때문이다. 즉, 하위클래스들은 동일한 기본 형에 대한 다양한 버전이 되어야 한다. Customer 클래스와 StockItem 클래스 간에는 약간의 연관관계가 있지만 Customer를 StockItem의 하위클래스로 만드는 방법은 좋지 못한 생각이다. 둘은 다른 종류의 객체이기 때문이다. StockItem은 price와 stock_level과 같은 속성을 저장하는데 이러한 속성들은 Customer에 적용 시 무의미하기 때문이다.

2번은 여러 고객들이 동일한 StockItem을 구매하기 때문에 좋지 못한 방법이다. 고객 세부 정보는 StockItem 내에 저장될 수 없다.

3번인 새로운 Customer 클래스를 추가하는 것이 가장 좋은 방법이다. 파이썬의 객체는 참조에 의해 관리되기 때문에 Customer 클래스의 의류 항목 리스트(고객이 이전에 구매한 항목들)는 StockItem 정보의 복사본 리스트가 아닌 참조 리스트일 뿐이라는 점을 기억하자.

클래스 계층 구조에 자료 저장하기

상속을 사용하는 것이 좋은 생각이라고 결론 내렸으니 이제 상속을 클래스에 어떤 식으로 적용할지 고민해보자.

```python
class StockItem(object):                          # StockItem 클래스가 object 클래스를 명시적으로 확장한다.
    '''
    의류 가게용 재고 품목
    '''

    def __init__(self, stock_ref, price, color):  # StockItem 클래스의 초기화 메소드
        self.stock_ref = stock_ref
        self.__price = price
        self.color = color
        self.__stock_level = 0                     # 초기 재고 수량은 0이다.

    @property
    def price(self):                               # 가격 요소
        return self.__price

    @property
```

```
    def stock_level(self):                                              재고 수량 요소
        return self.__stock_level
```

위 코드는 StockItem 클래스 파일이다. StockItem 클래스 파일의 __init__ 메소드는 클래스 인스턴스를 설정한다. StockItem 클래스는 의류 판매점에서 판매하는 모든 객체들의 상위 클래스다. StockItem 클래스는 object 클래스를 확장한다. StockItem 클래스의 하위클래스인 Dress 클래스를 생성할 수 있으며 Dress 클래스는 의류 판매점에서 판매할 드레스에 관한 정보를 저장한다.

```
# EG11-02 잘못된 재고 품목 클래스

class Dress(StockItem):                                      Dress는 StockItem의 하위클래스다.

    def __init__(self, price, color, pattern, size):
        self. pattern = pattern
        self.size = size
```

Dress 클래스는 StockItem 클래스의 하위클래스이다. 해당 클래스를 선언할 때 상위클래스의 이름을 제공함으로써 이를 나타냈다. 하지만 위의 Dress 클래스를 사용하려 하면 문제가 발생한다.

```
x = Dress(stock_ref='D0001', price=100, color='red', pattern='swirly', size=12)
```

위의 코드는 x라는 이름의 Dress 클래스 인스턴스를 생성한다. 해당 코드는 실행 시에 오류를 발생시키지는 않지만 위의 코드에 의해 생성된 Dress 객체의 요소를 사용하려 할 때 문제가 발생한다.

```
print(x.pattern)
swirly                                                        패턴이 올바르게 출력된다
print(x.price)                                                가격은 출력되지 않는다.
Traceback (most recent call last):
    File "<pyshell#103>", line 1, in <module>
      print(x.price)
    File "C:/Users/Rob/ EG11-02 Stock Item class failed.py", line 16, in price
      return self.__price
AttributeError: 'Dress' object has no attribute '_StockItem__price'
```

pattern 속성은 올바르게 출력된다. 하지만 Dress 인스턴스의 price 요소를 출력하면 프로그램은 price 속성이 없다고 오류 메시지를 출력한다. 정확히 얘기하자면 오류 메시지는 _StockItem_price 속성이 없다고 표시했다. 이에 대해 잘 생각해보면 왜 그렇게 표시했는지 이해할 수 있다.

Dress 클래스의 __init__ 메소드는 Dress의 pattern 속성과 size 속성을 설정했지만 Dress가 기반으로 하는 StockItem의 stock_level, price, stock_ref, color 자료 속성은 설정하지 않았다.

Dress 객체가 StockItem의 속성인 stock_level, price, stock_ref, color 자료 속성을 포함하길 원한다면 StockItem 클래스의 __init__ 메소드도 호출하여 설정할 값을 StockItem 클래스의 __init__ 메소드에 넘겨야 한다.

```
# EG11-03 재고 품목 클래스의 상위클래스 초기화 메소드

class Dress(StockItem):                                    Dress는 StockItem의 하위클래스다.

    def __init__(self, stock_ref, price, color, pattern, size):
        super().__init__(stock_ref=stock_ref, price=price, color=color)
        self. pattern = pattern
        self.size = size                                   상위클래스의
                                                           __init__ 메소드를 호출한다.
```

위의 Dress 클래스의 __init__ 메소드는 StockItem 클래스의 __init__ 메소드를 호출한다. 파이썬은 객체의 상위클래스에 대한 참조를 얻기 위한 super()라는 함수를 제공한다. super 메소드는 상위 객체에 대한 참조를 반환한다. 그러고 나서 해당 참조에 대해 __init__ 메소드를 호출할 수 있으며 이때 가격과 색상값을 전달할 수 있다. 위의 코드가 헷갈린다면 한 줄로 표현된 코드를 다음과 같이 두 줄로 나눌 수 있다.

```
super_object = super()                                     상위 객체에 대한 참조를 얻는다.
super_object.__init__(stock_ref=stock_ref, price=price, color=color)

                                                           상위클래스의
                                                           __init__ 메소드를 호출한다.
```

첫 번째 줄의 코드는 super 객체에 대한 참조를 얻는다. 두 번째 줄의 코드는 해당 참조가 가리키는 객체의 __init__ 메소드를 호출한다. stock_ref, price, color의 매개변수 값들은 __init__ 메소드 호출 시 전달돼 StockItem의 속성들을 설정하는 데 사용된다.

__init__ 메소드 호출 시 키워드 인자를 사용하기 때문에 위의 코드는 다소 헷갈려 보인다. 마치 가격^{price}을 가격^{price}에 설정하는 것처럼 보인다. 하지만 실제로 위의 코드가 하는 것은 매개변수로 입력 받은 가격 값을 상위클래스의 __init__ 메소드의 가격 인자에 복사하는 것이다.

하위클래스를 생성할 때 하위클래스의 초기화 과정이 상위클래스 역시 초기화하도록 해야 한다.

의류 판매점 프로그램에서 항목 이름 관리하기

의류 판매점의 재고 품목들을 나타내는 클래스를 만들었다. 각 클래스의 이름은 보관될 재고 종류에 대응된다. 하지만 의류 판매점 주인은 재고 품목들의 이름을 파이썬 클래스 이름과 동일하게 하길 원치는 않을 것이다. 예를 들어 "Evening Dress"와 같은 클래스를 생성할 수 없다. 이름 중간에 빈칸이 있어서 유효한 파이썬 이름이 아니기 때문이다. 의류 판매점 주인은 유효한 파이썬 식별자를 만들기 위해 재고 품목이 "Evening_Dress"와 같이 표시되는 것을 원치 않을 것이다. 따라서 각 클래스에 대해 "알아보기 쉬운 이름"을 제공할 방법을 찾아야 한다.

나는 이미 이에 관해 생각해봤다. 그림 11-3의 클래스 다이어그램을 자세히 살펴보면 StockItem 클래스가 item_name이라는 것을 포함하는 것을 확인할 수 있다. item_name은 해당 객체 종류의 이름을 담는다. item_name은 해당 클래스의 알아보기 쉬운 이름을 제공하기 위한 문자열을 저장한다. 이러한 정보를 제공하는 가장 좋은 방법은 클래스의 요소를 사용하는 것이다.

```python
class StockItem(object):

    @property
    def item_name(self):
        return 'Stock Item'
```

위 코드는 StockItem 클래스의 item_name 요소를 나타낸다. 위의 코드는 문자열 'Stock Item'을 반환한다는 점을 제외하고는 price 요소와 stock_level 요소와 매우 비슷하다. 각 자식 클래스는 자신의 이름을 반환하도록 item_name 요소를 재정의할 수 있다.

```python
class Dress(StockItem):

    @property
    def item_name(self):
        return 'Dress'
```

하위클래스의 속성을 재정의하는 경우 상위클래스의 속성 대신 해당 클래스의 속성이 사용된다. Dress 객체의 item_name 요소를 얻는 경우 Dress 객체의 item_name 코드가 실행되어 문자열 Dress가 반환된다.

클래스에 __str__ 메소드 추가하기

객체는 자신에 대한 문자열 설명을 생성할 수 있다. 클래스는 호출 시 객체의 내용물에 대한 문자열 기술을 반환하는 __str__ 메소드를 포함할 수 있다. 앞에서 객체의 내용물을 확인하기 쉽도록 Contact 클래스와 Session 클래스에 __str__ 메소드를 추가했었다. 이제 의류 판매점 애플리케이션의 객체들에게 __str__ 메소드를 추가할 것이다. __str__ 메소드를 사용해 해당 객체들의 내용물을 확인할 수 있다.

클래스에 __str__ 메소드를 추가하면 추가된 __str__ 메소드는 해당 클래스가 기반으로 하는 객체의 __str__ 메소드를 대체한다. 프로그래머들은 이를 상위클래스의 메소드를 재정의^{override}한다고 말한다. 재정의가 어떤 식으로 동작하는지 자세히 살펴보자.

클래스에서 메소드 재정의하기

재정의는 "상위클래스의 메소드를 하위클래스의 메소드로 대체하는 것"을 의미한다. 메소드 재정의가 어떤 식으로 동작하는지 IDLE 명령어 쉘을 사용해 알아보자. IDLE 명령어 쉘을 연 다음, 다음 코드를 입력한다.

```
>>> o = object()
```

위 코드는 변수 o가 참조하는 object 인스턴스를 생성한다. 이전 장에서 Contact 객체와 Session 객체를 만들어본 적이 있다. 하지만 원하는 경우 object 클래스의 인스턴스를 만들 수도 있다. 이제 o가 참조하는 객체의 값을 출력해보자. print 함수를 다음과 같이 입력한 다음, 엔터를 입력한다.

```
>>> print(o)
```

print 함수는 출력하기 전에 str메소드를 사용해 객체를 문자열로 변환한다. str 함수는 객체의 __str__ 메소드를 호출해 해당 객체의 내용물에 대한 기술을 반환한다. 따라서 위의 코드는 해당 객체 클래스의 __str__ 메소드가 반환하는 것을 보여줄 것이다.

```
>>> print(o)
<object object at 0x0000020B57A59070>
```

object 클래스의 __str__ 메소드는 "이는 object형의 객체다"라는 것과 해당 객체가 저장된 메모리 주소를 나타내는 문자열을 반환한다. 이전에 Contact의 내용물을 출력하려 했을 때 이러한 동작 방식을 확인한 적 있다.

```
<__main__.Contact object at 0x0000018E5E9EBB70>
```

Contact 객체가 상위클래스인 object 클래스의 __str__ 메소드를 사용했기 때문에 위와 같은 결과가 나온다. 이제 __str__ 메소드를 재정의하는 우리만의 클래스를 만들어보자. StrTest라는 클래스의 정의를 다음과 같이 입력한다. 클래스의 끝을 지정하기 위해 클래스 정의 뒤에는 빈 줄을 넣어야 함을 기억하자.

```
>>> class StrTest(object):
        def __str__(self):
            return 'string from StrTest'

>>>
```

StrTest 클래스는 string from StrTest라는 문자열을 반환하는 __str__ 메소드를 포함한다. 위의 __str__ 메소드는 object 상위클래스의 __str__ 메소드를 재정의한다. StrTest의 문자열 표현을 얻으려 하는 것은 StrTest의 __str__ 메소드를 사용하는 것이다. StrTest 인스턴스를 생성한 다음, 해당 인스턴스를 출력하여 이를 확인해보자.

```
>>> t1 = StrTest()
>>> print(t1)
string from StrTest
```

print 메소드가 StrTest 객체의 문자열 기술을 얻을 때 문자열 string from StrTest가 반환된다 (이는 Contact 클래스와 Session 클래스와 동일한 방식이다). 이제 또 다른 클래스를 추가해보자.

```
>>> class StrTestSub(StrTest):
        def __str__(self):
            return super().__str__() + '..with sub'

>>>
```

위 클래스는 StrTest 클래스의 하위클래스다. 즉, 위 클래스는 상위클래스인 StrTest를 확장한다. StrTestSub 클래스는 StrTest 상위클래스의 __str__ 메소드를 재정의하는 __str__ 메소드를 포함한다. 하지만 StrTestSub 클래스의 __str__ 메소드는 고정된 문자열을 반환하지 않는다. 대신에 상위클래스의 __str__ 메소드의 결과에 텍스트를 추가해 반환한다. StrTestSub 클래스의 인스턴스를 만든 다음, 이를 출력해보면 위의 동작을 확인해볼 수 있다.

```
>>> t2 = StrTestSub()
>>> print(t2)
string from StrTest..with sub
```

출력된 문자열의 앞 부분은 StrTest 클래스의 __str__ 메소드에 의해 생성된 것이다. 출력된 문자열의 두 번째 부분은 StrTestSub 클래스의 __str__ 메소드에 의해 생성된 것이다. 이는 메소드 재정의의 중요한 측면을 보여준다. 하위클래스의 재정의 메소드는 자신이 재정의하는 메소드를 호출할 수 있다.

이제 __str__ 메소드를 재정의하는 법을 알았으니 StockItem, Dress, Pants 클래스에
__str__ 메소드를 추가해보자.

```python
class StockItem(object):                          # object 클래스 기반 StockItem 클래스

    def __str__(self):                            # StockItem 클래스의 __str__ 메소드 정의
        template = '''Stock Reference: {0}
Type: {1}
Price: {2}
Stock level: {3}
Color: {4}'''                                      # 문자열 템플릿을 생성한다.
        return template.format(self.stock_ref, self.item_name, self.price,
                               self.stock_level, self.color)
                                                   # 문자열 템플릿에
                                                   # 값을 삽입한다.
```

위의 코드는 StockItem 클래스의 __str__ 메소드를 나타낸다. StockItem 클래스의
__str__ 메소드는 10장에서 생성한 Contact 클래스와 Session 클래스의 __str__ 메소드
와 매우 유사해 보인다. __str__ 메소드는 템플릿 문자열을 만든 다음, 해당 객체로부터
얻은 자료 속성과 요소로 템플릿 문자열에 값을 채운다.

StockItem 클래스가 다른 클래스들의 상위클래스이기 때문에 StockItem 클래스의
__str__ 메소드를 만들 필요가 있는지 의문이 들 수도 있다. 프로그램은 Dress와 같은 클
래스의 인스턴스를 만들지만 StockItem 객체는 생성하지 않는다. 그렇다면 StockItem 클
래스의 __str__ 메소드를 만드는 이유는 뭘까?

답은 이전 "직접 해보기"에서 알아본 내용과 관련 있다. 다른 메소드를 재정의하는 메소
드는 자신이 재정의한 메소드를 호출할 수 있다. StockItem의 하위클래스가 StockItem의
내용물을 기술하는 문자열을 얻는 가장 좋은 방법은 하위클래스의 __str__ 메소드에서
상위클래스의 __str__ 메소드를 사용하는 것이다.

```python
class Dress(StockItem):                           # StockItem 클래스 기반 드레스

    def __str__(self):                            # 드레스의 __str__ 메소드
        stock_details = super().__str__()         # StockItem을 설명하는 문장을 얻는다.
        template = '''{0}                          # StockItem 설명문의 템플릿 위치
Pattern: {1}
Size: {2}'''
        return template.format(stock_details, self.pattern, self.size)
```

이전에 의류 클래스의 __init__ 메소드에서 super() 함수를 사용해 상위 객체에 대한 참조를 얻어서 해당 객체를 설정했다. 여기서는 super() 함수를 사용해 상위 객체에 대한 참조를 얻어 상위 객체의 내용물에 대한 문자열 기술을 얻는다. 그러고 나서 상위 객체의 __str__ 메소드 호출 결과로 반환된 문자열에 하위 객체의 설명을 추가한다.

```
# EG11-04 의류 재고품과 __str__

x = Dress(stock_ref='D001', price=100, color='red', pattern='swirly', size=12)
print(x)
Stock Reference: D001
Price: 100
Stock level: 0
Color: red
Pattern: swirly
Size: 12
```

위의 코드에서 Dress 인스턴스를 생성하고 출력한 결과를 확인할 수 있다. 설명 문자열의 처음 세 줄은 StockItem 클래스에 의해 생성된다. 마지막 두 줄은 Dress 클래스의 __str__ 메소드에 의해 추가된다.

코드 분석

메소드 재정의 이해하기

다음은 메소드 재정의에 관해 생각해볼 만한 질문들이다.

질문: 메소드 재정의는 어떤 식으로 동작하는가?

> **답:** 파이썬이 객체의 메소드를 호출할 때 우선 지정된 이름을 지닌 메소드가 있는지 객체를 살핀다. 메소드가 존재하지 않는 경우 파이썬은 해당 메소드를 찾기 위해 상위클래스를 검색한다. 상위클래스에서 해당 메소드가 발견된 경우 파이썬은 해당 메소드를 실행한다. 메소드가 여전히 발견되지 않은 경우 파이썬은 다음 상위클래스에서 메소드를 찾는다. 이러한 과정을 메소드를 찾거나 더 이상 검색할 상위클래스가 없을 때까지 반복한다. 더 이상 검색할 상위클래스가 없을 때까지 메소드가 발견되지 않은 경우 AttributeError가 발생한다.
>
> __str__ 메소드를 포함하지 않는 Dress 클래스의 기술을 얻을 수 있는 이유는 파이썬이 상위클래스인 object 클래스에서 __str__ 메소드를 찾았기 때문이다.

의류 판매점 프로그램의 버전 관리

10장에서 시간 관리 애플리케이션의 Contact 클래스와 Session 클래스를 생성했을 때, 이 클래스들에 대한 변경 사항 때문에 이전 자료 파일을 처리하지 못하는 경우를 방지하기 위해 많은 노력을 했다. 객체를 시간 관리 애플리케이션으로 불러올 때마다 해당 객체의 버전 숫자를 확인한 다음, 필요한 경우 객체를 최신 버전으로 갱신했다. 또한 의류 판매점 애플리케이션에서 클래스 버전이 어떤 식으로 관리돼야 할지 생각해봐야 한다.

가장 먼저 생각해봐야 하는 질문은 '클래스 계층 구조를 사용할 때 버전 숫자가 어디에 저장돼야 하는가?'이다. 시간 관리 애플리케이션에서 Session 클래스와 Contact 클래스는 모두 버전 숫자 속성을 포함했다. 의류 관리 애플리케이션에서 Dress 클래스는 StockItem 클래스의 하위클래스이다. 버전 숫자를 StockItem 클래스와 Dress 클래스에 포함했다. 각 클래스는 check_version 메소드를 지닌다. Dress 클래스의 check_version 메소드는 super를 사용해 상위 객체의 check_version을 호출해 StockItem 클래스가 최신 상태임을 보장한다.

```python
class StockItem(object):
    '''
    의류 판매점 애플리케이션의 재고 품목 클래스
    '''

    def __init__(self, stock_ref, price, color):          ← StockItem 값을 초기화한다.
        self.stock_ref = stock_ref
        self.__price = price
        self.__stock_level = 0
        self.__StockItem_version = 1                        ← StockItem 클래스의 비공개 변수에
        self.color = color                                     버전 숫자를 저장한다.
```

```
def check_version(self):                          StockItem의 버전을 확인하기 위해 호출된다.
    # 버전 1.0이므로 어떤 것도 갱신할 필요가 없다.
    pass
```

위의 코드는 `StockItem` 클래스의 `__init__` 메소드와 `check_version` 메소드이다.
`StockItem` 버전 1.0이기 때문에 `check_version` 메소드는 업그레이드 확인할 필요가
없다.

```
# EG11-05 버전 정보가 포함된 재고 품목 클래스

class Dress(StockItem):

    def __init__(self, stock_ref, price, color, pattern, size):
        super().__init__(stock_ref, price, color)
        self.pattern = pattern
        self.size = size
        self.__Dress_version = 1

    def check_version(self):                      Dress의 버전을 확인하기 위해 호출된다.
        # 버전 1.0이므로 어떤 것도 갱신할 필요가 없다.
        super().check_version()                   StockItem 상위클래스의 버전을 확인한다.
        pass
```

위의 코드는 `Dress` 클래스의 `__init__` 메소드와 `check_version` 메소드다. `Dress` 클래스
의 버전 관리 방법은 `StockItem` 클래스의 버전 관리 방법과 비슷하지만 `Dress` 클래스의
`check_version`은 부모 클래스인 `StockItem`의 `check_version`을 호출한다. 버전 관리에
있어 상위클래스와 하위클래스를 별도로 취급할 수 있다.

소프트웨어 설계에서의 다형성

다음으로 이야기하고자 하는 내용은 이 책 전체에서 가장 인상 깊은 이름에 관한 것이다.
다형성polymorphism이라는 단어는 그리스 언어에서 왔으며 "다양한 형태로 발생하는 조건"
을 의미한다.

클래스의 `__str__` 메소드를 재정의하는 것은 실제 다형성의 좋은 예다. 파이썬 프로그램
의 모든 객체에게 자신의 내용물에 대한 텍스트 기술을 제공하라고 요청할 수 있다. 이는

각 객체가 해당 클래스의 내용물에 대한 상세 정보를 제공하는 __str__ 메소드를 가지고 있기 때문에 가능하다. 즉, 파이썬이 객체에게 "너 자신에 대한 문자열 버전을 달라"고 요청하면 해당 객체는 어떤 형이든 요청한 내용인 문자열 버전을 제공할 수 있다.

애플리케이션은 다양한 클래스들의 __str__ 메소드를 포함할 수 있으며, 각 __str__ 메소드는 자신이 속한 객체에 대한 문자열 기술을 제공한다. Contact의 __str__은 Contact에 대한 기술을 제공하는 반면 Dress의 __str__은 Dress에 대한 기술을 제공한다.

소프트웨어는 다형성을 자주 사용한다. 재생^{Play} 버튼을 포함하는 프로그램이 많다. 재생 버튼은 음악, 비디오, 슬라이드쇼와 같은 콘텐츠 재생을 시작한다. 이는 프로그램이 어떤 식으로 다양한 형태를 지닐 수 있는지에 대한 또 다른 좋은 예다.

다형성은 강력한 설계 도구이고 추상화와 함께 중요한 요소 중 하나다. 추상화는 구체적인 신용카드 계좌나 저축 계좌 대신에 계좌와 같이 범용적인 용어로 얘기하기 위해 "시스템으로부터 한 발 물러나는 것"을 의미한다고 언급한 바 있다. 예를 들어 계좌로부터 돈을 인출하는 것과 같은 동작에 대한 필요성을 나타내기 위해 상위클래스에 withdraw_funds와 같은 메소드를 만들 수 있다. 해당 상위클래스를 확장하는 각 하위 클래스는 해당 하위클래스 종류에 맞는 동작으로 상위클래스에서 정의한 메소드를 재정의할 수 있다.

다형성 이해하기

다음은 다형성에 관해 생각해볼 만한 질문들이다. 제공된 답을 확인하기 전에 질문들에 대한 답을 스스로 해보자.

질문: 다형성이 클래스 계층 구조에서 메소드를 제공하는 것에 관한 것인가?

> **답**: 매우 좋은 질문이다. 질문에 대한 답은 그렇지 않다 이다. 하지만 왜 아닌지에 대한 설명이 좀 필요하다. 이번 장의 예제에 StockItem이라는 상위클래스를 지닌 클래스 계층 구조가 존재한다. 이전에 자료의 버전을 확인한 다음, 필요한 경우 업그레이드하는 동작을 계층 구조의 모든 객체가 수행해야 할 동작으로 구분했었다. 해당 동작을 check_version이라는 메소드에 할당했고 check_version 메소드를 클래스 계층 구조의 모든 객체에 추가했다. StockItem의 어떤 하위 객체이든 자신의 버전을 확인하라고 명령할 수 있다. 결과는 객체 자체에 달려있다.
>
> 하지만 check_version 메소드를 애플리케이션의 어떤 클래스에라도 추가할 수 있다. check_version 메소드가 꼭 StockItem 클래스 계층 구조에 있어야 하는 것은 아니다. 의류 판매점 애플리케이션이 Customer라는 클래스를 사용해 고객 기록을 저장하기 시작한다면 check_

version 메소드를 해당 클래스에도 추가하는 것이 좋다. check_version 메소드는 해당 클래스로부터 만들어진 모든 객체에서 사용할 수 있다.

따라서 다형성은 모든 클래스에 걸쳐 사용될 수 있다.

질문: 애플리케이션의 어떤 메소드에 다형성이 필요한지 어떻게 알 수 있나?

답: 설계 단계에서 다양한 객체들에 의해 수행돼야 하지만 각 객체에 대해 다르게 동작해야 하는 동작을 식별한다. 예를 들어 비디오 게임을 만들 때 외계인을 공격하는데 있어 다양한 형이 있을 수 있다. "공격", "타격 받기"와 같은 동작들은 각 외계인형이 공유할 수도 있다. 하지만 여러분은 각 외계인형에 대해 개별적인 클래스 계층 구조를 만들기로 결정할 수도 있다. 각 외계인형이 취하는 동작들은 외계인에 따라 달라질 수 있지만 비디오 게임이 외계인의 공격하고 타격 받는 기능을 별도로 처리할 수 있다면 매우 유용할 것이다.

클래스 계층 구조에서 자료 보호하기

10장에서 시간 관리 애플리케이션의 Contact 클래스와 Session 클래스를 개발했다. 이러한 클래스들의 일부 속성은 애플리케이션 내에서 보호해야 할 필요가 있다고 결정했다. 예를 들어 Contact 클래스의 __hours_worked값을 Contact 클래스 외부에서 직접 접근하지 못하도록 비공개로 만들었다. 클래스 계층 구조에서 정보 보호 속성이 어떤 식으로 관리되는지 살펴볼 필요가 있다.

```
class StockItem(object):
    '''
    의류 판매점용 재고 품목
    '''

    def __init__(self, stock_ref, price, color):
        self.stock_ref = stock_ref        재고 참조 번호를 공개 속성으로 만들었다.
        self.__price = price              가격을 비공개 속성으로 만들었다.
        self.__stock_level = 0            재고 수량을 비공개 속성으로 만들었다.
        self.color = color                색상을 공개 속성으로 만들었다.
```

위의 코드는 StockItem 클래스의 __init__ 메소드의 일부다. 파이썬에서 밑줄 두 개로 시작하는 클래스 속성은 해당 속성이 선언된 클래스에서만 접근 가능한 비공개 속성으로 취급된다. 즉, StockItem 클래스에서 생성된 __price 속성과 __stock_level 속성은 StockItem 클래스의 메소드에 의해서만 사용 가능하다.

하지만 color 속성은 하위클래스에서 해당 속성값을 사용할 수 있도록 공개로 만들었다(속성 이름 앞에 밑줄 문자가 없다). 클래스 계층 구조를 설계할 때 자료가 각 단계의 클래스에서 어떤 식으로 사용될 것인지 생각해봐야 한다. 재고 품목의 가격과 재고 수량이 변경되는 방식을 제어할 수 있도록 해당 속성들을 보호하는 것이 중요하다고 생각해서 해당 속성들을 비공개로 만들었다.

자료 설계 요약

이 시점에서 의류 판매점 애플리케이션 개발 과정을 되돌아 보고 이를 요약해볼 필요가 있다.

고객은 여러 종류의 의류를 판매하는 의류 판매점 주인이다.

고객은 판매 중인 드레스, 바지, 블라우스, 모자에 관한 정보를 관리할 수 있는 애플리케이션을 여러분이 만들길 원한다.

모든 의류 항목들은 재고 참조 번호, 가격, 재고 수량(가게에 해당 항목이 몇 개나 있는지), 색상 속성들을 지닌다.

또한 각 의류 항목은 해당 항목에 특정한 속성들을 지닌다(예를 들어 드레스는 사이즈와 패턴 속성을 지니는 반면 바지는 패턴과 허리, 길이 속성을 지닌다).

모든 재고 품목에 공통인 가격, 색상, 재고 수량 속성을 관리하는 코드를 중복으로 작성 및 관리할 필요가 없도록 이러한 속성들을 관리하는 StockItem 클래스를 생성했다.

Dress, Pants, Hat, Blouse 클래스는 StockItem의 하위클래스다. 이는 해당 하위클래스들이 StockItem으로부터 가격, 색상, 재고 수량 속성들을 상속받고 자신만의 속성들을 추가한다는 것을 의미한다.

생성한 각 클래스에는 해당 객체의 인스턴스를 초기화할 때 호출되는 __init__ 메소드가 존재한다. 하위클래스들의 __init__ 메소드는 StockItem 클래스의 __init__ 메소드 호출을 포함한다. 이는 '상위' 객체를 설정하는 역할을 한다. 이때 상위 객체의 참조를 반환하는 super() 함수를 사용한다. 하위클래스의 __init__ 메소드가 상위클래스에 대한 참조를 얻은 다음, 상위 객체를 설정하기 위해 상위 클래스에 대한 참조에 대해 __init__을 호출할 수 있다.

10장의 시간 관리 애플리케이션의 Contact 클래스와 Session 클래스에서 했던 것처럼 의류 판매점 애플리케이션의 모든 클래스에 check_version 메소드를 추가했다.

자료 설계

자료 설계에 관해 생각해볼 만한 몇 가지 질문들이 있다. 제공된 답을 확인하기 전에 질문들에 대한 답을 스스로 해보자.

질문: 자료 설계가 이제 완성되었는가?

답: 아니다. 하지만 이에 대해 크게 걱정하지 않는다. 우리는 자료 설계에 대해 작업했을 뿐 아니라 자료 저장 설계에 새로운 속성들을 매우 쉽게 추가하기 위한 전략을 개발했다(check_version 메소드 사용). 심지어 애플리케이션의 첫 번째 버전이 출시된 다음에도 새로운 속성들을 쉽게 추가할 수 있다. 우리가 일부 클래스를 수정해야 하는 경우 상황을 위해 프레임워크를 갖고 있는 것이다.

질문: 의류 판매점 주인이 새로운 종류의 재고 품목을 판매하기로 결정하면 어떻게 될까? 예를 들어 의류 판매점 주인이 청바지를 재고 품목으로 보유하기로 결정했다. 청바지는 바지(Pants)와 동일한 방식으로 관리된다. 다만, 청바지는 flared(나팔 모양), bootleg(부츠컷), straight(일자 모양)로 설정될 수 있는 style 요소를 지닌다. 이를 구현하기 위한 가장 좋은 방법은 무엇일까?

답: 좋은 소식은 클래스 계층 구조에 단지 새로운 하위클래스를 추가함으로써 이를 구현할 수 있다는 것이다. Pants 클래스를 확장하여 Jeans에 관한 추가 정보를 저장하는 새로운 하위클래스를 만드는 것이 좋아 보인다.

```python
class Jeans(Pants):                                              ← Pants 클래스를 확장한다.
                                                                 ← 부모 클래스인 Pants를 초기화한다.
    def __init__(self, stock_level, price, color, pattern, length, waist, style):
        super().__init__(stock_level, price, color, pattern, length, waist)
        self.style = style                                       ← Jeans 클래스의 스타일을 설정한다.
        self.Jeans_version = 1                                   ← 버전 관리를 추가한다.

    @property                                                    ← 항목의 이름을 반환하기 위한 속성
    def item_name(self):
        return 'Jeans'                                           ← 항목 이름으로 "Jeans"를 반환한다.

    def check_version(self):                                     ← Jeans 클래스 버전 관리
        # 버전 1.0이므로 어떤 것도 갱신할 필요가 없다.
        super().check_version()                                  ← 부모 클래스인 Pants의 버전을 확인한다.
        pass

    def __str__(self):                                           ← Jeans 클래스의 문자열 기술을 얻는다.
```

```
        pants_details = super().__str__()                      부모 클래스의 문자열 기술을 얻는다.
        template = '''{0}                                      템플릿을 생성한다.
  Style: {1}'''
        return template.format(pants_details, self.style)      문자열을 반환한다.
```

질문: 의류 판매점 주인이 재고 품목에 대해 새로운 무언가를 저장하기로 결정하면 어떻게 될까? 재고 품목에 "위치" 속성을 추가하기로 결정했다고 가정해보자. 위치는 "상점 앞의 행거 레일"과 같은 문자열일 것이다. 시스템에 재고를 추가할 때 해당 재고 품목의 위치를 입력하고자 할 것이다. 향후에는 고객들이 구매하고자 하는 항목들을 검색해볼 수 있는 '패션 조수' 애플리케이션을 만들고자 할 것이다. 해당 애플리케이션이 착용할 항목을 추천할 때 고객에게 해당 항목의 위치를 알려줄 수 있다. 해당 위치 속성을 어떻게 추가할 수 있을까? 그리고 해당 위치 속성을 어느 클래스에 추가해야 할까?

답: 의류 판매점의 모든 재고 품목들은 이러한 위치 요소를 필요로 하기 때문에 해당 요소를 `StockItem`클래스의 `__init__` 메소드에 추가해 재고 품목이 생성될 때마다 위치 속성이 설정되도록 할 수 있다.

```
class StockItem(object):
    '''
    의류 판매점용 재고 품목
    '''

    def __init__(self, stock_ref, price, color, location):        __init__ 메소드에 위치
        self.stock_ref = stock_ref                                매개변수를 추가한다.
        self.__price = price
        self.__stock_level = 0
        self.color = color
        self.location = location                                  위치 속성을 설정한다.
```

위의 코드는 `StockItem` 클래스의 갱신된 `__init__` 메소드 일부다. 위 메소드는 `location`이라는 새로운 속성을 추가한다. 이제 재고 품목을 생성할 때 해당 재고 품목의 위치를 지정할 수 있다. 이러한 변경의 문제점은 이로 인해 애플리케이션이 오류를 일으킨다는 것이다.

```
Traceback (most recent call last):
  File "C:/Users/Rob/FashionShop.py", line 198, in <module>
    new_item = get_new_item()
  File "C:/Users/Rob//FashionShop.py ", line 165, in get_new_item
    pattern=pattern, size=size)
  File "C:/Users/Rob//FashionShop.py ", line 42, in __init__
```

```
    super().__init__(price, color)
TypeError: __init__() missing 1 required positional argument: 'location'
```

StockItem클래스의 __init__ 메소드를 수정한 다음, 새로운 Dress 객체를 생성하려 하면 위와 같이 오류가 발생한다. 문제는 Dress 클래스의 __init__ 메소드가 StockItem 상위 객체의 __init__ 메소드를 호출할 때 위치값을 제공하지 않는다는 것이다. 이제 Dress 클래스를 수정해 상위 객체의 __init__을 호출할 때 위치 인자를 추가해보자.

```
class Dress(StockItem):                                   이제 Dress 클래스의 __init__ 이 위치를 포함한다.

    def __init__(self, stock_ref, price, color, location, pattern, size):
        super().__init__(stock_ref, price, color, location)    부모 객체의 __init__ 에
        self.pattern = pattern                                     위치값을 추가한다.
        self.size = size
        self.Dress_version = 1
```

위의 코드는 Dress 클래스의 수정된 __init__ 메소드다. 이제 __init__ 메소드는 위치 문자열을 입력 받아서 상위클래스의 __init__에게 해당 문자열을 전달한다. 다음으로 애플리케이션의 모든 하위클래스(Pants, Hat, Blouse)를 찾아서 해당 하위클래스들의 __init__ 메소드도 변경해야 한다.

클래스 계층 구조는 매우 불안정하다. 즉, 클래스 계층 구조는 깨지기 쉽다. 계층 구조 제일 위에 있는 클래스를 변경하면 많은 하위클래스들의 코드를 변경해야 할 수도 있다. 따라서 프로그래머들은 실제 프로그램 코드를 작성하기 전에 반드시 종이에 클래스들을 설계해봐야 한다. 그렇지 않으면 설계에 변경사항을 반영하기 위해 클래스를 수정하느라 엄청난 시간을 낭비할 수 있다.

재고 품목에 대한 위치 정보의 경우 더 좋은 해결책은 StockItem에 location 요소를 추가하는 것이다. 이전에 요소에 대해 살펴봤다. 요소를 사용해 Contact 클래스의 이름, 주소, 전화번호 속성을 관리했다.

```
class StockItem(object):

    @property
    def location(self):                                       위치 요소 읽기 메소드
        result = getattr(self, '_location', None)      위치 요소를 얻거나 위치가
        return result                                   설정되지 않았으면 을 반환한다.

    @location.setter
    def location(self, location):                             위치 요소 설정 메소드
        self._location = location
```

위의 코드는 위치 요소가 StockItem에 어떤 식으로 추가될 수 있는지를 나타낸다. 첫 번째 메소드는 위치 요소를 얻는다. 두 번째 메소드는 위치 요소를 설정한다. 첫 번째 메소드는 이전에 우리가 접한 적이 없는 파이썬 함수를 사용한다는 점에 있어 흥미롭다.

```
result = getattr(self, '_location', None)
```

getattr( ) 함수에는 세 가지 인자가 있다. 첫 번째 인자는 객체에 대한 참조다. 이 경우 참조는 self이다. 해당 읽기 메소드를 실행하는 객체로부터 인자를 얻길 원하기 때문이다. getattr( ) 함수의 두 번째 인자는 우리가 얻고자 하는 속성의 이름을 담고 있는 문자열이다. 이 경우 _location 속성의 값을 얻고자 한다. 세 번째 인자는 해당 속성이 객체에 존재하지 않을 때 반환될 값이다. 위치 속성이 설정되지 않은 경우가 이에 해당한다. 위치 속성이 없는 StockItem으로부터 위치를 얻으려 하면 위의 요소를 읽는 코드는 None값을 반환한다. 이전에 7장의 "코드 분석" 중 "함수와 반환"에서 None에 대해 알아봤다. None이 변수에 유용한 값이 설정되지 않았음을 나타내기 위해 사용되는 특수 값이라는 점을 배웠다. 위치 속성을 읽는 프로그램은 반환된 값이 None인지 확인한 다음, 위치 속성이 설정되지 않은 경우 상황에 맞게 처리할 수 있다.

getattr 함수를 사용해 _location 속성을 읽는다. location 요소는 _location 요소가 정의되지 않은 경우를 처리해야 하기 때문이다. 프로그램이 location 요소를 직접 사용하는 경우 AttributeError 예외가 발생하여 프로그램이 중단된다.

의류 판매점 애플리케이션에서 객체에 위치 정보를 추가할 수 있는 두 가지 방법에 대해 알아봤다. 세 번째 방법은 특정 객체의 위치를 저장하고자 할 때 해당 객체에 location 속성을 단순히 추가하는 것이다.

```
new_dress = Dress(price=100, color='red', pattern='swirly', size=12)
new_dress.location = 'Front of shop'
```

위 코드는 새로운 dress 인스턴스를 생성한 다음, 해당 dress 객체의 위치를 Front of shop으로 설정한다. 파이썬 프로그램은 새로운 속성을 객체에 언제든 추가할 수 있기 때문에 위의 코드는 잘 동작한다. 그리고 나서 hasattr이라는 파이썬 함수를 사용해 객체가 location 속성을 가지고 있는지 확인할 수 있다.

hasattr( ) 함수에는 두 개의 인자가 있다. 첫 번째 인자는 객체에 대한 참조이고 두 번째 인자는 찾고자 하는 속성의 이름이다. hasattr( ) 함수는 해당 속성이 객체에 존재하는 경우 True를 반환한다. 다음 코드는 hasattr( )이 어떤 식으로 동작하는지 보여준다. 다음 코드는 설정된 재고 품목에 위치 요소가 있는 경우 단순히 해당 품목의 위치를 표시한다.

```
if hasattr(new_dress,'location'):
    print('The dress is located: ', new_dress.location)
```

```
else:
    print('The dress does not have location information')
```

StockItem 클래스에 location 속성을 추가하는 세 가지 방법에 대해 알아봤다. 첫 번째 방법은 StockItem이 생성될 때 호출되는 __init__ 메소드에서 location 속성을 생성한다. 두 번째 방법은 location 요소를 StockItem 클래스에 추가한다. 세 번째 방법이 가장 간단한데, 단순히 새로운 location 속성을 원하는 클래스에 추가한다.

__init__ 메소드에서 재고 품목의 location 속성을 설정하는 것은 모든 객체에 위치 정보가 저장됨을 보장한다. 재고 품목에 location 요소를 추가해서 location 속성의 설정을 관리하고 location 속성이 설정되지 않은 경우 알맞게 대처할 수 있다. 세 번째 방법인 단순히 객체에 location 속성을 추가하는 것은 매우 개방적이다. 그렇게 함으로써 어떤 객체이든 위치 정보를 언제든 추가할 수 있다.

세 번째 방법은 코드를 작성하기에 매우 쉽기 때문에 좋아 보인다. 하지만 '전문적인' 애플리케이션(판매할 애플리케이션)을 만드는 경우 세 번째 방법은 좋지 못하다. 객체의 다양한 위치에 속성을 추가하는 것은 애플리케이션을 다루기 어렵게 만들기 때문이다. 다른 프로그래머가 해당 소스코드를 읽을 때 속성이 추가된 위치를 찾기 위해 전체 프로그램을 뒤져야 할 것이다. 모든 것을 __init__ 메소드에서 설정하는 경우 속성 설정을 위해 한 군데만 찾아보면 된다.

비유를 들자면 드라이버가 필요한 경우 도구 상자에 가서 드라이버를 꺼내면 되도록 모든 공구를 공구 상자에 두려고 노력한다. 하지만 집 여기저기서 작업을 하다 보면 도구들이 여기저기로 흩어지기 마련이다. 작업이 끝났을 때 도구를 도구 상자에 다시 집어넣으려면 의지가 필요하다. 하지만 다음 작업을 할 때 시간이 많이 단축된다. __init__ 메소드를 모든 설정들이 새로운 객체에 입력되는 장소인 "도구 상자"라고 생각할 수 있다. __init__ 메소드를 사용하기 위해서는 추가적인 작업이 필요하다. 특히나 속성을 상위클래스에 추가하는 경우 더욱 그러하다. 하지만 그렇게 함으로써 해당 클래스를 어느 누가 살펴보든 해당 클래스에 포함된 속성들을 쉽게 찾을 수 있다.

직접 해보기

디버깅 기능이 있는 StockItem 클래스

6장에서 파이썬 프로그램을 한 번에 한 줄씩 실행하면서 각 코드가 실행되는 과정을 살펴보기 위해 IDLE 디버거를 사용하는 법에 대해 알아봤다. 프로그램이 무엇을 수행하는지 알아내기 위한 또 다른 방법으로 코드에 디버깅 기능을 추가하는 것이다. 디버깅 기능 추가는 꽤나 간단하다. 우리가 추가할 디버킹 기능은 프로그램이 실행될 때 무슨 일이 일어나는지 보여주기 위한 출력문들이다. 클래스의 모든 메소드 시작부에 `print`문을 포함하도록 의류 판매점 클래스들을 수정했다.

```python
class StockItem(object):
    '''
    의류 판매점용 재고 품목
    '''

    show_instrumentation = True

    def __init__(self, stock_ref, price, color, location):
        if StockItem.show_instrumentation:
            print('**StockItem __init__ called')
        self.stock_ref = stock_ref
        self.__price = price
        self.__stock_level = 0
        self.StockItem_version = 1
        self.color = color
        self.location = location
```

디버깅 출력을 끄기 위해선 ▢로 설정한다.

디버깅 출력문

위의 코드에서 `StockItem` 클래스의 `__init__` 메소드가 디버깅 기능을 포함한 것을 확인할 수 있다. `__init__` 메소드는 메소드의 첫 번째 줄에 `print` 문을 포함한다. `StockItem` 클래스의 모든 다른 메소드들과 프로그램의 모든 클래스들도 첫 번째 줄에 `print`문을 포함한다. 이러한 디버깅 메시지의 문자열은 `**`로 시작한다. 이는 프로그램에서 출력되는 메시지와 구분하기 위함이다. 디버깅 메시지는 `StockItem.show_instrumentation` 속성이 True인 경우에만 출력된다.

디버깅 기능이 있는 클래스를 사용할 때 IDLE 명령어 쉘을 사용해 해당 클래스들이 어떤 식으로 동작하는지 알 수 있다. **IDLE**를 연 다음 **File**을 클릭하고 **Open**을 클릭해 IDLE 프로그램 편집기에서 **EG11-06 디비킹 기능을 포함하는 재고 품목** 파일을 연다. 해당 프로그램을 실행하면 우리가 명령어 쉘에서 테스트할 모든 클래스들을 설정한다. 편집기의 **Run Module**의 **Run**을 선택해 프로그램을 실행한다. 프로그램이 실행되고 의류 판매점 클래스들이 생성되고 메시지가 출력된 다음, 파이썬 프롬프트로 돌아온다.

```
RESTART: C:/Users/Rob/EG11-06 Instrumented Stock Items.py
Instrumented classes ready for use
>>>
```

이제 의류 판매점 클래스들을 생성하고 처리할 수 있는 파이썬 코드를 실행할 수 있다. **객체를 생성하기 전에 예제 프로그램(EG11-06)을 반드시 실행해야 한다.** 다음 명령문을 입력한다.

```
>>> new_dress = Dress('D001', 100, 'red', 'swirly', 12, 'shop window')
```

엔터를 누르면 Dress가 생성된다.

```
>>> new_dress = Dress('D001',100, 'red', 'swirly', 12, 'shop window')
** Dress __init__ called
** StockItem __init__ called
>>>
```

클래스 메소드의 디버깅 기능은 Dress의 __init__ 메소드가 호출됐음을 보여준다. 그리고 나서
StockItem의 __init__이 호출된다. 이제 Jeans를 만들어보자.

```
>>> new_jeans = Jeans('J1',50, 'blue', 'plain', 30, 30, 'flared', 'shop window')
** Jeans __init__ called
** Pants __init__ called
** StockItem __init__ called
>>>
```

Jeans를 만드는 것은 Dress를 만드는 것보다 조금 더 복잡하다. Jeans 클래스는 Pants 클래스를 확장
한다. 따라서 Jeans 인스턴스를 만들기 위해서는 먼저 Pants를 만들어야 한다. 그리고 나서 Pants 클
래스의 __init__ 메소드는 StockItem 클래스의 __init__ 메소드를 호출한다.

이제 Jeans 인스턴스를 출력했을 때 무슨 일이 일어나는지 살펴보자.

```
>>> print(new_jeans)
** Jeans __str__ called
** Pants __str__ called
** StockItem __str__ called
** Jeans get item_name called
** StockItem get price called
** StockItem get stock level called
Stock Reference: J1
Price: 50
Stock level: 0
Color: blue
Location: shop window
Pattern: plain
Length: 30
```

```
Waist: 30
Style: flared
>>>
```

위의 메시지 출력 결과를 통해 출력 메시지를 구성하기 위해 클래스 계층 구조의 각 클래스의 __str__ 메소드가 어떤 식으로 호출되는지 알 수 있다. 또한 위의 결과를 통해 StockItem 클래스의 price 요소와 stock_level 요소에 언제 접근했는지 알 수 있다.

애플리케이션이 객체를 구성하는 모든 항목들의 버전을 확인하기 위해 check_version 메소드들이 어떤 식으로 서로 연결되어 호출되는지 확인할 수 있다.

```
>>> new_dress.check_version( )
** Dress check_version called
** StockItemcheck_version called
>>
```

위의 코드 실행을 통해 객체의 Dress 부분의 버전이 먼저 확인된 다음, StockItem 부분이 확인된다는 것을 알 수 있다.

마지막으로 디버깅 기능 자체가 어떤 식으로 동작하는지 확인할 수 있다.

```
>>> StockItem.show_instrumentation = False
>>> print(new_jeans)
Stock Reference: J1
Price: 50
Stock level: 0
Color: blue
Location: shop window
Pattern: plain
Length: 30
Waist: 30
Style: flared
>>>
```

StockItem.show_instrumentation 플래그가 False로 설정되면 디버깅 기능은 꺼진다. 코드 디버깅 기능은 상호작용이 가능한 디버거를 사용해 프로그램을 단계별로 실행하는 것이 매우 어려운 경우에 매우 유용하다. 코드 디버깅 기능의 문제점은 메소드에 출력문을 추가해야만 한다는 것이다. 코드 디버깅 기능으로 인해 프로그램 성능이 저하될까 걱정된다면 실행하는 데 어느 정도의 시간이 걸리는지 출력해볼 수 있다.

또한 프로그램이 무엇을 하는 중인지 확인하기 위해 로깅(logging)을 사용할 수 있다. 로깅은 디버깅 기능과 비슷하다. 하지만 어떤 메소드가 호출 되었는지에 관한 세부 정보는 파일에 저장된다. 여러분은 해당 파일을 열어 내용을 확인할 수 있다. 프로그램이 다른 위치에 있는 서버에서 실행 중인 경우에 로깅은 매우 유용하다.

애플리케이션 동작 구현하기

다음은 의류 판매점 애플리케이션의 메인 메뉴다.

```
Mary's Fashion Shop

1: Create new stock item
2: Add stock to existing item
3: Sell stock
4: Stock report
5: Exit

Enter your command:
```

위의 스타일 메뉴를 여러 번 사용했다. 사용자는 원하는 명령어를 선택하기 위해 숫자를 입력한다. 이제 각 메뉴 항목에 대한 재고 품목 동작을 구현해야 한다.

새로운 재고 품목 생성하기

지금까지 의류 판매점의 재고 품목들을 나타낼 클래스들을 만들었다. 이제 재고 품목 기록을 생성하는 법을 알아야 한다. 의류 판매점을 수기로 관리할 때 새로운 재고 품목 기록을 생성하려면 재고 관리 대장에 새로운 페이지를 추가한 다음, 해당 페이지에 신규 재고 품목에 대한 세부 정보를 채워 넣으면 됐다. 의류 판매점 관리 애플리케이션은 새로운 재고 품목에 대한 모든 세부 정보를 읽어 들인 다음, 필요한 유형의 객체를 생성해야 한다. 다음 코드 샘플은 이를 어떤 식으로 수행할 수 있는지 보여준다.

```
# EG11-07 재고 품목 생성하기

menu = '''
```

```
Create new stock item

1: Dress
2: Pants
3: Hat
4: Blouse
5: Jeans

What kind of item do you want to add: '''                                  메뉴 문자열


item = read_int_ranged(prompt=menu, min_value=1, max_value=5)          추가하고자 하는
                                                                       항목을 선택한다.

if item == 1:
    print('Creating a Dress')                                         드레스를 추가한다.
    stock_ref = read_text('Enter stock reference: ')
        price = read_float_ranged(prompt='Enter price: ',
                                      min_value=StockItem.min_price,
                                      max_value=StockItem.max_price)
    color = read_text('Enter color: ')
    location = read_text('Enter location: ')
    pattern = read_text('Enter pattern: ')
    size = read_text('Enter size: ')
    stock_item = Dress(stock_ref=stock_ref,                            드레스 인스턴스를 생성한다.
                        price=price,
                        color=color,
                        location=location,
                        pattern=pattern,
                        size=size)
elif item == 2:
    print('Creating a pair of Pants')
    stock_ref = read_text('Enter stock reference: ')
    price = read_float_ranged(prompt='Enter price: ',
                                  min_value=StockItem.min_price,
                                  max_value=StockItem.max_price)
    color = read_text('Enter color: ')
    location = read_text('Enter location: ')
    pattern = read_text('Enter pattern: ')
    length = read_text('Enter length: ')
    waist = read_text('Enter waist: ')
```

```
    stock_item = Pants(stock_ref=stock_ref,
                       price=price,
                       color=color,
                       location=location,
                       pattern=pattern,
                       length=length,
                       waist=waist)

print(stock_item)
```

위의 코드는 사용자로 하여금 생성하고자 하는 재고 품목을 선택하고 해당 항목의 속성을 읽어 들인 다음, 해당 유형의 인스턴스를 생성하고 해당 항목을 출력한다. 위의 코드 샘플은 Dress 객체와 Pants 객체를 생성한다. **EG11-07 재고 품목 생성하기**는 다양한 모든 유형의 의류 객체를 위한 코드를 포함한다. 위의 예제를 실행한 다음, 생성하고자 하는 유형의 항목을 선택하면 해당 항목이 생성되고 출력된다. 위의 코드는 재고 품목 클래스의 일부가 아니라 사용자 인터페이스 클래스인 FashionShopShellApplication의 일부임에 유의하자. 해당 사용자 인터페이스 클래스에 대해서는 추후에 알아볼 것이다.

기존 항목에 재고 추가하기

공급업자가 재고 품목들을 의류 판매점에 가져오면 의류 판매점 주인은 재고 기록에 세부 정보를 추가해야 한다. 종이로 기록할 때는 의류 판매점 주인은 재고 대장에서 특정 재고 품목의 페이지를 찾아서 해당 페이지의 기록을 갱신해야 했다. 그림 11-2는 재고가 도착했음을 알리는 수기로 작성된 항목을 보여준다. StockItem 클래스는 __stock_level이라는 속성을 포함한다. __stock_level 속성은 이름이 밑줄 두 개로 시작하기 때문에 비공개 속성이며 재고 품목의 인스턴스가 생성될 때 0으로 설정된다. __stock_level 속성을 갱신하기 위한 메소드를 StockItem 클래스에 추가할 수 있다.

```
# EG11-08 재고 수량 추가하기

class StockItem(object):
    '''
    의류 판매점용 재고 품목
    '''

    max_stock_add = 10                              추가할 수 있는 최대 개수
```

```
    def add_stock(self, count):                          재고를 추가한다.
        '''
        재고 품목의 재고 수량을 추가한다.
        count는 추가할 재고 수량을 나타낸다.
        추가할 재고 수량이 유효하지 않은 경우 예외가 발생한다.
        '''
        if count < 0 or count > StockItem.max_stock_add:   추가하고자 하는 양이 유효한지 확인한다.
            raise Exception('Invalid add amount')          유효하지 않은 경우 예외를 발생시킨다.

        self.__stock_level = self.__stock_level + count    재고 수량을 count만큼 증가시킨다.
```

add_stock 메소드는 __stock_level을 관리하고 __stock_level을 증가시킨다. add_stock
메소드의 매개변수인 count는 해당 재고 품목의 재고 수량을 얼마나 증가시킬지 나타
낸다.

StockItem 클래스에 StockItem.max_stock_add라는 속성을 추가했다는 사실에 주목하자.
해당 속성의 값은 add_stock 메소드 호출 시 추가할 수 있는 최대 재고 수량을 나타낸다.
예를 들어 의류 판매점 주인이 5 대신에 50을 잘못 입력하는 경우를 걱정한다고 해보자.
이 경우 재고 기록이 맞지 않게 된다. StockItem.max_stock_add의 현재 값은 10이다. 즉,
10보다 큰 값은 거부된다는 의미다.

```
d = Dress(stock_ref='D01', price=100, color='red', pattern='swirly',
          size=12, location='Shop Window')              드레스를 생성한다.
d.add_stock(5)                                           재고에 드레스 5개를 추가한다.
print(d)                                                 드레스를 출력한다.
```

위의 코드는 새로운 Dress 객체를 만든 다음, 해당 항목의 재고에 드레스 5개를 추가한 다
음, 드레스 세부 정보를 출력한다. add_stock 메소드는 StockItem 클래스에 추가된다. 이
는 모든 하위클래스들(Dress, Pants, Hat, Jeans, Blouse)도 이제 add_stock메소드를 지니
게 된다는 의미다.

재고 품목 판매하기

재고 품목에 대해 구현해야 할 마지막 동작은 무언가를 파는 것이다. 이를 위해 다음과 같
이 StockItem 클래스에 메소드를 추가할 수 있다.

```
# EG11-09 재고 판매

class StockItem(object):
    '''
    의류 판매점용 재고 품목
    '''

    def sell_stock(self, count):
        if count < 1:
            raise Exception('Invalid number of items to sell')

        if count > self.__stock_level:
            raise Exception('Not enough stock to sell')

        self.__stock_level = self.__stock_level - count
```

위의 메소드는 재고 품목을 주어진 개수만큼 판매할 때 호출된다. 판매하고자 하는 항목의 개수는 매개변수 count에 저장된다. 위의 메소드는 count의 값이 1보다 작은 경우 예외를 일으킨다. 판매하고자 하는 재고 품목의 개수가 충분하지 않은 경우에도 예외가 발생한다. 다음 코드는 Dress를 생성하고, 해당 항목의 재고 수량을 5만큼 증가한 다음, 드레스 1개를 판매한 뒤 드레스 재고 항목에 대한 세부 정보를 출력한다.

```
d = Dress(stock_ref='D001', price=100, color='red', pattern='swirly',
          size=12, location='Shop Window')          드레스 재고 품목을 생성한다.
d.add_stock(5)                                        재고 수량을 5만큼 증가시킨다.
d.sell_stock(1)                                       드레스 1개를 판매한다.
print(d)                                              드레스 재고 품목의 세부 정보를 출력한다.
```

구성요소 역할을 하는 객체

이제 StockItem 객체의 개발을 마쳤다. StockItem은 의류 판매점 애플리케이션 첫 번째 버전에 필요한 모든 동작을 포함한다. StockItem 객체는 완전히 독립적이며 StockItem 객체에 대해 동작들을 수행하고 이에 대한 결과를 확인함으로써 StockItem 객체가 잘 동작하는지 확인했다. 11장에서는 객체를 자동으로 테스트할 수 있는 방법들에 대해 살펴볼 것이다.

StockItem과 같은 객체를 구성요소^{component}라고 부르기도 한다. 구성요소는 시스템의 독립적인 부분이다. 자동차 생산은 구성요소 기반 생산의 예이다. 자동차는 모터, 쿼터 패널, 축, 변속기 등 규모가 큰 여러 구성요소들을 포함한다. 이러한 구성요소들은 별도로 생산됐으며 자동차를 만들기 위해 조립된다. 자동차 몸체에는 모터를 볼트로 조이기 위한 부품들이 있고 모터의 출력은 바퀴로 연결된다.

StockItem 클래스에 대해서도 매우 비슷한 것을 해왔다. 비유하자면 StockItem을 "모터"라고 생각하고 의류 판매점 애플리케이션을 자동차라고 생각할 수도 있다.

프로그래머를 위한 조언
독립적인 구성요소는 소프트웨어를 만들기 위한 좋은 방법이다

대규모의 소프트웨어 프로젝트를 공략하기 위한 좋은 방법은 해당 프로젝트를 개별적인 구성요소들로 나누는 것이다. 우리가 의류 판매점 애플리케이션을 만들기 위해 프로그래머 팀 형태로 일한다면 초반에 함께 앉아서 StockItem 클래스가 특정 속성 집합과 특정 메소드 집합을 포함해야 한다고 결정했을 것이다. 그러고 나서 한 프로그래머는 StockItem 구성요소를 만들고 다른 프로그래머들은 시스템의 다른 부분을 작업할 것이다.

의류 판매점 구성요소 생성하기

이제 완전히 테스트가 완료된 제대로 동작하는 StockItem 구성요소가 있다. 의류 판매점 주인이 원래 사용하던 종이 재고 대장에 비유하자면 재고 대장에 끼워 넣을 한 장의 페이지를 구현한 것이다. 이제 의류 판매점 관리 애플리케이션이 관리할 수 많은 StockItem 객체들을 어떤 식으로 관리할지 결정해야 한다. 이러한 작업을 하는 FashionShop 구성요소를 생성할 수 있다. FashionShop 구성요소는 다음 사항을 수행할 수 있어야 한다.

- 새로운 의류 판매점 생성하기

- 의류 판매점 재고 자료를 파일에 저장하기

- 파일로부터 자료 불러오기

- 새로운 재고 품목 저장하기

- 특정 재고 품목 검색하기

- 모든 재고 품목 목록 제공하기

위의 각 사항을 FashionShop 클래스의 메소드 하나에 대응시킬 수 있다.

```python
# EG11-10 의류 판매점 템플릿

class FashionShop:

    def __init__(self):
        pass

    def save(self, filename):
        '''
        의류 판매점 항목을 주어진 파일 이름에 저장한다.
        파일 저장이 실패하는 경우 예외가 발생한다.
        '''
        pass

    @staticmethod
    def load(filename):
        '''
        의류 판매점 항목을 주어진 파일 이름으로부터 불러온다.
        불러오기가 실패하는 경우 예외가 발생한다.
        '''
        return None

    def store_new_stock_item(self, item):
        '''
        새로운 의류 판매점 항목을 생성한다.
        해당 항목은 stock_ref 속성을 사용해 색인 처리된다.
        해당 항목이 이미 의류 판매점에 저장된 경우 예외가 발생한다.
        '''
        pass

    def find_stock_item (self, stock_ref):
        '''
        재고로부터 항목을 불러온다.
        해당 재고 참조 번호가 존재하지 않는 경우 None이 반환된다.
        '''
        return None
```

```
    def __str__(self):
        return
```

위의 클래스를 완성된 객체를 개발하기 위한 템플릿이라고 생각하면 된다. 위의 클래스를 파이썬 프로그래머에게 준 다음, "빈칸을 채워주세요"라고 요청하면 된다. 각 메소드는 해당 메소드가 무엇을 수행하는지를 기술하는 문서 기록 문자열을 지닌다. 위의 메소드들은 "플레이스홀더placeholder"를 반환한다. 이후에 우리는 해당 플레이스홀더들을 코드로 변경할 것이다. 예를 들어 find_stock_item 메소드는 항상 None을 반환한다. find_stock_item 메소드가 완료되면 해당 메소드는 일치하는 참조 번호를 지닌 재고 항목을 반환할 것이다.

FashionShop 클래스를 사용하는 프로그램 입장에서는 FashionShop 구성요소를 어떤 식으로 사용해야 하는지는 중요하지만 해당 메소드가 세부적으로 어떤 식으로 동작하는지는 중요하지 않다. 이러한 메소드들을 무언가가 일어나도록 하기 위해 눌러야 하는 "버튼"이라고 생각할 수 있다. 버튼을 눌렀을 때 제대로 된 결과가 나오는 한 클래스가 어떤 식으로 동작하는지는 상관하지 않는다.

FashionShop 객체 생성하기

재고 품목들을 저장하기 위해 파이썬 딕셔너리를 사용하는 FashionShop 객체를 만들어 보자. 딕셔너리 대신에 데이터베이스를 사용할 수도 있다. 파이썬 딕셔너리는 9장에서 처음 접했다. 딕셔너리를 사용하면 모음에서 어떤 항목을 찾을 때 해당 항목에 대한 키 값을 사용할 수 있다. 의류 판매점 관리 애플리케이션에는 키 값으로 사용하기에 매우 적합한 값이 있다. 의류 판매점의 각 항목은 고유의 재고 참조 번호로 식별될 수 있다. 새로운 FashionShop 인스턴스를 생성할 때 딕셔너리를 생성하면 된다.

```
class FashionShop:

    def __init__(self):
        self.__stock_dictionary = {}                    빈 재고 품목 딕셔너리를 생성한다.
```

위의 코드는 FashionShop 클래스의 __init__ 메소드이다. __init__ 메소드는 __stock_dictionary라는 빈 딕셔너리 속성을 생성한다. 해당 속성은 FashionShop 클래스의 일부다. stock_dictionary의 내용물이 실수로 변경돼서는 안 된다. 따라서 해당 딕셔너리 속성의 이름 맨 앞에 밑줄 두 개를 붙여서 해당 속성을 비공개로 설정했다. FashionShop 클래스에 다른 정보를 저장해야 하는 경우(예를 들어 향후에 고객 리스트도 저장하는 경우) 해당 속성들도 __init__ 메소드에서 생성하면 된다. 다음 파이썬 코드는 새로운 FashionShop 인스턴스를 생성하고 변수 shop이 해당 인스턴스를 참조하도록 설정한다.

```
shop = FashionShop()
```

FashionShop 객체 저장하기

FashionShop 객체에게 객체 자신을 저장하라고 요청함으로써 자료를 저장할 것이다. 저장을 수행하기 위해 파이썬 피클 방식을 사용한다. 이전 프로그램에서 항목들을 저장하기 위해 파이썬 피클 방식을 사용해본 적 있다. 10장에서 파이썬 피클을 사용해 시간 관리 애플리케이션의 연락처 리스트를 저장했다.

```python
class FashionShop:

    def save(self, filename):
        '''
        의류 판매점 항목을 주어진 파일 이름에 저장한다.
        자료는 피클 파일 형태로 바이너리로 저장된다.
        저장에 실패하는 경우 예외가 발생한다.
        '''
        with open(filename,'wb') as out_file:
            pickle.dump(self,out_file)
```

8장에서 with 구조를 알아본 적 있다('with 구조를 사용해 파일 접근을 깔끔하게 정리하기' 참조). with 구조는 파일이 사용된 이후에 항상 올바르게 닫힘을 보장한다. 위의 save 메소드는 인자로 전달된 self 참조를 사용해 저장될 객체를 식별한다(이는 FashionShop 객체 자신이다). 다음 파이썬 코드는 빈 FashionShop 객체를 생성한 다음, 해당 객체를 FashionShop.pickle이라는 파일에 저장한다.

```python
shop = FashionShop()
shop.save('FashionShop.pickle')
```

FashionShop 객체 불러오기

위의 **EG11-10 의류 판매점 템플릿** 샘플 코드에는 @staticmethod 장식자가 있다. 10장에서 시간 관리 애플리케이션을 작성할 때 해당 장식자를 사용했다. 이는 load 메소드를 FashionShop 인스턴스의 일부가 아닌 FashionShop 클래스의 일부로 만든다.

@staticmethod 장식자에 관한 내용이 어렵다면 @staticmethod를 사용해 어떤 문제를 해결하려고 하는지를 생각해보자. find_stock_item과 같은 메소드들은 FashionShop 객체의 재고 품목을 검색한다. 하지만 FashionShop 객체의 load 메소드를 사용할 수는 없다. FashionShop을 불러오는 시점에 FashionShop 객체가 존재하지 않기 때문이다.

load 메소드를 정적 메소드로 만든다는 것은 해당 메소드가 FashionShop 객체의 일부가 아닌 FashionShop 클래스의 일부가 된다는 것을 의미한다.

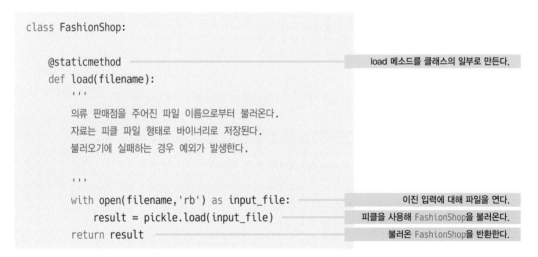

```python
class FashionShop:

    @staticmethod                                          load 메소드를 클래스의 일부로 만든다.
    def load(filename):
        '''
        의류 판매점을 주어진 파일 이름으로부터 불러온다.
        자료는 피클 파일 형태로 바이너리로 저장된다.
        불러오기에 실패하는 경우 예외가 발생한다.

        '''
        with open(filename,'rb') as input_file:            이진 입력에 대해 파일을 연다.
            result = pickle.load(input_file)               피클을 사용해 FashionShop을 불러온다.
        return result                                      불러온 FashionShop을 반환한다.
```

위의 load 메소드는 불러온 객체에 대한 참조를 반환한다. 다음 코드는 loaded_shop 변수가 FashionShop.pickle이라는 파일로부터 불러온 의류 판매점 항목을 참조하도록 설정한다.

```python
loaded_shop = FashionShop.load('FashionShop.pickle')
```

새로운 재고 항목 저장하기

FashionShop 클래스는 의류 판매점을 실행하는 데 필요한 모든 정보를 저장하는 저장소 역할을 한다. FashionShop 클래스는 신규 재고 품목을 저장하는 데 사용할 수 있는 메소드를 저장한다.

```python
class FashionShop:

    def store_new_stock_item(self, stock_item):
        '''
        의류 판매점의 신규 항목을 생성한다.
        해당 항목은 stock_ref 값으로 색인 처리된다.
        해당 항목이 이미 존재하는 경우 예외가 발생한다.
        '''
        if stock_item.stock_ref in self.__stock_dictionary:    # 해당 항목이 이미 존재하는지 확인한다.
            raise Exception('Item already present')    # 해당 항목이 이미 존재하면 예외가 발생한다.
        self.__stock_dictionary[stock_item.stock_ref] = stock_item    # 해당 항목을 딕셔너리에 추가한다.
```

store_new_stock_item 메소드는 신규 재고 품목을 의류 판매점에 추가한다. 재고 관리 대장에 비유하자면 각 페이지가 재고 품목을 나타내는 재고 관리 대장에 신규 페이지를 추가하는 것과 동일하다. 해당 항목을 딕셔너리에 추가하기 전에 store_new_stock_item 메소드는 해당 항목이 이미 존재하는지 확인한다. 이런 식으로 의류 판매점 주인이 재고 참조 번호를 잘못 입력하더라도 기존 재고 품목을 신규 재고 품목으로 덮어쓰는 일을 방지할 수 있다.

신규로 만들고자 하는 재고 품목이 이미 존재하는 경우 store_new_stock_item 메소드는 예외를 일으킨다. 재고 품목이 존재하지 않는 경우 신규 재고 품목은 재고 품목 번호를 키로 사용해 재고 딕셔너리에 추가된다. 다음 코드는 신규 드레스를 생성한 다음, 해당 드레스를 의류 판매점의 재고에 추가한다.

```python
dress = Dress(stock_ref='D001', price=100, color='red', pattern='swirly', size=12,
location='front')
shop = FashionShop()
shop.store_new_stock_item(dress)
```

재고 품목 검색하기

재고 관리 대장을 사용할 때 의류 판매점 주인은 재고 품목을 검색하기 위해서는 재고 관리 대장의 페이지를 쭉 넘기면서 확인했다. FashionShop 클래스는 재고 품목 번호를 기반으로 재고 품목을 검색할 수 있는 메소드를 제공한다.

```
class FashionShop:

    def find_stock_item(self, stock_ref):
        '''
        재고 딕셔너리로부터 항목을 얻는다.
        해당 키를 가진 항목이 없는 경우 None을 반환한다.
        '''
        if stock_ref in self.__stock_dictionary:          항목이 존재하는지 확인한다.
            return self.__stock_dictionary[stock_ref]      존재하는 경우 해당 항목을 반환한다.
        else:
            return None                                    존재하지 않는 경우 None을 반환한다.
```

find_stock_item 메소드는 재고 참조 번호와 일치하는 항목이 없는 경우 None을 반환한다. 재고 항목이 존재하는지 여부에 따라 어떤 식으로 동작할지는 find_stock_item 메소드를 사용하는 코드에 달려있다. 다음 코드는 참조 번호 'D001'을 지닌 재고 품목을 검색한다. 해당 항목이 존재하면 해당 항목을 출력하고 그렇지 않으면 존재하지 않는다는 메시지를 출력한다.

```
item = shop.find_stock_item('D001')
if item == None:
    print('Item not found')
else:
    print(item)
```

재고 자료 나열하기

마지막으로 구현해야 할 동작은 재고 자료를 나열하는 것이다. 해당 메소드는 재고로 보유 중인 항목들을 기술하는 문자열을 제공해야 한다. 각 재고 항목에는 이미 해당 항목의 문자열 기술을 제공하는 __str__ 메소드가 존재하기 때문에 재고로 보유 중인 모든 항목

들의 문자열 기술을 얻어서 해당 문자열 기술들을 하나의 문자열로 연결하면 된다. 10장
에서 연락처에 대한 모든 근무 정보를 포함하는 문자열을 생성할 때 문자열 연결을 수행
해본 적 있다.

```
class FashionShop:

    def __str__(self):                          모든 재고 품목들을 순회할 반복자를 얻는다.
        stock = map(str, self.__stock_dictionary.values())
        stock_list = '\n'.join(stock)            재고 품목들을 하나의 문자열로 연결한다.
        template = '''Items in Stock             반환할 문자열에 대한 템플릿
{0}
'''
        return template.format(stock_list)       반환할 문자열을 만든다.
```

위의 코드는 map 함수와 join 함수를 사용한다. 해당 함수들을 어떤 식으로 사용해야 할
지 잘 모르겠다면 어떤 식으로 문자열이 만들어지는지에 관한 세부 정보를 10장의 '시간
관리 애플리케이션에서 근무 관리하기'에서 확인할 수 있다. 다음 코드는 새로운 드레스
를 생성한 다음, 해당 드레스를 FashionShop 객체에 추가한다. 그러고 나서 의류 판매점
의 내용물을 출력한다. 여러분이 출력되는 결과를 확인할 수 있도록 코드 밑에 출력 결과
를 포함했다.

```
dress = Dress(stock_ref='D001', price=100, color='red', pattern='swirly', size=12,
location='front')
shop = FashionShop()
shop.store_new_stock_item(dress)
print(shop)
Items in Stock

Stock Reference: D001
Type: Dress
Location: front
Price: 100
Stock level: 0
Color: red
Pattern: swirly
Size: 12
```

예제 프로그램인 EG11-11 FashionShop 클래스는 위의 샘플 코드를 포함한다. 샘플 코드를 통해 의류 항목들이 어떤 식으로 저장되는지 확인해볼 수 있다. StockItem 클래스와 FashionShop 클래스는 프로그램이 어떤 식으로 동작하는지 확인할 수 있도록, 켤 수 있는 디버깅 기능을 제공한다. 디버깅 기능에 대해 잘 생각이 나지 않는다면 앞에서 다룬 '직접 해보기'의 '디버깅 기능이 있는 StockItem 클래스'를 참고하자.

FashionShop 클래스는 의류 판매점 창고 관리자보다 훨씬 많은 기능을 수행한다. 키로 관리하는 항목들을 저장하고자 하는 모든 애플리케이션에서 해당 클래스를 활용할 수 있다. 은행을 구현하거나 인형 수집을 관리하거나 육상 경기에서 참가자를 관리하는 프로그램을 생성해야 하는 경우 FashionShop 클래스에 있는 코드를 그대로 사용할 수 있다.

사용자 인터페이스 구성요소 생성하기

의류 판매점 애플리케이션의 마지막 구성요소는 사용자 인터페이스이다. 사용자 인터페이스는 사용자가 상호작용하는 화면에 표시되는 부분이다. 이 책에서는 객체지향 설계를 사용하고 있기 때문에 사용자 인터페이스를 구현한 FashionShopShellApplication이라는 클래스를 만들 것이다. FashionShopShellApplication 클래스는 두 가지 동작을 제공한다.

- 파일로부터 FashionShop 객체를 불러옴으로써 애플리케이션을 초기화한다(혹은 프로그램 실행이 처음인 경우 새로운 FashionShop 객체를 생성함으로써 애플리케이션을 초기화한다).

- 사용자에게 메뉴를 표시한다.

FashionShopShellApplication 클래스는 명령어 쉘을 사용해 텍스트 기반 사용자 인터페이스를 생성한다. 추후에 그래픽 사용자 인터페이스를 생성할 것이다.

사용자 인터페이스 클래스 초기화하기

FashionShopShellApplication 클래스의 __init__ 메소드는 우선 특정 의류 판매점 파일을 FashionShop 객체에 불러온다. 불러오기에 실패한 경우 __init__ 메소드는 빈 FashionShop 객체를 생성하고 사용자에게 빈 의류 판매점이 설정됐음을 알린다. __init__ 메소드는 현재 사용 중인 FashionShop 객체를 참조하도록 __shop 속성의 값을 설정한다.

```
class FashionShopShellApplication:

    def __init__(self, filename):
        '''
        의류 판매점 자료를 관리한다.
        불러오기에 실패한 경우 메시지를 출력하고 새로운 의류 판매점 객체를 생성한다.
        '''
        FashionShopShellApplication.__filename = filename    │ 사용하고자 하는 파일이름을 저장한다.
        try:
            self.__shop = FashionShop.load(filename)    ── FashionShop 객체를 불러온다.
        except:
            print('Fashion shop not loaded.')    ── 사용자에게 불러오기에 실패했음을 알린다.
            print('Creating an empty fashion shop')
            self.__shop = FashionShop()    ── 빈 FashionShop 객체를 생성한다.
```

__shop 속성은 프로그램이 사용 중인 FashionShop 인스턴스를 참조한다. __shop 속성
은 FashionShopShellApplication의 모든 메소드에 의해 사용된다. 다음 코드는 새로
운 FashionShopShellApplication 인스턴스를 생성한다. 해당 인스턴스는 fashionshop.
pickle이라는 파일에 저장된 FashionShop 자료를 사용한다.

```
ui = FashionShopShellApplication('fashionshop.pickle')
```

사용자 메뉴 구현하기

FashionShopShellApplication 클래스에는 사용자가 무엇을 할지 선택할 수 있도록 명령
어 메뉴를 반복적으로 표시하는 클래스가 있다. 해당 메소드는 사용자가 프로그램 종료를
선택할 때까지 루프를 반복한다.

```
class FashionShopShellApplication:

    def main_menu(self):

        prompt = '''Mary's Fashion Shop

1: Create new stock item
2: Add stock to existing item
```

```
3: Sell stock
4: Stock report
5: Exit

Enter your command: '''
```

```
while(True):                                    반복적으로 명령어를 읽는다.
    command = read_int_ranged(prompt, 1, 5)     명령어 번호를 입력 받는다.
    if command == 1:
        self.create_new_stock_item()            1번 명령어는 신규 재고 품목을 생성한다.
    elif command == 2:
        self.add_stock()                        2번 명령어는 기존 항목에 재고를 추가한다.
    elif command == 3:                           3번 명령어는 재고를 판매한다.
        self.sell_stock()
    elif command == 4:                           4번 명령어는 재고 보고서를 제공한다.
        self.do_report()
    elif command == 5:                           5번 명령어는 저장 후 프로그램을 종료한다.
        self.__shop.save(FashionShopShellApplication.__filename)
        print('Shop data saved')
        break                                    재고 세부사항을 저장한다.
```

위의 코드는 이전 애플리케이션에서 사용했던 코드와 동일한 형태이기 때문에 친숙할 것이다. 원하는 기능을 수행할 메소드를 선택하기 위해 사용자는 숫자를 입력한다. 다음 코드는 어떤 식으로 사용자 인터페이스가 생성되고 메인 메뉴가 표시되는지 나타낸다.

```
ui = FashionShopShellApplication('dressshop1.pickle')
ui.main_menu()
```

사용자 인터페이스 동작 구현하기

FashionShopShellApplication의 모든 멤버들은 main_menu 메소드에 의해 호출되는 메소드들이다. 각 사용자 인터페이스 메소드는 사용자 인터페이스가 연결된 FashionShop 인스턴스에 명령어를 전송한다. 예를 들어 sell_stock 메소드의 경우 판매하고자 하는 항목을 찾아서 해당 항목의 재고 수량을 갱신한다.

```
class FashionShopShellApplication:

    def sell_stock(self):
        '''
        재고를 판매한다.
        해당 항목을 검색한 다음 판매하고자 하는 항목의 재고 수량을 읽는다.
        재고 수량보다 많은 개수를 판매할 수 없다.
        '''
        print('Sell item')

                                                              재고 참조 번호를 입력한다.
        item_stock_ref = read_text('Enter the stock reference: ')

        item = self.__shop.find_stock_item(item_stock_ref)        판매하고자 하는 항목을 찾는다.

        if item == None:                                          해당 항목을 찾지 못한 경우 메시지를 표시한다.
            print('This item was not found')
            return

        print('Selling')
        print(item)                                               판매하고자 하는 항목을 표시한다.

        if item.stock_level == 0:                                 재고가 없는 경우 판매를 중단한다.
            print('There are none in stock')
            return

        number_sold = read_int_ranged('How many sold (0 to abandon): ',
                                      0,
                                      item.stock_level)

        if number_sold == 0:                                      사용자가 0을 입력한 경우 판매를 중단한다.
            print('Sell item abandoned')
            return

        item.sell_stock(number_sold)                              재고 수량에서 판매한 개수를 뺀다.

        print('Items sold')
```

sell_stock 메소드는 사용자가 거치는 판매 과정을 구현한 것이다. 우선 사용자에게 판매하고자 하는 재고 품목을 식별하라고 요청한다. 그러고 나서 사용자에게 판매하고자 하는 개수를 물어본 다음, 해당 항목의 재고 수량을 갱신하기 위해 해당 항목의 sell_stock 메소드를 호출한다. 다른 모든 메소드들도 같은 방식으로 구현된다.

샘플 프로그램인 **EG11-12 완성된 의류 판매점**은 여러분이 활용할 수 있는 제대로 동작하면서도 쓸 만한 의류 판매점 관리 애플리케이션이다. 실제 해당 애플리케이션을 활용해 실제 의류 판매점을 관리할 수 있다. 또한 여러분이 사용자가 관련 자료 항목들의 집합을 관리해야 하는 프로그램을 만들어야 하는 경우 샘플 프로그램을 기반으로 사용할 수 있다.

클래스를 활용한 설계

그림 11-4는 완성된 의류 판매점 애플리케이션의 클래스들을 나타낸다. 모든 클래스를 다 나타낸 것은 아니다. StockItem 클래스의 하위클래스인 Dress와 Pants 클래스만을 표시하며 다른 모든 클래스의 상위클래스인 object 클래스는 더 이상 표시하지 않는다. 하지만 객체들이 어떤 식으로 연관되는지 나타낸다. 해당 도표는 StockItem 클래스가 Dress와 Pants의 상위클래스임을 나타내며 또한 FashionShopShellApplication 클래스와 FashionShop 클래스 간 연관관계를 나타낸다.

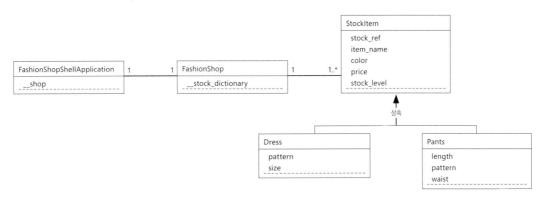

그림 11-4 완성된 FashionShop 클래스 다이어그램

그림 11-5를 통해 클래스 다이어그램에서 클래스 간 관계가 어떤 식으로 기술되는지 자세히 살펴볼 수 있다. FashionShop 클래스와 StockItem 클래스 사이의 선은 두 클래스가 어떤 식으로 연관되어 있음을 나타낸다. 선 위의 숫자는 해당 관계의 다중도^{multiplicity}를 나타낸다. 관계의 양측에 각각 다중도 값이 표시된다. FashionShop 클래스 옆의 숫자 1은 해당 클래스 관계의 좌측에 하나의 FashionShop 객체만 있음을 의미한다. 문자열 1...*은 해당 관계의 우측에 '일대다^{對多}'의 StockItem 객체들이 존재함을 의미한다. 소프트웨어 설계에 있어 이는 하나의 의류 판매점이 여러 재고 품목을 포함할 수 있음을 표현하는 방식이다. FashionShopShellApplication은 하나의 FashionShop하고만 관계가 있다. 따라서 해당 관계의 양측의 다중도 값은 모두 1이다.

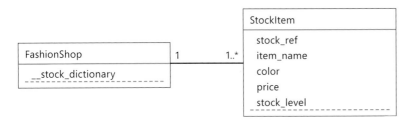

그림 11-5 객체 간의 관계

이와 같은 클래스 다이어그램을 사용하는 것은 시스템 설계를 시작하는 데 있어 좋은 방법이다. 클래스 다이어그램은 다른 프로그래머들에게 프로그램의 항목들이 어떤 식으로 구성되는지 기술하는 데 있어 좋은 방법이기도 하다.

파이썬 집합

파이썬에서 자료 집합을 담을 수 있는 변수를 만들 수 있다. 집합은 값들의 모음이다. 하지만 리스트와는 달리 집합의 각 값은 고유하다. 집합은 매우 강력하며 집합을 사용해 의류 판매점 주인이 정말 좋아할 만한 것들을 할 수 있다. 하지만 우선 집합이 어떤 식으로 동작하는지 알아야 한다.

 직접 해보기

집합 알아보기

IDLE 명령어 쉘을 사용해 집합을 테스트해볼 수 있다. IDLE 명령어 쉘을 연 다음, 다음 코드를 입력하고 엔터를 누른다.

```
>>> set1=set( )
```

위의 코드는 빈 집합을 생성한다. 다음 코드를 입력한 다음, 엔터를 눌러서 해당 집합의 내용물을 확인한다.

```
>>> set1
set( )
```

리스트에 항목들을 추가하는 것과 비슷한 방식으로 집합에 항목들을 추가할 수 있다. 집합 객체는 add 메소드를 제공한다.

```
>>> set1.add(1)
```

위의 코드는 리스트에 정수 1을 더한다. 이제 집합을 출력해보면 해당 집합이 값 1을 포함하는 것을 확인할 수 있다.

```
>>> set1
{1}
```

아직까지는 집합과 리스트 간의 차이가 별로 없어 보인다. 하지만 집합은 중복되는 값을 지닐 수 없다.

set1 집합에 1을 추가해봄으로써 집합이 중복되는 값을 지닐 수 없음을 증명할 수 있다.

```
>>> set1.add(1)
```

변수 set1이 리스트를 참조하는 것이었다면 위의 코드 실행 결과로 값이 1인 항목이 두 개 존재했을 것이다. 하지만 set1이 집합이기 때문에 set1의 내용물을 출력해보면 변경된 사항이 없음을 확인할 수 있다.

```
>>> set1
{1}
```

다른 값을 추가하는 경우 해당 값은 집합에 추가된다. 다음 코드를 입력하여 값 2를 집합에 추가한 다음, 해당 집합의 내용물을 확인해보자.

```
>>> set1.add(2)
>>> set1
{1, 2}
```

집합을 빠르게 만들기 위해 추가할 값들의 집합을 물결 괄호로 감싸는 방법이 있다. set2라는 이름을 지닌 집합을 만들어보자.

```
>>> set2={2,3,4,5}
>>> set2
{2, 3, 4, 5}
```

집합은 다른 집합들을 처리하기 위한 메소드를 제공한다. 몇 가지 메소드들을 살펴볼 것인데, 우선 difference 메소드에 대해 살펴보자.

```
>>> set1.difference(set2)
{1}
```

위의 코드에서 difference 메소드는 set1이 참조하는 객체에 대해 실행된다. 해당 메소드는 set1에는 포함되지만 set2에는 포함되지 않는 모든 항목들을 포함하는 집합을 반환한다. 동일한 메소드를 set2에 대해 실행해 set2에는 포함되지만 set1에는 포함되지 않는 모든 항목을 얻을 수 있다.

```
>>> set2.difference(set1)
{3, 4, 5}
```

union 메소드는 두 집합의 모든 항목들을 포함하는 집합을 반환한다.

```
>>> set1.union(set2)
{1, 2, 3, 4, 5}
```

intersection 메소드는 두 집합이 공통으로 포함하는 모든 항목들을 포함하는 집합을 반환한다.

```
>>> set1.intersection(set2)
{2}
```

set1과 set2 모두에 포함되는 유일한 항목은 2이다.

또한 두 집합의 내용물을 비교하기 위한 메소드들이 있다. isdisjoint 메소드는 두 집합에 공통으로 포함되는 항목이 전혀 없는 경우 True를 반환한다.

```
>>> set1.isdisjoint(set2)
False
```

두 집합에 공통인 항목인 2가 있기 때문에 isdisjoint 메소드 실행 결과 False가 반환된다.

issubset 메소드는 두 집합 중 한 집합이 다른 집합의 부분 집합일 때 True를 반환한다(이는 한 집합이 다른 집합에 완전히 포함됨을 의미한다). 이를 테스트하기 위해 새로운 집합을 만들어보자.

```
>>> set3={2,3}
>>> set3.issubset(set2)
True
```

{2,3,4,5}를 포함하는 set2가 set3의 모든 항목들을 포함하기 때문에 issubset 메소드 실행 결과는 True다.

issuperset 메소드는 한 집합이 다른 집합의 상위 집합일 때 True를 반환한다.

```
>>> set3.issuperset(set2)
False
```

set3의 항목 중 set2에 없는 항목들이 있기 때문에 issuperset 메소드 실행 결과는 False다.

이제 집합과 집합이 제공하는 메소드들에 대해 살펴봤으니 언제 집합을 사용해야 하는지 알아보자.

집합은 모음에서 중복 항목들을 제거하는데 사용할 수 있다.

```
set('hello world')
{'o', 'l', ' ', 'h', 'r', 'w', 'd', 'e'}
```

문자열 hello world로부터 생성된 집합은 해당 문자열의 고유한 모든 문자들을 포함한다. 집합의 문자 순서가 알파벳 순이 아님을 알 수 있다. 파이썬은 집합의 항목들을 특정 순서로 저장하지는 않는다. 집합(혹은 다른 모음)을 정렬하고자 한다면 sorted라는 파이썬 함수를 사용하면 된다.

```
sorted('Rob Miles')
[' ', 'M', 'R', 'b', 'e', 'i', 'l', 'o', 's']
sorted(set('hello world'))
[' ', 'd', 'e', 'h', 'l', 'o', 'r', 'w']
```

또한 집합을 사용해 비디오 게임에서 플레이어의 물품 목록을 관리할 수 있다.

```
pocket = {'axe', 'apple', 'herbs', 'flashlight'}
```

위의 플레이어는 주머니에 위의 항목들을 가지고 다닌다. 집합에서 항목들의 특정 조합이 존재하는지 쉽게 확인할 수 있다.

```
apple_potion = {'apple','herbs'}
if apple_potion.issubset(pocket):
    print('You have the ingredients for the apple potion')
```

사과 물약apple potion은 사과와 약초로 만들어진다. 위의 코드는 플레이어가 사과 물약을 만들 수 있는지 확인한다. 한 집합의 내용물로부터 다른 집합의 내용물을 빼기 위해 빼기 연산자를 사용할 수 있다. 다음 코드는 주머니에서 사과apple 항목과 약초herbs 항목을 제거한 다음, 주머니에 사과 물약(apple_potion)을 추가한다.

```
pocket = pocket - apple_potion
pocket.add('apple potion')
```

위의 코드는 빼기(-) 연산자가 두 집합 사이에 적용될 수 있기 때문에 동작한다. 위의 코드를 실행하면 apple_potion 집합의 항목들(apple 항목과 herbs 항목)은 pocket 집합에서 제거될 것이다.

집합과 태그

집합은 자주 사용하지 않는 것들 중 하나다. 하지만 집합을 사용하는 경우 집합은 매우 유용하다. 의류 판매점 주인이 연락이 와서 구현했으면 하는 아이디어를 제시했다. 의류 판매점 주인은 고객들이 종종 특정 "룩look"이나 "스타일"을 추구한다는 사실을 알아챘다. 고객들은 출근 혹은 야외활동 혹은 격식이 필요한 자리를 위한 항목들을 구매할 수도 있다. 재고 품목에 "태그"를 추가해 재고로 보유한 항목 중 "격식" 의류나 "야외활동" 의류 (혹은 "격식 있는 야외활동" 의류)를 쉽게 검색할 수 있는 기능이 필요하다. 그리고 나서 주인은 고객들에게 적절한 항목들을 추천해줄 수 있다.

자료의 많은 항목들이 이런 식으로 태그가 붙는다. 나의 블로그 게시물은 "파이썬", "C#", "전자제품" 등이 태그로 붙는다. 내가 찍은 사진에 "일몰", "풍경", "사람" 등의 태그를 붙일 수 있다. 집합은 어떤 항목에 붙은 태그를 나타내기 위한 매우 좋은 방법이다.

문자열 텍스트로부터 집합 생성하기

의류 판매점의 각 StockItem에게 tags 속성을 부여할 수 있다. tags 속성은 태그 값들의 집합이다. 재고 품목을 생성할 때 태그들을 입력한다. 콤마로 구분되는 목록 형태로 태그들을 입력한 다음 이를 태그 집합으로 변환할 수 있다. 즉, 사용자는 다음과 같이 입력한다.

```
Enter tags (separated by commas): outdoor,spring,informal,short
```

프로그램의 StockItem을 입력 받는 부분은 콤마로 구분된 리스트를 해당 재고 품목용 태그 집합으로 변환한다. 이를 어떤 식으로 수행할 수 있을지 살펴보자. 태그 목록을 입력받기 위해 텍스트 읽기 메소드를 사용할 수 있다.

```
tag_string = read_text('Enter tags (separated by commas): ')
```

위의 코드는 태그를 입력 받은 다음, tag_string이라는 변수에 해당 태그들을 저장한다. 우선해야 할 일은 문자열의 모든 글자가 소문자인지 확인하는 것이다. 파이썬 집합에서 "Outdoor" 태그와 "outdoor" 태그는 다르다. 하지만 두 태그가 검색 시 일치하는 것으로 결과가 나오길 원한다.

```
tag_string = str.lower(tag_string)
```

위 코드는 str형이 제공하는 lower( ) 메소드를 사용해 tag_string을 소문자로 변환한다. 5장에서 이름을 대문자로 변환했을 때 이와 같은 문자열 메소드를 사용했다.

항목 리스트로부터 집합을 생성할 수 있다. 따라서 다음으로 태그 문자열을 리스트로 변환해야 한다. 이러한 과정을 재고 품목 세부사항 리스트로부터 긴 문자열 출력을 생성할 때 사용했던 join 함수를 거꾸로 수행하는 것이라고 생각해도 좋다. str 형이 제공하는 split 메소드는 이러한 과정을 수행한다.

```
tag_list = str.split(tag_string, sep=',')
```

split 메소드는 문자열을 받아서 해당 문자열을 항목 리스트로 변환한다. 나누고자 하는 각 항목 사이의 구분자를 지정하기 위해 키워드 인자 sep을 사용할 수 있다. 이 경우 콤마 문자를 사용해 항목들을 분류하길 원한다. 따라서 콤마를 sep의 값으로 입력한다.

위의 코드 실행이 완료되면 변수 tag_list는 사용자가 입력한 태그 리스트를 포함한다. 집합을 생성하기 위해 해당 리스트를 사용하면 된다고 생각할 수도 있지만 문제가 있다. 의류 판매점 주인이 다음과 같이 입력을 한다고 생각해보자.

```
Enter tags (separated by commas): outdoor, spring, informal, short
```

앞에서 살펴본 목록과 매우 유사해 보이지만 위의 태그 목록과 이전 태그 목록 사이에는 중요한 차이점이 존재한다. 이번에 주인은 태그 이름 앞에 빈 공간을 입력했다. 태그 spring(단어 앞에 빈칸이 없는 경우)과 태그 spring(단어 앞에 빈칸이 있는 경우)은 집합에서 다른 항목으로 인식된다. 이는 검색 시 일부 항목들이 표시되지 않는 결과를 낳아서 의류 판매점 주인으로부터 불만이 제기될 수 있다. 그렇다고 가게 주인에게 입력을 잘못한 것이라고 얘기해봤자 상황이 나아지지 않는다. 따라서 집합을 생성하기 전에 태그 이름들을 정리할 필요가 있다.

8장에서 strip이라는 문자열 메소드에 관해 배웠다. strip 메소드를 사용해 문자열 맨 또는 뒤에 위치한 출력할 수 없는 문자들을 제거할 수 있다. 태그 목록의 모든 항목들에 대해 str형이 제공하는 strip 함수를 적용해야 한다.

```
tag_list = map(str.strip,tag_list)
```

위의 코드가 이해하기 어렵다면 우리가 수행하고자 하는 것이 무엇인지 생각해보자. 목록의 모든 문자열로부터 출력할 수 없는 모든 문자들을 제거하고자 한다(예를 들어 빈칸 문자). 이를 수행하기 위한 메소드가 strip이라는 사실을 알고 있다. map 함수의 역할은 함수를 받아서 해당 함수를 전체 항목 모음에 대응시키는 것이다.

이제 태그 리스트가 정리되었으니 해당 리스트를 사용해 집합을 생성해보자.

```
tags = set(tag_list)
```

위의 동작을 제공하기 위한 가장 좋은 방법은 메소드 형태로 제공하는 것이다. 메소드가 문자열을 받아서 해당 문자열로부터 생성된 집합을 반환한다.

```python
@staticmethod
def get_tag_set_from_text(tag_text):
    '''
    콤마로 구분된 리스트를 개별적인 항목들의 집합으로 변환한다.
    텍스트를 소문자로 변환한 다음, 각 단어를 잘라낸다.
    '''
    # 문자열을 소문자로 변환한다.
    tag_text = str.lower(tag_text)

    # 각 단어가 콤마로 구분된 문자열을 받아서
    # 단어들로 구성된 리스트를 만든다.
    tag_list = str.split(tag_text, sep=',')

    # 리스트의 각 문자열 맨 앞 혹은 맨 뒤의 공간을 제거한다.
    tag_list = map(str.strip,tag_list)

    # 리스트로부터 생성된 집합을 반환한다.
    return set(tag_list)
```

위의 코드는 의류 판매점 애플리케이션에 추가한 메소드다. 위의 메소드를 정적 메소드로 만든 이유는 위의 메소드가 제공하는 기능이 클래스의 특정 인스턴스에 해당하는 것이 아니기 때문이다.

태그 검색하기

태그를 재고 품목에 추가했으니 다음으로 재고 리스트에서 검색하고자 하는 태그를 포함하는 항목들을 선택할 수 있어야 한다. 즉, 의류 판매점 주인은 검색하고자 하는 태그 목록을 입력하고 프로그램은 해당 태그와 일치하는 항목들을 표시한다.

```
Enter the tags to look for (separated by commas): outdoor,spring
Stock Reference: BL343
Type: Blouse
Location: blouse rail
Price: 100
Stock level: 0
Color: pink
Tags: {'spring', 'friendly', 'city', 'outdoor'}
Size: 14
Style: plain
Pattern: check
```

위의 출력 결과는 태그 검색이 어떤 식으로 동작하는지 나타낸다. 의류 판매점 주인은 봄에 입을 만한 아웃도어 의류를 검색했고 프로그램은 해당 조건에 맞는 블라우스를 찾았다. get_tag_set_from_text 메소드를 사용해 검색 집합을 생성할 수 있고 모든 재고 품목을 순회하여 해당 검색 집합에 일치하는 재고 품목들을 찾을 수 있다.

이번 예의 경우 검색하고자 하는 태그들이 속한 태그 집합을 찾은 것이다. 위의 예에서 검색 집합은 { outdoor, spring }이고 일치하는 항목의 태그는 { spring, friendly, city, outdoor }이다. 위의 항목이 일치하는 항목으로 선택된 이유는 해당 항목의 태그가 검색하고자 하는 태그들을 포함하기 때문이다.

issubset 메소드를 사용해 검색하고자 하는 태그들이 결과 태그들의 부분 집합인지 확인할 수 있다.

```
def match_tags(item):
    '''
    항목의 태그가 검색 태그들을 포함하는 경우
    True를 반환한다.
    '''
    return search_tags.issubset(item.tags)
```

match_tags 함수는 검색하고자 하는 태그들이 메소드의 매개변수로 전달된 태그들의 부분 집합인 경우 True를 반환한다. 위의 함수를 작성한 이유는 filter 함수에서 match_tags 함수를 사용하기 위함이다. filter 함수는 이전에 사용해본 적이 없는 함수로 map 함수와 같은 방식으로 동작한다. map 함수는 함수를 모음의 모든 항목들에 적용한 결과를 반환한다. 이는 사용자가 입력한 태그 문자열 목록의 모든 문자열에 trim을 적용했던 것과 같은 방식이다.

filter 함수는 모음의 모든 항목들에 필터를 적용한 결과를 반환한다. filter 함수가 True를 반환한다면 결과로 생성되는 모음은 해당 항목을 포함한다.

```
filtered_list = filter(match_tags, stock_list)
```

위의 코드는 변수 filtered_list가 match_tags 메소드에 의해 걸러진 재고 품목들의 모음을 가리키도록 설정한다. 필터 동작 방식을 변경하길 원하는 경우 다른 필터 함수를 만들어서 해당 필터 함수를 사용하면 된다(예를 들어 주어진 태그와 일치하지 않는 항목들을 반환하는 경우).

```
def find_matching_with_tags(self, search_tags):
    '''
    search_tags를 부분 집합으로 포함하는 재고 품목들을 반환한다.
    '''

    def match_tags(item):
        '''
        항목의 태그가 검색 태그들을 포함하는 경우
        True를 반환한다.
        '''
        return search_tags.issubset(item.tags)

    return filter(match_tags, self.__stock_dictionary.values())
```

위 코드는 FashionShop 클래스의 find_matching_with_tags 메소드다. 해당 메소드는 매개변수로 제공된 태그들을 포함하는 재고 품목들의 리스트를 반환한다. 해당 메소드는 이전에 살펴본 적이 없는 파이썬 기능을 사용한다. match_tags 함수가 find_matching_with_tags 메소드 내에 선언됐다. 파이썬은 함수가 프로그램 코드 내에 선언되는 것을 허용한다. 이에 대해서는 다음 장에서 파이썬 코드 라이브러리를 생성하는 법에 관해 알아볼 때 자세히 알아볼 것이다.

샘플 코드 파일인 'EG11-13 태그 기능이 있는 의류 판매점 애플리케이션'은 재고 품목에 태그를 붙이고 태그를 검색할 수 있는 의류 판매점 애플리케이션을 포함한다.

집합과 클래스 계층 구조 간의 비교

사람들을 위해 프로그램을 작성하는 것의 좋은 점 중 하나는 사람들이 프로그램을 이용해 무엇을 하는지 알 수 있다는 점이다. 여러분은 태그 기능이 있는 의류 판매점 애플리케이션을 판매점 주인에게 전달했고 주인은 해당 애플리케이션에 대해 매우 만족한다. 주인은 태그 기능이 있는 애플리케이션을 사용하기 시작했다. 얼마 후 주인은 몇 가지 변경했으면 하는 점들에 관해 논의하고자 여러분에게 전화를 했다. 고객으로부터 전화를 받는 것은 걱정스러운 일일 수 있다. 무언가 잘못됐을 수도 있기 때문이다.

다행히도 코드상에 잘못된 것은 없었지만 의류 판매점 주인은 애플리케이션이 동작하는 방식에 큰 변화를 주고 싶어 한다. 주인은 태그를 사용해 재고에서 항목들을 식별하는 기능을 매우 좋아하며 매번 다양한 세부사항들을 입력해야 하는 것이 불편하다고 느낀다. 대신에 모든 재고를 태그를 사용해 색인화하고 싶어한다. 드레스들은 dress 태그를 지니고 바지들은 pants 태그를 지니는 식으로 변경하고자 한다. 즉, 주인은 바로 다음 화면에서 그 다음 화면으로 변경하고자 하는 것이다.

변경 전

```
What kind of item do you want to add: 1
Creating a Dress
Enter stock reference: D001
Enter price: 120
Enter color: red
Enter location: shop window
Enter tags (separated by commas): evening,long
Enter pattern: swirly
Enter size: 12
```

변경 후

```
Enter stock reference: D001
Enter price: 120
Enter tags (separated by commas): dress,color:red,location:shop
window,pattern:swirly,size:12,evening,long
```

주인은 다양한 태그들을 검색하는 것이 매우 쉽다고 느끼고 있다. 태그 자체도 재고 페이지에 적곤 했던 메모들을 떠올리게 한다. 새로운 종류의 항목들을 재고로 보유하기 시작하는 경우 혹은 보유한 항목들을 기술하는 새로운 방식이 필요한 경우 새로운 태그를 만들기만 하면 된다. 이를 위해 주인이 정말로 필요로 하는 변경사항은 항목에 대한 태그 정보를 수정하는 기능을 추가하는 것이다. 이런 기능을 추가하면 새로운 태그들을 추가할 수 있다. 우리는 그런 식으로 작업하는 것의 위험성을 설명했다. 예를 들어 태그를 잘못 입력한 경우 해당 항목을 검색할 수 없을 것이다. 하지만 주인은 그런 문제점은 크게 상관치 않는다. 주인은 태그를 너무 맘에 들어 한다.

샘플 코드 파일 EG11-14 태그 기능만 존재하는 의류 판매점 애플리케이션은 태그만 가지고 동작하는 의류 판매점 애플리케이션을 포함한다.

집합과 태그를 사용할 때의 장점

이와 같이 집합을 사용해 태그를 구현하는 것은 다음 장점이 있다.

- 고객이 재고를 관리하는 방식을 완전히 제어할 수 있다.

- 고객이 계속해서 태그를 추가한 다음, 해당 태그들을 검색하기만 하면 된다. 고객은 태그의 개수가 매우 많아지면 검색이 다소 어렵다고 느낄 수 있지만 어쩌됐든 고객이 좋아하는 방식이다.

- 프로그래밍 관점에서 볼 때 클래스 계층 구조가 필요 없다는 점에 있어 프로그램을 매우 단순화한다. 시스템의 모든 것이 재고 품목이 될 수 있다.

클래스를 사용할 때의 장점

이와 같이 자료를 관리하기 위해 클래스를 사용할 때의 가장 큰 장점은 애플리케이션이 생성되는 객체에 대해 엄격한 규칙을 강제한다는 것이다. 클래스를 사용하는 경우 시스템의 모든 드레스가 사이즈, 패턴, 색상 속성을 지닌다는 것을 보장할 수 있다. 드레스를 생성하기 위해 이러한 모든 정보가 필요하기 때문이다. 의류 판매점 주인이 태그를 사용해 드레스를 기술하는 경우 재고 품목에 일부 자료를 입력하지 않을 위험이 있다. 즉, 태그를 사용하는 경우 주인은 드레스의 색상을 지정하지 않을 수도 있다.

또한 클래스는 다형성을 지원한다. 특정 동작을 수행할 때 드레스 객체가 바지 객체와는 다르게 동작하도록 만들 수 있다. 이전에 재고 품목의 내용물에 대한 문자열 기술을 제공하기 위해 __str__ 메소드를 작성했을 때 다형성을 사용했다. 각 재고 품목은 해당 항목의 형에 맞는 속성들에 대한 기술을 제공할 수 있다. 단순히 모든 항목들에 태그만을 붙인다면 다양한 종류의 항목들이 다양하게 동작하도록 만들기 위한 쉬운 방법을 놓치는 것이다.

프로그래머를 위한 조언
프로그래머에게 중요한 것이 고객에게는 중요하지 않을 수도 있다

고객을 위해 소프트웨어를 작성하다 보면 많은 어려움 끝에 위의 사실을 배우게 될 것이다. 여러분이 훌륭하거나 중요하거나 유용하다고 생각하는 것들에 대해 고객은 전혀 관심이 없는 경우가 있다. 마찬가지로 고객에게 중요한 것들을 프로그래머가 인지하지 못하는 경우도 있다. 의류 판매점 애플리케이션의 경우 모든 재고 품목의 모든 세부 사항을 항상 저장하는 것이 매우 중요하다는 가정을 했다. 클래스 계층 구조는 이를 달성하기에 매우 적합한 방법이기 때문에 클래스 계층 구조 방식을 사용했다.

하지만 시스템이 재고 참조 번호와 가격, 재고로 보유 중인 항목의 개수를 엄격히 관리하는 한 고객은 재고 품목의 다른 정보에 크게 관심이 없다는 사실을 알게 됐다. 고객은 태그를 추가하고 수정해 원하는 대로 재고를 조직화할 수 있는 기능이 매우 유용하다고 생각한다.

고객이 중요시 하는 것이 무엇인지 파악하는 것은 프로젝트를 성공으로 이끌 때 매우 중요하다.

코드 분석

설계 방식 결정하기

설계 방식을 결정할 때는 일부 시나리오를 살펴본 다음, 태그를 사용하는 것이 좋을지 클래스 계층 구조를 사용하는 것이 좋을지 결정해야 한다.

질문: 지역 은행으로부터 다양한 종류의 은행 계좌 집합을 만들라고 요청 받았다. 해당 은행은 저축 계좌, 신용 계좌, 예금 계좌를 제공한다. 이 경우 클래스 계층 구조를 사용해야 할까?

답: 이 경우 클래스 계층 구조가 가장 적합하다. 저장하는 항목의 모든 속성을 제어할 수 있어야 한다. 각 계좌의 일부 항목들은 공통이지만(예를 들어 계좌 소유주의 이름과 주소) 다른 항목들은 각 계좌별로 다르다. 예를 들어 신용 계좌는 신용 최대치 속성을 필요로 한다. 상위클래스인 계좌 클래스는 공통 항목들을 저장하고 하위클래스들은 각 하위클래스에만 필요한 속성들을 저장하는 것이 좋다.

게다가 클래스 계층 구조는 다형성을 제공한다. 출금 과정은 계좌 종류마다 다를 것이다. 따라서 각 하위클래스는 출금 기능을 수행하기 위한 자신만의 메소드를 제공할 수 있다.

질문: 지역 미술관으로부터 예술품 관리 시스템을 만들어달라는 요청을 받았다. 미술관에는 그림, 조각, 원고가 있다. 이 경우 클래스 계층 구조를 사용해야 할까?

답: 이 경우 클래스 계층 구조를 사용하는 것이 좋지 않을 수 있다. 미술관의 각 항목은 다른 속성들을 지니고 미술관은 재고를 분류하는 방식을 계속해서 개선하고 변경하길 원할 것이다. 이때는 집합과 태그가 적합할 것이다. 사실 의류 판매점 애플리케이션을 그대로 사용하라고 제안할 수도 있다. 의류 판매점 애플리케이션은 미술관 소유주가 전시품에 관한 어떤 종류의 정보도 저장할 수 있을 만큼 유연하기 때문이다.

요약

11장에서는 또 다른 유용한 애플리케이션을 만들었다. 해당 애플리케이션을 구성요소를 기반으로 만들었고 상속을 사용해 많은 수의 관련된 항목들을 관리할 수 있었다. 각 관련 항목의 특성은 약간씩 다르다. 프로그래머는 상속을 사용해 상위클래스(부모) 기반으로 하위클래스(자식)을 생성할 수 있다. 하위클래스는 상위클래스의 모든 속성을 상속하고 상위클래스의 동작을 대체하기 위해 재정의를 사용할 수 있다. 예를 들어 의류 판매점 애플리케이션에는 StockItem 클래스가 있다. StockItem 클래스는 Dress 클래스와 Pants 클래스의 상위클래스다. StockItem 클래스는 모든 재고 품목에 공통된 모든 정보를 저장한다. Dress 하위클래스와 Pants 하위클래스는 각 의류 품목에 특정한 정보를 저장한다. 각 하위클래스는 상위클래스의 __str__ 메소드를 재정의한다. 따라서 Dress 클래스는 자신에 맞는 문자열 기술을 생성할 수 있다.

시스템을 구성요소로 나누어 각 구성요소를 개별적으로 개발하고 테스트하는 것이 훨씬 쉽다는 것을 배웠다. 하나의 구성요소는 해당 구성요소의 목적을 수행하기 위한 메소드 속성 집합을 제공한다. 예를 들어 StockItem 클래스에는 add_stock이라는 메소드가 있는데 해당 메소드는 재고 수량을 증가시켜야 할 때 사용할 수 있다. 시스템의 다른 부분들은 특정 구성요소를 해당 구성요소가 제공하는 메소드에 대해서만 생각하면 되고 해당 메소드가 어떤 식으로 동작하는지는 신경 쓰지 않아도 된다. FashionShop 클래스 중 딕셔너리를 사용해 재고 품목을 저장하는 예를 살펴봤다. 해당 클래스를 데이터베이스를 사용하는 FashionShop 클래스로 대체한다고 해도 시스템의 다른 클래스를 전혀 변경할 필요가 없다. 구성요소가 어떤 메소드 속성을 제공할지 결정한 다음에는 구성요소를 개별적으로 개발하고 테스트할 수 있다.

집합에 대해서도 알아봤다. 집합은 파이썬에 의해 관리될 수 있는 고유값들로 이루어진 모음이다. 집합은 집합의 내용물을 관리하고 집합 간에 관계를 확인할 수 있는 함수들을 제공한다. 집합을 사용해 객체에 집합에 저장된 값들을 태그로 붙일 수 있다. 그러고 나서 태그를 기반으로 객체 모음을 검색하고 원하는 결과를 추려낼 수 있다. 이를 사용해 더 단순화된 의류 판매점 애플리케이션을 만들었다. 해당 버전은 다양한 종류의 객체들을 다양한 재고 품목에 관한 정보를 저장할 수 있는 태그로 대체했다.

마지막으로 시스템의 사용자에게 중요한 것이 무엇인지 확실히 이해하는 것이 프로그래머에게 매우 중요하다는 사실을 살펴봤다.

다음은 11장에서 배운 내용에 대해 생각해볼 만한 심화 질문이다.

많은 관련 항목들을 저장해야 하는 경우 클래스 계층 구조를 사용해야 할까?

그렇지 않다. 나는 각 관련된 항목들이 다형성을 사용해 고유한 방식으로 동작해야 하는 경우에만 클래스 계층 구조를 사용한다. 16장에서 비디오 게임을 만들 때 이 기능이 매우 유용하게 사용되는 것을 확인할 수 있다. 비디오 게임의 각 항목은 update 메소드를 지니며 update 메소드는 항목의 종류에 따라 다르게 동작한다. 플레이어 클래스의 update 메소드는 게임 제어를 입력 받아 플레이어가 화면에서 이동하도록 하고 외계인 클래스의 update 메소드는 외계인이 플레이어를 쫓도록 만든다.

무엇이 객체를 소프트웨어 구성요소로 만드는가?

소프트웨어 구성요소를 생성하는 것이 좋다는 점을 알아봤다. 소프트웨어 구성요소는 응집력(cohesive)이 있다. 소프트웨어 구성요소는 다른 객체를 활용하지 않고도 자신의 모든 함수를 수행할 수 있다. 응집력 관점에서 StockItem 클래스를 바라보면 StockItem 클래스가 수행하길 바라는 모든 동작이 다른 객체에 대한 참조 없이 StockItem 클래스 하나로만 수행됨을 알 수 있다. 응집력이 좋지 않는 시스템에는 다른 클래스에 create_stock_item과 sell_stock과 같은 메소드가 존재할 것이다.

어떤 객체가 응집력이 좋은지 확인하기 위한 좋은 방법으로 해당 구성요소를 동일한 방식으로 동작하는 다른 구성요소로 변경하는 경우 얼마나 많은 노력이 필요할지 계산해볼 수 있다. StockItem의 경우 다른 클래스를 변경하지 않고도 StockItem 클래스를 동일한 방식으로 동작하는 다른 버전으로 변경할 수 있을 것이다.

구성요소를 어떤 식으로 사용할 것인지를 매우 잘 정의해야 한다. StockItem 클래스는 재고 품목에 관한 자료를 저장하고 관리할 수 있는 메소드 집합을 제공한다. StockItem 클래스는 다른 목적의 메소드는 전혀 제공하지 않는다.

구성요소 기반 설계에 관해 가장 중요한 점은 구성요소를 우선 설계해야 한다는 것이다. 각 구성요소가 어떤 자료 속성을 지닐지 결정한 다음, 메소드 속성과 개별적인 구성요소가 어떤 식으로 연관될 것인지 결정해야 한다. 그리고 나서 이러한 구성요소들을 개별적으로 작업한 다음, 완성된 솔루션을 만들기 위해 구성요소들을 통합해야 한다.

프로그램을 만들기 위해 객체지향 설계를 사용해야 하는가?

그렇지 않다. 파이썬의 좋은 점 중 하나는 각 객체에 특정 이름을 지닌 메소드를 추가하기만 하면 다형성(객체가 자신에게 적절한 방식으로 동작하도록 만드는 것)을 달성할 수 있다는 것이다. 해당 객체의 해당 메소드를 호출하면 해당 객체의 특성에 맞는 동작이 수행된다.

코드를 작성하기 전에 클래스 프레임워크를 생성하고 속성들을 설계할 필요가 없다. 우선 프로그램 작성을 시작하면 된다. 덕분에 프로그램 개발이 매우 흥미로우며 때때로 잘 동작하는 솔루션을 만들어낸다. 하지만 이런 식으로 작성된 프로그램은 수정하거나 업그레이드하기 매우 어렵다. 프로그램에 변경을 직접 해보기 전에는 프로그램이 어떤 식으로 동작하는지 파악하기 어렵기 때문이다.

여러분은 프로그램을 컴퓨터용으로 작성한다고 생각할 수도 있다. 이는 프로그램이 컴퓨터에 의해 실행된다는 점에 있어서는 사실이라고 볼 수 있다. 하지만 나는 다른 사람을 위해 프로그램을 작성하려 노력한다. 특히나 내가 만든 프로그램을 작업해야 하는 다른 프로그래머들을 염두에 둔다. 내가 코드를 작성할 때 우선순위는 가능한 한 이해하기 쉽게 만드는 것이다. 이로 인해 코드 실행 속도에만 집중했을 때에 비해서는 코드 실행 속도가 느릴 수 있다. 하지만 요즘 컴퓨터들은 너무나 강력해서 이러한 점이 문제가 되는 경우가 거의 없다.

하위클래스와 상위클래스 간의 관계가 이토록 헷갈리는 이유는?

만약 여러분이 해당 관계에 대해 헷갈리지 않았다면 다음 질문으로 넘어가자. 하지만 내 경우, 상위클래스가 더 적은 기능을 지녔기 때문에 상위클래스와 하위클래스의 관계가 항상 헷갈린다. 하위클래스는 상위클래스의 확장이기 때문에 하위클래스는 항상 상위클래스보다 많은 기능을 수행하거나 적어도 동일한 기능을 수행할 수 있다. 상위클래스를 '상위(super)'라고 부르는 이유는 클래스 구조에 있어 위쪽에 위치하고 하위클래스들이 해당 클래스로부터 내려왔기 때문이다. 상위클래스와 하위클래스의 관계가 어떤 식으로 동작하는지 헷갈린다면 다음의 경우를 생각해보자. 사람 클래스들 간에 관계가 정의된 클래스 다이어그램에서 슈퍼히어로가 해당 클래스 다이어그램의 가장 상위클래스라고 해보자. 이 경우 그 아래에 있는 모든 하위 사람 클래스들은 최상위 클래스인 슈퍼히어로 클래스로부터 속성을 상속받기 때문에 모든 사람들은 초능력을 지닐 것이다.

클래스의 메소드를 재정의하면 정확히 무슨 일이 일어나는가?

메소드 재정의함으로써 상위클래스의 동작보다 더 적절한 동작을 제공할 수 있다. 파이썬이 어떤 클래스의 메소드 속성을 호출할 때 우선 해당 클래스에 해당 메소드가 있는지 살펴본다. 만약 해당 클래스에서 해당 메소드를 찾지 못한 경우 해당 객체의 상위클래스에 해당 메소드가 있는지 찾는다. 메소드를 찾거나 클래스 계층 구조의 모든 객체를 다 살펴볼 때까지 이 과정을 반복한다. 메소드 재정의를 허용하는 것은 파이썬 프로그램을 약간 느리게 만든다. 메소드 호출 시 검색 과정이 포함될 수 있기 때문이다. 하지만 파이썬 시스템은 매우 빠르게 검색하는 데 매우 능하다.

클래스의 어떤 항목들을 정적 항목으로 만들어야 하나?

정적 항목들은 항상 존재한다. 정적 항목들을 사용하기 위해 객체를 만들지 않아도 된다. 정적 항목들은 객체의 일부가 아니라 클래스의 일부이기 때문이다. 정적 자료 속성을 사용해 클래스 수준에서 필요한 값들을 저장할 수 있다. 예를 들어 재고 품목의 최대 가격은 정적인 값이 될 수 있을 것이다. 프로그램은 재고 품목 객체를 만들지 않고도 재고 품목의 최대 가격을 찾길 원할 것이다. 또한 최대 가격을 모든 재고 품목에 저장하는 것이 아니라 클래스에만 저장해야 한다.

정적 메소드 속성을 사용해 클래스 인스턴스 없이 사용할 수 있는 메소드를 만들 수도 있다. load 메소드는 정적 메소드의 아주 좋은 예다. 객체를 아직 불러오지 않았기 때문에 load 메소드는 객체의 일부가 될 수 없기 때문이다.

추상화는 언제 사용해야 하는가?

추상화는 시스템에서 생성하고자 하는 객체에 관해 생각할 때 사용한다. 예를 들어 여러분이 판매 관리 시스템을 만드는 경우 추상화를 사용하면 해당 시스템을 사용할 다양한 종류의 고객들에 대해 고민하지 않아도 된다. 추상화를 사용해 모든 종류의 고객을 '고객들'로 간주한 다음, 고객들이 무엇을 수행하길 원하는지 하고 설계를 발전시켜가면서 좀 더 구체적인(덜 추상적인) 클래스들을 생성하면 된다.

12

파이썬
애플리케이션

학습 목표

12장에서 완전한 기능을 지닌 파이썬 애플리케이션을 만드는 법을 알아본다. 우선 프로그램 설계 시 유연성과 강력함을 제공하는 추가적인 파이썬 함수 기능들 전체를 살펴본다. 그러고 나서 프로그램을 모듈과 패키지로 패키징하는 법을 배울 것이다. 마지막으로 파이썬 애플리케이션을 테스트하고 문서화하는 법을 배운다.

고급 함수

이번 절에서는 파이썬 함수들이 어떤 식으로 동작하는지에 관한 이해도를 높이고 파이썬 언어의 정말 유용하면서도 강력한 기능들에 대해 알아볼 것이다.

함수에 대한 참조

이미 함수에 대한 참조를 사용한 적 있다. 7장에서 함수를 참조하는 변수를 생성할 수 있다는 사실을 배웠다. 10장에서는 파이썬 map 함수에 인자로 함수의 참조를 전달해 해당 함수를 모음의 모든 항목에 적용해봤다. 11장에서는 filter 함수에 인자로 함수 참조를 전달해 리스트로부터 항목들을 선별했다. 이제 함수 참조에 대해 좀 더 자세히 알아볼 것이다. 우선 다음 코드를 살펴보자.

```
# EG12-01 간단한 함수 참조

def func_1():                                      func_1라는 함수를 생성한다.
    print('hello from function 1')

def func_2():                                      func_2라는 함수를 생성한다.
    print('hello from function 2')

x = func_1                                         변수 x가 func_1를 참조하도록 설정한다.
x()                                                x가 참조하는 함수를 호출한다.
x = func_2                                         변수 x가 func_2를 참조하도록 설정한다.
x()                                                x가 참조하는 함수를 호출한다.
```

위 코드는 func_1과 func_2라는 두 개의 함수를 포함한다. 변수 x는 각 함수를 차례로 참조하고 변수 x에 각 함수가 할당된 다음, 해당 함수를 호출한다. 위의 프로그램에서 변수 x가 함수 호출의 기반으로 사용되며 변수 x가 참조하는 함수가 호출된다. 결과 프로그램은 다음을 출력한다.

```
hello from function 1
hello from function 2
```

함수를 참조하는 변수가 함수 이름을 직접적으로 대체한다고 생각해도 좋다. 참조를 잘못
사용하면 함수를 잘못 호출했을 때 발생하는 것과 동일한 오류를 확인할 수 있다.

```
# EG12-02 유효하지 않은 함수 참조

def func_1():                            함수 func_1에는 매개변수가 없다.
    print('hello from function 1')

x = func_1
x(99)                                    참조 호출 시 인자가 존재한다.
```

위의 프로그램은 참조 x에 대한 호출에 인자(99)가 주어졌기 때문에 오류가 발생한다. 참
조 x가 참조하는 함수인 func_1의 정의를 보면 인자가 없기 때문에 인자를 받아들일 수
없기 때문이다.

```
Traceback (most recent call last):
    File "C:/Users/Rob/EG12-02 Invalid Function References.py", line 7, in <module>
        x(99)
TypeError: func_1() takes 0 positional arguments but 1 was given
```

참조 호출 시 위와 같은 오류가 발생한다. 하지만 오류 출력에 변수 x에 대한 언급은 없다.
함수 호출이 변수 x(함수 func_1에 대한 참조를 포함하는 변수)를 통해 이루어지긴 했지만
오류 보고서는 x가 참조하는 함수(func_1)가 제대로 호출되지 않았다고만 출력한다.

BTCInput 모듈에서 함수 참조 사용하기

BTCInput 모듈의 숫자 입력 함수를 사용할 때 함수 참조가 얼마나 강력한지 확인할 수
있다. BTCInput 모듈은 7장에서 프로그램이 사용자로부터 입력을 받기 위해 개발된 코
드를 기반으로 하는 함수들을 포함한다. BTCInput 모듈은 숫자 입력을 위한 함수 집합을
포함한다. 여기에는 정수를 입력 받는 함수도 포함된다.

```
def read_int(prompt):                            사용자에게 표시할 문자열을 인자로 전달한다.
    while True:
        try:
            number_text = read_text(prompt)      사용자가 입력한 숫자 텍스트를 입력 받는다.
            result = int(number_text) # read the input    int 함수를 사용해 사용자가 입력한
                                                          텍스트를 정수로 변환한다.
```

```
                    # 실행 흐름이 여기에 도달했다면 예외가 발생하지 않은 것이다.
                    # 루프를 빠져나간다.
                    break
            except ValueError:
                    # 실행 흐름이 여기에 도달했다면 사용자가 유효하지 않은 숫자를 입력한 것이다.
                    print('Please enter a number')

    # 결과를 반환한다.
    return result
```

위의 코드는 BTCInput 모듈의 read_int 함수를 나타낸다. 프로그램은 read_int 함수를 사용해 사용자로부터 정수를 입력 받을 수 있다. read_int 함수는 사용자가 "12" 대신에 "twelve"와 같은 것을 입력하면 일반적으로 발생할 수 있는 예외를 처리한다. read_int 함수는 프로그램에서 다음과 같이 사용될 수 있다.

```
age = BTCInput.read_int('Enter your age: ')
```

위의 코드는 read_int를 호출한다. read_int 함수는 정수값을 입력 받아서 이를 age라는 변수에 할당한다. 또한 BTCInput 라이브러리는 부동 소수점 숫자를 입력 받을 수 있는 read_float라는 함수를 포함한다. read_float 함수의 코드는 한 가지만 제외하고는 read_int와 동일하다. read_float 함수는 사용자가 입력한 텍스트로부터 정수가 아닌 부동 소수점 숫자를 생성한다. 어떤 값이든 입력 받을 수 있는 포괄적인 함수인 read_number 함수를 만든 다음, 입력된 문자열을 숫자값으로 변경하면 코드가 중복되는 문제를 해결할 수 있다.

```
def read_number(prompt, number_converter):            ──────────    수를 전환하는 기능은 매개변수가 된다.
    '''
    사용자에게 메시지를 표시한 다음
    사용자가 입력한 텍스트에 number_converter 함수를 적용한 결과를 반환한다.
    number_converter 함수가 예외를 일으키면 사용자로부터 다시 입력 받는다.
    키보드 중단 (Ctrl+C)은 무시된다.
    '''
    while True:
        try:                                                        수를 전환하기 위해 number_converter
                                                                    매개변수를 사용한다.
            number_text = read_text(prompt)
            result = number_converter (number_text) # read the input
```

```
                    # 실행 흐름이 여기에 도달했다면 예외가 발생하지 않은 것이다.
                    # 루프를 빠져 나간다.
                    break
            except ValueError:
                    # 실행 흐름이 여기에 도달했디면 사용자가 유효하지 않은 숫자를 입력한 것이다.
                    print('Please enter a number')

        # 결과를 반환한다.
        return result
```

위의 코드는 read_int 함수와 매우 유사하다. 하지만 read_number 함수에는 number_converter라는 추가적인 매개변수가 있다. 해당 매개변수는 입력 받은 텍스트 문자열을 결과로 반환될 숫자로 변환하는 데 사용될 숫자 변환 함수에 대한 참조다.

이제 우리는 read_number 함수에게 사용자가 입력한 문자열을 어떤 식으로 결과값으로 변환할지 명령할 수 있다. 그 다음으로 read_float 함수를 만들 수 있다. read_float 함수는 read_number 함수를 호출하고 이때 텍스트를 숫자로 변환하는 숫자 변환 함수로 float를 전달한다.

```
def read_float(prompt):
    return read_number(prompt=prompt, number_converter=float)
```

위의 코드는 사용자한테 표시할 메시지를 매개변수로 입력 받고 부동 소수점 결과를 반환하는 read_float 메소드이다. read_float 메소드는 이를 위해 read_number 함수를 호출한다. number_converter 인자에 float 함수가 전달된다는 점에 주목하자. float는 read_number 함수가 텍스 입력을 숫자로 변환할 때 사용해야 할 함수이기 때문이다.

코드 분석

함수 참조

함수 참조는 복잡하다. 여러분이 아무런 질문이 없다면 놀라운 일이다.

질문: 함수 참조가 무엇인가?

> **답**: 함수 참조를 프로그램의 다른 부분에게 무엇을 해야 할지 지시하는 프로그램의 한 부분이라고 생각해도 좋다. 사람들은 항상 서로에게 무엇을 해야 할지 얘기한다. 요리를 할 때 나의 아내는 나

에게 감자를 준 다음 "감자 껍질을 벗기고 구우세요"라고 말하곤 한다. 또 어떤 때는 감자를 준 다음, "감자를 오븐에 넣어서 구우세요"라고 말하곤 한다. 여기에는 두 가지 입력이 존재한다.

- 감자
- 감자를 가지고 무엇을 해야 하는지에 관한 명령

read_number 함수에는 사용자에게 표시할 메시지와 read_number 함수가 문자열을 숫자값으로 변환하기 위해 호출할 함수의 참조, 이렇게 두 가지 매개변수가 있다. 함수 참조 매개변수를 함수에게 무엇을 해야 할지 명령하기 위한 방법으로 생각해도 좋다.

질문: 함수 참조를 사용하는 것이 좋은 생각인 이유는?

답: read_float 함수와 read_int 함수는 거의 동일한 것을 수행한다. 둘 다 숫자를 입력 받는다. 두 함수 간에 유일한 차이점은 입력 문자열로부터 결과를 생성하기 위해 한 함수는 int 메소드를 사용하고 다른 함수는 float 메소드를 사용한다는 것이다. 두 개의 함수가 한 문장만 제외하고 동일하다면 이는 좋은 프로그래밍 방법이 아니다. 거의 동일한 코드를 지니는 두 개의 함수를 작성하는 경우 하나의 함수로 두 함수의 작업을 수행하도록 만들기 위해 어떤 식으로 매개변수를 사용해야 할지 고민해봐야 한다. read_number 함수에게 무엇을 수행할지 지시하는 가장 좋은 방법은 read_number 함수가 사용할 함수에 대한 참조를 매개변수로 전달하는 것이다.

단순히 프로그램의 용량을 줄이기 위해 두 함수 대신 하나의 read_number 함수를 사용하는 것이 아니다. 두 함수 대신 하나의 함수를 사용하는 이유는 숫자 입력 함수에 실수가 있음을 알아챘거나 숫자 입력 함수를 변경해야 하는 경우 하나의 함수만 변경하면 되기 때문이다.

질문: 로마 숫자를 숫자 결과로 변환하는 함수를 작성하기 위해 read_number를 사용해 로마 숫자를 입력 받을 수 있나?

답: 가능하다. 나는 "XVI"와 같은 로마 숫자 문자열을 입력 받아 해당 문자열이 나타내는 숫자(이 경우 16)를 계산하는 함수를 작성한 적이 있다. 여러분도 이를 시도해보길 바란다. 여러분이 작성한 숫자 변환 함수는 문자열을 받아서 숫자를 반환한다. 함수에 숫자로 변환할 수 없는 문자열이 주어지는 경우 해당 함수는 예외를 일으켜야 한다. 이는 int 함수와 float 함수가 동작하는 방식과 동일하다. 여러분의 로마 숫자 변환 함수를 roman_converter라고 가정해보자. 이 경우 read_number를 다음과 같이 사용할 수 있다.

```
age = read_number(prompt='Enter your age in roman numerals',
number_converter=roman_converter)
```

read_number 함수는 다양한 경우에 사용 가능하다. 날짜 문자열(예를 들어 '12/10/2017')을 날짜 값으로 변환하는 함수를 작성하는 경우 read_number를 사용해 사용자가 유효한 날짜를 입력할 때까지 반복적으로 날짜를 입력 받을 수 있다.

number_converter 함수를 매개변수로 사용했던 것처럼 함수를 매개변수로 사용하는 것은 추상화의 한 형태다. 추상화는 문제로부터 한 발 물러나서 추후에 좀 더 구체화할 범용적인 해결책을 생각해내기 위한 방법이다. 우리는 사용자에게 반복적으로 질문한 다음, 답변을 처리하기 위해 입력 받은 함수를 사용하고, 처리가 제대로 이루어진 경우에만 결과를 반환하는 메소드를 작성했다. read_number 함수를 사용하면 어떤 사용자 입력도 요청하고 처리할 수 있다.

함수 참조 리스트 만들기

함수 참조를 다른 자료를 사용하는 것과 마찬가지로 사용할 수 있다. 심지어 함수 참조값들이 포함된 모음을 생성할 수도 있다.

```python
# EG12-3 로보트 댄서

import time

def forward():
    print('robot moving forward')
    time.sleep(1)

def back():
    print('robot moving back')
    time.sleep(1)

def left():
    print('robot moving left')
    time.sleep(1)

def right():
    print('robot moving right')
    time.sleep(1)

dance_moves = [forward, back, left, right]          춤 동작 관련 함수 참조 리스트

print('Dance starting')
for move in dance_moves:                            각 춤 동작을 순회한다.
    move()                                          춤 동작(move) 함수를 호출한다.
print('Dance over')
```

위 코드는 춤추는 로보트를 제어하는 데 사용된다. 로보트는 네 가지 동작을 수행할 수 있다. 각 동작은 함수에 의해 수행된다. 위의 예에서 함수는 메시지를 출력한 다음 프로그램을 1초 동안 멈춘다. 나중에 함수의 내용을 구현할 수 있다. dance_moves 리스트는 로보트 함수에 대한 참조 리스트를 저장한다. 프로그램의 마지막에 있는 for 루프는 리스트를 순회하면서 순서대로 각 함수를 호출한다. 프로그램의 출력은 다음과 같을 것이다.

```
Dance starting
robot moving forward
robot moving back
robot moving left
robot moving right
Dance over
```

리스트에 항목들을 추가함으로써 춤을 좀 더 길게 만들 수 있다. 사용자가 각 동작을 선택한 다음, 자신만의 춤 동작 순서들을 만들 수 있는 프로그램을 만들 수도 있다.

람다 표현식 사용하기

람다 표현식은 매우 유용할 수 있다. 람다 표현식이 이해하기 매우 어렵다고 느끼는 사람도 있다(아마도 이름이 수학적이고 복잡해 보여 그럴 수도 있다). 하지만 람다 표현식은 기능적인 동작을 생성하는 수단이다. 람다 표현식을 프로그램에서 값으로 사용할 수 있다. 이 얘기만 보면 전혀 복잡할 것 같지 않다.

함수는 무언가를 받아서 그 무언가를 처리한 다음, 결과를 반환한다. 람다 표현식을 한 줄로 작성할 수 있는 간단한 함수라고 생각해도 좋다. 그림 12-1은 람다 표현식의 구조를 나타낸다.

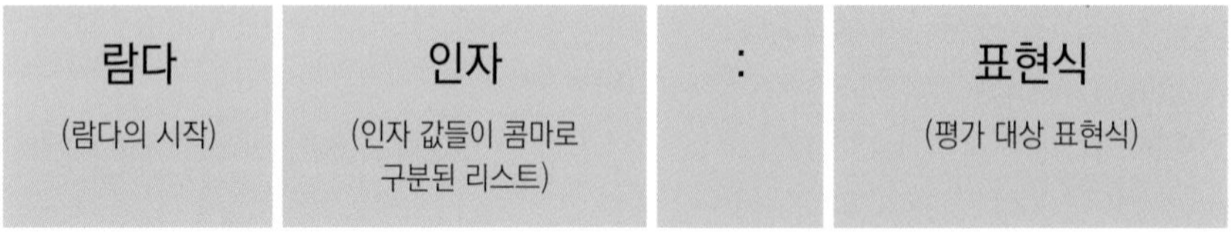

람다	인자	:	표현식
(람다의 시작)	(인자 값들이 콤마로 구분된 리스트)		(평가 대상 표현식)

그림 12-1 람다 표현식의 구조

콜론 문자는 인자 리스트(입력값들)를 평가 대상 표현식(출력 값들)으로부터 분리하는 역할을 한다. 예를 들어 다음 파이썬 코드를 살펴보자.

```
def increment(x):
    return x+1
```

위의 코드는 increment라는 함수를 정의한다. 해당 함수는 값(매개변수 x)을 입력 받아서 결과(x + 1 값)를 반환한다. 동일한 기능을 하는 람다 표현식은 다음과 같다.

```
increment = lambda x : x+1
```

위 표현식도 매개변수의 값을 받아서 1을 더한 결과를 반환하는 increment라는 함수를 정의한다. 콜론의 좌측에 람다 표현식에 제공된 매개변수가 있다. 우측에는 결과를 제공하는 표현식(x+1)이 있다.

 직접 해보기

람다 표현식 만들기

람다 표현식을 사용하는 법을 익히기 위한 가장 좋은 방법은 람다 표현식을 사용해보는 것이다. 따라서 람다 표현식을 사용해보자. IDLE에서 파이썬 명령어 쉘을 연 다음, 다음 코드를 입력한다.

```
>>> numbers = [1,2,3,4,5,6,7,8]
```

위 코드는 numbers라는 리스트를 생성한다. 해당 리스트는 숫자 1부터 8까지 저장한다. 해당 숫자들은 람다 표현식이 처리할 대상 자료다. 예를 들어 숫자 1부터 8까지에 1을 더한 결과를 담을 리스트를 생성할 수 있다. 우리한테 필요한 것은 수정된 값들을 지닌 신규 리스트를 만드는 방법이다.

이를 위해 map 함수를 사용할 수 있다. 10장에서 살펴본 바와 같이 map은 모음의 모든 항목에 함수를 적용한 다음, 갱신된 값들을 지닌 모음을 출력하는 파이썬 내장 함수다. map과 str 함수를 사용해 모든 의류 판매점 재고 품목 객체들을 문자열로 변환했다.

increment라는 함수를 생성한 다음, map을 사용해 increment 함수를 숫자 리스트의 모든 값에 적용할 수 있다. 코드는 다음과 같다(다음 코드를 직접 입력할 필요는 없다).

```
def increment(x):
    return x+1

new_numbers = map(increment, numbers)
```

프로그램을 실행하면 map 함수는 increment 함수를 숫자 리스트의 각 항목에 적용할 반복자를 생성한다. 위 프로그램은 잘 동작하지만 별도의 increment 함수를 작성해야 하기 때문에 번거롭다. 증가 동작을 기술하는 람다 표현식을 만들면 이를 훨씬 간단하게 수행할 수 있다. 해당 표현식의 값을 map 함수 호출 시 인자로 사용할 수 있다. 다음 코드를 입력한다.

```
>>> new_numbers = map( lambda x : x+1, numbers )
```

increment 메소드 호출을 하나의 매개변수를 받아서 해당 매개변수에 1을 더한 값을 반환하는 lambda 함수로 대체할 수 있다. map 함수가 주어진 모음을 순회하고 새로운 모음을 반환하는 반복자를 반환한다는 점을 기억하자. 파이썬 list 함수를 사용해 new_numbers 반복자를 리스트로 변환함으로써 new_numbers 반복자의 내용물을 확인할 수 있다. 다음 코드를 입력한 다음, 엔터를 누른다.

```
>>> list(new_numbers)
[2, 3, 4, 5, 6, 7, 8, 9]
```

결과에서 알 수 있듯이 new_numbers는 리스트의 증가된 값들을 저장한다. 샘플 파일 'EG12-04 람다 예제'에서 위의 예제 코드를 확인할 수 있다.

람다 표현식을 생성한 다음, 해당 표현식을 변수에 할당함으로써 람다에 대해 자세히 알아볼 수 있다. 다음 코드를 입력한 다음, 엔터를 누른다.

```
>>> adder = lambda x, y : x+y
```

위의 할당문의 우측의 표현식은 두 개의 매개변수 x와 y를 받아서 합을 반환하는 람다 표현식이다. 그러고 나서 위 함수는 변수 adder에 할당된다.

이제 프로그램에서 adder을 함수로 사용할 수 있다. 다음 코드를 입력한 다음, 엔터를 누른다.

```
>>> adder(1, 2)
```

엔터를 누르면 파이썬은 adder 참조를 추적하여 위의 람다 표현식을 찾아낸 다음, 해당 표현식을 평가한다.

```
>>> adder(1, 2)
3
```

람다 표현식

람다 표현식에 관한 몇 가지 질문들을 살펴보자.

질문: 람다 표현식은 무엇인가?

답: 람다 표현식을 무언가에 대해 수행될 동작을 기술하는 자료 덩어리라고 생각해도 좋다. 우리는 이미 메소드 참조를 함수에 전달하는 방식에 대해 살펴봤다. 이전 절에서 메소드 참조 전달 기법을 사용해 read_number 함수에게 어떤 숫자 복호화 함수를 사용할 것인지 알렸다. read_number 함수에게 사용할 함수를 지정하는 인자를 전달함으로써 read_number에게 float 함수 혹은 int 함수를 사용하라고 명령한다.

read_number 함수의 경우 read_number 함수가 사용되길 원하는 함수의 이름(int 혹은 float)을 전달해야 했다. 람다 표현식의 경우 수행하고자 하는 동작 자체를 포함하는 값을 생성할 수 있다.

람다 표현식을 익명 함수(anonymous function)라고도 부른다. 이름을 지니지 않으면서도 기능적인 동작을 수행하기 때문이다(입력을 가지고 무언가를 수행하여 결과를 생성한다).

질문: 프로그램에서 람다 표현식을 꼭 사용해야 하는가?

답: 그렇지 않다. 람다 함수를 사용한다고 해서 새로운 무언가를 할 수 있는 것은 아니다. 대신에 람다 함수를 사용하면 프로그램을 더 쉽고 빠르게 만들 수 있다. 람다 함수는 파이썬의 map 함수와 filter 함수와 함께 사용할 때 특히 유용하다.

질문: 람다함수가 하나 이상의 동작을 포함할 수 있는가?

답: 그렇지 않다. 람다 함수는 반환할 값을 계산하는 단일 표현식을 지닐 수 있다.

질문: 람다 표현식이 여러 인자를 받을 수 있는가?

답: 가능하다. 우리가 작성한 첫 번째 람다 표현식인 리스트의 값에 1을 더 하는 표현식은 하나의 인자만을 지닌다. 두 값의 합을 반환하는 두 번째 표현식은 두 개의 인자를 지닌다. 원하는 수만큼의 인자를 사용할 수 있다.

질문: 람다 표현식이 결정을 내릴 수 있는가?

답: 람다 함수는 결과로 True 혹은 False를 반환할 수 있다. 따라서 람다함수를 프로그램의 조건문에서 사용할 수 있다. 또한 람다 함수는 조건 표현식(conditional expression)이라는 표현식을 사용해 반환할 값을 선택할 수 있다. 이전에 조건 표현식을 살펴본 적이 없다. 조건 표현식을 사용하면 단일 표현식을 통해 불리언 표현식의 결과 값을 반환할 수 있다.

```
hour = 8 #시간 값을 현재 시간의 시로 설정한다.
print('morning' if hour < 12 else 'afternoon')
```

위의 print 문은 시간이 12시보다 작으면 morning을 생성하고 시간이 12와 같거나 12보다 크면 afternoon을 생성하는 조건 표현식의 결과를 출력한다. 다음 도표에서 조건 표현식의 구조를 확인할 수 있다.

값	if	조건	else	값
(조건이 참인 경우 표현식의 값)		(True 또는 False가 될 수 있는 조건)		(조건이 거짓인 경우 표현식의 값)

파이썬 프로그램에서 표현식을 사용할 수 있는 어디에서나 조건 표현식을 사용할 수 있다. 람다 표현식은 조건 표현식의 값을 반환할 수있다.

```
day_prompt = lambda hour:'morning' if hour < 12 else 'afternoon'
```

위의 코드는 하나의 매개변수를 받아서 해당 매개변수값이 12보다 작으면 morning을 반환하는 day_prompt라는 함수를 생성한다. day_prompt 변수는 해당 함수를 참조하도록 설정된다. 이를 다음과 같이 사용할 수 있다.

```
print(day_prompt(5))
```

위의 코드는 day_prompt 변수에 의해 참조되는 람다 표현식을 호출한다. 값 5가 해당 람다 표현식의 인자로 제공된다. 해당 람다 표현식은 값 morning을 생성한다. 따라서 위의 코드는 morning을 출력한다.

프로그래머를 위한 조언

람다 표현식을 처음 접했을 때 이해하지 못했다고 걱정할 필요는 없다

내가 처음 람다 표현식을 접했을 때 람다 표현식을 이해하는데 시간이 꽤 걸렸다. 람다 표현식이 처음에 이해하기 어려워 보여도 걱정할 필요 없다. 람다 표현식은 자료와 프로그램 코드 사이의 경계를 모호하게 만든다. 지금까지 우리가 만든 애플리케이션은 자료(값을 저장하는 것)와 코드(자료에 대해 수행할 연산을 제공하는 것)로 구성되었다. 람다 표현식은 수행될 동작을 명시하는 자료이다. 자료를 전달하듯이 전달할 수 있는 프로그램 코드를 작성할 수 있다는 것이 유용한 경우가 있다. 람다 표현식은 바로 이를 가능하게 하기 위한 방법을 제공한다.

반복자 함수와 yield문

10장에서 map 함수를 처음 사용했을 때 파이썬 반복자[iterator]를 접했다. 반복자가 무엇인지 확실히 모르겠다면 10장의 '직접 해보기'에서 'map 함수와 반복에 대해 알아보기' 절을 살펴보자.

지금까지 우리가 작성한 프로그램은 반복자를 사용해 반복자가 생성하는 값을 사용했다. 즉, 프로그램은 반복자가 생성하는 결과를 순회했다. 우리가 접했던 첫 번째 반복자 중 하나는 range라는 내장된 파이썬 함수에 의해 생성되었다. range 함수를 사용해 연속된 숫자를 생성했다.

```
for i in range(1, 5):
    print(i)
```

위의 코드에서 range 함수는 1부터 4까지의 수를 생성하는 반복자를 결과로 반환한다. 위의 코드는 반복자를 사용해 1부터 4까지의 값을 출력한다. range의 상한값은 range 함수의 마지막 값이 아닌 range 함수를 종료하는 값을 나타낸다는 점을 기억하자.

```
1
2
3
4
```

이번 절에서 직접 반복자를 만드는 법에 대해 알아볼 것이다. 처음 접하는 파이썬 명령어인 yield를 사용해 반복자를 만들 수 있다. 영어로 "yield"는 의미가 여러 개일 수 있다. 두 명의 기사가 공주를 차지하기 위해 싸울 때 사용할 수도 있다. 싸움 도중에 "항복한다(I yield)"라고 외치면 상대편 기사가 이기게 되어 공주를 차지할 수 있다. 또 다른 의미로 "생산하다"는 의미가 있는데 사과 나무가 우리가 집에 가져가서 파이를 만들 수 있는 과일을 생산할 수 있다는 식으로 사용될 수 있다. 후자의 의미가 파이썬 프로그램에서 yield의 역할을 가장 잘 나타낸다.

yield문을 사용하면 함수가 결과를 "생산(yield)"할 수 있다. 함수가 결과를 생산할 때 결과값이 해당 함수를 호출한 코드로 반환된다. 하지만 파이썬은 함수에서 도달한 위치를 기억한다. 다음 번에 함수를 호출할 때 함수는 yield 뒤의 코드부터 계속 실행한다. yield문을 포함하는 함수는 연속된 값들을 반환할 수 있다. 이때 각 값은 함수를 실행할 때 마주치는 다음 번 yield에 의해 반환된다. 즉, 파이썬 프로그램에서 여러 yield문을 포함하는 함수는 반복자의 역할을 할 수 있다.

yield에 대해 자세히 알아보기

yield에 관해 알아보는 가장 좋은 방법은 함수에서 yield를 사용해보는 것이다. IDLE에서 파이썬 명령어 쉘을 연 다음, 다음 코드를 입력한 다음, 마지막 yield문 다음에 빈 줄을 입력해보자.

```
>>> def mr_yield():
        yield 1
        yield 2
        yield 3
        yield 4
>>>
```

네 개의 yield문을 포함하는 mr_yield라는 함수를 생성했다. 각 yield문은 값을 반환한다. 위의 함수를 루프에서 사용할 수 있다. mr_yield를 반복자로 사용하는 루프를 생성하기 위해 다음 코드를 입력해 보자.

```
>>> for i in mr_yield():
        print(i)
```

print 문 다음에 빈 줄을 입력하면 루프가 수행된다.

```
>>> for i in mr_yield():
        print(i)

1
2
3
4
```

mr_yield가 생성한 결과를 사용해 mr_yield 함수가 생산한 값들의 리스트를 생성할 수 있다. 다음 코드를 입력한다.

```
>>> list(mr_yield())
```

이전에 list 함수를 사용한 적이 있다. list 함수는 반복자를 인자로 받아서 해당 반복자가 생성하는 결과 값들의 리스트를 생성한다. list 함수를 호출하여 결과를 출력하기 위해 엔터를 누른다.

```
>>> list(mr_yield())
[1, 2, 3, 4]
```

yield를 사용해 테스트 자료 생성기 만들기

yield 키워드를 사용해 시간 관리 애플리케이션을 위한 매우 유연한 자료 생성기를 만들 수 있다. 10장에서 개발한 시간 관리 애플리케이션의 고객이 실제 애플리케이션을 사용하기 전에 애플리케이션이 수백 개의 연락처를 처리하는 것을 확인하길 원한다고 가정해 보자. 이는 고객 입장에서 매우 당연한 요구다. 열 명을 처리할 때는 매우 잘 동작하지만 열 명에 몇 명을 더 추가하면 오류를 발생하는 프로그램을 제공할 수도 있기 때문이다. 가상의 연락처를 입력하기 위해 일주일씩 낭비하고 싶지는 않다. 따라서 우리의 프로그래밍 기술을 사용해 테스트 자료를 만들기로 결정한다.

프로그래머를 위한 조언
프로그램을 사용해 테스트 자료를 만드는 것은 좋은 아이디어다

오래 전에 GPS가 있는 모바일 폰을 사용하는 학생 프로젝트를 만든 적이 있다. 학생들은 실습 수업에 늦지 않도록 미리 알림을 주는 프로그램을 만들어야 했다. 애플리케이션은 학생들이 실습실을 향해 언제 출발해야 할지 알려주는 방식으로 동작했다. 애플리케이션이 모바일 폰과 실습실의 위치를 알 수 있었다.

일부 학생은 캠퍼스를 돌아다니며 프로그램을 테스트했고 좀 더 똑똑한 학생들은 캠퍼스를 한번만 돌아다닌 다음, 몇몇 지점의 GPS 위치를 기록한 다음 테스트 과정 동안 기록된 위치를 프로그램에 입력했다. 여러분이 프로그램에 대량의 테스트 자료를 입력해야 한다면 자료 입력을 대신해줄 프로그램을 작성해야 한다. 컴퓨터는 할 일을 늘리기 위해서가 아니라 허드렛일로부터 우리를 해방시켜주기 위해 탄생했다는 점을 기억하자.

```
# EG12-05 테스트 연락처 생성기

class Contact:

    def __init__(self, name, address, telephone):
        self.name = name
        self.address = address
        self.telephone = telephone
        self._hours_worked=0

    @staticmethod                                          create_test_contacts은 정적 메소드이다.
    def create_test_contacts():
        phone_number = 1000000                             테스트 전화번호는 1000000부터 시작한다.
        hours_worked = 0                                   테스트 근무 시간은 0부터 시작한다.
        for first_name in ('Rob', 'Mary', 'Jenny', 'David', 'Chris', 'Imogen'):
            for second_name in ('Miles', 'Brown'):                      성을 순회한다.
                full_name = first_name + ' ' + second_name              성명을 생성한다.
                address = full_name + "'s house"                        주소를 생성한다.
                telephone = str(phone_number)
                phone_number = phone_number + 1             다음 전화번호로 이동한다.
                contact = Contact(full_name, address, telephone)
                contact._hours_worked = hours_worked
                hours_worked = hours_worked + 1
                yield contact                                           생성된 연락처를 생산한다.

                                          다음 연락처를 위해 근무 시간 값에 1을 더한다.
                                          해당 연락처의 hours_worked를 설정한다.
                                          결과로 Contact를 생성한다.
                                          전화번호용 문자열을 생성한다.
                                          이름을 순회한다.
```

위의 코드는 make_test_contacts라는 정적 함수를 포함한 Contact 클래스를 나타낸다. make_test_contacts 함수는 12개의 테스트 연락처를 생성한다. 이름은 "Rob Miles"부터 "Imogen Brown"까지 총 12개가 생성된다. 두 개의 튜플이 사용된다. 하나는 이름을 저장하고 다른 하나는 성을 저장한다. make_test_contacts 함수는 이름과 성을 조합하여 연락처를 생성하고 yield문을 사용해 함수 호출자에게 연락처를 전달한다. 생성된 각 연락처에는 이전 연락처보다 한 시간이 큰 hours_worked값이 있다. make_test_contacts 함수는 비슷한 기법을 사용해 각 연락처에 대해 다른 전화번호를 생성한다. 각 연락처의 주소 문자열은 이름 문자열의 끝에 's house를 추가함으로써 생성된다. 이렇게 생성된 연락처들은 프로그램의 데모를 보여주기 위해 사용할 수 있는 유용한 테스트 자료 집합을 제공한다. 더 많은 연락처를 만들기 원하는 경우 성과 이름 튜플에 더 많은 성과 이름을 추가하면 된다.

```
for first_name in
('Rob','Mary','Jenny','David','Chris','Imogen','Marilyn','Julie','Tim' ):
    for second_name in ('Miles', 'Brown', 'Smith', 'Jones'):          성을 순회한다.
```

위의 두 개의 루프는 36개의 연락처를 생성한다. create_test_contacts를 사용해 프로그램에서 사용할 수 있는 반복자를 생성할 수 있다.

```
for contact in Contact.create_test_contacts():          각 연락처를 순회한다.
    print(contact.name)                                 연락처 정보를 출력한다.
```

위의 코드는 각 테스트 연락처의 이름 속성을 출력한다.

```
contacts = list(Contact.create_test_contacts()
```

위의 코드는 모든 테스트 연락처를 저장하는 연락처 리스트를 생성한다.

코드 분석

yield를 사용해 테스트 연락처 생성하기

위의 코드에 관해 몇 가지 궁금한 점이 있을 것이다.

질문: create_test_contacts가 정적 메소드인 이유는?

답: 특정 Contact 객체에게 테스트 자료를 달라고 요청하지는 않을 것이다. 단순히 테스트 연락처를 얻기 위해 Contact 클래스의 인스턴스를 생성하는 것은 불합리하다. 대신에 Contact 클래스에게 테스트 연락처를 달라고 요청해야 한다.

질문: yield와 return의 차이점은 무엇인가?

답: 좋은 질문이다. yield문은 파이썬으로 하여금 함수 호출자에게 값을 전달하기 전에 함수에서 도달한 위치를 기록하도록 한다. 그리고 나서 또 다른 값이 반복자로부터 요청되었을 때 해당 위치를 사용해 함수를 재개한다.

return문은 단순히 값을 반환한 다음, 함수 호출자에게 해당 함수가 완료되었다고 알린다. 예를 들어 다음 코드를 고려해보자.

```python
def yield_return():
        yield 1
        yield 2
        return 3
        yield 4

for i in yield_return():
    print(i)
```

함수 yield_return은 yield를 사용해 첫 번째와 두 번째 값을 반환한 다음, return문을 사용해 세 번째 값을 반환한다. 세 번째 값을 반환할 때 return을 사용했기 때문에 반복이 종료된다. 이는 값 4를 전달하는 yield에 도달하지 못함을 의미한다. 위의 프로그램을 실행하면 다음과 같이 출력된다.

```
1
2
```

return에 의해 반환된 값 3이 출력되지 않았다. return에 의해 함수가 반환되면 반복이 바로 종료된다는 점에 유의하자.

질문: yield를 사용하는 함수가 return을 사용해야 하는가?

답: yield를 사용하는 반복자 함수는 영원히 실행될 수 있다. 다음 함수를 살펴보자.

```python
def forever_tens():
    result = 0
    while True:
        yield result
        result = result + 10
```

forever_tens 함수는 무한대로 실행되는 반복을 반환하는 반복자를 생성한다. forever_tens 함수가 반환하는 각 값은 이전 값보다 10만큼 크다.

```python
for result in forever_tens():
    print(result)
    if result > 100:
        break
```

위의 루프는 결과 값이 100을 초과할 때까지 반복자의 값을 출력한다. 루프는 조건문과 break문을 사용해 결과 값이 100에 도달했을 때 루프를 중단한다.

질문: yield를 포함하는 함수의 지역 변수는 어떻게 되는가?

답: yield를 포함하는 함수의 지역 변수는 함수가 결과를 생산할 때 보존된다. 위의 forever_tens 함수에서 이를 확인할 수 있다. 반복자가 다음 숫자를 요청 받을 때마다 result의 값은 해당 메소드의 이전 상태를 유지된다.

임의의 인자 개수를 지닌 함수

지금까지 함수에 관해 많은 사항들을 배웠다. 하지만 여전히 헷갈리는 부분이 남아 있을 것이다. 지금까지 학습하면서 사용했던 것 중 하나는 다양한 개수의 인자를 받아들이는 print 함수의 기능이다.

```
print('Hello world')
print('The answer is',42)
```

위의 print 함수에 대한 호출은 첫 번째 호출에는 하나의 매개변수가 있고 두 번째 호출에는 두 개의 매개변수가 있지만 둘 다 완벽하게 동작한다. 함수를 생성하고 사용할 때 함수를 정의할 때 설정한 매개변수의 개수와 함수 호출 시 인자의 개수가 동일한지 주의 깊게 확인해왔다. 즉, 두 개의 매개변수를 받는 함수를 정의한 경우 해당 함수를 호출할 때 반드시 두 개의 인자를 제공하도록 유의했다. 하지만 print 함수는 임의의 수의 인자를 받도록 정의됐다. 여기서 임의라는 단어는 함수를 정의할 때 정해지지 않은 값을 의미한다. 임의의 수의 인자를 받도록 설정된 함수가 어떤 식으로 동작하는지 살펴보자.

 직접 해보기

임의의 인자에 대해 자세히 알아보기

몇 가지 함수를 생성해 임의의 인자가 의미하는 바에 대해 알아보자. IDLE에서 파이썬 명령어 쉘을 연 다음, 다음 코드를 입력한다. return문 다음에 빈 줄을 입력한다.

```
>>> def add_function(x, y):
        return x + y
>>>
```

두 개의 인자의 합을 반환하는 add_function이라는 함수를 생성했다. add_function 함수를 사용해 두 숫자를 더할 수 있다. 다음 코드를 입력한다.

```
>>> add_function(1, 2)
```

엔터를 누르면 add_function 함수가 호출되며 우리가 기대하는 결과를 반환한다.

```
>>> add_function(1, 2)
3
```

안타깝게도 add_function 함수를 사용해 두 개 이상의 숫자를 더하지는 못한다. 세 개의 숫자를 더하려고 시도해보자. 다음 코드를 입력한다.

```
>>> add_function(1, 2, 3)
```

엔터를 누르면 파이썬은 함수 정의의 매개변수와 제공된 인자를 비교한다. 안타깝게도 매개변수와 인자가 일치하지 않아 오류가 표시된다.

```
>>> add_function(1, 2, 3)
Traceback (most recent call last):
  File "<pyshell#29>", line 1, in <module>
    add_function(1, 2, 3)
TypeError: add_function() takes 2 positional arguments but 3 were given
```

파이썬은 함수 호출이 함수 정의와 일치하는지 확인한 다음, 일치하지 않으면 오류를 생성한다. 다수를 의미하는 *를 함수의 매개변수 기술에 추가해 함수가 임의의 인자를 받도록 정의할 수 있다. 함수가 호출되면 파이썬은 제공된 인자를 받아서 매개변수 리스트를 생성한다.

```
def add_function(*values):
    total = 0
    for value in values:
        total = total + value
    return total
```

- 이름 앞에 *는 "임의의 개수"를 의미한다.
- 총합에 시작 값을 설정한다.
- 매개변수 리스트 형태로 제공된 매개변수들을 순회한다.
- 값을 총합에 더한다.
- 총합을 반환한다.

위의 add_function은 인자가 없는 경우를 포함하여 임의의 개수의 인자를 받는다. add_function 함수는 매개변수 리스트를 순회하면서 각 값을 총합에 더한다. 아래에서 함수 호출 시 세 개의 인자를 전달하는 것을 확인할 수 있다.

```
>>> add_function(1,2,3)
6
```

add_function를 호출할 때 필요한 개수의 매개변수를 전달할 수 있다. 샘플 파일 'EG12-06 임의의 인자'에서 add_function의 동작을 확인할 수 있다.

임의의 인자들의 리스트를 나타내는 매개변수는 다른 매개변수 뒤에 올 수 있다. 프로그래머가 add_function 호출 시에 적어도 하나의 값을 제공하도록 강제하고 싶을 수도 있다. 이를 위해 임의의 매개변수 앞에 매개변수를 추가하면 된다. 예를 들어 다음 코드와 같이 매개변수값의 시작을 알리는 start라는 매개변수를 추가할 수 있다. 해당 매개변수 뒤에는 임의의 길이의 리스트가 온다. 다음 add_function에는 적어도 하나의 매개변수를 제공해야 한다.

```
def add_function(start, *values):
    total = start
    for value in values:
        total = total + value
    return total
```

- 이름 앞에 *는 "임의의 개수"를 의미한다.
- 총합을 첫 번째 매개변수의 값으로 설정한다.
- 매개변수 리스트 형태로 제공된 매개변수들을 순회한다.
- 값을 총합에 더한다.
- 총합을 반환한다.

처리해야 할 마지막 경우는 프로그래머가 메소드 호출 시 전달하고자 하는 리스트를 이미 가지고 있는 경우이다.

```
numbers = (1, 2, 3, 4)
```

위의 numbers 튜플을 add_function의 인자로 전달할 수 없다. numbers 튜플은 이미 리스트이기 때문이다. 다행히도 함수 호출 시 튜플을 분리해서 각 값을 개별적인 인자로 제공할 수 있다. 이를 위해 인자 이름 앞에 별(*) 문자를 추가하면 된다.

```
>>> add_function(*numbers)
10
```

add_function 호출 시 numbers의 각 값은 개별적인 인자로 변환된 다음, 함수 호출에 전달된다.

주의 사항

함수 인자의 * 문자는 C와 C++ 프로그래머를 헷갈리게 할 수 있다

파이썬은 "해당 모음의 항목들을 분해해서 함수 호출에 개별적인 인자로 전달해주세요"라는 의미로 함수 인자에서 * 문자를 사용한다. 안타깝게도 특히 C와 C++과 같은 다른 프로그래밍 언어는 * 문자를 완전히 다른 방식으로 사용한다. * 문자가 포인터 사용을 의미한다. 이미 C나 C++을 사용했다면 파이썬에서 * 문자 사용이 여러분을 헷갈리게 할 수 있다. 안타깝게도 이는 여러분이 극복해야 할 사항이다.

리스트에 무언가를 추가하는 훨씬 더 쉬운 방법은 sum 함수를 사용하는 것이다. add_function을 다음과 같이 재작성할 수 있다.

```
def add_function(*values):
    return sum(values)
```

모듈과 패키지

이번 절에서 개별적인 소스 파일로부터 대규모 파이썬 애플리케이션을 만드는 법에 관해 알아볼 것이다. 이미 프로그램에서 모듈을 사용해봤다. 이제 모듈의 더 많은 기능들과 패키지를 사용하는 법에 대해 알아볼 것이다.

파이썬 모듈

7장에서 텍스트와 숫자를 매우 쉽게 입력 받을 수 있는 함수들을 만들었다. 7장에서 해당 함수들을 만든 이후에 프로그램에서 해당 함수들을 폭넓게 사용했다. 해당 함수들의 프로그램 코드를 BTCInput.py라는 파일에 저장했다. 해당 함수들을 사용하길 원하는 프로그램들은 BTCInput 파일을 임포트import해야 했다. 파이썬에서 이러한 파일들을 모듈module이라고 부른다. 다음 예에서 사용자로부터 나이값을 입력 받기 위해 BTCInput 모듈을 사용하는 것을 확인할 수 있다. read_int_ranged 함수는 BTCInput 모듈에 정의되어 있다. read_int_ranged 함수는 사용자에게 표시할 메시지와 최솟값과 최댓값을 인자로 받는다. 그러고 나서 read_int_ranged 함수는 프로그램 사용자가 입력한 값이 지정된 범위에 있는지 확인한다.

```
# EG12-01 BTCImport 함수 사용하기

import BTCInput                                          BTCInput 모듈을 임포트한다.

age = BTCInput.read_int_ranged(prompt='Enter age: ', min_value=5, max_value=95)
print('Your age is: ', age)                             BTCInput 모듈의 함수를 호출한다.
```

파이썬에서 모듈을 임포트할 때 해당 모듈의 코드가 실행된다. BTCInput 모듈의 코드는 BTCInput 모듈이 제공하는 함수들을 정의한다. 모듈은 매우 유용하다. 다른 여러 프로그램에서 사용 가능한 코드를 작성하고 싶다면 모듈 파일을 만들면 된다.

BTCInput에 readme 함수 추가하기

BTCInput.py 소스 파일은 BTCInput 모듈이 제공하는 함수들을 포함한다. 다음 코드는 BTCInput 라이브러리를 기술하는 readme 함수를 BTCInput 모듈에 추가한다.

```
def readme():
    print('''Welcome to the BTCInput functions version 1.0

You can use these to read numbers and strings in your programs.
The functions are used as follows:
text = read_text(prompt)
int_value = read_int(prompt)
float_value = read_float(prompt)
```

```
int_value = read_int_ranged(prompt, max_value, min_value)
float_value = read_float_ranged(prompt, max_value, min_value)

Have fun with them.

Rob Miles''')
```

위의 readme 함수는 BTCInput 모듈의 각 함수를 기술하는 문자열을 표시한다.
BTCInput 모듈을 사용하는 프로그래머는 readme 함수를 호출해 해당 모듈이 무엇을 하
는지 확인할 수 있다. 현재 모듈에 대한 기술은 고정된 텍스트 문자열이 출력되는 것이다.
12장의 '파이독 사용하기'에서 각 함수의 맨 앞에 추가된 함수 문서 문자열로부터 이러한
기술 텍스트를 생성하는 법에 대해 알아볼 것이다. 이는 7장 '함수에 도움말 추가하기'에
서 다룬 적이 있다.

모듈을 프로그램으로서 실행하기

파이썬 모듈 파일에 뭔가 특별한 것이 있는 것은 아니다. BTCInput.py 파일을 실행하고
자 한다면 다른 파이썬 프로그램처럼 동일하게 취급하면 된다. BTCInput.py 모듈을 프로
그램으로서 실행하면 해당 모듈의 코드가 실행된다. 모듈을 실행할 때 모듈에 대한 소개
가 표시되도록 readme 함수에 대한 호출을 추가할 수도 있다.

```
# 모든 BTCInput 함수는 여기에 표시된다.

# BTCInput 모듈이 모듈 내에 정의된 함수들을 소개한다.
readme()
```

하지만 위의 코드는 BTCInput 모듈을 임포트할 때도 실행된다. 다음 예에서 BTCInput
모듈 내에 readme() 함수 실행 코드를 추가했을 때 **EG12-07 BTCImport 함수 사용하기**의 실
행 결과를 확인할 수 있다. readme 함수가 제공하는 메시지가 표시된다. 모듈을 임포트하
면 모듈 내 모든 코드가 실행되기 때문이다. 따라서 readme 함수에 대한 호출이 실행된 것
이다. 모듈을 임포트할 때 모듈 내 코드가 실행되는 방식은 모듈이 설정을 위해 어떤 코드
를 스스로 실행해야 하는 경우 유용할 수 있다. 하지만 이번 경우에 모듈은 우리가 원치
않을 때에도 메시지를 출력한다.

```
RESTART: C:/Users/Rob/ EG12-01 Using a BTCImport function.py
Welcome to the BTCInput functions version 1.0

You can use these to read numbers and strings in your programs.
The functions are used as follows:
text = read_text(prompt)
int_value = read_int(prompt)
float_value = read_float(prompt)
int_value = read_int_ranged(prompt, max_value, min_value)
float_value = read_float_ranged(prompt, max_value, min_value)

Have fun with them.

Rob Miles
Enter age: 25 ———————————————————— 이는 readme 함수로부터 출력된 것이다.
Your age is: 25 ——————————————————— 이는 read_int_ranged 함수로부터 출력된 것이다.
```

모듈이 프로그램으로서 실행된 것인지 파악하기

모듈을 생성할 때 모듈을 프로그램으로서 실행했을 때 친절한 메시지가 출력되도록 하는 것이 좋다. 하지만 우리는 프로그램이 모듈을 임포트했을 때 해당 메시지가 출력되기를 원하지는 않는다.

다행히도 파이썬은 __name__이라는 특수 변수를 제공한다. 해당 변수를 사용해 프로그램은 코드가 실행 중인 맥락의 이름을 파악할 수 있다. 코드가 임포트한 모듈 내에서 실행 중인 경우 __name__의 값은 해당 모듈의 이름으로 설정된다. 코드가 프로그램으로서 실행된 코드 내에서 실행 중인 경우 __name__의 값은 문자열 '__name__'으로 설정된다. BTCInput 모듈의 __name__ 변수를 사용해 해당 모듈이 프로그램으로서 실행된 경우에만 readme 정보를 표시하도록 만들 수 있다.

```
if __name__ == '__main__':
    # BTCInput 모듈이 모듈 내에 정의된 함수들을 소개한다.
    readme()
```

이제 BTCInput 모듈은 프로그램으로 실행되는 경우에만 모듈 내에 정의된 함수들을 소개한다. BTCInput 모듈이 다른 프로그램에 임포트된 경우 readme 함수의 실행 결과는 표시되지 않는다.

프로그램 맥락 확인하기

BTCInput 모듈과 예제 프로그램을 사용해 BTCInput 모듈 실행에 대해 자세히 알아볼 수 있다. BTCInput 모듈과 예제 프로그램을 12장의 코드 샘플 폴더에서 찾을 수 있다. IDLE 프로그램을 시작한 다음, **File** 메뉴의 **Open** 메뉴 항목을 사용해 **BTCInput.py** 파일과 **EG12-07 BTCImport 함수 사용하기** 를 연다.

우선 BTCInput 파일을 프로그램으로서 실행할 것이다. BTCInput.py 파일의 편집 창을 연 다음, **Run, Run Module**을 선택해 BTCInput 모듈을 프로그램으로서 실행한다. 친절한 소개 메시지가 출력되는 것을 확인할 수 있다.

이제 EG12-07 샘플 프로그램의 편집 창을 선택한 다음, 샘플 프로그램을 실행한다. `read_int_ranged` 메소드가 실행되지만 친절한 소개 메시지가 출력되지 않는 것을 확인할 수 있다.

모듈이 프로그램으로서도 동작하도록 만드는 것이 매우 유용한 경우가 많다. 모듈이 수학 계산을 수행하는 경우 숫자를 요청한 다음, 결과를 출력할 수도 있다. 반면에 모듈을 프로그램으로 실행하면 모듈이 사용자의 입력 없이도 무엇을 수행할 수 있는지 데모를 보여줄 수도 있다.

파이썬 패키지 만들기

매우 큰 규모의 파이썬 프로그램에는 많은 다양한 프로그램 파일이 있을 것이다. 이번 절은 파이썬 패키지가 동작하는 방식에 대해 알아보고 관련된 매우 강력한 파이썬 기능들에 대해 알아볼 것이다.

지금까지 우리가 작성한 모든 파이썬 프로그램은 하나의 파이썬 파일에 저장되었다. 8장에서 BTCInput이라는 모듈을 우리가 만든 여러 프로그램에서 사용하기 시작했다. 하지만 해당 프로그램 자체는 하나의 파일로 구성되었다. 애플리케이션의 각 파이썬 클래스를 각각의 파이썬 소스 파일에 저장하는 것이 맞다. 그렇게 하는 것이 하나의 애플리케이션에 대해 여러 프로그래머들이 작업할 때 편리하다. 애플리케이션의 각 클래스는 해당 클래스가 필요로 하는 클래스들을 임포트한다. 이는 우리가 만든 프로그램이 사용자로부터 정보를 입력 받아야 할 때마다 BTCInput 모듈을 임포트했던 것과 동일하다.

11장에서 우리가 의류 판매점 애플리케이션을 만들 때 배웠던 것처럼 애플리케이션을 구현하는 클래스들을 두 종류로 나눌 수 있다. 첫 번째 종류의 클래스들은 자료를 저장하고 두 번째 종류의 클래스들은 프로그램 사용자와의 인터페이스 역할을 한다. 이를 두 개의 다른 클래스 패키지package라고 생각할 수 있다.

다음으로 파이썬 패키지를 만드는 법에 대해 배울 것이다. 이는 꽤나 쉽다. 파이썬 패키지는 단순히 파이썬 소스 파일 집합을 담고 있는 저장소의 하위폴더(또는 디렉토리)이다. 해당 폴더에는 __init__.py라는 이름의 소스 파일이 반드시 존재해야 한다.

그림 12-2는 내가 Storage라는 이름으로 만든 패키지를 나타낸다. Storage 패키지는 의류 판매점 애플리케이션의 FashionShop 클래스와 StockItem 클래스를 포함한다.

그림 12-2 파이썬 패키지

의류 판매점 애플리케이션용으로 만든 패키지의 완성된 모습은 다음과 같다.

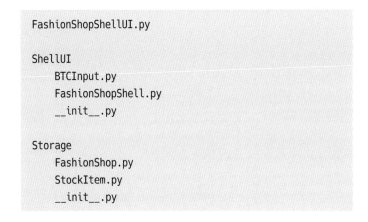

```
FashionShopShellUI.py

ShellUI
    BTCInput.py
    FashionShopShell.py
    __init__.py

Storage
    FashionShop.py
    StockItem.py
    __init__.py
```

ShellUI 패키지는 파이썬 명령어 쉘 사용자 인터페이스를 생성하는 클래스를 포함한다.

해당 패키지에는 쉘 프로그램과 BTCInput 패키지가 포함되어 있음에 주목하자. Storage 패키지는 자료 저장 클래스들을 포함한다. 두 폴더 모두 __init__.py 파일을 포함한다. 현재 두 __init__.py 파일들은 빈 파일들이다.

코드 분석

모듈 만들기

모듈에 관해 다음 질문들이 궁금할 수 있다.

질문: 어떤 모듈이 어떤 패키지에 포함되어야 하는지는 어떻게 결정하는가?

답: 관련된 클래스들을 하나의 패키지에 넣는 것이 좋다. 우리가 의류 판매점 애플리케이션에서 사용했던 모듈은 다음과 같이 두 가지로 명백히 구분된다.

- 사용자와 의사 소통하는 사용자 인터페이스 모듈이 하나의 패키지로 묶인다.

- 실제 의류 판매점 자료를 저장하는 자료 저장 모듈이 하나의 패키지로 묶인다.

질문: 패키지의 __init__.py 파일이 하는 역할은?

답: __init__.py 파일은 패키지가 로딩될 때 프로그래머가 해당 패키지를 제어할 수 있는 방법을 제공한다. __init__.py의 파이썬 코드는 패키지 폴더가 처음으로 열릴 때 실행된다. 이를 패키지를 초기화 파일이라고 생각해도 좋다. __init__.py 파일은 리소스를 설정하고 해당 패키지의 내용물을 기술하는 도움말 문자열을 포함할 수 있다.

패키지로부터 모듈 임포트하기

프로그램은 패키지로부터 모듈을 임포트할 수 있다. 다음 코드는 Storage 패키지로부터 FashionShop 모듈을 임포트한다.

```
from Storage import FashionShop
```

위 코드를 실행하면 FashionShop 모듈의 항목들이 다른 프로그램에서 사용 가능하게 된다. 이제 FashionShop 모듈을 프로그램에서 사용할 수 있도록 만들었으니 FashionShop 모듈 내에 정의된 클래스들을 사용할 수 있다.

```
shop = FashionShop.FashionShop
```

위의 코드는 다소 헷갈려 보인다. 위의 코드는 할당문인데 무엇을 할당하는 것인가? 위의 코드는 FashionShop 모듈의 FashionShop 클래스를 사용 중이다. 그러고 나서 변수 shop이 FashionShop 클래스를 참조하도록 설정한 것이다. FashionShop 클래스를 DiskStorage라는 모듈에 넣었다면 위의 코드는 다음과 같을 것이다.

```
shop = DiskStorage.FashionShop
```

변수 shop에 할당되는 값은 FashionShop 클래스에 대한 참조이다. 이는 이전에 해본 적이 없던 것이다. 문자열, 정수, 함수를 변수에 할당한 적은 있지만 클래스를 변수에 할당한 적은 없다. 위의 코드가 어떤 식으로 동작하고 어떤 의미인지 자세히 살펴보자.

 직접 해보기

클래스를 값으로 사용하기

클래스를 값으로 사용하는 것에 대해 처음 들었을 때는 머리가 아팠다. 하지만 배울 만한 가치가 있다는 것을 알게 됐다. 클래스를 값으로 사용하는 것이 어떤 식으로 동작하는지 파악하기 위해 IDLE에서 파이썬 명령어 쉘을 사용해 몇 가지 실험을 해볼 수 있다. 다음 코드를 입력한 다음, print문 다음에 빈 줄을 입력한다.

```
>>> class VarTest:
        def __init__(self):
            print('making a VarTest')

>>>
```

초기화 메소드를 담고 있는 VarTest라는 클래스를 만들었다. 다음 코드는 VarTest의 인스턴스를 생성한 다음, 변수 x가 해당 인스턴스를 참조하도록 만든다.

```
>>> x = VarTest()
```

엔터를 누르면 VarTest 클래스의 __init__ 메소드가 실행된 다음, 우리가 예상하는 메시지가 출력된다.

```
>>> x = VarTest()
making a VarTest
>>>
```

위의 결과가 아주 놀랍지는 않다. 클래스를 만든 다음, 해당 클래스로부터 객체를 만들었다. 하지만 약간 다른 것을 해보자. 다음 코드를 입력한 다음, 엔터를 누른다.

```
>>> y = VarTest
```

위의 코드는 우리가 위에서 실행한 변수 x의 할당과 매우 비슷해 보인다. 하지만 한 가지 중요한 차이점이 있다. 클래스의 이름 뒤에 괄호가 없다. 위의 할당에서 VarTest의 값은 y에 할당된다. 이는 이제 y가 클래스를 참조하는 변수라는 의미이다. 변수 y를 VarTest와 동일한 방식으로 사용할 수 있다. 예를 들어 y의 새로운 인스턴스를 생성할 수 있다.

```
>>> z = y()
making a VarTest
>>>
```

참조 y를 따라가보면 VarTest 클래스가 있다. 따라서 y의 인스턴스를 생성하는 것은 VarTest의 인스턴스를 생성하는 것이다.

프로그램은 클래스 참조를 다른 종류의 자료와 동일하게 취급할 수 있다. 클래스 참조들로 구성된 리스트를 만들거나 클래스 참조들을 딕셔너리에 저장하거나 함수 호출 시 인자로 전달할 수도 있다. 다음 코드를 다시 살펴보면 변수 shop이 의류 판매점 자료 항목들을 관리하는 FashionShop 클래스를 참조하도록 설정되었음을 알 수 있다.

```
shop = FashionShop.FashionShop
```

다음으로 위의 shop 참조를 의류 판매점 사용자 인터페이스를 제어하는 클래스에 전달하여 파이썬이 얼마나 강력한지 보여줄 것이다. 파이썬을 이런 식으로 사용하는 것은 구성요소 기반 소프트웨어 설계를 매우 잘 보여주는 예이다. 의류 판매점의 모든 자료 저장 요구를 관리하는 완전한 구성요소인 FashionShop 클래스를 생성했다. 우리는 해당 구성요소를 사용자 인터페이스 구성요소에 전달 할 수 있다. 사용자 인터페이스 구성요소는 사용자가 FashionShop 클래스가 관리하는 자료와 상호작용하기 위한 수단을 제공한다.

클래스에 대한 참조

클래스에 대한 참조는 매우 강력하면서도 잠재적으로는 헷갈리는 프로그래밍 방식이다.

질문: 클래스 참조를 사용함으로써 얻는 이득은 무엇인가?

답: 클래스 참조를 이런 식으로 사용할 필요는 없다. 자료 저장소와 사용자 인터페이스를 하나의 클래스에 담고 있는 애플리케이션을 만들 수도 있다. 하지만 다음 장에서 GUI(그래픽 사용자 인터페이스)가 있는 의류 판매점 관리자 프로그램을 만들 것이다. 이 경우 자료 저장소와 사용자 인터페이스를 하나의 클래스에 담고 있는 경우보다 분리된 경우 자료 저장소용으로 사용할 FashionShop 클래스를 GUI에 전달하기만 하면 된다.

자료를 저장하기 위해 데이터베이스를 사용하는 FashionShop 클래스를 만드는 경우 데이터베이스 기반으로 동작하는 프로그램을 만들기 위해 해당 FashionShop 클래스를 사용자 인터페이스에 전달할 수 있다. 우리는 구성요소로서의 객체에 관해 알아봤으며 시스템을 제대로 설계한 경우 이러한 파이썬의 능력 덕분에 시스템의 항목들을 매우 쉽게 교체할 수 있다.

FashionShop 클래스와 사용자 인터페이스 클래스 사이의 연관 관계가 모니터와 PC의 연결과 비슷하다고 생각해도 좋다. PC와 모니터 모두 동일한 연결 표준을 사용하기 때문에 연결의 끝 단에 있는 장치를 변경하더라도 시스템은 여전히 동작할 것이다.

이제 애플리케이션이 동작하도록 만들기 위해 패키지의 클래스를 사용하는 법에 대해 알아야 한다. FashionShopShellUI.py 파일은 의류 판매점 애플리케이션이 동작하도록 만들기 위해 실행할 프로그램이다. FashionShopShellUI.py 파일은 사용자 인터페이스를 생성하고 이를 화면에 표시한다. 다음 코드는 프로그램의 앞 부분에 해당한다. 다음 코드는 두 개의 변수를 생성한다. 변수 ui는 우리가 사용할 사용자 인터페이스를 참조하고 변수 shop은 우리가 사용할 FashionShop 저장 클래스를 참조한다.

```
# 사용자 인터페이스 클래스와 자료 관리자 클래스를 로딩한 다음,
# 해당 클래스들을 사용해 애플리케이션을 생성한다.

# ShellUI 패키지로부터 사용자 인터페이스 클래스를 포함하는 모듈을 얻는다.
from ShellUI import FashionShopShell

# 해당 모듈로부터 사용자 인터페이스 관리자 클래스를 얻는다.
ui = FashionShopShell.FashionShopShell

# Storage 패키지로부터 자료 저장소 클래스를 포함하는 모듈을 얻는다.
from Storage import FashionShop
# 저장소 모듈로부터 자료 관리자 클래스를 얻는다.
shop = FashionShop.FashionShop
```

사용자 인터페이스와 두 개의 판매점 관련클래스를 얻었으니 이로부터 애플리케이션을
만들어야 한다. 이는 모니터를 PC에 연결하는 것과 매우 유사하다.

```
app = ui(filename='simplefashionshop.pickle', storage_class=shop)
```
사용자 인터페이스를 생성한다.

위의 코드는 ui가 참조하는 클래스의 인스턴스를 생성한다. 해당 클래스의 초기화 메소드
에게 두 개의 매개변수를 전달한다. 하나는 의류 판매점 자료를 저장한 파일의 이름이고
다른 하나는 해당 자료를 관리하는 저장소 클래스이다. 변수 ui가 FashionShopShell 클래
스를 참조한다는 사실을 기억하자. 따라서 실제로 생성되는 클래스는 FashionShopShell
클래스이다.

```
class FashionShopShell:

    def __init__(self, filename, storage_class):
        FashionShopShell.__filename = filename
        try:
            self.__shop = storage_class.load(filename)
        except:
            print('Fashion shop not loaded.')
            print('Creating an empty fashion shop')
            self.__shop = storage_class()
```
클래스 인터페이스를 설정하기 위해 호출된다.
추후에 사용하기 위해 파일 이름을 복사한다.
제공된 클래스의 load 메소드를 호출하여
자료를 테스트하고 로딩한다.
로딩에 실패하는 경우 빈 의류 판매점을 생성한다.

FashionShopShell 초기화 메소드인 __init__은 __shop이라는 속성을 생성한다. FashionShopShellUI는 __shop 속성에 대해 사용자 인터페이스를 제공한다. 다음 장에서 우리는 동일한 방식으로 초기화되는 초기화 메소드를 지녔지만 그래픽 사용자 인터페이스를 제공하는 FashionShopGUI 클래스를 생성할 것이다.

이제 사용자 인터페이스가 실행 중이니 다음으로 해당 사용자 인터페이스에게 애플리케이션의 메인 메뉴를 표시하라고 요청해야 한다.

```
# 이제 app에 대해 main_menu 함수를 호출한다.
app.main_menu()
```

12장의 샘플 폴더의 'EG12-08 FashionShopApp 폴더의 예제 애플리케이션'은 모듈과 패키지를 사용해 의류 판매점 애플리케이션을 구현한다. FashionShopShellUI 프로그램을 실행해 의류 판매점을 열 수 있다.

프로그래머를 위한 조언

클래스를 값으로 사용하는 것은 아주 놀라운 프로그래밍 기법이다

우리는 의존성 주입(dependency injection)이라는 멋진 이름의 프로그래밍 기법을 사용 중이다. 의존성 주입의 개념은 무언가(FashionShop 저장소 클래스)를 다른 클래스(사용자 인터페이스 클래스)에 주입하는 것이다. 이는 다른 클래스(사용자 인터페이스 클래스)가 작업할 대상을 제공하기 위함이다. 의류 판매점 애플리케이션에서 사용자 인터페이스가 다른 종류의 저장소 장치를 사용할 수 있도록 사용자 인터페이스 클래스에 주입하고자 하는 클래스를 변경할 수 있다.

지금 설명하는 내용이 헷갈린다면(충분히 헷갈릴 만하다) 우리가 무엇 때문에 의존성을 주입하는지 기억해보자. 우리는 FashionShop 저장소 클래스를 명령어 쉘과 GUI에서 모두 사용할 수 있기를 원한다. 또한 사용자 인터페이스 클래스의 동작 방식을 변경하지 않고도 저장소 시스템을 다른 저장소(아마도 데이터베이스를 사용하는 저장소)로 변경할 수 있기를 원한다. 클래스에 대한 참조를 사용함으로써 우리가 원하는 대로 동작하는 애플리케이션을 만들기 위해 여러 클래스가 연결된 프로그램을 만들 수 있다.

프로그램 테스트

어떤 프로그래머들은 "테스트"라는 단어가 정말로 무엇을 의미하는지 모르는 것처럼 보인다. 그러한 프로그래머들은 "프로그램을 테스트해봤는데 잘 동작하는 것 같아요"와 같이 말하곤 한다. 대부분 프로그램을 실행해본 다음, 몇 가지를 입력하고 결과를 살펴본 다음, 모든 것이 올바르게 동작한다고 결론을 내리곤 한다. 내 입장에서는 이는 마치 새로운 비행기를 테스트하는데 비행기의 날개가 몇 개인지 세본 다음, 개수가 맞으면 비행기에 문제가 없다고 생각하는 것과 같다. '전문적인' 소프트웨어와 '일반적인' 소프트웨어를 구분하는 요소 중 하나는 수행된 테스트 횟수이다. 즉, 여러분이 소프트웨어를 판매하고 싶다면 해당 소프트웨어를 제대로 테스트해야 한다.

엔지니어들이 새로운 비행기를 테스트할 때 단순히 날개의 개수를 세는 것보다 훨씬 많은 일을 한다. 비행기 제조사에는 각 비행기에 수행할 수 있는 매우 고도화된 테스트 세트가 있다. 이러한 테스트는 다음과 같은 특성을 지닌다.

- 반복 가능해야 한다(각 비행기에 대해 동일한 테스트가 매번 수행된다).

- 문서화돼야 한다(각 비행기에 대해 자세한 테스트 보고서를 생성한다).

- 자동화돼야 한다(테스트를 최대한 자동화하기 위해 기계를 만들었다).

이번 절에서는 우리가 만든 애플리케이션에 대한 테스트를 만들기 위해 사용 가능한 파이썬 기능들을 살펴볼 것이다. 의류 판매점 애플리케이션의 StockItem 클래스에 대한 테스트를 만들어보자. 새로운 StockItem 객체가 올바른 초기 설정으로 생성되었는지 확인하여 유효하지 않은 StockItem 객체를 생성하는 것은 거부해야 하고 StockItem 자체가 올바르게 동작하는지 확인해야 한다.

이러한 사항들을 테스트하기 위해 직접 프로그램에 값을 입력하고 결과가 어떻게 나오는지 확인할 수도 있다. 하지만 이는 금세 매우 지겨운 작업이 될 것이다. 특히나 StockItem 클래스를 변경할 때마다 모든 테스트를 다시 수행해야 한다는 사실을 떠올려보면 이는 매우 지겨운 작업이다. 새로운 기능을 추가하거나 오류를 수정하는 경우 오류의 주요 원인 중 하나가 다른 오류의 해결책이 될 수 있기 때문에 모든 테스트를 반복해야 한다.

자동으로 애플리케이션을 테스트하는 코드를 작성하는 것이 더 낫다. 다음 코드는 새로운 StockItem 객체를 생성한 다음, stock_level이 값 0으로 초기화되었는지 확인한다. 0으로 초기화되지 않은 경우 예외가 발생한다.

```
item = StockItem(stock_ref='Test', price=10, tags='test:tag')  ── 테스트용 StockItem을 만든다.
if item.stock_level != 0:  ───────────────────────────────  재고 개수가 0인가?
    raise Exception('Initial stock level not 0')  ───  재고 개수가 0이 아니면 예외가 발생한다.
```

위와 같은 간단한 테스트가 많을 것이고 프로그램을 수정할 때마다 이러한 테스트들을 반복할 것이다. 매우 큰 규모의 애플리케이션을 만드는 경우 매일(아마도 밤새) 시스템의 코드에 대해 이러한 모든 테스트들을 실행해야 한다. 일부 프로그래밍 언어의 경우 위와 같은 구조를 사용해 테스트를 수행해야 할 수도 있다. 하지만 파이썬은 프로그램 테스트를 최대한 쉽게 만들기 위해 사용할 수 있는 몇 가지 추가적인 기능을 제공한다.

파이썬 assert문

파이썬은 프로그램 실행 중에 해당 프로그램을 테스트하기 위해 사용할 수 있는 assert라는 구문을 제공한다. 영어로 "assert"라는 단어는 "여러분이 믿는 무언가가 사실이라고 확고하게 진술하다"라는 뜻이다. assert 방식을 사용해 StockItem 클래스에 대한 이전 테스트를 수행할 수 있다.

```
item = StockItem(stock_ref='Test', price=10, tags='test:tag')  ── 테스트용 StockItem을 만든다.
assert item.stock_level == 0  ────────────────────────  초기 재고 개수가 0임을 확언한다.
```

assert문은 여러분이 참^{True}이라고 믿는 불리언값 다음에 온다. 위의 코드에서 item이 참조하는 StockItem 객체의 stock_level 속성이 0이 되어야 한다고 말하는 것이다. 만약 확언^{assertion}이 성공하면(stock_level의 값이 실제 0인 경우) 프로그램은 계속된다. 확언이 실패하면 프로그램은 오류를 일으키며 중단된다.

```
Traceback (most recent call last):
  File "C:/Users/Rob/Test Program.py", line 20, in <module>
    assert item.stock_level == 0
AssertionError
```

파이썬 assert문

질문: 하나의 프로그램이 최대 몇 개의 assert문을 포함할 수 있는가?

답: 하나의 프로그램이 assert문을 원하는 만큼 포함할 수 있다.

질문: 프로그램은 assert문이 실패한 이후에도 계속 진행되는가?

답: assert문이 실패하면 프로그램은 계속 진행되지 않는다. 예외가 발생하면 프로그램 실행이 멈춘다. 프로그램은 try...except 구문을 사용해 확언 실패를 감지한 다음, 무언가가 실패했다고 알리기 위해 메시지를 표시할 수 있다.

파이썬 unittest 모듈

프로그램이 제대로 동작하는지 보다 확실히 하기 위해 assert문을 추가할 수 있다. 하지만 파이썬은 쉽게 여러 간단한 테스트를 만들고 실행할 수 있도록 프레임워크도 제공한다. 각 테스트를 단위 테스트unit test라고 부른다. 프로그램의 특정 단위에 대해 작은 테스트를 수행하도록 설계되었기 때문이다. 단위 테스트의 개념은 프로그래머가 구성요소를 개발하는 과정 중에 해당 구성요소에 대한 테스트를 개발한다는 것이다. 사실 실제 구성요소를 만들기 전에 테스트를 먼저 만드는 방식의 개발이 존재한다. 이를 테스트 주도 개발test driven development이라고 한다. 코드가 테스트를 통과할 수 있도록 테스트를 만든 이후에 구성요소에 코드를 추가한다.

표준 파이썬 설치 시 unittest 모듈이 함께 설치된다. 다음과 같이 일반적인 방법으로 unittest 모듈을 프로그램에 임포트할 수 있다.

```
import unittest
```

unittest 모듈은 우리가 만든 테스트 클래스들의 상위클래스 역할을 하는 클래스를 포함한다. 개념은 우리가 해당 상위 테스트 클래스의 하위클래스를 생성한 다음, 단위 테스트를 수행하는 메소드들의 내용을 채워 넣는 것이다. unittest 모듈의 코드는 우리를 위해 자동으로 단위 테스트 메소드들을 실행한 다음, 테스트 결과에 대해 보고할 것이다.

```
class TestShop(unittest.TestCase):

    def test_StockItem_init(self):                              테스트 객체를 만든다.
        item = StockItem(stock_ref='Test', price=10, tags='test:tag')
        self.assertEqual(item.stock_ref, 'Test')               이름이 올바르게 설정되었는가?
        self.assertEqual(item.price, 10)                       가격이 올바르게 설정되었는가?
        self.assertEqual(item.stock_level, 0)                  초기 재고 개수가 0인가?
        self.assertEqual(item.tags, 'test:tag')                태그가 올바르게 설정되었는가?
```

위의 TestShop 클래스는 TestCase 클래스의 하위클래스로 정의된다. TestCase 클래스는 unittest 모듈에 존재한다. TestShop 클래스에는 test_StockItem_init이라는 메소드가 있다. 해당 메소드는 새로운 StockItem 값들이 올바른 초기 값으로 생성되었는지 확인하는 역할을 한다.

assertEqual 메소드는 코드 테스트를 수행한다. 해당 메소드는 앞에서 확인한 assert문과 비슷하게 동작한다. 해당 메소드에 두 개의 인자를 전달해야 한다. 인자가 동일한 경우, 테스트는 성공이다. test_StockItem_init 메소드는 인자가 새로운 StockItem 객체에게 올바르게 전달됐고 해당 항목의 초기 재고 개수가 0임을 보장한다. 간단하게 unittest 모듈의 main을 호출하여 테스트를 실행할 수 있다.

```
unittest.main()
```

unittest 프레임워크는 생성된 모든 클래스를 찾아서 각 클래스에서 _unittest로 이름이 시작하는 메소드 속성들을 검색한 다음, 순서대로 해당 메소드들을 호출한다. assertEqual 메소드가 실패하는 경우(즉, 메소드의 두 항목이 동일하지 않은 경우) 테스트 메소드는 버려지고 테스트 이후에 오류가 보고된다. 테스트 메소드가 종료된 다음, unittest 프레임워크는 간단한 보고서를 생성한다.

```
.
----------------------------------------------------------------------
Ran 1 test in 0.037s

OK
```

좀 더 자세한 보고서를 확인하고 싶다면 출력세부 수준을 선택할 수 있다.

```
unittest.main(verbosity=2)
```

이제 보고서는 테스트한 각 메소드의 이름을 포함한다.

```
..
test_StockItem_init (__main__.TestShop) ... ok

----------------------------------------------------------------------
Ran 1 test in 0.013s

OK
```

일부러 실패하는 경우를 테스트로 만들어 테스트가 실패할 때 무슨 일이 벌어지는지 확인할 수 있다. 다음과 같이 1이 0과 동일하다고 확언해보자.

```
def test_that_fails(self):
    self.assertEqual(1, 0)
```

위의 메소드를 테스트 클래스에 추가한 다음, 테스트를 재실행하면 실패 위치와 오류 내용을 확인할 수 있다.

```
.F
======================================================================
FAIL: test_that_fails (__main__.TestShop)
----------------------------------------------------------------------
Traceback (most recent call last):
    File "C:/Users/Rob/OneDrive/Begin to code Python/ tinytest.py",
    line 16, in test_that_fails
        self.assertEqual(1, 0)
AssertionError: 1 != 0

----------------------------------------------------------------------
Ran 2 tests in 0.008s

FAILED (failures=1)
```

다음 표는 프로그램의 코드 동작 방식을 테스트하기 위해 사용할 수 있는 모든 가능한 확언(assertion)의 경우를 나타낸다.

테스트 함수	테스트 동작	설명
assertEqual(a, b)	a가 b와 같다고 확언한다.	두 값이 동일한지 확인할 수 있다.
assertNotEqual(a, b)	a가 b와 같지 않다고 확언한다.	두 값이 동일하지 않은지 확인할 수 있다.
assertTrue(b)	b가 True라고 확언한다.	불리언 표현식 혹은 값이 True인지 확인할 수 있다.
assertFalse(b)	b가 False라고 확언한다.	불리언 표현식 혹은 값이 False인지 확인할 수 있다.
assertIs(a, b)	a와 b가 동일한 객체를 참조한다고 확언한다.	두 참조가 동일한 객체를 가리키는지 확인할 수 있다. 이는 assertEqual과는 다르다는 점에 주목하자. assertEqual은 객체가 다르더라도 값이 동일하면 True를 반환한다.
assertIsNot(a, b)	a와 b가 동일한 객체를 참조하지 않는다고 확언한다.	두 참조가 동일한 객체를 가리키지 않는지 확인할 수 있다.
assertIsNone(r)	변수 r이 None이라고 확언한다.	변수가 명시적으로 None 값으로 설정되었는지 확인할 수 있다.
assertIsNotNone(r)	변수 r이 None이 아니라고 확언한다.	변수가 None 값으로 설정되지 않았는지 확인할 수 있다.
assertIn(a, b)	a가 b에 존재한다고 확언한다.	값이 항목들의 모음(리스트 혹은 튜플)에 존재하는지 확인할 수 있다.
assertNotIn(a,b)	a가 b에 존재하지 않는다고 확언한다.	값이 항목들의 모음(리스트 혹은 튜플)에 존재하지 않는지 확인할 수 있다.
assertIsInstance(a,b)	a가 b형의 인스턴스라고 확언한다.	참조가 특정 형의 객체를 참조하는지 확인할 수 있다. 참조가 StockItem 객체를 가리키는지 확인할 수 있다.
assertNotIsInstance(a,b)	a가 b형의 인스턴스가 아니라고 확언한다.	참조가 특정 형의 객체를 참조하지 않는지 확인할 수 있다.

예외 테스트

위의 확언 함수들을 사용해 테스트 함수에서 값을 확인할 수 있다. 하지만 우리가 테스트 해보고 싶은 사항이 하나 더 있다. 무언가 잘못되었을 때 메소드가 예외를 발생하는지 확인하고 싶다. 다음 코드를 살펴보자.

```
item = StockItem(stock_ref='Test', price=10, tags='test:tag')     테스트 StockItem을 생성한다.
item.add_stock(-1)                                                재고 개수에서 −1을 더하려 시도한다. 이는 실패할 것이다.
```

위의 코드에서 첫 번째 줄은 StockItem을 생성한다. 두 번째 줄은 -1을 해당 재고 항목의 재고 개수에 더하려 시도한다. 이는 유효하지 않은 동작이며(-1을 재고에 더할 수 없다) add_stock 메소드는 해당 메소드가 올바르게 사용되지 않았음을 나타내기 위해 Exception을 발생시킨다. 우리는 예외가 발생한다는 것을 증명하기 위해 테스트를 생성해야 한다. 하지만 이는 꽤 복잡하다. 다행히도 unittest 프레임워크는 이러한 동작 방식을 테스트하기 위한 쉬운 방법을 제공한다.

```
with self.assertRaises(Exception):
    item.add_stock(-1)
```

위의 테스트는 파이썬의 with 구조를 사용한다. 이를 사용해 특정 동작에 사용할 객체를 생성할 수 있다. 8장에서 파일 접근을 관리하기 위해 with 구조를 처음 사용했다. assertRaises 메소드는 with를 사용해 발생 예정인 Exception을 잡는 동작을 생성한다. 아래 화면에서 예외가 발생하지 않아 테스트가 실패했음을 확인할 수 있다. 테스트를 수정하여 1을 재고 개수에 더한다. 이는 예외를 일으키지 않는다. -1을 재고 개수에 입력해야 테스트가 실패한다.

```
F.
======================================================================
FAIL: test_StockItem_add_stock (__main__.TestShop)
----------------------------------------------------------------------
Traceback (most recent call last):
    File "C:\Users\Rob\OneDrive\Begin to code Python\Part 2 Final\Ch 12
    Python Libraries\code\samples\EG12-09 TestFashionShopApp\tinytest.
py",
    line 25, in test_StockItem_add_stock
        item.add_stock(1)
AssertionError: Exception not raised


----------------------------------------------------------------------
Ran 2 tests in 0.049s

FAILED (failures=1)
```

테스트 생성하기

unittest 프레임워크를 사용하는 장점으로 언제나 새로운 테스트를 쉽게 추가할 수 있다는 것이 있다. 테스트를 생성함으로써 애플리케이션의 동작 방식과 특정 상황에 무슨 일이 일어나야 할지 고민하게 된다. 보통 테스트를 작성하기 위해서는 고객의 요구사항을 명확히 하기 위해 고객에게 물어볼 사항들이 생긴다. 예를 들어 "한번에 추가 가능한 최대 재고 개수는 얼마인가?"라고 의류 판매점 사장에게 물어볼 수 있다. 이 동작에 대한 테스트를 작성하기 위해서는 해당 정보가 필요하다.

StockItem의 모든 초기값을 테스트한 다음, 시스템의 특정 동작을 테스트하는 코드를 작성할 수 있다. 다음 test_StockItem_sell_stock메소드는 StockItem 객체를 생성한 다음, 10개의 항목이 기록됐는지 확인하고, 두 개의 항목을 판매한 뒤, 8개의 항목이 남았는지 확인한다.

```
def test_StockItem_sell_stock(self):                            테스트 StockItem을 생성한다.
    item = StockItem(stock_ref='Test', price=10, tags='test:tag')
    self.assertEqual(item.stock_level, 0)                       초기 재고 개수가 0인지 확인한다.
    item.add_stock(10)                                          재고에 10개의 항목을 추가한다.
    self.assertEqual(item.stock_level, 10)                      재고 개수가 10개인지 확인한다.
    item.sell_stock(2)                                          두 개 항목을 판매한다.
    self.assertEqual(item.stock_level, 8)                       재고로 8개의 항목이 남았는지 확인한다.
```

이 동작을 직접 수행하면 얼마나 걸릴지 생각해보면 이와 같은 자동 테스트를 구현하는 것이 얼마나 유용한지 알 수 있다. unittest 프레임워크는 여러분이 활용할 수 있는 다양한 기능들을 제공한다. 테스트 시나리오를 설정하고 파기하는 메소드를 생성할 수 있다. unittest 프레임워크에 대한 자세한 정보는 https://docs.python.org/3.6/library/unittest.html에서 찾을 수 있다.

EG12-09 TestFashionShopApp 폴더의 예제 의류 판매점 애플리케이션에는 이전 코드 블록의 모든 테스트를 실행하는 RunTests라는 파이썬 프로그램이 있다. 원한다면 몇 가지 테스트를 추가해도 좋다. 예를 들어 프로그램이 재고보다 많은 항목을 팔려고 할 때 StockItem이 예외를 일으키는지 확인하기 위한 테스트를 추가할 수도 있다.

테스트는 사양에 의해 결정돼야 한다. 7장에서 놀이기구 선택 프로그램의 사용자 인터페이스를 만들 때 별도의 시간을 들여서 프로그램의 동작 방식을 테스트하기 위한 좋은 방안을 고민했다. 7장에서 기술한 테스트를 자동으로 수행하도록 하기 위해서는 무엇을 해야 하는지 생각해보는 것은 흥미롭다.

프로그램 문서 기록 확인하기

함수를 만들 때 함수나 메소드에 문서 기록 문자열을 추가할 수 있다는 점을 확인했다. 또한 클래스와 모듈에도 문서 기록 문자열을 추가할 수 있다. 이러한 문자열은 파일의 첫 번째 줄에 존재해야 한다. 파이썬은 모듈과 클래스로부터 문서 기록을 추출할 수 있는 파이독pydoc이라는 도구를 제공한다. 프로그래머는 파이독을 사용해 이러한 문서 기록을 확인할 수 있는 웹사이트를 만들 수 있다. 파이독으로 무엇을 할 수 있는지 그리고 완전히 문서화된 의류 판매점 애플리케이션을 살펴보자.

 직접 해보기

파이독 자세히 살펴보기

파이독 프로그램은 파이썬으로 작성되었다. 파이독은 명령어 프롬프트에서 실행하는 것이 가장 좋다. 이 책의 예제의 파이독을 실행하기 위해 윈도우 파워쉘(Windows PowerShell) 명령어 프롬프트를 사용할 것이다. 파이독 명령어는 애플이나 리눅스 PC에서도 동일하다. 하지만 애플이나 리눅스에서 파이독 예제를 실행하기 위해서는 터미널(Terminal)을 사용해야 한다.

가장 먼저 해야 할 일은 예제를 위한 샘플 애플리케이션을 포함하는 폴더를 찾는 것이다. 해당 폴더의 이름은 **EG12-10 TestFashionShopApp Doc**이다. 실제 작업을 위해 해당 폴더를 PC의 바탕화면(Desktop)으로 복사한다.

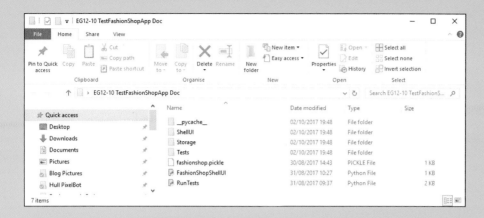

이제 해당 폴더에서 파워쉘 프롬프트를 연다. 이를 위한 가장 좋은 방법은 왼쪽 상단의 **파일(File)**을 클릭한 다음, Windows PowerShell **열기**(Open Windows PowerShell)를 선택하는 것이다.

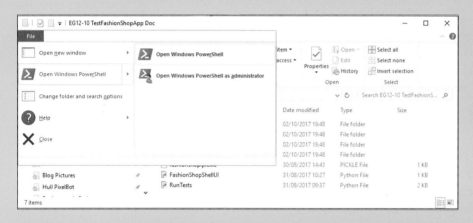

그러면 바탕화면에서 파워쉘이 열린다.

이름에서 알 수 있듯이 윈도우 파워쉘 프로그램은 파이썬 명령어 쉘(Python Command Shell)의 쉘과 비슷하다. 하지만 윈도우 파워쉘은 파이썬 대신에 윈도우 운영체제에 의해 제공된다. 명령어를 입력한 다음, 결과를 확인한다. 파워셸을 사용해 파이썬으로 하여금 파이독 모듈을 실행하도록 할 것이다. 다음 명령어를 입력한다.

```
PS C:\Users\Rob\Desktop\EG12-10 TestFashionShopApp Doc> python -m pydoc
```

python 뒤에 옵션 -m이 온다. -m은 "다음 모듈을 실행하라"는 뜻이다. 우리가 실행하고자 하는 모듈은 파이독이다. 파이독을 옵션으로 제공하지 않으면 자기 자신에 관해 표시한다.

```
pydoc - the Python documentation tool

pydoc <name> ...
    Show text documentation on something. <name> may be the name of a
    Python keyword, topic, function, module, or package, or a dotted
    reference to a class or function within a module or module in a
    package. If <name> contains a '\', it is used as the path to a
    Python source file to document. If name is 'keywords', 'topics',
    or 'modules', a listing of these things is displayed.

pydoc -k <keyword>
    Search for a keyword in the synopsis lines of all available modules.

pydoc -p <port>
    Start an HTTP server on the given port on the local machine. Port
    number 0 can be used to get an arbitrary unused port.

pydoc -b
    Start an HTTP server on an arbitrary unused port and open a Web browser
    to interactively browse documentation. The -p option can be used with
    the -b option to explicitly specify the server port.

pydoc -w <name> ...
    Write out the HTML documentation for a module to a file in the current
    directory. If <name> contains a '\', it is treated as a filename; if
    it names a directory, documentation is written for all the contents.
```

파이독을 사용해 웹 페이지를 만들어보자. -b 옵션을 사용하면 된다. 파워쉘에 다음 명령어를 입력한다.

```
PS C:\Users\Rob\Desktop\EG12-10 TestFashionShopApp Doc> python -m pydoc -b
```

위의 명령어로 인해 파이독이 시작되고 PC의 한 포트에 대해 웹 서버가 생성된 다음, 기본 설정 브라우저가 해당 웹 페이지를 표시한다. 내 PC의 경우 다음과 같은 화면이 표시된다.

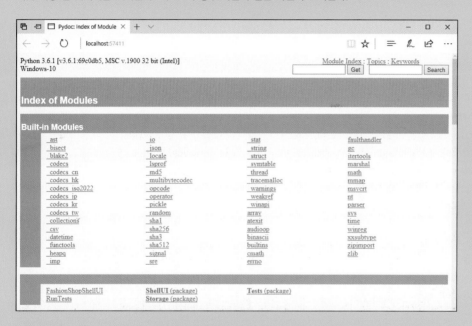

링크를 클릭해 내장된 모듈의 문서 기록을 확인할 수 있다. 하지만 파이헬프(pyhelp) 프로그램은 현재 폴더의 파이썬 모듈과 프로그램도 검색한다. 페이지 가장 아래쪽에 FashionShop 애플리케이션의 친숙한 패키지 이름들을 확인할 수 있다. 아래 줄 중간에 있는 **Storage (package)**를 클릭해 해당 패키지를 연다.

이제 해당 패키지의 내용물을 살펴본다. **StockItem**을 클릭하면 다음과 같은 StockItem 모듈의 도움말을 확인할 수 있다.

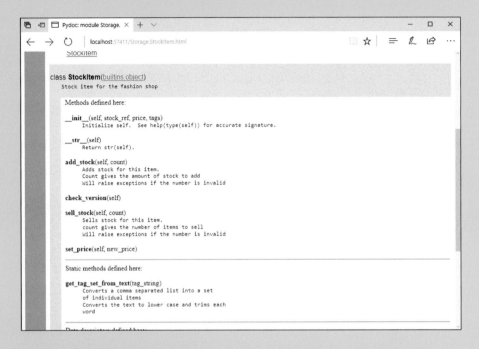

이 도움말 문자열은 메소드를 작성할 때 생성한 것으로 메소드 이름 옆에 표시된다. 이제 FashionShop 객체와 다른 파이썬 객체들도 확인해보자. 다 확인한 다음, 브라우저 창을 닫고 파워쉘 창으로 돌아와서 명령어 **q**와 엔터를 입력하여 파이독 서버를 중단시킨다.

```
PS C:\Users\Rob\Desktop\EG12-10 TestFashionShopApp Doc> python -m pydoc -b
Server ready at http://localhost:57591/
Server commands: [b]rowser, [q]uit
server> q
Server stopped
```

파이독 프로그램은 웹사이트를 호스트하는 파이썬 프로그램의 좋은 예이다. 14장에서 이를 직접 수행해 볼 것이다.

주의 사항

프로그램으로서 실행 가능한 모듈은 파이독에 오류를 일으킬 수 있다

12장 초반부에 있는 '모듈을 프로그램으로서 실행하기' 절에서 모듈이 해당 모듈이 로딩될 때 실행되는 파이썬 코드를 포함할 수 있다는 사실을 배웠다(모듈은 다른 프로그램에 임포트하길 원하는 파이썬 클래스들로 구성된 파일이다). 파이독 프로그램은 자신이 발견하는 모든 모듈들을 로딩한다. 이로 인해 프로그램들이 파이독 내에서 실행될 수 있다.

이러한 동작 방식으로 인해 나의 PC에서 문서 기록이 생성되었을 때 의류 판매점 애플리케이션이 실행되기 시작했다. 이는 큰 문제를 일으켰다. '모듈이 프로그램으로서 실행된 것인지 파악하기' 절에서 모듈 내의 코드가 자신이 프로그램으로서 실행되고 있는지 여부를 어떻게 감지할 수 있는지 살펴봤다. 모든 프로그램 모듈이 자신이 프로그램으로서 실행되고 있는지 확인하는 로직을 포함해야 한다. 그렇지 않으면 프로그램이 실행되지 말아야 할 때 프로그램이 시작해버릴 수 있다. 즉, 의류 판매점을 실행하는 프로그램은 이제 다음과 같아야 한다.

```
'''
파이썬 명령어 쉘 사용자 인터페이스에서 의류 판매점 애플리케이션을 시작한다.

애플리케이션이 메인 프로그램으로서 시작되는 경우에만 실행한다.
'''
if __name__ == '__main__':
    # 사용자 인터페이스 클래스와 저장소 관리자 클래스를 로딩한 다음
    # 해당 클래스들을 사용해 애플리케이션을 생성한다.
```

요약

12장에서는 어려운 내용을 많이 다뤘다. 여러분은 많은 것을 배웠을 뿐 아니라 의류 판매점 애플리케이션을 그저 멋진 샘플 코드에서 전문적인 개발의 토대가 될 수 있는 무언가로 변화시켰다. 올바른 테스트를 추가했고 애플리케이션에 문서 기록을 추가하는 법과 브라우저를 통해 문서 기록을 확인하는 법에 대해 배웠다.

프로그래밍 관점에서 보면 여러분은 함수 참조가 얼마나 강력한지 그리고 함수 참조를 사용해 여러분이 작성하는 코드에 유연성을 더할 수 있는 법에 대해 배웠다. 또한 람다 표현식과 람다 표현식을 통한 동작에 대한 기술이 자료로서 전달될 수 있다는 점에 대해 배웠다. 추가적인 함수 기능으로 함수에서 yield문을 사용하는 법에 대해 배웠다. 함수에서 yield문을 사용해 해당 함수가 반복자와 같은 기능을 하도록 만들 수 있다.

또한 파이썬 모듈 패키지를 만드는 법에 대해 알아봤다. 이러한 패키지들을 사용하면 다수의 프로그래머들이 하나의 프로그램 솔루션에서 각기 다른 항목들을 작업할 수 있다. 또한 클래스 참조를 포함하는 변수에 대해서도 알아봤다. 이러한 기능 덕분에 애플리케이션에서 매우 유연한 방식으로 클래스를 구성요소로서 사용할 수 있다.

다음은 지금까지 배운 내용에 대해 고민해볼 만한 심화 질문이다.

파이썬의 모든 것이 객체인가?

그렇다. 여러분이 객체일 것이라고 생각지도 못한 것들까지도 모두 객체이다. 하나의 정수부터 여러 속성들을 담고 있는 클래스에 이르기까지 모든 것들을 객체로 취급할 수 있다. 심지어 함수도 여러분이 속성을 추가할 수 있는 객체로 다룰 수 있다(가능하긴 하지만 추천할 만한 방법은 아니다). 무엇이든 변수에 추가한 다음, 이를 전달할 수 있다는 점은 무서워 보일 수도 있다. 하지만 이는 또한 매우 강력하다.

프로그램이 객체들을 올바르지 않은 방식으로 조합하기 시작하면 문제가 된다. 어떤 객체에 존재하지 않는 메소드 속성을 프로그램이 해당 객체에 대해 호출하려 하는 것은 문제다. 이 경우 프로그램 실행 시 프로그램이 중단될 것이다. 이는 테스트가 파이썬 프로그램 개발에 있어 매우 중요한 이유를 잘 설명한다. 여러분의 프로그램의 모든 가능한 동작들을 테스트해서 모든 프로그램 항목이 올바르게 사용됐는지 확실히 해야 한다.

람다 표현식과 yield문과 같은 것들을 아직 이해하지 못했다. 어떻게 하면 좋을까?

걱정할 필요 없다. 이러한 프로그래밍 언어 기능들의 진가를 이해하기 위해서는 한참 걸린다. 의류 판매점 애플리케이션과 시간 관리 애플리케이션은 이러한 프로그래밍 언어 기능들에 대한 맥락을 제공한다. 하지만 여러분이 이제 막 코딩을 배우기 시작했다면 이러한 기능들은 여전히 헷갈릴 수 있다.

이러한 기능들을 사용하는 법을 학습할 때의 문제는, 여러분이 프로그래밍하는 법을 배우고 있을 때 그런 기능이 유용할 수 있는 여러 상황들을 아직 경험해보지 못했다는 것이다. 여러분이 아직 자전거를 타고 언덕을 올라본 경험이 없는데 자전거의 기어가 얼마나 유용한지 여러분에게 아무리 설명해도 소용 없을 것이다. 더 많은 코드를 작성해 나가면서 이해하지 못했던 절을 반복 학습하면 된다. 해당 기능들 중 하나를 어디에 사용해야 할지 이해하는 순간이 올 것이다. 그때가 되면 해당 기능들을 사용해 무엇을 달성할 수 있는지 이해하게 될 것이다.

파이썬 패키지를 한 컴퓨터에서 다른 컴퓨터로 옮기면 어떻게 되는가?

파이썬은 매우 이식성이 좋은 언어이다. 해당 프로그램은 다른 컴퓨터에서도 문제 없이 동작할 것이다. 새로운 컴퓨터의 파이썬 버전이 맞는지 확인해야 한다. 버전이 맞는 한 다른 컴퓨터에서 해당 프로그램이 동작하도록 하기 위해 프로그램 자체를 수정할 필요는 없다.

언제 문서 기록과 테스트를 작성해야 할까?

이미 질문에 대한 답을 알 것이라고 생각한다. 답은 "프로그램을 작성하면서"이다. 프로젝트의 마지막에 문서 기록을 추가하고 테스트를 수행하겠다는 가정은 매우 위험하다. 이러한 가정이 매우 위험한 이유는 프로그램 작성은 일반적으로 예상했던 것보다 길게 걸릴 가능성이 높다. 이는 여러분이 오류를 수정하고 프로그램을 일단 동작하도록 만드느라 바빠서 문서 작업과 테스트를 뒤로 미루어 놓은 경우 문서 기록을 작성하거나 테스트할 시간이 없을 수도 있다는 것을 의미한다.

프로그램을 작성하면서 혹은 프로그램을 작성하기 전에 문서 기록과 테스트를 생성함으로써 프로그램이 실패할 가능성을 크게 줄일 수 있다. 코드를 개발하면서 좋은 테스트를 작성하는 것은 사양을 잘 이해했는지 확인하기 위한 효과적인 방법이다. 또한 이는 솔루션을 만들어 감에 따라 "좋은" 구성요소들을 활용하고 있다는 것을 의미한다. 내 경우 각 테스트 사이에 매우 적은 양의 코드를 작성하는 경우 파이썬 프로그램을 가장 잘 작성한다. 500줄의 코드를 작성한 다음, 제대로 작성했는지 확인하기 위해 해당 코드를 실행하는 대신에 50줄의 코드를 열 번 작성하는 것이 낫다(500줄의 코드를 한번에 작성하는 경우 대개 해당 코드는 크게 오류를 일으킨다). 매 50줄마다 테스트를 작성한 다음, 해당 코드가 제대로 동작하는지 검증하기 위해 테스트를 실행한 다음, 다음 50줄의 코드를 작성한다.

내 경험으로 볼 때 잘 동작하지 않는 매우 큰 규모의 파이썬 프로그램들은 수정하기에 매우 어렵다. 따라서 나는 한 번에 매우 적은 양의 코드를 작성한다.

찾아보기

에이콘출판의 기틀을 마련하신 故 정완재 선생님 (1935-2004)

파이썬으로 처음 시작하는 코딩

초보자를 위한 프로그래밍 기초 원리와 파이썬 기초 사용법 학습을 통한 프로그래밍 입문

발 행 | 2019년 1월 2일

지은이 | 롭 마일스
옮긴이 | 김 무 항

펴낸이 | 권 성 준
편집장 | 황 영 주
편 집 | 배 혜 진
디자인 | 박 주 란

에이콘출판주식회사
서울특별시 양천구 국회대로 287 (목동)
전화 02-2653-7600, 팩스 02-2653-0433
www.acornpub.co.kr / editor@acornpub.co.kr

한국어판 ⓒ 에이콘출판주식회사, 2019, Printed in Korea.
ISBN 979-11-6175-225-9
ISBN 978-89-6077-091-1 (세트)
http://www.acornpub.co.kr/book/begin-code-python

이 도서의 국립중앙도서관 출판시도서목록(CIP)은 서지정보유통지원시스템 홈페이지(http://seoji.nl.go.kr)와
국가자료공동목록시스템(http://www.nl.go.kr/kolisnet)에서 이용하실 수 있습니다.(CIP제어번호: CIP2018041829)

책값은 뒤표지에 있습니다.